REIHE ANDALUSIEN

Gerald Brenan

Südlich von Granada

Deutsch von
Winfried Jenior

V E R L A G
JENIOR & PRESSLER

Originaltitel: SOUTH FROM GRANADA
Published by Hamish Hamilton Ltd., London

Reihe Andalusien - Band 1
Zweite Auflage 1996

Verlag Jenior & Pressler
Lassallestraße 15, D-34119 Kassel

Lektorat: Michael Vorwerk
Fotos: Winfried Jenior
Druck: Druckwerkstatt Bräuning & Rudert, Espenau
Printed in Germany
ISBN 3 - 928172-51-4

Für Ralph Partridge

Ille terrarum mihi praeter omnis
angulus ridet, ubi non Hymetto
mella decedunt viridique certat
baca Venafro,

ver ubi longum tepidasque praebet
Iuppiter brumas ...

Horaz, Oden, II, 6

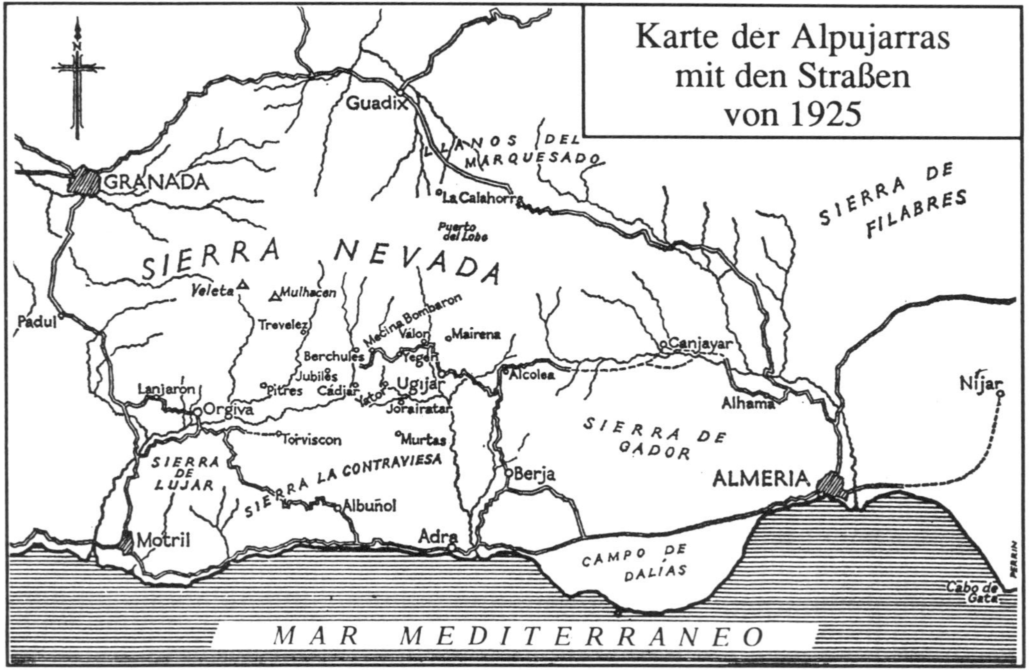

Karte der Alpujarras mit den Straßen von 1925

Inhalt

	Vorwort	9
1.	Ankunft und Suche	13
2.	Die Alpujarras	24
3.	Freunde und Nachbarn	35
4.	Lytton Stracheys Besuch	44
5.	Liebe und Politik	58
6.	Der Dorfkalender	77
7.	Schule und Kirche	92
8.	Das Fest von Ugíjar	107
9.	Maurer und Tiere	117
10.	Ansichten und Rituale	132
11.	Der einsame Schotte	154
12.	Das Essen und die Phönizier	169
13.	Virginia Woolfs Besuch	187
14.	Das Hochgebirge und Guadix	205
15.	Ein Kapitel Geschichte	230
16.	Almería und seine Bordelle	252
17.	Almería und die Archäologie	281
18.	Granada in den Zwanziger Jahren	302
19.	Verlobung und Ehe	319
20.	Letzte Jahre in Yegen	339
	Ein Nachwort	355

Die Fotos zeigen das Dorf Yegen und seine Umgebung

Vorwort

Schaut man von Granada nach Süden über die roten Türme der Alhambra, so betrachtet man eine Bergkette, die das ganze Jahr über schneebedeckt ist - die Sierra Nevada. Diese berühmte und auf unendlich vielen Postkarten reproduzierte Ansicht zieht im Frühling die Touristen nach Andalusien. Aber vergessen wir die Alhambra, vergessen wir die Nachtigallen und betrachten wir nur die Berge. Sie sind hoch genug, um kleinere Gletscher zu bilden, und wenn man sie überquert hat, betritt man ein weites Land, das durch eine Küstengebirgskette von der See getrennt ist. Dieses Land, das man bis vor kurzem nur zu Fuß oder auf dem Rücken von Maultieren erkunden konnte, ist Gegenstand dieses Buches.

Genauer gesagt ist das Thema ein Dorf namens Yegen, das dort liegt. Es ist ein armes Dorf, eines der ärmsten unter den etwa achtzig über die Alpujarras, wie dieser fruchtbare Landstrich heißt, verstreuten Dörfern, und es liegt hoch über dem Meer. Es ist so abgelegen, daß man früher, bevor die neue Straße gebaut war, zwei Tage brauchte, um von Granada hierher zu gelangen. Aber in seiner ursprünglichen Art ist es bewundernswert. Da ich in den Jahren 1920 bis 1934 etwa sechs oder sieben Jahre dort lebte und an seinen Angelegenheiten teilhatte, meine ich, es gut genug zu kennen, um ausführlich darüber zu schreiben.

Der Hauptteil dieses Buches ist einem Bericht über das Dorf gewidmet, seine Gebräuche, seine Folklore, seine Feste und eine Anzahl seiner Hauptfiguren mit ihren Streitereien und Liebesgeschichten. Sodann schreibe ich über einige andere Orte in der Umgegend, über die hohen Berge, die das Land begrenzen, und über Guadix mit seinem Höhlenviertel auf der anderen Seite dieser Berge. Dann folgt ein Kapitel über Archäologie und Geschichte und vier Kapitel über Almería und das Granada jener Tage, besonders in bezug auf Liebe, Verlobungszeit und Ehe.

Schließlich berichte ich in mehreren Kapiteln über die Besuche vier bekannter Autoren in meiner Heimat in den Bergen - Lytton Strachey, Virginia Woolf, David Garnett und Roger Fry. Obwohl diese Kapitel unvermeidlich den Erzählfluß unterbrechen und ein unspanisches, deshalb vielleicht unangebrachtes Element darstellen, fände ich es doch falsch, sie auszulassen.

Man wird mich sicher fragen, warum ich mir gerade einen so abgelegenen Flecken als Heimat ausgesucht habe. Die einfachste Erklärung wäre meine Auflehnung gegen die Lebensformen der englischen Mittelklasse. Heute, in unserer so wenig förmlichen Gesellschaft, erscheint mir das als seltsames Unterfangen. Ich kann aber jedem, der nach 1920 aufgewachsen ist, versichern, daß er keine Vorstellung davon haben kann, wie erstickend das Leben war und wie wenig Raum es für einen jungen Mann ließ, dessen Horizont sich mit der Lektüre von Poesie verändert hatte, und den keiner der gängigen Berufe befriedigen konnte. Das England, das ich kannte, war verknöchert in Standesdünkel und strengen Konventionen, oder auch, wie in meinem Fall, vergiftet von der Erinnerung an die 'public school'. Sobald der Krieg zu Ende war und ich die Uniform ablegen konnte, machte ich mich auf die Suche nach einer Umgebung, in der es sich freier atmen ließ. Ich nahm eine größere Anzahl Bücher mit, dazu wenig Geld und die Hoffnung, lange genug durchzuhalten, um zu erlangen, was ich dringend brauchte - Bildung. Danach würde ich weitersehen.

Hier würde ich gern die Lauten und Geigen ein Lied anstimmen lassen, etwa mit dem Titel *Loores de España*, Lobpreisung Spaniens. Aber ich bin nicht imstande, in wenigen Worten dieses besondere Gefühl der Ergebung und der Freude auszudrücken, das dieses Dorf mit seiner Lebensart und auch dieses gelbe, ochsenhäutige Land mir gab. Ich möchte das hervorheben, denn der Leser wird in diesem Buch nur selten unverhohlene Lobpreisung finden. Ich habe nur meine Erinnerung an das aufgeschrieben, was ich gesehen habe, und ich bin sicher, daß niemand Spanien als ein musterhaftes Land wie Schweden oder die Schweiz empfinden wird, das im Rhythmus seiner Maschinen lebt. Er findet im Gegenteil ein Land, das bisher darauf bestanden hat, sich ein gewisses Maß an Anarchie und Aufsässigkeit zu bewahren. Wie lange dies erhalten bleibt, kann ich nicht sagen, aber noch immer findet man südlich der Pyrenäen eine Gesellschaft vor, die wesentliche Bedürfnisse der menschlichen Natur höher schätzt als technische Organisation, wie sie ein höherer Lebensstandard erfordert. Es ist ein Land, das den Sinn für Poesie ebenso nährt wie den Sinn für die Wirklichkeit, beide nicht vereinbar mit einem bloßen Zweckdenken.

Nur eines noch möchte ich in diesem Vorwort erwähnen, eine Beobachtung soziologischer Art. Das Dorf, in dem ich so viele Jahre verbrachte, lag günstiger als die meisten andalusischen Dörfer, es besaß genügend Wasser für die Felder, und der Landbesitz war gut verteilt. Abgesehen von zwei oder drei der führenden Familien lag der Lebensstandard (Essen, Kleidung, Komfort) allerdings unter dem der ärmsten Land- oder Fabrikarbeiter in England. Lebten sie deshalb im Elend? Es gibt zwar keinen Maßstab für Glück, aber ich würde sehr wohl sagen, daß diese Bauern ebenso anpassungsfähig waren wie Stadtbewohner und etwas aus ihrem Leben machten. Der geringe Verdienst, mit dem sie haushalten mußten, brachte in Zeiten schlechten Wetters oder schlechter Ernten manche Sorgen mit sich, und zu bestimmten Jahreszeiten mußten sie sehr lange arbeiten. Trotzdem verließ niemand das Dorf, um in die Stadt zu gehen, es sei denn, irgendwelche Schwierigkeiten in der Familie zwangen ihn dazu. Wenn jemand nach Amerika auswanderte, was bisweilen vorkam, dann fast immer in der Absicht, zurückzukehren, sobald er genug Geld zum Leben verdient hatte. Der Grund hierfür lag vor allem in der Zugehörigkeit zu einer geschlossenen Gemeinschaft, in der sich jeder seines Platzes sicher fühlen konnte, eines Platzes, der ihm gehörte und der ihm auch nicht wegen schlechter Führung streitig gemacht wurde. Diese Sicherheit zählte bei weitem mehr als der Reiz der großen Städte mit ihren Kinos, Lokalen und höheren Löhnen. Mit anderen Worten, ein höherer Lebensstandard ist ein schlechter Ersatz für das Leben in einer intakten Gemeinschaft, und die spanischen Dorfbewohner waren klug genug, das zu wissen.

Muß ich in einem derartigen Buch meine Quellen nennen? Für diesen Fall möchte ich sagen, daß die Darstellung der örtlichen Anschauungen und Sitten sich auf meine Aufzeichnungen und Notizen aus dieser Zeit stützt. Ich habe sie zusammen mit meiner Haushälterin Rosario überprüft. Sie stammt aus Yegen und ist eine unerschöpfliche Informationsquelle in allen Angelegenheiten des Dorfes. An anderer Stelle habe ich Teile meiner Tagebücher verwendet. Weil sich meine knappen Bemerkungen über die Gründung Almerías von der Darstellung in Reiseführern unterscheiden, möchte ich darauf hinweisen, daß ich die neueste und beste Quelle herangezogen habe, nämlich E. Lévi-Provençals *Histoire de l'Espagne Musulmane* (1942-50). In den Seiten über die Frühgeschichte habe ich mich vor allem auf die Ausgrabungsberichte führender spanischer Archäologen in den frühen Bänden der großartigen *Historia de España* gestützt, herausgegeben von Don Ramón Menéndez Pidal und auf *The Prehistoric Foundations of Europe* von C. P. C. Hawkes, 1939. Ferner habe ich Don Julio Caro Barojas bewundernswerte Arbeit *Los Pueblos de España* (1946) und eine Anzahl von Büchern über spanische Folklore und verwandte Themen benutzt. Ich gebe diese Namen nur an, um zu zeigen, daß ich mir, wenn nötig, die entsprechende Mühe gemacht habe, denn tatsächlich basiert der weitaus größte Teil dieses Buches auf meinen eigenen sporadischen Beobachtungen und Erfahrungen, gesiebt durch ein schlechtes Gedächtnis. Ich wollte eigentlich nur einige Lehnstuhl-Reisende unterhalten, die sich verregnete Abende verkürzen und etwas darüber lesen möchten, wie Menschen in entlegenen Bergdörfern im heiteren Klima des südlichen Mittelmeeres leben. Man überfliegt diese Dörfer im Flugzeug, man sieht ihre fremdartigen Namen auf der Landkarte, vielleicht stößt man sogar im Auto auf sie, wenn man die Hauptstraße verläßt, aber ihr Leben bleibt so rätselhaft wie das des Mädchens mit dem unvergeßlichen Gesicht, das man für einen Moment durch das Fenster eines Zugabteils gesehen hat. Eines dieser Dörfer wird hier beschrieben.

Ich möchte meinen Freunden danken, Don Modesto Laza Palacios für seine Antworten auf die vielen Fragen, die ich ihm zu allen möglichen Themen stellte, und Mr. Robert Aitken für seine Informationen über Wasserräder und Pflüge. Auch schulde ich meinem Freund Mr. Guy Marchie, dem Autor des faszinierenden Buches über die Lüfte, *Song of the Sky*, großen Dank dafür, daß er mich auf eine Autofahrt durch das Land mitgenommen hat, um das es hier geht. Einiges aus den ersten Kapiteln ist in *Der Monat*, Berlin, und in *Anchor Review*, Doubleday in New York, erschienen, beide herausgegeben von Melvin J. Lasky.

1. Ankunft und Suche

Im September 1919 ging ich zum ersten Mal nach Spanien. Ich war gerade aus der Armee entlassen worden und suchte ein Haus, in dem ich so lange wie möglich von meinem Offiziershandgeld leben konnte. Ich hatte nur wenig Schulbildung genossen, denn was man in einer `public school` mitbekommt, verdient kaum diesen Namen, und nach dem Krieg empfand ich eine Abneigung gegen die üblichen Berufslaufbahnen. Bevor ich mich endgültig festlegte, wollte ich einige Jahre damit verbringen, die Bücher zu lesen, die ich gesammelt hatte und die mediterrane Lebensart ganz in mich aufzunehmen. Meine Wahl, nach Spanien anstatt nach Griechenland oder Italien zu gehen, beruhte nicht auf einer bestimmten Vorliebe für dieses Land. Ich wußte nur, daß es während des Krieges neutral geblieben war, und ich stellte mir deshalb vor, das Leben dort müsse billig sein. Das war entscheidend, denn je länger ich mit meinem Geld auskam, umso länger konnte ich meine Muße genießen.

Meine ersten Eindrücke nach der Landung in La Coruña waren entmutigend. Ich verbrachte einige Tage damit, durch Galicien zu wandern, und reiste dann über die Hochebene in einem Zug, der Güter und Personen beförderte und der an jedem Bahnhof zehn Minuten Halt machte. Als wir über die endlose gelbe Weite krochen, war ich schmerzhaft betroffen von der Leere und Eintönigkeit des Landes. Kein Busch, kein Baum, die Häuser waren aus Lehmziegeln in der Farbe der Erde gebaut. Falls ganz Spanien so sein sollte, sah ich keine Möglichkeit, mich hier niederzulassen. Ich war kaum in Madrid angekommen, als es wie aus Eimern zu gießen begann. Ich geriet in die Fänge zweier raffgieriger Kerle, die eine Pension betrieben. Sie verlangten für jede Mahlzeit Geld im voraus und standen neben mir, während ich aß, rissen mir den Teller weg, bevor ich fertig war, und verschlangen die Reste in der Küche. Ihre Augen hatten den trockenen Glanz von Leuten, die seit einem Monat nichts gegessen haben. Ich hatte eben Granada erreicht, als es wieder zu regnen begann. Ich sah die Alhambra in einem dauernden Nieselregen, und sie erschien mir schmutzig und erbärmlich, wie ein Zigeunermädchen unter einer feuchten Hecke. Das sollte der legendäre orientalische Palast der Postkarten sein?

Auch die Menschen enttäuschten mich. Ich hatte in lange Mäntel gehüllte Männer erwartet, mit Dolchen im Gürtel, Frauen mit Mantillas und ins Haar gesteckten Kämmen, in der Haltung wie Figuren Goyas. Stattdessen fand ich einen mürrischen, kurzbeinigen Menschenschlag, Leute, die unter Schirmen vorbeirannten oder auch mit lauter, rauher Stimme bis zwei Uhr morgens redeten. Sie schienen nicht einmal freundlich zu sein. Der einzige Spanier, zu dem ich Kontakt hatte, war der Sohn des

Besitzers des *corralón* (die andalusische Version eines arabischen Fondak) in der Nähe des Bahnhofs, wo ich untergekommen war. Er war ein Krüppel, und weil er nicht arbeiten konnte, verbrachte er die Vormittage damit, Deutsch zu lernen, das er für die Sprache der Zukunft hielt. Ich schlug vor, ihm einige Stunden zu geben, und als Gegenleistung erzählte er mir, die Hoffnung Spaniens liege in der Mechanisierung und Industrialisierung der Landwirtschaft, die binnen weniger Jahre von deutschen Technikern eingeführt werde. Er schien Sozialist zu sein und an die Weltrevolution zu glauben, die demnächst von Berlin ausgehen werde.

Wer in Granada war, weiß, daß sich unmittelbar südlich der Stadt eine hohe Gebirgskette erstreckt, die Sierra Nevada, die das ganze Jahr über schneebedeckt ist. Jenseits, zwischen diesen Bergen und dem Meer, breitet sich ein Land aus, das man die Alpujarras nennt. Es ist gut bewässert und mit Dörfern übersät. Anhand der Karte hatte ich mir diese Gegend ausgesucht, weil sie mir eine gute Umgebung für meinen Wohnsitz zu sein schien. Ich bereitete mich darauf vor, dorthin zu gehen, kaufte mir einen dieser steifen Sevilla-Hüte mit schwarzer Krempe, um weniger aufzufallen, packte ein paar Sachen in einen Rucksack und machte mich auf den Weg, sobald der Regen aufhörte.

Ich hatte vor, mich nach Westen in Richtung Málaga zu wenden und mich den Alpujarras von der anderen Seite her zu nähern. Auch dort, in der Axarquía, würde ich hoch über dem Meer gelegene Dörfer finden, und vielleicht würde sich eines als für meine Zwecke passend erweisen. Ich hatte aber nicht mit den Problemen gerechnet, die eine Landkarte mit sich bringen kann. Die einzig erhältliche war die *Mapa Provincial*, ein kleines, grell koloriertes Blatt etwa im Format eines großen Taschentuchs, eigentlich wohl für Beamte zum Nachschlagen gedacht. Sie zeigte die Ortschaften, wenn auch nicht immer an der richtigen Stelle, verschwieg aber die Berge und gab nur eine ganz schematische Darstellung der Flüsse und Bäche. Gar nicht zu sprechen von den Straßen, denn zu dieser Zeit waren überhaupt erst wenige gebaut, und den größten Teil meines Weges würde ich auf Maultierpfaden zurücklegen.

Nach dem Mittagessen brach ich auf und kam durch einige Dörfer. Dann begann es zu regnen. Die Straße war ein breiter Pfad, Schlamm bis zu den Knöcheln - damals gab es in Andalusien kaum befestigte Straßen - und erstreckte sich schnurgerade vor mir bis zu einem fernen, gebirgigen Horizont. Über mir zogen langsam schwammige Wolken vorüber, und auf beiden Seiten des Weges sah man nichts als eine weite, baumlose Ebene von ziegelroter Farbe, bestäubt mit einer feinen Schicht von Stoppeln. Ich kam an Planwagengespannen vorbei, die von sechs oder sieben Maultieren gezogen und von einem Esel angeführt wurden. Die Männer schrien, knallten mit ihren Peitschen, und die Tiere waren aufs äußerste angespannt, um die Räder durch den Schlamm zu ziehen. Die Dunkelheit brach herein, und überraschend zeigten sich die Sterne. Grillen begannen zu zirpen, und bald sah ich die Lichter der Ventas de Huelma und hörte die Hunde bellen.

Der *parador* war ein flaches, gekalktes Gebäude mit einer riesigen Eingangstür. Ich trat in eine gewölbte Halle, sehr weiß und höhlenartig, die als gepflasterter *descargado* oder Entladeplatz begann, weiter zu den Ställen führte und dann, im rechten Winkel zum Eingang, in eine Art gekachelte Küche mündete, in der ringsum Maultierkummets und andere Geschirre aus Leder hingen. Den Abschluß bildete ein Kamin mit Rauchabzug. Hier rührten zwei Frauen mit roten Schals über ihren abgetragenen schwarzen Kleidern in einem Kochtopf. In ihrer Nähe, entlang der Wand, saßen einige Maultiertreiber in mürrischer Stille. Ich nahm einen freien Stuhl und setzte mich zu ihnen. Wir warteten. Schließlich, als ich fast die Hoffnung auf eine Mahlzeit aufgegeben hatte, wurde ein niedriger Tisch hereingebracht, ein Gericht aus Reis und *bacalao*, gesalzenem Stockfisch, daraufgestellt, und wir zogen unsere Stühle heran. Die Männer behielten ihre Hüte fest auf dem Kopf in der Art der spanischen Granden, um ihre Gleichheit mit den anderen Anwesenden zu unterstreichen. Jeder wählte sich eine Stelle in der Schüssel aus und begann, nach der Einladung an mich und die anderen, das gleiche zu tun, in großer Förmlichkeit den Löffel einzutauchen und zu essen. Man aß, bis die eigene Portion zum Nachbarn hin abgenommen hatte, legte dann den Löffel nieder, und sobald die anderen das gleiche getan hatten, stand man auf, wusch ihn am Krug und steckte ihn wieder in den *faja*, einen Hüftgürtel aus rotem Flanell, wo man ihn gewöhnlich aufbewahrte. Zum ersten Mal seit meiner Ankunft erwärmte sich mein Herz für die Menschen dieses Landes, die in solch bewundernswerter Weise Einfachheit mit guten Manieren zu verbinden wußten.

Gleich nach dem Abendessen drehten die Männer Zigaretten und zündeten sie sich an, und nachdem sie ein letztes Mal nach ihren Tieren gesehen hatten, streckten sie sich auf den in der Ecke des Raumes aufgestapelten Strohmatratzen aus und zogen ihre Decke über sich. Ich machte es ebenso und empfand das Stampfen und Wiehern der Maultiere und Esel als ein gutes Schlafmittel. Beim ersten Schimmer der Dämmerung standen wir alle auf. Die Maultiertreiber schirrten ihre Tiere an, und nachdem sie einen Anisschnaps hinuntergekippt hatten, zogen sie los entlang der geraden, baumlosen Hochstraße, während ich einen holperigen Pfad zur Linken nahm. Ich hatte einen langen Weg vor mir, denn ich beabsichtigte, das Küstengebirge zu überqueren und auf der anderen Seite in einem Dorf namens Sedella zu übernachten, wo es eine gute Herberge geben sollte.

Mein Weg führte durch eine Landschaft, die das große Erdbeben dreißig Jahre zuvor verwüstet hatte. Es war ein hügeliger, unfruchtbarer Landstrich, mattgolden, sonnenverbrannt, hier und dort mit Eichengebüsch und Disteln bewachsen. Ich kam an zwei Dörfern vorbei - öde, heruntergekommene, erbärmlich gebaute Ansiedlungen - traf aber erst nach dem zweiten Gehöft einen Menschen. Es war ein närrischer Jugendlicher, der eine

Herde schwarzer Schweine hütete. Als ich ihn ansprach, fuchtelte er mit den Armen und gab undeutliche Laute von sich. Zu dieser Zeit hatte ich längst meinen Weg verloren, obwohl ich versucht hatte, der Karte zu folgen. Der Pfad, dem ich folgte, stieg beständig an zwischen nackten Felsen und Geröllhalden und war übersät mit verkrüppelten Steineichen. Im Geröll des Tales unterhalb waren die Blätter der vereinzelten Pappeln schon gelb, und hier und dort in der Entfernung sah ich einen einsamen Gutshof, der sich zum Schutz vor Räubern hinter seine eigenen Mauern verkroch. Es war sehr heiß, und der Glimmerschiefer auf den Felsen oberhalb glitzerte bedrohlich.

Als ich nach langem Klettern die letzte Bergkette erreichte, befand ich mich auf der Sierra de Tejeda, einem kristallgeschichteten Felsmassiv, über 7000 Fuß hoch über dem Meer. Die Sonne berührte bereits den Horizont. Ich konnte die Dörfer der Axarquía weit unter mir erkennen, den Rauch, der von ihnen aufstieg und sich dann verlor. Aus dieser Höhe sahen sie wie weiße Farbkleckse aus, auf die fahlroten Hügel getropft, die sich von den grauen felsigen Bergen zur See hin wie Finger erstreckten, kegelig, wellig, höckerig. Sehr weit dahinter, über dem Dunst schwebend, lag die Küste Afrikas.

Direkt unterhalb läuteten Ziegenglocken. Ich sah hinab und erkannte am steilen Berghang Herden von Ziegen und Schafen. Im Gegenlicht deutlich abgehoben, schritten die Schäfer, ihre Umhänge über die Schulter geworfen, ruhig neben den Tieren einher. Es wäre vernünftiger gewesen, ihnen zu folgen und sie um ein Nachtlager zu bitten, aber ich war entschlossen, das Dorf noch zu erreichen. So kletterte ich durch das steile Gelände und das Geröll hinab, weiter unten sprang und hastete ich über die Böschungen. Bald wurde es stockdunkel, und erst sehr spät erreichte ich Sedella. Ich war zerkratzt, meine Kleider zerrissen und verschwitzt. Die gute Herberge, die man mir empfohlen hatte, gab es nicht mehr, so daß ich in einer anderen unterkommen mußte. Dort briet mir ein altes Weib Eier in ranzigem Öl.

Sie war mürrisch, weil ich sie im Schlaf gestört hatte. Dann zeigte sie mir mein Bett, wo ich bis zum Morgen von einer Armee von Wanzen aufgefressen wurde. Das also war Spanien! Ich spürte, daß ich allmählich Zugang zu diesem Land bekam.

Die Axarquía ist eine Region mit hohen, gerundeten Hügeln und verzweigten Tälern. Sie ist mit Wein bepflanzt, hier wachsen die Muskatellertrauben, aus denen der berühmte süße Málaga-Wein gekeltert wird. Die See liegt zu ihren Füßen ausgebreitet wie eine seidene Bettdecke, die einzigen Bäume sind Feigen- und Mandelbäume. Ich suchte aber ein vielfältigeres, besser bewässertes Land. Nachdem meine zerrissenen Kleider geflickt waren, stieg ich zur Küstenstraße hinab und wandte mich ostwärts in Richtung Motril. Doch bevor ich zu dem Ort gelangte, von dem aus man die Alpujarras von Südwesten her erreichen kann, erkrankte ich an Ruhr.

Es wäre langweilig, meine Suche nach einem Haus weiter in allen Einzelheiten zu beschreiben. Die Ruhr stumpft den Geist für jegliche Eindrücke ab, außerdem möchte ich nicht einen Boden betreten, den Graham Greene in seinem Reise-Buch über Mexiko so erschöpfend erforscht hat. Es muß genügen, wenn ich sage, daß ich mich in den folgenden Wochen zwang, weiterzugehen, aus Angst, mein kleines Bankguthaben zu schnell aufzubrauchen, falls ich irgendwo Rast machen und mich behandeln lassen müßte. So besuchte ich alle etwa dreißig Dörfer der westlichen Alpujarras - sowohl die zwischen Padul und Orgiva als auch die hochgelegenen, unzugänglichen zwischen Cástaras und Trevélez - ohne ein passendes Haus zu finden. Ich war völlig niedergeschlagen, und meine Beschwerden wurden immer schlimmer, als ich eines Abends in einem Dorf im Küstengebirge namens Murtas ankam. In einer mit Wanzen bevölkerten Herberge, wo die einzige Mahlzeit in öligem Reis mit dem ekelhaftesten Stockfisch bestand, erreichte ich meinen absoluten Tiefpunkt. Ein Aufenthalt war unumgänglich geworden, und am nächsten Tag fand ich ein annehmbares, fast insektenfreies Gasthaus in Ugíjar. Diese kleine Stadt liegt im unteren Teil eines flachen Tals und ist die *cabeza de partido*, der Verwaltungssitz der östlichen Alpujarras.

Das Land hier sagte mir mehr zu. Orgiva liegt in einer tiefen Bergrinne, und seine Dörfer sind halb versteckt zwischen Orangenhainen und langgliedrigen Olivenbäumen, luftlos und eingeschlossen. Die östlichen Alpujarras hingegen, die sich mehr nach Almería als nach Granada hin neigen, sind offener. Ugíjar mit seinen roten Felsen und Pappeln im Tal war ein bezaubernder Ort. In nördlicher Richtung sah ich entlang der Flanke der Sierra Nevada eine Reihe von Dörfern. Jedes war umgeben von Olivenhainen und Obstbäumen, und offensichtlich hatten alle Sicht nach Süden. Nach ein oder zwei Tagen Ruhe brach ich auf, um sie zu erkunden und fand auch bald zwei Dörfer, in denen Häuser zu vermieten waren. Das eine nannte sich Mairena und das andere Yegen.

In Mairena wohnten überwiegend Zigeuner. Trotz meiner Bewunderung für Borrow hatte ich nur ein mäßiges Interesse an diesen Menschen und wollte lieber unter Spaniern leben. Es war auch ein abgeschiedenes Dorf, mindestens eine Stunde Fußweg von der nächsten Straße entfernt. Yegen dagegen lag an einer Straße und war als Wohnort deshalb angenehmer. Entlang einer Straße kann man bei Tag oder auch nachts laufen, ohne besonders auf den Weg zu achten. Außerdem wirkte der Ort anziehend auf mich. Es war ein armes, hoch über dem Meer liegendes Dorf mit großartiger Aussicht. Mit seinen grauen, kubischen, Häusern, wie in einem gebrochenen Corbusier-Stil, den Hang hinabfließend und ineinander verschmelzend, mit seinen flachen Lehmdächern und den kleinen rauchenden Schornsteinen erweckte es den Eindruck, als sei es von Insekten aus Erde erbaut worden. Zudem gab es genügend Wasser, das in Kanälen am Berg entlang, teils unter den Straßen hindurch, herabfloß und zwei Mühlen antrieb. Aber auch das Haus mußte passen. Glücklicherweise gefiel es mir. Es war ein unförmiges, unzusammenhängendes

Etwas, von kleineren Bauten rechts und links flankiert. Im ersten Stock gab es an die neun Zimmer und zwei große bewohnbare *azoteas* oder Dachböden. Das Erdgeschoß, das der Besitzer für sich behalten wollte, diente als Lagerraum und Stall. Allerdings war die Miete, die er dafür haben wollte - 200 Peseten im Jahr - mehr als ich mir leisten konnte. Ich zog also weiter, zu Fuß Richtung Granada, obwohl mir meine Krankheit schwer zu schaffen machte. Ich wollte in den Dörfern, durch die ich gekommen war, weitersuchen - es gab eines namens Niguelas, das mich besonders anzog - und ich hoffte, den Preis des Hauses herunterzudrücken. Als ich vierzehn Tage später zurückkehrte, war die Miete für das Haus in Yegen auf 120 Peseten gefallen, zu der Zeit etwa 6 £ in englischem Geld. Ich nahm es.

Der Besitzer, Don Fadrique, vermietete es aufgrund tragischer Umstände. Seine einzige Tochter war gerade gestorben, und er wollte zur Familie seiner Frau in die Nähe von Granada ziehen. Er konnte das Haus aber nicht vor Neujahr räumen. Ich hatte also bis zum Einzug fast zwei Monate Zeit, die ich in Málaga verbringen wollte. Ich hoffte, durch Entspannung und sorgfältige Diät die Ruhr endlich loszuwerden und mit ihr die Schwäche und Niedergeschlagenheit, die das Reisen so beschwerlich machten. Ich brach auf und ging zu Fuß entlang der noch unfertigen Küstenstraße, kaufte unterwegs Brot, Käse und Orangen und schlief am Strand. Aufgrund meiner schlechten Verfassung kam ich nur langsam voran und brauchte fünf Tage für die hundertdreißig Meilen.

In Málaga nahm ich ein sauberes Zimmer in der Nähe der Stierkampfarena, das vorher ein norwegischer Matrose bewohnt hatte. Nach dem rauhen Leben in den Dörfern fand ich es herrlich, wieder in einer mediterranen Großstadt zu sein. Es war ein Ort voller Kontraste. Oben auf dem brüchigen Hügel stand die von gelbem Licht überwältigend hell angestrahlte maurische Burg, in der es von Bettlern und Zigeunern wimmelte. Sie gruben sich Wohnhöhlen in die Wände, saßen in der Sonne, entlausten sich gegenseitig im Duft von Orangenblüten und trocknenden Exkrementen. Die Kinder liefen bis zum Alter von zwölf Jahren nackt herum. Ging man nur einen Steinwurf weiter hinab zum Park, veränderte sich die Szene vollständig. Hier rollten die Pferdekutschen der Madrider Aristokratie auf und ab - Málaga befand sich zu der Zeit auf dem Höhepunkt seines Ansehens als Zufluchtsort für den Winter - gepflegte Pferde mit Glöckchen und Wagen mit glitzernden Speichen leuchteten unter dem Gitterwerk der Platanen auf. Oder man konnte auf den Steinbänken Platz nehmen und die Leute auf den Trottoirs beobachten. Die jungen Frauen der Mittelklasse mit ihren steil ins Haar gesteckten Kämmen und darüber drapierten schwarzen Spitzen-Mantillas schritten einher wie Mannequins und sammelten bewundernde Blicke der vorübergehenden Männer. Die Frisuren mochten plump oder elegant sein, aber alle Augen strahlten vor Aufregung, und viele Gesichter waren wunderschön.

Ein oder zwei Tage lang genoß ich die Sehenswürdigkeiten der Stadt, dann passierte etwas unangenehmes. Ich bin schon immer sorglos in finanziellen Angelegenheiten gewesen, und wegen irgendeiner Fehlplanung kam das Geld, das ich erwartet hatte, nicht an. Mehr als eine Woche lang hatte ich überhaupt nichts. Meine Vermieterin versorgte mich morgens mit Brot und Kaffee. Damit und mit einigen Orangen, die ich für die letzten Pfennige gekauft hatte, hielt ich mich über Wasser. Meine Situation wurde umso schlimmer, als ich auf dem Postamt einen Brief eines alten Freundes meiner Familie vorfand. Er verbrachte den Winter im Hotel Regina in Málaga, lud mich ein, dort als sein Gast zu wohnen und, falls es der Straßenzustand erlaube, Autofahrten nach Sevilla und in andere Orte der Umgebung zu unternehmen. Ich trug indes einen alten Kordanzug, Leinenschuhe und einen Sevilla-Hut. Er war ein sehr korrekter Mann - Kleidung hatte in jenen Tagen einen fast religiösen Stellenwert - und in meinem Aufzug konnte ich mich keinesfalls bei ihm sehen lassen. Die Furcht, ihn zufällig zu treffen, entwickelte sich so sehr zur fixen Idee, daß ich schon früh am Morgen den Strand entlang bis hinter die Fischerviertel und das Industriegebiet von Huelin ging und dort den Tag in dumpfer Erstarrung am Meer verbrachte. Die Wellen schlugen melancholisch auf den grauen Sand, und der Fabrikrauch stieg verloren auf. Alle empfinden das so, die nichts im Magen haben.

Schließlich kam mein Geld doch an. Ich konnte mir ein gutes Essen leisten und auch einige Bücher, was mir ebenso wichtig war. Als ich sie gelesen hatte, fand ich, es sei Zeit, Málaga zu verlassen. Ich wählte einige Dinge in einem Antiquitätenladen aus und nahm den Zug nach Granada. Hier kaufte ich noch einige Keramiken - für die Fajalauza-Tonwaren mit ihren einst blassen, indigofarbenen Vogel- und Blumenmustern wurden neuerdings grelle synthetische Farben benutzt - dann reiste ich per Bus und Maultier weiter nach Ugíjar.

Inzwischen war es Weihnachten geworden. Die Möbel, die ich beim Schreiner bestellt hatte, waren fertig. Aus Granada hatte ich meinen Koffer mit einigen Büchern mitgebracht. Die letzten Tage bis zum Einzug verbrachte ich unter den Orangenbäumen mit einem Exemplar von Spinozas *Ethik*, und wenn sich dieses als zu anspruchsvoll erwies, griff ich zu Burys *Geschichte Griechenlands*. Die Jahre der Langeweile in Militärlagern und Schützengräben hatten bei mir einen ungeheuren Wissensdurst hinterlassen. Ich wollte gleich, nachdem ich mich niedergelassen hatte, etwas über Philosophie lernen und mir Griechisch beibringen. Ich schämte mich, mit fünfundzwanzig Jahren nicht mehr als ein paar Romane und einige Gedichte gelesen zu haben.

2. Die Alpujarras

An einem der ersten Januartage bezog ich mein Haus. Ich kam den steilen Zickzackpfad herauf mit zwei Maultieren, bepackt mit Möbeln - ein *catre* oder Feldbett, ein Tisch, zwei Stühle, ein irdener Wasserkrug, das Porzellan und die Keramiken, die ich auf meinen Reisen gekauft hatte, einige Decken und Küchenutensilien. Wie ich schon sagte, litt ich an chronischem Geldmangel. Ich besaß zu dieser Zeit 130 £ Kriegsanleihen und 30 £ auf der Bank, und alles, womit ich in Zukunft rechnen konnte, waren jährlich 15 £ zu Weihnachten und 10 £ zu meinem Geburtstag. Was ich sonst noch von meinem Gehalt als Captain und an Gratifikationen gespart hatte, hatte ich entweder für Bücher ausgegeben oder durch nachteilige Kapitalanlagen verloren. Obwohl man Spanien durchaus nicht als teures Land bezeichnen konnte, hatte es doch während des Krieges eine Blüte erlebt, daher war der Wechselkurs des Pfundes ungünstig für mich. Wenn ich also die Einrichtung meines Hauses vervollständigen und einige Jahre ein ruhiges Leben genießen wollte, mußte ich äußerst sparsam haushalten. Um gleich damit zu beginnen, wollte ich selbst kochen und den Haushalt versorgen.

Ich brachte meine Sachen in den Zimmern unter und überlegte, wo ich anfangen sollte. Am dringendsten brauchte ich Wasser. Ich nahm meinen Mut zusammen, packte den Tonkrug und zog damit zum Brunnen. Mehrere Frauen mit Kopftüchern und weiten, an den Hüften gerafften Röcken standen dort und schwatzten. Als ich dazukam, verstummte die Unterhaltung und sie starrten mich schweigend an. Dann rannte plötzlich der ganze Schwarm auf mich zu, riß mir den Krug aus der Hand, füllte ihn und trug ihn in geschlossenem Zug zu meinem Haus. Ich begriff, daß ich in unerhörter Weise gegen ein Gesetz des Dorfes verstoßen hatte, indem ich einen der Gegenstände, die ein Privileg der Weiblichkeit sind, auch nur angefaßt hatte, und daß ich mich wahrscheinlich eines ebenso schweren Vergehens schuldig machen würde, sollte ich es wagen, selbst zu kochen.

Als ich am Nachmittag im Haus herumwirtschaftete, auskehrte und Staub wischte, bemerkte ich, wie an den Fenstern auf der anderen Seite der Straße weibliche Gesichter auftauchten, die mich beobachteten und verschwanden, sobald ich zu ihnen hinüberblickte. Das machte mich nervös. Ich schloß die Holzläden - es gab nur zwei Häuser im Ort mit Fensterscheiben - und setzte meine Arbeit im Halbdunkel fort. Gegen Abend, als die Sonne unterging, stieg ich auf das Dach. Wie ich bereits erwähnte, war ein Teil des Hauses von einem großen Dachboden bedeckt, den man *azotea* nannte. Man lagerte darin Getreide und benutzte ihn zum Trocknen von Tomaten und roten Paprikaschoten. Er führte auf das flache Lehmdach, den *terrado*. Vor mir breitete sich eine unermeßliche Landschaft aus mit Blick auf Berge, Täler, Dörfer und die entfernte See. Sie erinnerte mich an die Illustrationen in Geographiebüchern für Kinder, die die Schönheiten der Welt zeigen. Hinter dem Haus erhob sich der Berg in einer sanften Folge bepflanzter Terrassen, während sich direkt zu meinen Füßen das Dorf an den Hang schmiegte, eine Anzahl grauer Rechtecke, von meinem Standort aus glich es einem kubistischen Gemälde von Braque. Gerade ging die Sonne unter. Die Ziegen und Kühe wurden nach Hause getrieben; wenn Männer und Frauen sich zuriefen, lagen ihre Stimmen wie lange wehende Bänder in der Luft, dazu kreisten weiße Tauben. Als ich so stand, gefangen von diesem Anblick, bemerkte ich einen süßen, aromatischen Duft. Ich schaute mich um und sah, daß aus jedem dieser grauen Flachdächer kleine Schornsteine ragten und daß aus jedem dieser Schornsteine blaue Rauchfahnen aufstiegen, die sich miteinander vereinigten und als dünner Schleier über dem Dorf hingen. Die Frauen kochten das Abendessen und benutzten als Brennmaterial Rosmarinbüsche, Thymian und Lavendel, die man auf den Rücken der Esel aus den nahen Bergen herabbrachte.

Ich war noch in diesen Anblick vertieft, als aus einer kleinen Dachluke eine Frau auftauchte. Sie trug abgetragene, schwarze Kleider, ein schwarzes Kopftuch, und ihr Alter war nicht annähernd zu schätzen. Doch allmählich sah ich, daß sie zwei Lebensalter hatte: ihr abgearbeitetes und faltiges Gesicht gehörte einer fünfzigjährigen Bäuerin, ihr geschmeidiger und biegsamer Körper aber und ihre stechenden, dabei lebhaften grauen Augen paßten eher zu einer Frau von kaum dreißig Jahren. Mit gesenktem Blick kam sie auf mich zu und erklärte, sie heiße Maria, sei die Magd des Hauseigentümers Don Fadrique und bereit, für mich zu arbeiten, falls ich es wünschte. Nach einigem Drängen nannte sie einen Preis - täglich eine Pesete und freie Verpflegung - und ich war einverstanden.

Allmählich lebte ich mich in meinem neuen Zuhause ein. Mit einem Lastwagen kamen meine Bücher - zweitausend Stück - aus Almería herauf, und nach und nach kaufte ich bei Handwerkern im Ort weitere Stühle und Tische, um damit die anderen Räume einzurichten. Ich arbeitete in der Regel morgens, ging am Nachmittag spazieren und verbrachte die Abende entweder lesend in meinem Zimmer oder unterhielt mich in der Küche mit Maria und ihren Freundinnen. Manchmal bekam ich auch Höflichkeitsbesuche der bessergestellten Leute oder derjenigen, die als solche gelten wollten, und obwohl die Öllampe zum Lesen wenig Licht gab, ging ich regelmäßig spät zu Bett.

Lebt man in einem spanischen Dorf, dann dauert es nicht lange, bis man in sein Leben hineingezogen wird. Wenn ich in den ersten ein oder zwei Wochen das Haus verließ, wurde ich nur angestarrt, doch bald grüßten mich die Leute freundlich und lächelten mir zu. Man brachte mir Eier, Obst und Gemüse als Geschenk ins Haus - eine liebenswürdige andalusische Sitte - und man lud mich zu Hochzeiten, Taufen und anderen Familienfesten ein. Mich überraschte die Gelassenheit, mit der man meine Anwesenheit im Ort aufnahm. In weniger abgelegenen Dörfern hatten mich die Leute mitunter gefragt, ob ich Gold suche, aber in Yegen interessierte sich niemand für die Gründe meines Aufenthalts und niemand stellte Fragen. Lag das an einer mangelnden Neugierde bei den Bauern? Ich denke, diese Erklärung wäre zu negativ. Mit der Zeit sah ich, daß das Leben dieser Menschen so eng mit ihrem Dorf verbunden war, daß alles, was außerhalb geschah und nicht mit den Begriffen des Dorfes erklärt werden konnte, für sie ohne Bedeutung war.

Bisher habe ich beschrieben, wie ich mich an diesem entlegenen Ort niedergelassen habe. Ich möchte jetzt vom Leben der Dorfbewohner berichten. Ich schlage vor, ihre Beschäftigungen zu beschreiben, ihre Bräuche, ihre Folklore, ihre religiösen Feste, ihre Liebesaffären und -streitigkeiten, ihre Typen und Originale und vieles mehr. Aber wo soll ich anfangen? Ich glaube, der Leser kann sich am ehesten ein Bild machen, wenn ich mit einer kurzen Beschreibung des Landes, in dem diese Menschen lebten, beginne. Wer Geographie langweilig findet, kann ein paar Seiten auslassen.

Die Gegend, bekannt als die Alpujarra oder die Alpujarras - sowohl die Singular- als auch die Pluralform sind gebräuchlich - besteht aus einem langen Tal, das sich zwischen der Sierra Nevada und dem Küstengebirge von Osten nach Westen erstreckt. Dieses Tal setzt sich aus zwei Hälften zusammen. Den Westen, mit Orgiva als Zentrum, durchteilt ein Fluß, der bei Motril in die See mündet, während die Gewässer des Ostens, dessen größte Stadt Ugíjar heißt, bei Adra ins Meer fließen. Diese beiden Teile unterscheiden sich im Charakter stark voneinander. Der erste ist steil, eng und von den höchsten Gipfeln der Schneeberge umgeben, während der zweite trotz seiner Berghänge, die bis in den Juli hinein schneebedeckt sein können, sich weiter, offener und insgesamt mediterraner darstellt. Ein dritter Teil dehnt sich weiter nach Osten aus, das Tal des Flusses Andarax, der bei Almería ins Meer mündet, doch liegt dieser außerhalb des Gebietes, das in diesem Buch beschrieben wird.

Etwas muß ich zu dem Gebirge sagen, das dieses Tal umschließt. So steil und felsig die Sierra Nevada im Norden ist, so sanft abgestuft zeigt sie sich nach Süden. Deshalb hatte man hier bepflanzte Terrassen bis in eine Höhe von mehr als 5000 Fuß anlegen können. Die Gipfel reichen hinauf bis 11.600 Fuß, höher als die höchsten Berge der Pyrenäen. Ihre Gewässer versorgen etwa siebzig kleine Städte und Dörfer in ihren südlichen Ausläufern, abgesehen von den großen und dicht bevölkerten Ebenen von Granada und Guadix im Norden. Von den Alpujarras aus betrachtet erscheint dieses Gebirge aber nicht sehr eindrucksvoll. Durch die konvexe Form der Berge sind ihre Gipfel vom Fuß aus nicht zu sehen. Man muß erst die Küstengebirgskette besteigen, um die Gipfel als eine lange, weiße, in Wellen verlaufende Linie zu erkennen, die allmählich nach Osten hin abfällt. Es gibt keine Spitzen, höchstens leichte Wölbungen und Verwerfungen in dem fast glatten Gebirgskamm, und Bergvorsprünge erinnern mit ihren rundlichen Formen an Fässer.

Gegenüber diesen gigantischen, wüsten Felsmassen bildet das Küstengebirge einen starken Kontrast. An seiner Westflanke, oberhalb von Orgiva, ragt die Sierra de Lújar heraus, ein eindrucksvolles Triaskalksteinmassiv. Im Osten grenzt daran die Sierra de la Contraviesa, eine sanft geformte Reihe roter Schieferformationen, kaum höher als 4000 Fuß, aber bemerkenswert durch ihre Vorsprünge und Schluchten, die an einen faltenreichen Vorhang erinnern. An deren Ende, direkt südlich von Yegen, fließt der Río Ugíjar ins Meer, und östlich erstreckt sich die Sierra de Gádor, ein gewaltiger Tafelberg, bis nach Almería; unbewässert und ohne Bepflanzung erhebt sie sich bis zu einer Höhe von fast 8000 Fuß. Diese Berge sah ich also, wenn ich vom Dach meines Hauses die großartige Umgebung betrachtete. Ich werde sie später noch eingehender beschreiben.

Yegen lag am Hang der Sierra Nevada, und eine Straße verband es mit Ugíjar. Vom Hügel oberhalb meines Hauses konnte man sehen, wie sie sich in leichten Kurven langsam am

Berg emporwand. Sie führte zuerst durch Válor, ein großes weißes Dorf, in dem die süßen Orangen reiften, drei Meilen weiter lag mein Dorf. Selbst in der Trockenheit des Sommers bot sie schattiges Grün, denn auf der ganzen Strecke von acht Meilen führte sie durch Terrassen von Obstbäumen, Oliven und Weinspalieren. Unterhalb der Bäume standen Weizen und Mais, wuchsen Bohnen und andere Pflanzen. Oberhalb Yegens führte die Straße um einen Felsvorsprung herum. Ein oder zwei Meilen weit gab es nichts als Steine und Kräuter zu sehen, unterhalb öffnete sich eine tiefe Schlucht. Hinter einer breiten Senke konnte man dann Mecina Bombarón erkennen, ein großes, teilweise weiß gekalktes Dorf mit vielen stattlichen Häusern, umgeben von Kastanienwäldern. Im Charakter ganz anders als Yegen, wirkte es kalt und nördlich und war bekannt für seine Äpfel und Kartoffeln. Wenige Meilen später endete die Straße plötzlich am Berg. Eines Tages würde sie sich gabeln, die linke Abzweigung sollte etwa 3000 Fuß tiefer bei Cádiar zum Fluß und von dort weiter nach Granada führen, die andere würde noch weiter in die Höhe zu den Kastanienwäldern und grasbewachsenen Bächen von Bérchules emporsteigen. Aber das sollte erst im Jahre 1931 der Fall sein. Einstweilen hatten wir eine Straße ohne nennenswerten Verkehr, auf der es sich gut spazieren ließ.

Die geographische Besonderheit von Yegen, verglichen mit seinen Nachbarn Válor und Mecina, war seine luftige Lage 4000 Fuß über dem Meer. Es lag auf einem Vorsprung am Berg zwischen Orangen- und Kastanienpflanzungen. Wirtschaftlich war es eher arm. Obwohl seine Böden fruchtbar und gut bewässert waren, und obwohl fast jeder Familie eine Parzelle oder Terrasse gehörte, fehlten die sonst üblichen wohlhabenderen Leute, etwa die, die sich jeden Samstagabend oder sonntags rasieren und die sich Lederschuhe und Krawatten anziehen. Ebenso fehlten hier die gelegentlichen großen Häuser mit Ziegeldächern oder Backsteinwänden. Die Bauweise war insgesamt einfach und nach Art der Berber.

Aber folgen wir einmal nicht der Straße, sondern erklettern wir den Maultierpfad direkt oberhalb des Dorfes. Der Berg ist hier nicht sehr steil. Bald hören die Olivenbäume auf, und es folgt eine parkähnliche Anlage von Kastanienbäumen. Überall gibt es Bäche. Im Winter fließen sie durch die Schluchten hinunter ins Tal, im Sommer dagegen leitet man sie in Kanälen entlang der Bergkämme und Vorsprünge. Der charakteristische Baum ist die Pappel. Pappeln säumen die Wasserläufe und wachsen auch in bewässerten Hainen, deren feine grüne Graspolster zum Niederlegen nach Art der Schäfer von Giorgione einladen, bis man merkt, daß sie klatschnaß sind. Die Pappeln gehören zu einer ausländischen Spezies, stammen aus Virginia und wurden während des letzten Jahrhunderts als Lieferanten von Bauholz hier eingeführt. Sie haben klebrige, aromatische Knospen, herzförmige Blätter, und obwohl man sie nie sehr groß werden läßt, bilden sie ein zartes Muster, wie eine Stickerei auf dem riesigen, eher einförmigen Gebirge. Ihre feinen, spindelförmigen Silhouetten erhoben sich, eine über der anderen, im Abendlicht bis zum Horizont.

Etwa tausend Fuß oberhalb des Dorfes erreichte man den Hauptbewässerungskanal, der von einem Gebirgsbach hoch oben in den Bergen gespeist wurde, die Bäume machten hier einer Wildnis von grauen Felsen und Kräuterbewuchs Platz. Es war immer noch ein Aufstieg von etwa drei Stunden zum Paß nötig, der zum Plateau auf der anderen Seite führte. Aber welch eine Aussicht, wenn man sich umsah! Die zerfurchten Wellen roter, gelber und violetter Berge breiteten sich weiter unten zu einem flachen Teppich aus, der bis zur See reichte. Das Rauschen des Wassers und die Geräusche des Dorfes drangen nicht bis nach hier oben - um mich herum war völlige Stille.

Anstatt auf die Berge zu klettern, konnte man sich allerdings auch nach unten wenden. Die Pfade unterhalb des Ortes waren steiler und von den langen Ästen der Olivenbäume überwachsen. Bald wurden sie immer abschüssiger. Man verließ die

Bewässerungskanäle, die im Frühling von purpurnen Schwertlilien und blauem Immergrün gesäumt waren, und kam in eine Gegend tiefroter Felsen, die sich zur Schlucht hin verloren. Hier erhob sich die Piedra Fuerte, ein einzelner Felsblock, auf dem einst eine maurische Burg gestanden hatte. Jetzt wohnte hier eine Wildkatzenfamilie. In den weichen Sandsteinfelsen nisteten Kolonien von Bienenfressern, die durch die Luft schossen und dabei mit ihrem leuchtend grünen und gelben Gefieder farbige Streifen zeichneten. Hier wuchsen Orangenbäume mit ihren gelben Früchten und Feigenkakteen. Unten angelangt befand man sich schließlich in einem sandigen Flußbett, in das Tamarisken und Oleander hineinragten.

Das Dorf selbst war ein recht einfacher Ort, ungeachtet seiner ausgedehnten fruchtbaren Ländereien und seines Reichtums an fast allen Feldfrüchten und Obstbäumen. Es hatte etwas über tausend Einwohner, die in zweihundert oder vielleicht auch mehr zweigeschossigen Häusern wohnten. Diese waren aus unbehauenen Steinen und Erde gebaut und manchmal - besonders im Fall der besseren Häuser - grob mit Mörtel verputzt. Innen waren die Wände gegipst und gekalkt, aber wie in allen *pueblos* der Alpujarras, die sich an die alte Tradition hielten, wurden sie außen nicht getüncht. Die Dächer bestanden aus einer horizontalen Lage schwerer Steinplatten, die man mit einer dicken Schicht *launa* bedeckte (eine Art schiefrigen Tons, der beim Zerfall grauen Magnesiumschiefers in Bachläufen entsteht) und feststampfte. Deren Gewicht gab den Mauern Festigkeit gegen die Tornados, unter denen wir in den kalten Monaten des Jahres zu leiden hatten. Einige dieser Steinplatten, die *aleros* genannt wurden, standen etwa einen Fuß über den Rand der Dächer, um die Wände zu schützen, wobei das Wasser über ein Abflußrohr vom Dach geleitet wurde. Ein Merkmal dieses Gebäudetyps waren die flachen *azoteas* oder Mansarden, die über einen Teil des *terrado*, des Dachbodens gebaut wurden und nach vorne offen waren. Hier konnte man während der Herbst- und Wintermonate zum Trocknen aufgehängte Maiskolben, aufgefädelte rote Paprikaschoten, Tomaten und Auberginen in Scheiben sehen, und wo es keine Mansarde gab, hatten die Häuser meist eine lange offene Galerie im ersten Stock, die dem gleichen Zweck diente. Wie in Bergdörfern üblich, waren die Straßen gewunden, eng und oft auch steil. Die an den Hang gebauten, verschachtelten Häuser ergaben aus der Entfernung das Bild eines wild durcheinander gewürfelten Haufens, eins auf dem anderen hinauf bis zur Spitze.

Diese Architektur findet man nur in den Alpujarras und im Algerischen und Marokkanischen Atlas, obwohl es Häuser mit Flachdächern in der trockenen südöstlichen Region Spaniens bereits in der frühen Bronzezeit gegeben hat. Da die Alpujarras im Mittelalter von Gebirgsberbern besiedelt wurden, können wir annehmen, daß sie es waren, die diese Bauweise hier eingeführt haben. Jedenfalls sind wohl viele der Häuser in Yegen, auch wenn sie immer wieder verändert wurden, maurischen Ursprungs.

Wie die meisten Dörfer der Sierra Nevada bestand Yegen aus zwei *barrios* oder Vierteln, die nahe beieinander errichtet worden waren. Das *barrio de arriba*, das obere Viertel, in dem ich wohnte, begann direkt unterhalb der Straße und endete an der Kirche. Hier lag ein ebener Platz von etwa zwei oder drei Morgen Ausdehnung - eine Unterbrechung im endlosen Gefälle - den man bepflanzt hatte, und direkt unterhalb davon begann das *barrio de abajo*, das untere Viertel. Die ausgesprochen starke Bindung der Spanier an ihren Geburtsort zeigte sich sogar im Fall dieser *barrios*, denn obwohl es keinen Unterschied in ihrer sozialen Zusammensetzung gab, war doch ein entschiedenes Konkurrenzdenken zwischen ihnen zu spüren. Freundschaften schloß man vorwiegend in dem Viertel, in dem man wohnte, und mußte jemand umziehen, vermied er es, sich im anderen Teil niederzulassen. Sowohl in Fragen der Politik wie auch bei privaten Streitigkeiten neigten die beiden *barrios* dazu, unterschiedliche Standpunkte einzunehmen. Da es aber keine Hindernisse gab, untereinander zu heiraten, gingen diese Gefühle nie sehr tief und waren natürlich nicht mit der Kluft zu vergleichen, die ein *pueblo* oder Dorf vom anderen trennen konnte.

Jedermann, der zum Geltungsbereich des Dorfes gehörte, hatte auch sein Haus hier, mit Ausnahme von vier oder fünf Familien, die einen Fußweg von einer halben Stunde außerhalb in Montenegro wohnten. In der Zeit der Mauren war das ein einziger Gutshof gewesen und hatte einem reichen Araber aus Mecina Bombarón namens Aben Aboó gehört, einem der Führer des Aufstands gegen die Spanier im Jahre 1579, war aber jetzt in eine Anzahl kleiner Besitztümer aufgeteilt. So bildete es einen sogenannten *caserío* oder *cortijada*, einen Weiler sozusagen, kleiner als ein *lugarcillo* (Marktflecken) oder ein *barrio* (Viertel), und seine Unabhängigkeit vom Dorf zeigte sich daran, daß dort zwei Familien aus dem benachbarten Dorf Yátor wohnten. Nach alter Sitte konnte kein "Ausländer" Land in einem Alpujarradorf besitzen, pachten oder darauf beschäftigt werden. Wenn er allerdings wohlhabend war, hatte niemand etwas dagegen einzuwenden. Eine weitere größere Ansammlung von Häusern, die man einen *lugar* nannte, hatte es in maurischer Zeit an der Cuesta de Viñas an der Ostseite des Dorfes gegeben, sie war aber verschwunden, ohne irgendwelche Spuren zu hinterlassen. In der Nähe dieses Ortes stand ein kleiner *cortijo*, ein Bauernhof, der vom Dorf aus betrieben wurde. Es war der einzige ständig bewirtschaftete Hof innerhalb der Grenzen Yegens, mit Ausnahme der Rinderfarm, die meinem Vermieter Don Fadrique gehörte und mehrere Stunden Fußweg entfernt in den Bergen lag. Darüber werde ich später berichten.

3. Freunde und Nachbarn

Erste Einblicke in das spanische Leben erhielt ich von Maria Andorra, meiner Haushälterin. Ihre Mutter war Hebamme und Wahrsagerin gewesen, und so bezog ich meine Kenntnisse über Yegen auf dem Umweg über Folklore, Hexerei, dörfliche Sitten und ähnliche Dinge, die bald völlig verschwunden sein werden. Sie wußte alles über Kräuter, die zum Färben und als Medizin benutzt wurden, und sie konnte auch großartig Geschichten erzählen. Ihre Märchen waren meist schon von den Brüdern Grimm her oder den Erzählungen aus *Tausendundeiner Nacht* vertraut, doch bei ihr waren sie alle etwas schlüpfrig oder obszön. Wenn man von dem keuschen, unerotischen Irland absieht, sind Bauern in der Regel nicht sehr zart besaitet, es sei denn, ein Heimatforscher kommt mit Notizblock und Stift.

Manchmal konnte ich Maria dazu bewegen, über Hexerei zu sprechen. Wie sie mir sagte, hatten die *hechiceras*, die Hexen, ihre besten Tage bereits hinter sich. Durch den einige Jahre zuvor erfolgten Bau der Straße waren ihre Aktivitäten erheblich beschnitten worden. Ihre Kunst erforderte Abgeschiedenheit, und deshalb waren sie sehr verärgert über die Bauarbeiten. Wäre ich aber ein paar Jahre früher nach Yegen gekommen, so hätte ich nach Marias Versicherung noch sehen können, wie sie bei Mondlicht durch die Luft schwebten, wie Eulen auf den Pappeln hockten und schließlich zu den Dreschplätzen flogen, auf denen sie ihre Versammlungen abhielten. Ihre Mutter war, wenn Maria mir das auch nicht sagte, eine bekannte Hexe, eine *hechicera*, gewesen, während der Müller ein Hexenmeister gewesen war, den sie selbst mehrere Male hatte durch die Luft fliegen sehen. Das war erstaunlich, denn der Müller war ein untersetzter, schwerer Mann von über sechzig Jahren. Sein Körperbau ließ keinesfalls einen Menschen vermuten, der sich jeden Samstagabend wie ein Hubschrauber von seinem Dach in die Lüfte erhebt.

Das Symbol für die Macht einer Hexe waren Mörser und Stößel, die von der Mutter auf die Tochter vererbt wurden. Da aber jede Familie einen Mörser besaß - sie rangierten unter den notwendigen Haushaltsgegenständen gleich hinter der Bratpfanne und noch ein ganzes Stück vor dem Wasserkessel - ließ sich nicht ohne weiteres sagen, welchen davon magische Eigenschaften innewohnten. Vielleicht besaßen nur die alten hölzernen, die neuerdings von Messingmörsern verdrängt wurden, die nötige Kraft. Trotz des Straßenbaus waren sie immer noch häufig in Gebrauch; denn hatte man auch die Kunst des Fliegens verlernt, so war doch das Brauen von Liebestränken im Schwunge geblieben. In einer sich verändernden Welt müssen sich sogar Hexen an die neuen Bedingungen anpassen, und mit der Zunahme des Luxus und des Lasters, die allgemein als ein Symptom der modernen Zeiten angesehen wurden, hatte die Kunst, Liebestränke herzustellen, neue Bedeutung gewonnen.

Ob sie nun die Künste ihrer Mutter geerbt hatte oder nicht, meine Haushälterin war jedenfalls von einnehmender und starker Wesensart. Ihr Nachname Andorra - sie selbst benutzte nur ihren anderen Nachnamen Moreno - bedeutet 'eine Frau, die immer umhergeht', also 'ein Straßenmädchen'. Es war der Name ihrer Mutter und wohl auch ihrer Großmutter gewesen, und er paßte so gut zu ihr, daß er an ihr hängengeblieben war. Sie bewegte sich schnell und geschmeidig, und unter ihrer abgetragenen schwarzen Kleidung - in unserem Dorf trugen verheiratete Frauen über fünfundzwanzig schwarz - wand sich ihr Körper wie der einer Schlange, und manchmal schien sie im Übermut kurz davor zu sein, ganz aus ihren Kleidern zu schlüpfen. Sie war eine gute Tänzerin mit verhaltener Spannkraft, und nach so manchem aufregenden Abend, wenn Zigeuner gekommen waren und sie genügend Wein getrunken hatte, tanzte sie ein oder zwei *malagueñas* mit und ließ sich dann wie in Trance auf einen Stuhl fallen. Ihre Tragödie war ihr Gesicht. Obwohl sie zu der Zeit kaum über dreißig war, war es faltig und ausgemergelt wie bei einer älteren Frau, und nach ein oder zwei Jahren fand ich die Ursache heraus. Sie ließ niemals Wasser an ihr Gesicht, sondern wusch es morgens und abends mit starkem Anisgeist, dadurch wurde ihre Haut verbrannt und runzelig, bis sie aussah wie die spanische Sierra.

Es dauerte nicht lange, bis mir Maria ihre Lebensgeschichte erzählte. Ihr Vater war jung gestorben, und sie war von der Mutter aufgezogen worden. Im Alter von achtzehn oder neunzehn Jahren war sie dann als Dienstmädchen zu meinem Hauswirt gekommen. Seine Frau zog es vor, den größten Teil des Jahres in ihrem alten Zuhause in der Nähe von Granada zu verbringen, denn sie hatte mehrere sehr anfällige Kinder, und die Ärzte waren dort besser. Es war also fast unvermeidlich, daß Maria seine Geliebte wurde. Für einige Zeit wurde die Affäre geheimgehalten, bis eines Tages ein Kind geboren wurde, ein dünnes, kränkliches Mädchen namens Angela, die zur Zeit meiner Ankunft im Dorf etwa neun Jahre alt war. Zu ihrer Geburt vermachte mein Hauswirt Maria ein kleines Haus, das an sein eigenes grenzte, während seine Ehefrau das Kind in einer Anwandlung christlicher Vergebung auf ihren eigenen Armen zum Taufbecken trug.

Don Fadrique war ein kleiner feingliedriger Mann mit einem langen traurigen Schnurrbart und etwas hervorstehenden, feuchten Augen, ein Musterexemplar jenes garnelenartigen Typs, der im Mittelmeerraum gedeiht und das melancholische Temperament der physisch Zukurzgekommenen hat. Aus seiner Unzulänglichkeit heraus hatte er eine trockene, vorsichtige Art und eine amüsierte und skeptische Einstellung gegenüber den Menschen und dem Leben entwickelt. Wie alle Bewohner der Alpujarras, hatte er eine große Liebe zum Land. Sein Herz wie auch seine Geldbörse hingen an der Farm hoch in den Bergen und an seinen Mais- und Weinterrassen. Das untätige, städtische Leben, das er im Hause seiner Schwiegermutter in der Nähe von Granada führte, ödete ihn an. Sein größtes Vergnügen war es, unrasiert und ohne Kragen in einem abgetragenen Rock und alten Hosen in der Küche zu sitzen, sich mit der *gente del campo* zu unterhalten und sein Lieblingsfrühstück, einen Napf *migas* oder Maispolenta mit gebratenen Sardinen und darübergegossener heißer Schokoladensoße zu essen.

Maria gefiel es immer wieder, mir ihr Verhältnis mit Don Fadrique aus der Zeit zu schildern, als seine Frau in der Stadt lebte. Er stand früh auf, um zu seiner Farm zu gehen, sattelte sein Pferd und führte es aus dem Hof in einen Stall, der etwas weiter oben an der Straße lag. Dann schlich er zurück zu Marias Haus und verbrachte eine Stunde mit ihr im Bett. Aus der Art und Weise, in der sie davon erzählte, sah ich, daß sie vor allem die geschickte Durchführung des Betruges beeindruckt hatte. Wie eine echte Bäuerin bewunderte sie die Verschlagenheit und außerdem war sie ziemlich boshaft.

Als ich dann jedoch Don Fadriques Frau kennenlernte, war ich überrascht. Doña Lucía war ein ungewöhnliches Geschöpf, von feiner, geradezu japanischer Schönheit, leidenschaftlich, romantisch und von einer Großzügigkeit und Herzensgüte, wie ich sie bei kaum einem anderen Menschen gefunden habe. Sie hatte ein tragisches Schicksal. Vier von ihren Kindern hatte sie im frühesten Kindesalter sterben sehen, und nun war auch die einzige ihr noch gebliebene Tochter, ein schönes, siebzehnjähriges Mädchen, gestorben, und so blieb ihr nur der Sohn, ein kränklicher, matter Jugendlicher. Ihre Mutter, in deren Haus sie so lange gelebt hatte, war eine polternde, herrschsüchtige und lärmende Person, und ihre Ehe konnte man kaum als glücklich bezeichnen. Ich werde später mehr über sie sagen.

Ich bekam Don Fadrique ziemlich oft zu sehen, denn bei Abschluß des Mietvertrages hatte er sich mit einem Trick in meinem Haus ein Zimmer reserviert. Nun kam und blieb er, so oft und so lange es ihm gefiel. Ich schätzte seine Anwesenheit nicht sehr, gleichwohl konnte ich ihn persönlich recht gut leiden. Er war ein gebildeter und nicht unintelligenter Mann mit einer

Neigung zur Populärwissenschaft und zur Astronomie. Wirklich glücklich fühlte er sich aber erst, wenn er alte Kleider trug und mit seinen Bauern Ernte und Preise erörtern konnte. Mit gelassener Geringschätzung betrachtete er alles, was mit dem Stadtleben zusammenhing, einschließlich des ganzen Überbaus der Zivilisation mitsamt Priestern und Religion. Sich selbst hielt er gern für einen Realisten. Ich habe den Verdacht, daß dieser Begriff denselben neurotischen Zwang, eine ebenso einseitige Perversion normaler Erfahrung verbirgt wie das Wort Romantik. Die Leidenschaft für seine schlaue bäuerliche Geliebte mit ihrem behenden, sinnlichen Körper und ihrem Hennengesicht war Ausdruck dieser Einstellung, seine Begierde nach "Realität" die Sehnsucht eines schwachen, aber kultivierten Mannes, der glaubt, daß er durch Berührung mit dem Erdhaften und Niedrigen Kraft gewinnt. Es gibt so etwas wie einen Antäus-Komplex.

Maria hatte eine Schwester namens Pura, die oft kam und stundenlang in meiner Küche saß, ohne ein Wort zu sprechen. Sie war Witwe und besaß ein kleines Stückchen Land, das sie allein mit ihrem Sohn bestellte. Man kann sich kaum ein naturverbundeneres Geschöpf vorstellen: sie sah aus wie ein eben aus der Erde gezogener Rettich, an dessen Wurzeln noch Erdreste hängen. Sie war in jeder Beziehung ein urwüchsiges Wesen. Ihre schwarzen Haare hingen lang und ungekämmt herunter, ihr Gesicht und ihr Körper waren braun wie altes Leder, und ihre Brüste, die aus ihrer knopflosen Bluse heraushingen, wenn sie sich hinsetzte, waren lang wie Euter. Sie hatte einen seltsam erdigen Geruch an sich, der in den Räumen zurückblieb, wenn sie gegangen war, und ihr Gesicht war, obwohl im Grunde hübsch geschnitten, leer und ausdruckslos wie ein Tonkrug. Sie war ein harmloses Geschöpf, das weiter keine Interessen im Leben hatte als ihr kleines Stück Land, auf dem man sie, über eine Hacke gebeugt, den Boden bearbeiten sah, zu welcher Tageszeit man auch vorbeikam. Manchmal hatte sie epileptische Anfälle, und ihr Sohn, ein dunkelhäutiger, einsilbiger junger Bursche, schlug sie, wenn er Geld für Zigaretten von ihr haben wollte. Dann war ihr lautes durchdringendes Geschrei im ganzen *barrio* zu hören.

Don Fadriques Verlangen nach Vereinigung mit dem Erdhaften hatte ihn einmal verleitet, ihr Gewalt anzutun. Er war eines Abends in ihr Haus gegangen, dessen gesamtes Mobiliar aus einem Tisch und zwei zerbrochenen Stühlen bestand, und hatte sie auf die Strohmatratze geworfen, die ihr als Bett diente. Sie hatte sich nicht gewehrt, aber so lange die Sache dauerte, einen anhaltenden monotonen Schrei ausgestoßen - wie ein Schwein, das geschlachtet wird. Danach knöpfte Don Fadrique seine Hosen wieder zu, zuckte die Achseln und ging davon.

»Ich dachte immer«, bemerkte er später vieldeutig zu Maria, »deine Schwester wäre eine ganz schweigsame Frau. Aber sagt man in ihrem Hause nur zwei Worte zu ihr, dann schreit sie.«

Er ließ die Schwester jedoch wissen, daß sie etwas Olivenöl haben könne, wenn sie es in seiner Bodega abhole. Und da sie sehr geizig war, gab sie sich damit zufrieden. Sie hatte ihre Pflicht getan und geschrien, ihre Ehre war also gerettet.

Es gab drei nur undeutlich definierte Klassen im Dorf - die Reichen, die Bauern und die Armen, wobei unter letzteren diejenigen Familien zu verstehen sind, die nur ein oder zwei Streifen Land besaßen oder gepachtet hatten und ihres Unterhaltes wegen auch noch für andere arbeiten mußten. Die Reichen - die 'Leute von Stand', wie sie gern genannt wurden - waren in der Regel uninteressant. Die Langeweile hatte sich in ihren Gesichtern abgesetzt wie Staub in unbewohnten Zimmern; sie waren wegen ihrer sozialen Stellung abgekapselt und schmarotzten an den Gefühlen ihrer ärmeren Nachbarn, die gleichsam stellvertretend für sie lebten und ihnen Sorgen und Freuden abnahmen. Ich mußte regelmäßig die Besuche des Mannes der Lehrerin über mich ergehen lassen, der einmal Musiklehrer gewesen war. Er war ein älterer Mann mit einem buschigen grauen Schnurrbart und ausdruckslosen, runden, geäderten Augen und kam aus dem

Norden Spaniens. Er litt zutiefst unter dem schweren Schicksal, in dieses barbarische Dorf verbannt zu sein, in dem es kein Kaffeehaus gab, keinen abendlichen *paseo*, keine Promenade und nur wenige Kartenzirkel. Um das auszugleichen, machte er mir endlose Besuche, in der Annahme, daß ich als Engländer ebenfalls unter diesen Verhältnissen leiden müßte. Er gehörte zu den - in Spanien vielfach vertretenen - Leuten, die der Meinung sind, daß eine Sache immer unumstößlicher wird, je öfter man sie ausspricht. So führten wir bei jedem seiner Besuche immer wieder die gleiche Unterhaltung. Hatten wir die Kopfschmerzen seiner Frau und seinen Hexenschuß erschöpfend besprochen, so brachte er die Rede auf England und dessen Unterschiede zu Andalusien.

»Sie haben nicht viel Sonne in England?«

»Nein, Don Eduardo, nur sehr wenig.«

»Es regnet immer?«

»Ja, fast immer.«

»Und ist es neblig?«

»Ja, es ist neblig.«

»Aber Sie können doch immerhin Orangen ziehen?«

»Nein, dafür ist es zu kalt. Unser Obst sind Äpfel und Pflaumen.«

»Und Oliven natürlich.«

»Leider nein. Oliven brauchen Sonne.«

»Das ist sehr merkwürdig. Ich habe geglaubt, Sie könnten dank der warmen Strömung, die vom Golf von Mexiko nach England kommt, Pflanzen aus südlichen Breiten anbauen.«

»Keine einzige.«

»Aber Feigenbäume haben Sie doch sicherlich?«

»Ja, an ein paar Orten, aber die Früchte werden gewöhnlich nicht reif.«

»Ah, Feigen wachsen also. Das dachte ich mir. Und dann haben Sie Mandelbäume.«

»Nein, überhaupt nicht.«

»Wie kommt das? Ich bin noch nie in einem Land gewesen, in dem es keine Mandelbäume gibt. Sogar in Burgos, wo es sehr kalt ist, wachsen sie.«

»Aber in Burgos scheint die Sonne.«

Dann trat eine Pause ein, in der Don Eduardo über seine nächste Frage nachdachte. Er war ein Mann, der Gewißheit haben wollte. Seine Ansichten verhärteten sich schnell zu Dogmen; sie wurden für ihn zu Wahrheiten, indem er sie immer wieder mit Nachdruck wiederholte. Daher störte ihn jeder Widerspruch, und der geringste Verdacht eines Zweifels schlug eine Bresche in die Phalanx fester Überzeugungen, mit der er sich zu seinem Schutz und zu seiner Beruhigung umgeben hatte. Er war bereit, um die nebensächlichsten Dinge bis zum letzten zu kämpfen. Wurde er zurückgeschlagen, nahm er wenige Minuten später aus den gleichen Stellungen heraus den Angriff wieder auf.

»Wie kommt es dann«, sagte er und fixierte mich mit seinen wässrigen Augen, »wie kommt es, daß Sie Zuckerrohr pflanzen, wenn Sie keine Mandelbäume ziehen können? Es ist allgemein bekannt, daß Ihr Engländer nur Zuckerrohr eßt...«

Und doch war Don Eduardo auf seine Weise ein aufgeklärter Mann. Er kritisierte mit Vorliebe die Trägheit und den mangelnden Wissensdurst seiner Landsleute und erklärte gern, dies sei der Grund für ihre Rückständigkeit. Besonders stolz war er darauf, daß er sich stets mit irgendetwas beschäftigte. Obwohl er infolge grauen Stars fast blind war, reparierte er Uhren, und da das Dorf damit nicht reichlich versehen war - genaugenommen gab es nur zwei in Yegen - verbrachte er seine Zeit damit, eine kaputte Uhr, die seinem Vater gehört hatte, immer wieder auseinanderzunehmen und zusammenzusetzen. Seine Tochter stopfte Vögel aus und machte Flechtarbeiten, soweit sie nicht im Haushalt beschäftigt war, während seine Frau ein Album mit getrockneten Blumen besaß, in dem unter jeder Blume in säuberlicher Handschrift der Name und der Zeitpunkt des Fundes vermerkt waren. So hätte man sie fast für eine nordeuropäische Familie halten können.

Ein anderes Original war José Ortega, der Krämer. Er war als junger Mann nach Südamerika ausgewandert, hatte etwas Geld gespart und war zurückgekommen, um seinen Laden zu eröffnen. Er war ein liebenswerter, etwas farbloser Mensch, dessen einziger Ehrgeiz darin bestand, jedes Jahr etwas mehr Zucker, Reis und Stockfisch zu verkaufen und mit dem Titel Don angesprochen zu werden. Diese Anrede aber verweigerte ihm das Dorf, denn diese drei Buchstaben waren das Privileg derjenigen, die entweder vornehme Geburt oder eine gute Schulbildung ins Treffen führen konnten; durch Geld allein konnte man sie nicht erwerben. Denn was war schon Geld? Die weisen Männer des Dorfes - und fast jeder spanische Bauer wird weise, wenn er die Fünfzig überschritten hat - waren sich darin einig, daß Geld die Wurzel des *vicio*, des Lasters, sei. Heute war die Welt voller Laster. Sie konnten sich noch jener glücklichen Zeiten erinnern, da auch die Reichen Roggen- oder Maismehl in ihren Brotteig mischten, da nur ein paar ältere Damen Kaffee und Schokolade tranken und kein junger Mann unter Dreißig gewagt hätte, in der Öffentlichkeit zu rauchen. Gab man Geld aus, um Staat zu machen, so war nichts dagegen einzuwenden, diente es aber der Genußsucht, so war das lasterhaft.

Federico war mit dieser Sichtweise allerdings nicht einverstanden. Er war der Sohn des ehemaligen Bürgermeisters, der den Gemeindebesitz - einige tausend Morgen gebirgiges Weideland und Steineichenwald - verkauft und einen Teil des Erlöses in die eigene Tasche gesteckt, ihn, wie man es nannte, 'aufgegessen' hatte. Das Geld war bald zerronnen. Der Sohn wanderte nach Argentinien aus, arbeitete hier eine Reihe von Jahren als Kellner in einem englischen Klub und kam voll sehnsüchtiger Erinnerungen an jene Tage wieder nach Yegen zurück.

»Diese Frauen...! Dieser Luxus...! Dieses Laster...! Wer es nicht selbst erlebt hat, kann es sich nicht vorstellen, sage ich euch. Sessel wie Federbetten! Illustrierte Zeitschriften stapelweise! Fließendes warmes Wasser in den Spülküchen! Die Straßen duften wie Ströme von Kölnisch Wasser! Nein, nein, wir Spanier wissen nicht, was Laster ist. Wir leben wie die Wilden, wie Barbaren!«

Nach dem Ton zu urteilen, in dem er sprach, hatte er drüben ein rauschendes Leben geführt: Mädchen am laufenden Band, seidene Krawatten, Whisky, Haarwäschen... Er predigte die Überlegenheit des Lasters über die Tugend mit der ganzen Überredungsgabe des epikureischen chinesischen Philosophen. Aber seine Handlungen paßten nicht dazu. Er arbeitete schwer, hatte nicht geheiratet, ging nie tanzen, machte niemals Besuche. Wenn man ihn sprechen wollte, mußte man zu dem Stück Land gehen, das er mit Hilfe eines Jungen selbst bestellte. Dort beschnitt er seine Weinspaliere oder pflügte - ein eleganter, sympathischer Mann mit grauem Haar, goldgerandeter Brille und einem sehr sauberen Hemd. Für einen Augenblick hielt er inne, um sich weitläufig über sein Thema auszulassen, und kehrte dann mit wildem Eifer an seine Arbeit zurück. Denn dieser Exponent eines zügellosen Lebens war immer in Eile: er hatte in unsere einfache bäuerliche Welt nicht nur die verfeinerte Lebensart des Stadtmenschen, sondern auch die Behendigkeit des Kellners gebracht.

4. Lytton Stracheys Besuch

Kurz nachdem ich mich in meinem Haus eingerichtet hatte, kündigte sich Besuch an. Mein Freund Ralph Partridge schrieb, er beabsichtige, Anfang April zu Besuch zu kommen. Eine junge Frau namens Carrington und Lytton Strachey, ein Schriftsteller, der kürzlich zu Ruhm gekommen sei, würden ihn begleiten. Eine bessere Nachricht konnte nicht kommen, denn ich hatte nun fast sechs Monate keinen meiner Freunde gesehen und litt allmählich unter meiner Isolation. Aber bevor ich ihren Besuch beschreibe, sollte ich vielleicht erklären, wie ich sie kennengelernt hatte.

Ralph war während des Krieges in meinem Regiment gewesen. Wir waren zusammen in Ypres und Armentières und später dann an der Somme. Nach dem Waffenstillstand kehrte er nach Oxford zurück. Zu der Zeit war er ein eher lässiger Mensch, der zu plötzlichen Kraftausbrüchen neigte. Er hatte Verstand, aber er benutzte ihn nicht, und mit einer Keule in der Hand hätte man ihn aufgrund seines Körperbaus für Herkules halten können. Sein durchtrainierter Körper, seine lebhaften blauen Augen und seine übermütige gute Laune zogen Frauen beinahe unwiderstehlich an, und das war sein Glück, denn Frauen, insbesondere in der Gestalt von Schauspielerinnen und Revuegirls, waren so ziemlich das einzige, was ihn interessierte. Andererseits neigte er Männern gegenüber zu Arroganz. Ob er nun, wie ich mir gerne vorstellte, in früheren Inkarnationen Agamemnon, Mark Anton, Gargantua, ein Nabob der East India Company oder etwa ein junger Bursche während der Regency gewesen war - in diesem Leben hatte er es jedenfalls geschafft, die üblichen Stufen des englischen Erziehungswesens zu durchlaufen, ohne die leiseste Spur christlicher Empfindung anzunehmen. Aufgrund seines Werdeganges in der Schule und in der Armee verachtete er Feigheit ebenso wie starre Konventionen, Eigenschaften also, die man bei den meisten Menschen in der einen oder anderen Form beobachten kann.

Sein Verhalten in Oxford veranschaulicht das. Er arbeitete überhaupt nicht, begann aber nebenbei, zu rudern. Als man ihm einen Platz im Auswahlachter der Universität anbot, lehnte er ab, da sich der Termin mit einer Auslandsreise überschnitten hätte, willigte aber später ein, für sein College zu rudern. Nachdem man erfolgreich gewesen war, meldete er sich zum Wettkampf um den Ladies Plate in Henley und stellte die Bedingung, nicht trainieren zu müssen. Als das Team der Christ Church gewann, obwohl er die Nacht vor dem Wettkampf mit einer Frau verbracht hatte, bot man ihm an, bei den Olympischen Spielen für England an den Start zu gehen. Ihn reizte diese Aussicht nicht, und er lehnte ab.

Schon bald nach seiner Ankunft in Oxford lernte er Carrington kennen - von ihr kannten alle nur den Nachnamen - und verliebte sich Hals über Kopf in sie. Sie war Malerin und gehörte zu den brillantesten Schülerinnen an der Slade, hatte aber im letzten Kriegsjahr an einem Wochenende in Sussex Lytton Strachey kennengelernt und eine plötzliche und heftige Zuneigung zu ihm entwickelt. Er hatte bestenfalls mit unbestimmtem Wohlwollen reagiert, doch sie ließ sich nicht abschütteln. Als er zusammen mit Freunden aus Cambridge, darunter Maynard Keynes und Sidney Saxon-Turner, das Mill House in Tidmarsh in der Nähe von Pangbourne mietete, zog sie als Haushälterin mit ein. Kurz darauf stieß auch Ralph zu ihnen.

Heute weiß ich nicht mehr genau, wie ich Carrington kennenlernte, wir hatten außer Ralph noch andere gemeinsame Freunde, aber ich kann mich noch genau an meinen ersten Besuch in Tidmarsh erinnern, bei dem ich Lytton Strachey kennenlernte. Es war einer jener stark bewölkten englischen Sommertage. Die Bäume und das Gras waren in sattes Grün getaucht, aber die purpurnen Wolken nahmen das Licht und machten das Innere der Häuser dunkel und schwermütig. Carrington kam an die Tür. Mit ihren unruhigen blauen Augen und ihren goldbraunen Haaren im glatten Pagenschnitt erinnerte sie mich an einen der lautenspielenden Engel in Piero della Francescas *Geburt Christi*, und zwar an den vierten von links. Sie führte mich ins Wohnzimmer. Am anderen Ende saß eine ungewöhnliche Gestalt in einem tiefen Lehnstuhl. Ich hatte sofort, noch bevor sich meine Augen an das schwache Licht gewöhnt hatten, den Eindruck, ein Ziegenbock starre mich aus der Tiefe einer Höhle heraus an - mehr noch, dieses Bild zeichnete sich deutlich vor meinem geistigen Auge ab. Dann sah ich, daß es sich um einen Mann handelte und nahm allmählich seine lange, entspannte Gestalt wahr, sein wie von El Greco gemaltes Gesicht, seine braunen, sensiblen, hinter dicken Brillengläsern verborgenen Augen, die großen Ohren, die plumpe Nase und die feinen, schlanken, blau geäderten Hände. Seine Stimme war besonders seltsam, gleichzeitig tief und bei bestimmten Silben sehr hoch. Zum Ende des Satzes wurde sie schwächer und brach manchmal sogar ganz ab. Mit meinem Gehör gelang es mir nie, ihn vollständig zu verstehen.

Im Wohnzimmer wurde Tee gereicht - Landbutter, Wabenhonig, Korinthenbrot, selbstgebackener Kuchen, Marmelade, serviert in rosa schimmerndem Teeservice. Carrington war eine glühende Verehrerin Cobbetts, und in ihrer Art der Haushaltung und Einrichtung fand nicht nur die Bequemlichkeit, sondern auch die Poesie des Landlebens ihren Ausdruck. Ihre sehr englische Sensibilität, ihre Liebe zum ländlichen Leben und dem, was es mit sich bringt, verliehen allem, was sie anfaßte, ein besonderes und eigentümliches Gepräge. Was mich aber mehr als alles andere traf, war ihre Aufmerksamkeit gegenüber Lytton. Ich habe nie jemanden gesehen, der so hofiert wurde wie er von ihr, jedem Wort und jeder Geste erwies sie Reverenz. Das war außergewöhnlich bei einer jungen Frau, die ansonsten leidenschaftlich um ihre Unabhängigkeit besorgt war.

Wie kann man den Beginn einer langen Freundschaft beschreiben? Spätere Eindrücke vermengen sich mit früheren und verzerren sie. Ich muß auch im Rahmen dieses Buches bleiben, und deshalb darf ich nur das aufschreiben, was notwendig ist, um Lytton Stracheys Besuch in meinem entlegenen und primitiven Dorf zum Leben zu erwecken. Wenn ich also mein Gedächtnis etwas aufpoliere, glaube ich mich zu erinnern, daß mich an diesem düsteren Sommertag am Teetisch die Diskrepanz zwischen den drei Anwesenden verblüffte und ich mich fragte, ob eine so eigenartige Beziehung (ein adoptierter Vater und verheiratete

Kinder, wie sich mit der Zeit herausstellte) von Dauer sein könne. Sie waren in jeder Beziehung extrem verschieden voneinander: Ralph sah aus wie alle Sportler in Oxford - dreckige weiße Shorts, unbeschreibliches Hemd, und dann seine eher stilisierte Art zu sprechen, die nicht zu seinem Rabelais`schen Lachen, seinen rollenden blauen Augen und seiner Baritonstimme paßte, in der er einen Jazz-Song oder eine Ballade sang; Carrington in ihrer einfachen, präraffaelitischen Kleidung, ihrer schmeichelnden Stimme und ihrem Lächeln, das so viele tiefe und meist widersprüchliche Gefühle in sich barg; Lytton, elegant in seinem dunklen Anzug, würdevoll entrückt und phantastisch, hatte etwas von dem glatten und stümperhaften Gebaren eines Kardinals des sechzehnten Jahrhunderts. Es gab nicht die geringste Verwandtschaft in Temperament oder Erziehung, um diese drei zusammenzubringen, und Lyttons Freunde aus London hatten kein Verständnis für diese Beziehung, ja sie empörten sich sogar darüber, daß ihre Wochenenden in Tidmarsh von Leuten getrübt würden, die sie als Außenseiter betrachteten. `Bloomsbury` war immer noch eine kleine, eng begrenzte, durch alte Freundschaften und eine sehr eigene Philosophie vereinte Gruppe. Man wehrte sich energisch, in der engeren Umgebung Leute zu dulden, die man als unpassend empfand.

Ich erfuhr im Februar vom bevorstehenden Besuch meiner Freunde, was sofort alle meine Pläne durcheinanderbrachte. Bislang waren nur zwei Zimmer meines Hauses möbliert, ich mußte also noch alle möglichen Dinge kaufen, besonders weitere Betten und Bettzeug. Da mein Bankguthaben auf zehn Pfund geschrumpft war, schrieb ich an einen Verwandten und bat ihn, mir für ein paar Wochen eine kleine Summe vorzustrecken. Ich erwartete von meiner Bank etwas Geld aus dem Verkauf von Kriegsanleihen, und da ich mir seiner Zustimmung sicher war, bat ich ihn um telegraphische Überweisung nach Almería. Ohne diese persönlichen Details und die Folge von Mißgeschicken, die Lytton Stracheys Reise zu meinem Haus vorausgingen, wäre die

Geschichte nicht vollständig. Seine Ankunft im Dorf war mit erheblichen Schwierigkeiten verbunden.

Die Entfernung von Yegen nach Almería beträgt siebenundfünfzig Meilen. Zu Fuß brauchte ich dafür zwei Tage, wählte die Möbel aus und wartete dann auf das Geld. Aber die Zeit verging, und es kam nicht. Ich war in eine Arbeiterpension in der Nähe des Marktes eingezogen und hatte die letzte Pesete in der Tasche, als ein Brief meines Verwandten mit einer Absage kam. Es blieb mir also nichts übrig, als nach Yegen zurückzukehren und dort auf den Erlös meiner Kriegsanleihen zu warten. Für die letzten Pennies kaufte ich etwas Brot und Orangen und machte mich auf den Heimweg. Die kalte Nacht verbrachte ich unter einem Felsen.

Ich war kaum zurück, als mich eine ernste Grippe ans Bett fesselte. Meine Magd Maria versorgte mich bis zur Genesung, aber es dauerte einige Wochen, bis ich wieder reisefähig war. Meine Bank hatte mir inzwischen etwas Geld geschickt, und so begab ich mich wieder auf den Weg nach Almería, um die Möbel abzuholen. Diesmal nahm ich ab Ugíjar den Bus und kehrte auf demselben Weg zurück, nachdem ich meine Sachen auf einen Wagen verladen hatte. Diese Verzögerungen stellten sich als fatal heraus. Am Tag nach meiner Rückkehr nach Yegen erhielt ich ein Telegramm, in dem mir meine Freunde mitteilten, sie seien schon in Granada und würden nach zwei Tagen abreisen. Sie rechneten fest damit, daß ich sie dort treffen und nach Yegen begleiten würde.

Ich befand mich in einer äußerst peinlichen Lage. So früh hatte ich sie nicht erwartet, und dank meiner chronischen Mißwirtschaft stand ich wieder einmal völlig ohne Geld da, wenngleich ich wenige Tage später etwas erwartete. Der Wagen mit den Möbeln war auch noch nicht angekommen. Aber eine Verspätung kam nicht in Frage und so entschloß ich mich, am folgenden Tag im Morgengrauen aufzubrechen. Es blieben mir achtundzwanzig Stunden, um einundsiebzig Meilen zurückzulegen, und fünf Peseten, die ich mir von Maria geliehen hatte, um über den Tag zu kommen.

Während der ersten Stunde stieg ich die zweitausend Fuß den Berg hinunter zum Dorf Yátor, einem kleinen, ärmlichen Ort am Rande eines breiten, kiesigen Flusses. Hinter Yátor erheben sich phantastisch geriffelte, weiche, rote Sandsteinfelsen, darunter sah ich Pappeln, Oliven, Granatäpfel, Tamarisken und einen Streifen bewässerten Landes, das zu dieser Jahreszeit mit dicken Bohnen bepflanzt war. Als ich am Ort vorbeiging, fühlte ich mich in ein orientalisches Land versetzt, etwa nach Persien. Frauen mit scharlachroten Hemden und auffallend bunten Kopftüchern standen unter den Olivenbäumen oder setzten ihre Krüge auf den bröckelnden Mauern ab. Eigentlich ist Yátor ein Bergarbeiterdorf. Die Männer verbringen elf Monate des Jahres in den Bleiminen von Linares und lassen ihre Frauen und Kinder zu Hause, um die Äcker zu bestellen. Diese Frauen standen im Ruf, schön, aber auch leichtfertig zu sein, auf der Landstraße scherzte man, der glücklichste Priester der Alpujarras sei der Gemeindepfarrer von Yátor, weil ihm auf den leisesten Wink so viele attraktive Frauen zur Verfügung stünden.

Von diesem Ort aus ging ich ein trockenes Flußbett, eine *rambla*, hinauf und stieg dann jenseits einer Wasserscheide nach Cádiar ab. Dieses große und wohlhabende Dorf liegt an dem Fluß, der westlich bei Motril ins Meer mündet und bildet die Mitte, den Nabel der Alpujarras. Danach begann der mühsame Teil der Reise. Sechzehn Meilen lang wand sich der Pfad unten im Flußbett entlang, einem monotonen, engen Graben, den nur Tamarisken und Pappeln säumten. Zwei Herbergen boten sauren Wein und Anisschnaps an, es gab aber keine Dörfer. Immer wieder mußte ich den Fluß durchwaten. Schließlich kam ich zur Hauptstraße und zu den uralten Olivenhainen von Orgiva. Von hier aus fährt ein Bus nach Granada, aber da ich nicht das Geld für die Fahrkarte hatte, ging ich noch sechs Meilen bis Lanjarón, wo ich bei Einbruch der Dämmerung ankam.

Lanjarón ist ein langgezogenes, weißes Dorf, fast eine Stadt und erstreckt sich entlang des Berges wie eine Balustrade. Es besitzt heiße Quellen und zwei Hotels zur Unterbringung der Gäste, die zu Nieren- und Rheumakuren hierher kommen. Das auf einem der Stadt vorgelagerten Felsen erbaute maurische Kastell würde man für uneinnehmbar halten, es wurde aber von Ferdinand von Aragon im Jahr 1500 mit Hilfe seiner Artillerie erobert. Die Elite-Garnison, die es verteidigt hatte, kapitulierte mit Ausnahme des schwarzen Kommandeurs, der es vorzog, sich von einem Turm herab in den Tod zu stürzen. Währenddessen wurde die Moschee, in der die Zivilbevölkerung Schutz gesucht hatte, gesprengt und alle Insassen getötet.

Im Gasthof aß ich Abendbrot und legte mich für ein paar Stunden auf eine Strohmatratze. Es waren immer noch zweiunddreißig Meilen nach Granada, und ich mußte bis um zwölf Uhr dort sein, um meine Freunde nicht zu verpassen. Noch vor Morgengrauen ging ich deshalb los. Am Stadtrand erreichte ich eine Straßenbahnlinie und stieg in eine Bahn. Ich fühlte mich schwach, da ich mich noch nicht ganz von meiner Grippe erholt hatte, und zum ersten und einzigen Mal in meinem Leben wurde ich ohnmächtig. Als ich mich erholt hatte und zum Hotel geeilt war, erfuhr ich, daß meine Freunde eine halbe Stunde zuvor gegangen waren, um den Bus nach Orgiva zu nehmen. Ich erwischte sie gerade noch beim Einsteigen.

Wenige Stunden später waren wir wieder in Lanjarón und stiegen in einem der Hotels ab. Für mich war es etwas ganz Besonderes, die Kellner zu sehen, die Dienstmädchen mit ihren Hauben, und die Badewanne, die weiß und leer in ihrem kleinen Zimmer stand wie ein hygienischer Sarg. Außergewöhnlich war es auch, in einen Rohrsessel gelehnt, Cognac zu trinken und sich mit den Freunden zu unterhalten. Nach dem Leben, das ich geführt hatte, wirkten der Komfort und die freundlichen Stimmen auf mich wie Opium. Doch nachdem wir unserem Bedürfnis nach Gedankenaustausch ausgiebig nachgegangen waren, kam das Problem auf, wie man Lytton Strachey nach Yegen transportieren solle. Er saß da, bärtig und schweigsam und zeigte keine Anzeichen von Begeisterung. Schließlich entschieden wir uns, für den nächsten Morgen einen Wagen zu mieten, der uns bis nach Orgiva bringen sollte. Dort sollten uns dann zwei Maultiertreiber erwarten und den Rest der Strecke begleiten.

Als wir unsere Maulesel aufgelesen hatten, stellte sich die Frage, welcher Weg der bessere sei. Auf dem kürzeren - man sparte eine Stunde - mußte man durch den Río Grande waten, anstatt die Brücke zu überqueren. Die Maultiertreiber hielten das für das praktischste, als wir aber die Furt erreichten und das reißende Wasser den Maultieren fast bis an den Sattel reichte, kehrte Lytton um. Es blieb uns nichts übrig, als zum Hotel zurückzukehren, nachdem wir unter den Olivenbäumen gegessen hatten. Für den nächsten Tag verabredeten wir mit den Männern einen neuen Versuch.

Den Abend verbrachten wir in ziemlich miserabler Stimmung. Unsere Nerven waren gereizt. Ralph und Carrington zankten sich, und Lytton saß schwermütig da. Er wollte zwar unbedingt Spanien sehen, aber auf keinen Fall an einer solchen Expedition teilnehmen. Sein Magen war empfindlich, die spanische Küche hatte ihm nicht zugesagt, zudem war er auch nicht in der Stimmung für Abenteuer. Aber als treuer Freund hatte sich Ralph in den Kopf gesetzt, mich zu besuchen. Lytton hingegen weigerte sich, in Granada zurückgelassen zu werden, selbst wenn Carrington, in deren Fähigkeiten er geringes Vertrauen hatte, bei ihm bliebe. Dieses Klammern an männlichen Schutz war typisch für ihn. Hinter seiner Selbstbeherrschung verbarg sich ein ängstlicher Mann, der sein Leben so organisiert hatte, daß er mit nichts in Berührung kam, was ihm hätte Schwierigkeiten bereiten können. Zum Beispiel war es ihm unmöglich, mit Leuten zu sprechen, die nicht zu seinem direkten Umkreis gehörten. Obwohl er zeitweise mit einer spanischen Grammatik herumgespielt hatte, konnte ihn nichts dazu bewegen, auch nur eine Tasse Kaffee in dieser Sprache zu bestellen. In Frankreich weigerte er sich, ein Wort Französisch zu äußern, obwohl er es natürlich beherrschte und mit guter Aussprache vortrug. Er konnte noch nicht einmal beim englischen Personal etwas bestellen. Wenn er in seinem eigenen Haus Tee haben wollte, sagte er es Carrington, und diese sagte es dem Mädchen, und wenn er allein war, verzichtete er lieber. Um das Risiko zu vermeiden, im Zug angesprochen zu werden, reiste er, selbst wenn sein Geld knapp war, stets erster Klasse. Diesen strengen Regeln hatte er sich selbst unterworfen. In jungen Jahren schon hatte er sein Leben, seine Karriere, selbst seine äußere Erscheinung geplant, und dieser Plan verlangte, sich strikt innerhalb eines kleinen Zirkels von Menschen zu bewegen, in dem er seine eigene Flagge hissen konnte und wo man ihn ohne Mühe verstand. Zweifellos erschwerten ihm die Eigenheiten seiner Stimme und Intonation wie auch seine Abneigung gegen jegliche sozialen Erwartungen auf ganzer Linie die Kommunikation mit der Außenwelt.

Jener Abend in Lanjarón wurde durch gegenseitige Vorwürfe verdorben. Ralph wollte wissen, ob ich den Weg wirklich kenne. Könne man den Maultiertreibern denn trauen? Würde es bei unserer Ankunft Betten und genießbares Essen geben? Der Transport eines großen Dichters in mein Bergdorf nahm allmählich die Form einer schwierigen militärischen Operation an. Carrington, die zwischen den Stühlen saß, versuchte ungeschickt, den Streit zu schlichten, nur Lytton sagte gar nichts. Ich habe nie an meinem Vermögen gezweifelt, überall hinzugehen und jede physische Anstrengung zu bewältigen, wenn ich nur wirklich wollte, aber unter dem Bombardement meiner Freunde erkannte ich meine Unfähigkeit, die Verantwortung für andere Menschen zu übernehmen.

In dieser gequälten und niedergeschlagenen Stimmung brachen wir am folgenden Morgen noch einmal auf. Etwa eine Stunde lang ging alles gut. Der Wagen rollte dahin, die Sonne ließ die silbernen Blätter der Olivenbäume leuchten, und die

Vögel flogen wie Weberschiffchen zwischen den Bäumen und den darunter wachsenden Bohnenpflanzen hin und her. Aber sobald wir den Wagen verlassen hatten und ins Flußbett hinabstiegen, begannen die Schwierigkeiten von neuem. Lytton meinte, er könne nicht auf einem Maulesel reiten, da er an Hämorrhoiden leide. Immer wenn der Pfad den Fluß kreuzte, etwa nach jeder halben Meile, mußte er also mühselig das Tier besteigen und anschließend wieder absitzen. Das führte zu Verzögerungen. Erst kurz vor Sonnenuntergang erreichten wir Cádiar. Lytton fühlte sich so erschöpft, daß er erklärte, er könne nicht weitergehen. Wir hielten an der Herberge und sahen uns deren bestes Bett an. Ein Blick darauf genügte ihm, seine Meinung zu ändern und weiterzugehen.

Der Tag neigte sich so rasch dem Ende zu, daß wir nicht wagten, den kurzen und vergleichsweise bequemen Pfad durch Yátor zu nehmen. Wir konnten nur noch auf direktem Weg den Berg hochsteigen, um etwa zweitausendfünfhundert Fuß oberhalb auf die Hauptstraße zu stoßen. Der Aufstieg war dramatisch, wir gingen einen steilen Pfad hoch, der oft direkt am Abgrund entlangführte. Wenn man wie Lytton und Carrington seitlich auf einem Maultier sitzen mußte, hatte man unweigerlich ein flaues Gefühl im Bauch. Das Licht wurde langsam schwächer. Hinter uns erhob sich ein rosiger Streifen am Himmel, und durch die Schatten wirkten die Vorsprünge höher und die Abgründe tiefer. Als wir eben die Straße erreichten, begannen die Sterne zu leuchten. Carrington und ich eilten voraus, um unsere Ankunft anzukündigen und für eine Mahlzeit zu sorgen. Wir waren immer noch etwa sechs Meilen von Yegen entfernt. Schließlich erreichten wir das Dorf, standen im Sternenlicht und blickten hinunter auf seine flachen grauen Dächer. Nur das gelegentliche Aufflackern winziger Öllampen in den glaslosen, etwa ein Fuß hohen Fenstern zeigte uns, daß das Dorf noch nicht schlief.

An die folgenden Tage kann ich mich kaum mehr erinnern. Lytton war müde und daher nicht zu Gesprächen aufgelegt. Wir unternahmen einen Ausflug in die Berge, und Carrington machte Fotos. Wenn ich mich recht entsinne, sah man auf einem davon Lytton, seitlich auf dem Sattel eines Maultieres, mit Bart, Brille und seiner groben roten Nase, von langer, dürrer Gestalt und mit einem geöffneten Sonnenschirm in der Hand. Selbst in England wäre ein solcher Ausflügler eine sonderbare Erscheinung gewesen. Hier sah er exotisch aus, aristokratisch, eher orientalisch als britisch und obendrein deplaciert.

An seinem letzten Abend entspannte er sich allerdings und wurde fast lebhaft, wohl aufgrund der Gewißheit, daß sein Besuch dem Ende entgegenging. Wenn er in der richtigen Stimmung war, konnte er ein bezaubernder Gesprächspartner sein. Die Feinheit und die Präzision seines Denkens kam dann weit besser zur Geltung als in seinen Büchern, denn in ihnen ordnete er die Sensibilität der Sprache und die Spontaneität des Ausdrucks einem vorgefaßten Muster unter. Er war kein geborener Schriftsteller, wie etwa Virginia Woolf, und selbst in seinen Briefen ging die Feder niemals mit ihm durch. Aber in Diskussionen war er ganz er selbst. Mehr als andere Menschen brauchte er eine eingestimmte und wohlgesonnene Zuhörerschaft. Hatte er sie, dann war er der verträglichste Zeitgenosse, konnte im gleichen Maße zuhören, in dem er sprach, stellte überraschende und scharfsinnige Betrachtungen an und verstand es, eine natürliche und intime Atmosphäre zu schaffen. Später erinnerte man sich an sein Zweifeln und Zögern, an seine Weigerung, zu dogmatisieren, an die Höhenflüge seiner Phantasie, an seine hohe, flüsternde Stimme, die mitten im Satz erstarb. Man vergaß, daß dahinter ein festgefügter und wohlgeordneter Geist steckte. Aber ich bin nicht in der Lage, einen fundierten Bericht über einen derart komplexen Charakter zu geben. Er selbst kann sich in seinen literarischen Werken kaum adäquat mitteilen, vielleicht wiederum aufgrund eines für seine Leser ausgedachten Planes; ähnlich einer zu dicken Nadel, die den Stoff nicht durchdringt. Man beobachtete einige widersprüchliche Züge an ihm - feminine Sensibilität, Vergnügen am Absurden, Geschmack an Übertreibung und Melodrama, reifes Urteilsvermögen, andererseits aber auch Mangel an Menschlichkeit, irgendeine erblich bedingte Gefühllosigkeit, die es Leuten, die ihn trafen, eiskalt den Rücken herunterlaufen ließ. Ihm schien auf beinahe unverschämte Weise jede Gewöhnlichkeit zu fehlen.

Was mir bezüglich Lytton Stracheys am deutlichsten in Erinnerung blieb, war wohl die große Güte in seiner Stimme und in seinem Benehmen, wenn er mit Leuten zusammen war, die er mochte. Wenn ich auch nie sehr eng, geschweige denn intim mit ihm befreundet war, hatte ich doch über viele Jahre hinweg Gelegenheit, ihn in seinem Haus und anderswo zu erleben. Als junger Mann soll er eine Ader für Bitterkeit und Sarkasmus gehabt haben, und wenn er sich, wie so oft, unwohl fühlte, konnte er sehr mürrisch und reizbar werden. Aber Freunden gegenüber zeigte er sich von der besten Seite. Viele Züge seiner vorsichtigen, hedonistischen Haltung dem Leben gegenüber erinnerten an die Lehren des Epikur. Ähnlich dem Garten dieses kränklichen Philosophen bestand Lyttons Welt aus einer kleinen, sorgsam ausgewählten Gruppe von Leuten, deren Gesellschaft er genoß. Einige davon waren junge, gutaussehende Männer mit vielversprechender Intelligenz, die er auswählte und förderte, er hatte etwas von einem Lehrer an sich. Andere waren Literaten wie Virginia Woolf, Maynard Keynes, Desmond und Molly MacCarthy oder E. M. Forster. Er erkundete auch fernere Kreise - Lunch mit Lady Oxford oder Lady Ottoline Morrell, Dinner Parties bei Lady Colefax, ja er verkehrte sogar in herzoglichen Häusern - und kam voller bissiger und ironischer Kommentare nach Hause zurück. Aber über diese Grenzen ging er nicht hinaus. Obwohl er als Strachey ein gewisses Interesse an öffentlichen Angelegenheiten besaß und zu seinen gemäßigten liberalen Auffassungen stand, hatte ich den Eindruck, daß er privat zu dieser Welt mit ihrer unfaßbaren Dummheit lieber Abstand wahrte. Anders als Voltaire, den er so bewunderte, betrachtete er sie als nicht veränderbar. Ich vermute, daß Bertrand Russell über diese Haltung verärgert war, als er kürzlich in einer Rundfunksendung so grob über ihn sprach. Die beiden Männer, die sich oft bei Lady Ottoline trafen, waren nicht dafür geschaffen, einander zu mögen oder zu verstehen, obwohl sie die pazifistische Haltung dem Krieg gegenüber teilten.

Es kam der Tag der Abreise meiner Freunde. Ein Auto holte sie nach Almería ab, von wo sie den Zug nach Madrid nahmen. Der Besuch war eine Strapaze für alle gewesen. Zwar wußte ich, daß ich Ralph und Carrington vermissen würde, deren Anwesenheit in meinem Haus ich trotz aller Probleme sehr genossen hatte, aber ich atmete auf bei dem Gedanken, nicht mehr dafür verantwortlich zu sein, für Lyttons empfindliche Verdauung passende Mahlzeiten zu besorgen. Die unbarmherzige Küche der spanischen Dörfer mit ihrer Vorliebe für Kartoffeltortillas, Stockfisch und unraffiniertes Olivenöl hatte mir diese Aufgabe erschwert. Und wie erleichtert muß er selbst über die geglückte Flucht gewesen sein. Als sich Leonard und Virginia Woolf drei Jahre später auf einen Aufenthalt bei mir vorbereiteten, riet er ihnen eindringlich ab. In seiner Fistelstimme erklärte er, es sei 'der Tod'.

5. Liebe und Politik

Die Monate vergingen, und ich wurde heimisch in dem Dorf, das ich als mein Zuhause gewählt hatte. Mit Überraschung stellte ich fest, wie selbstgenügsam dieser Ort war. Selbst die gebildeteren Leute besuchten niemanden in den Nachbardörfern, wohin man ohnehin nur sehr selten ging, wie etwa zur jährlichen Dorfkirmes. Válor, eins der nächsten, war unbeliebt, weil die Einwohner als eingebildet galten, über Mecina lachte man wegen seiner altmodischen Kleidung und Sitten. Die einzigen, zu denen wir gute Beziehungen hatten, waren die etwas entfernteren Orte, vor allem dann, wenn dort andere Früchte angebaut wurden und man Handel mit ihnen treiben konnte.

Es gab natürlich auch keine Brautwerbung zwischen benachbarten Dörfern. Es war undenkbar für einen Mann oder ein Mädchen aus Yegen, jemanden aus Válor oder Mecina zu heiraten. Wohl konnten sie, wenn sich die Gelegenheit ergab, jemanden aus einer entfernteren Stadt oder Ortschaft heiraten. Doch lebten außer der Lehrerin nur zwei verheiratete Frauen von außerhalb unter uns. Die eine war die Frau meines Vermieters, Doña Lucía, die andere war die Frau des Arztes. Beide hatten ihre Ehemänner kennengelernt, während diese auf der Universität von Granada studierten. Darüber hinaus gab es außer mir nur zwei Männer im Dorf, die keine 'Söhne des Pueblo' waren, den Priester und den offiziell eingesetzten Sekretär des Gemeinderates, die aber beide aus Dörfern in der Nähe stammten. So ist es verständlich, daß sich die Dorfbewohner einer geschlossenen Gemeinschaft zugehörig fühlten - einer griechischen Polis oder einem archaischen Stamm. Jedermanns Leben war eng verbunden mit dem seines Geburtsortes - eines Pueblo, der sich mittels frei gewählter Ortsvorsteher selbst verwaltete.

Politik gehörte zu den beliebtesten Gesprächsthemen, zumal Spanien ein politisch denkendes Land ist. Wann immer man die Worte *granuja, bribón, sin vergüenza* - Schuft, Halunke, unverschämter Kerl - hörte, war klar, worum es ging. Das galt allerdings nicht für nationale Fragen. In Yegen interessierte es niemanden im geringsten, daß die Zeitungen alle paar Monate über Kabinettskrisen und Streiks oder über Tumulte und Schießereien in Barcelona berichteten. Die Leute in den Alpujarras interessierten sich nur für die Politik ihrer eigenen Dörfer. Weil diese aber komplizierter war, als man annehmen möchte, will ich sie kurz erläutern.

Spanien war zu der Zeit eine parlamentarische Demokratie, in der zwei Parteien, die Liberalen und die Konservativen, miteinander im Wettstreit lagen. Beide vertraten die Interessen der Mittelklasse, mit dem einzigen Unterschied, daß die Konservativen die Stellung der Kirche unterstützten, während die Liberalen zaghaft antiklerikal waren. Da sich die Bauern und Landarbeiter für diese Dinge nicht interessierten, hatten die beiden Parteien ihre Macht über örtliche Bosse organisiert, die sogenannten *caciques*, in der Regel die größten Landbesitzer des jeweiligen Distrikts. Sie gebrauchten, ähnlich wie früher in England der Landadel, ihren Einfluß, um die Bauern an die Urnen zu bringen und sie zu überreden, für die eigene Clique zu stimmen. In den Bergdörfern war das oft sehr einfach. Wie bei einem Fußballspiel schlugen sich die Leute auf irgendeine Seite, es genügte ihnen, die eigene Gruppe gewinnen zu sehen. Zudem war es nützlich, den *cacique* mit seiner politischen Maschinerie im Hintergrund zum Freund zu haben, denn er konnte einem aus Schwierigkeiten heraushelfen und sogar in Einzelfällen zu einer vorteilhafteren Veranlagung der Bodensteuer verhelfen.

Der führende *cacique* unserer Region war der konservative Parlamentsabgeordnete Don Natalio Rivas, ein wohlhabender Großgrundbesitzer, der über die gesamten Alpujarras von Granada bis Almería wie ein König herrschte. Er war ein gebildeter Mann, hatte ein exzellentes Buch über den Stierkampf geschrieben und genoß sowohl hier in der Gegend als auch in Madrid hohes Ansehen. Sein Bevollmächtigter im *partido*, dem ländlichen Bezirk von Ugíjar, war ein gewisser Don Paco Almendro. Er bewohnte ein großes neues Haus in Válor, und die *caciques* der einzelnen Dörfer waren ihm unterstellt. Ursprünglich hatten sich in den meisten Dörfern zwei *caciques*, ein Konservativer und ein Liberaler, in der Kontrolle der Ortsverwaltungen abgewechselt, wie sich auch in Madrid die beiden Parteien in der Bildung der Regierung ablösten. Kurz vor meiner Ankunft war aber dieses noble Arrangement in die Brüche gegangen, und offene Rivalität war ausgebrochen. In unserem Wahlbezirk hatte das zum völligen Untergang der Liberalen geführt. Mit geschickter Überredungskunst hatte Don Natalio die alten liberalen Grundbesitzer auf die konservative Seite gezogen, so daß die Liberalen nicht einmal mehr in der Lage waren, örtliche *caciques* zu stellen, von wenigen Fällen abgesehen, in denen einflußreiche Mitglieder die Treue hielten. So war es in unserem Dorf geschehen, deshalb hatten wir tatsächlich demokratische Verhältnisse anstelle der sonst üblichen paternalistischen Diktatur des reichsten Mannes.

Der Grund für diese besondere Lage war, daß mein Hausbesitzer Don Fadrique, der die Stellung des liberalen *cacique* von seinem Vater geerbt hatte, mit seinem Schwager, Don Manuel, dem konservativen *cacique*, völlig zerstritten war. Sie waren die beiden reichsten Männer des Dorfes, einer wohnte im oberen, der andere im unteren *barrio*. Don Fadrique hatte sich nun in Granada zur Ruhe gesetzt und seine Parteiarbeit als völliges Durcheinander hinterlassen, doch war eine ausreichende Zahl seiner Anhänger geblieben, um bei Wahlen für einen wirklichen Wettbewerb zu sorgen. Don Natalios überwältigender Wahlsieg für die Cortes war natürlich durch nichts aufzuhalten, doch die Leute von Yegen interessierten sich mehr für die Sitze im Gemeinderat, in den mehrere Liberale regelmäßig wiedergewählt wurden. Nicht, daß jemand das Wort 'liberal' je benutzt oder verstanden hätte. Die beiden Parteien waren einfach als 'wir' oder 'sie' oder nach den Namen der *caciques* bekannt, denn niemand dachte dabei an nationale Parteien, sondern ausschließlich an lokale Fragen.

Wenige Wochen vor meiner Ankunft in Yegen hatte ein teilweise politisch begründeter Streit zu einer großen Tragödie geführt. Im oberen *barrio* lebte ein ehrgeiziger Mann namens Don Aquilino, der sich in den Kopf gesetzt hatte, Don Fadriques Nachfolger als liberaler *cacique* zu werden. Um eine solche Position anzustreben, mußte man Land haben, er besaß aber nur wenig. Dieser Mangel an Boden wurmte ihn um so mehr, als seine Großeltern im Maßstab des Dorfes beträchtlichen Grundbesitz gehabt hatten. Er hätte eigentlich die Hälfte des Nachlasses erben sollen, doch nach ihrem Tod fiel aufgrund einer Klage, in der - wie er glaubte - politische Einflußnahme eine Rolle gespielt hatte, der größte Teil des Besitzes an seinen Cousin Don Manuel. Er haßte deshalb seinen Cousin leidenschaftlich und überzog ihn ständig mit Klagen, um es ihm heimzuzahlen. Regelmäßig stand seine Niederlage von vornherein fest, aber auch für Don Manuel fielen Gerichtskosten an, und um seinem Feind zu schaden, war Don Aquilino bereit, sich zu ruinieren. Außerdem war sein Anwalt ein Liberaler, der ihm aus politischen Gründen nur die Hälfte berechnete.

In Don Manuels Haus erreichte der Haß gegen den Cousin bald einen kritischen Punkt. Mit jedem neuen Prozeß sah er seinen Mais, seinen Wein und seine Oliven dahinschmelzen. Er tobte und schrie wie Heinrich II. über Becket: »Ist da niemand, der mich von diesem Pestgeschwür von Mann befreit?« Sein *encargado* oder Verwalter, der auch sein Adoptiv- und Halbbruder war, nahm sich diese Äußerung zu Herzen. Eines Abends nahm er sein Messer und lauerte dem Feind seines Arbeitgebers auf einem einsamen Weg in einer Bergschlucht auf.

Bald kam Don Aquilino des Wegs, seinen neunjährigen Sohn an der Hand. In seiner anderen Hand trug er eine Axt. Er war guter Dinge, und als er Don Manuels Mann warten sah, begann er, ihn zu verspotten. »Gerade habe ich mir diesen herrlichen Weinberg angesehen, den ihr da oben habt,« sagte er. »Macht euch darauf gefaßt, daß ihr ihn verliert, in ein paar Wochen gehört er mir«. Und er nannte ihn bei seinem Spitznamen, Faldones, Rockzipfel, und beleidigte ihn damit schwer, denn in Spanien darf man niemandem den Spitznamen ins Gesicht sagen.

Anstatt einer Antwort riß ihm der andere die Axt aus der Hand und versetzte ihm einen Schlag, der ihm fast den Hals durchtrennte. Der Junge kroch auf Händen und Füßen durch das

Unterholz davon und schlug Alarm. Ein Kommando unter Führung des Richters nahm den Mörder fest.

Offenbar ohne jede Ahnung von den Geschehnissen ging Don Manuel, der Briefmarken kaufen wollte, eine halbe Stunde später ins Postamt, das Don Aquilinos Nichte führte. »Faldones soll meinen Onkel umgebracht haben«, sagte die Frau. »Höchste Zeit«, antwortete der *cacique*, »der Mann wollte es nicht anders«. Diese Worte wiederholte sie dem Anwalt des Liberalen, der für die Untersuchung angereist war, und sowohl Don Manuel als auch sein Verwalter wurden ins Gefängnis geworfen.

Aber man ist nicht umsonst *cacique*. Die Anklage gegen den einen wurde mangels Beweisen fallengelassen, und Faldones kam trotz einer Verurteilung zu langjähriger Haft nach drei Jahren wieder frei. Aber die Affäre hatte eine Menge Geld gekostet, Sorgen und auch schlechtes Gewissen verursacht. Don Manuel kehrte als gebrochener Mann in sein Dorf zurück. Der Familie seines Feindes erging es noch schlechter. Don Aquilinos Witwe verkaufte alles, was noch vom Besitz ihres Mannes übrig war, zog mit ihren vier Kindern nach Granada und eröffnete eine kleine Studentenpension, die aber ein Mißerfolg wurde. Sie und eine ihrer Töchter starben, während die anderen - die für ihre Lage viel zu schön waren - sich mit Männern einließen und langsam in ein Leben bitterer Armut abglitten. Der Sohn wurde Chauffeur, hatte aber das Unglück, bei einer seiner ersten Fahrten einen Tagelöhner zu überfahren, der an den Folgen starb. Er kam ins Gefängnis, und weil er nicht versichert gewesen war, verließ er anschließend das Land, um nicht die Familie des Opfers unterstützen zu müssen. Kraft einer Ironie des Gesetzes ist der Chauffeur für fahrlässig angerichtetes Unheil schadenersatzpflichtig, nicht aber der vorsätzliche Mörder.

Als sich General Primo de Rivera 1922 zum Diktator ernannte, endete die Herrschaft der *caciques*. Sie haben seither in Spanien nur noch wenige Befürworter gefunden, obwohl ein solches System, das in dem parlamentarisch regierten Land fünfzig Jahre lang für Frieden gesorgt hat, gewisse Verdienste für sich in Anspruch nehmen darf. So war auch die schnelle Begnadigung des Mörders, wenn auch unter politischem Einfluß, sicher nicht unangemessen. Weder er noch sein Anstifter waren schlechte oder grausame Männer, und beide bereuten sicher, was geschehen war. Sie hatten im Affekt und aufs äußerste herausgefordert gehandelt. Fast alle schwerwiegenden Verbrechen in Spanien werden unter solchen Umständen begangen. Der vorsätzliche Mord, das heimtückische Vergiften der Ehefrau, des Ehemannes oder der reichen, aber viel zu gesunden Tante passen nicht zum spanischen Temperament. Als in den späten Zwanzigern in Barcelona ein besonders grausamer Mord verübt wurde, war man der Ansicht, die Katalanen beanspruchten nunmehr ihren vollen Status als Europäer.

Diese tragische Geschichte zeigt, wie im Spanien jener Tage Politik und Rechtsprechung verflochten waren, eins führte zwangsläufig zum anderen, und die Rechtsanwälte der jeweils nächsten Stadt leisteten dem Vorschub. Politik und Prozesse waren die Laster dieser einfachen bäuerlichen Gesellschaft mit ihrem zwanghaften Drang nach Landbesitz. Sie spielten hier die gleiche Rolle wie das Glücksspiel und die Trunksucht der andalusischen Städte. Ein anderes, eher alltägliches Beispiel für diese Manie bot Cecilio. Er war ein wohlhabender Landwirt, von magerer Gestalt, mit leuchtenden Augen und einer großen Hakennase. Dank einer Mischung aus harter Arbeit, Sparsamkeit und politischen Intrigen hatten er und seine Familie langsam die soziale Stufenleiter erklommen. Noch zwei Generationen, und sie konnten hoffen, einen Sohn auf die Universität zu schicken, der dann als Advokat zurückkehren und mit dem Titel Don angeredet werden würde. Seine Frau Asunción war die richtige Partnerin für solche Pläne. Sie hatte ihre beiden dürren Töchter an Bauern verheiratet, denen es eine Spur besser ging als ihnen selbst, und mit ihrem hageren gelben Gesicht, ihrem schwarzen Kopftuch und ihrer gezierten Ausdrucksweise war sie die

Wohlanständigkeit in Person. Wie in Spanien üblich - dort haben sich uralte feudale Vorstellungen erhalten, und Feudalität ist die natürliche Antwort auf soziale Unsicherheit - besaß Asunción eine Patronin, eine gewisse Doña Matilde, eine alte Jungfer, die einmal Nonne gewesen war. Dieses Verhältnis hob ihr Ansehen, wie sie meinte. Eine ihrer Töchter schlief im Haus der alten Dame, und ihr Mann beriet Doña Matilde bei der Bewirtschaftung ihres Landes. Regelmäßig tauschten sie Geschenke aus - Eier, Früchte, Hühner, Gemüse - und entsprachen damit einer liebenswürdigen Eigenheit des spanischen Dorflebens.

Aber der unumstrittene Genius der Familie war Cecilio. Mit seinem Falkenschnabel ähnelte er einem Armenier oder Kurden, mit seinen listigen, fiebrigen Augen war er eine Art unheilbringender Micawber, ein rastloser Optimist, unaufhörlich mit Plänen und Komplotten beschäftigt, um zu Geld zu kommen. Er intrigierte abwechselnd für oder gegen den Gemeinderat und stand im Ruf, die eigene Seite zu verraten und sich an die Gegenseite zu verkaufen. Ich kann nicht sagen, wie viele ausgezeichnete Ortsregierungen er in den vergangenen zwanzig Jahren in Yegen gestürzt hatte, jedenfalls traute ihm niemand. Auch sonst neigte er zur Böswilligkeit. Obwohl er es sich zur Regel gemacht hatte, nicht mit dem Gesetz in Konflikt zu geraten, stachelte er gern die einfältigeren Dorfbewohner gegen Leute auf, die ihn beleidigt hatten, und drängte sie dann dazu, Klage zu erheben. Verloren sie, überredete er sie, Berufung einzulegen, und zwar so lange, bis beide Parteien ruiniert waren. Die Anwälte von Ugíjar, unserer nächstgelegenen Stadt, hielten große Stücke auf ihn. Er belebte das Geschäft. Ihrerseits schmeichelten sie seinem Selbstbewußtsein und ermutigten ihn zu neuen Intrigen. Allerdings hatte er eine gravierende Schwäche, er war Alkoholiker. Wenn er auf seinem Maulesel zur Stadt hinunterritt, lief es darauf hinaus, daß er spät in der Nacht schwankend und ohne das Bündelchen Geldscheine, das er im Gürtel gehabt hatte, zurückkehrte. Das ging schließlich so weit, daß er trotz seiner listenreichen Pläne begann, Geld einzubüßen, bis schließlich ein Glücksfall eintrat. Er holte sich eine Erkältung und starb. Seine Familie hüllte sich in tiefste Trauer, Asuncións Nase wurde noch etwas spitzer und dünner, aber insgeheim waren alle erleichtert.

Meine enge Bekanntschaft mit der Familie beruhte auf der Freundschaft mit ihrem ältesten Sohn Paco. Er war ein dünner, knochiger, etwas anfälliger junger Mann, der seinem Vater sehr ähnlich sah. Im Charakter unterschied er sich allerdings stark von ihm, man konnte gut mit ihm auskommen, zudem hatte er die Besonnenheit seiner Mutter geerbt. Sein vertrauter Umgang mit dem seltsamen Engländer, der in Don Fadriques Haus wohnte, verschaffte ihm das gleiche Prestige, das seine Mutter aus der Freundschaft zu der alten Nonne zog. Aber vielleicht ist Prestige nicht ganz das richtige Wort. Die Spanier sind hilfsbereite Menschen, die sich gerne in die Angelegenheiten der Nachbarn einbeziehen lassen. Jede Erweiterung ihres Aktionsradius ist ihnen willkommen, wenn sich das Vergnügen mit ein wenig Eigennutz verbinden läßt. Jedenfalls war er für viele Jahre mein Freund und Ratgeber und, wenn es die Umstände verlangten, auch mein Zechkumpan. Gemeinsam besuchten wir die Jahrmärkte der Nachbardörfer, unternahmen Reisen zum Marquesado im Norden der Kordillere, um Hafer zu kaufen oder gingen auf die Rebhuhnjagd. Er machte es sich zur Gewohnheit, täglich auf ein paar Minuten bei mir hereinzuschauen, und ich mochte seinen gelassenen Humor und seine andalusische *discreción.*

Zu meinen größten Vergnügen gehörte es, Tanzabende zu veranstalten. Es gibt in Andalusien keine verschlafenen kleinen Dörfer. Außer im August, wenn die Männer den ganzen Abend draußen waren, um zu dreschen, gab es jede Woche in irgendeinem Haus des Dorfes Tanz. Die Abende, die ich gab, waren bald sehr beliebt, weil mein Haus geräumig war. Ich brauchte nur eine Flasche Anisschnaps und ein Paket Tabak zu kaufen sowie für einen Lautenspieler und zwei Gitarristen zu sorgen. Ein paar Familien wurden eingeladen, und wenn dann die Musik einsetzte und die lockenden, sich wiederholenden Akkorde die Luft erfüllten, erschienen nach und nach die jungen Mädchen, begleitet von ihren Müttern oder verheirateten Schwestern. Niemand durfte ausgeschlossen werden, die Eingangstür blieb angelehnt, und so mochten sich in kurzer Zeit wohl an die hundert Menschen eingefunden haben. Im Kornspeicher, den ich zum Wohnraum umgebaut hatte, war kaum Platz, sich zu bewegen. Runde um Runde drehten die steifen Paare mit unbewegten, ausdruckslosen Gesichtern, so hölzern und feierlich, als wären sie in der Kirche. Die Musikanten beugten sich zärtlich über ihre Instrumente und deren zauberhafte Klänge verwoben sich mit der Abendluft - eine Musik, die immer dasselbe sagte, eine Musik, die schwungvoll immer wieder von neuem begann. Zwischen den Tänzen wurden Lieder vorgetragen. Ein Hirtenjunge, ein *zagal*, saß auf einem niedrigen Stuhl und stützte seinen Kopf auf die Hände. Die Gitarren wurden angeschlagen und plötzlich schoß eine hohe, durchdringende Stimme wie ein Wasserstrahl heraus, wie ein Schrei der Überraschung oder der Verzweiflung, stand als eine Abfolge von Wirbeln und Tremolos im Raum und klang dann in einer leisen Klage aus. Das ist der berühmte *cante jondo* oder *cante andaluz*, der aus dem Munde einfacher Leute auf dem Land weit besser klingt, als wenn er von professionellen Konzertsängern vorgetragen wird.

Aber wo blieben die alten andalusischen Tänze, die *fandangos* und *sevillanas* und *malagueñas*? In den letzten zwölf Jahren waren sie in Verruf geraten. Jede Frau über fünfunddreißig konnte sie tanzen, aber keine hätte es vor Publikum getan. Wenn sich Historiker überhaupt für solche Nebenschauplätze interessieren, werden sie feststellen, daß in der zweiten Dekade des zwanzigsten Jahrhunderts in Südeuropa eine Zerstörung der Volkskunst und der Sitten im großen Stil stattgefunden hat. In der Töpferei verdrängten deutsche Glasurfarben die mineralischen; lokale Trachten, Gebräuche und Volkstänze gerieten in Vergessenheit. Allgemeine Gleichförmigkeit machte sich breit.

Die für den Autoverkehr gebauten Straßen setzten dem ursprünglichen Leben in den Dörfern und damit auch den Resten einer aus klassischer Zeit stammenden Kultur ein Ende. Allein die Kirche mit ihren heidnischen Ritualen überlebte.

Doch ich habe die Zigeuner vergessen, die sich noch einige Jahre länger hielten. In Spanien waren sie die eigentlich Konservativen. Sie kleideten sich wie fünfzig Jahre zuvor, ihre Musik und ihre Tänze waren - von ein oder zwei Ausnahmen abgesehen - die gleichen, die früher jeder Spanier gespielt oder getanzt hatte. Was ihre Künste von denen der *gachés*, der Nicht-Zigeuner, unterscheidet, ist ihr Sinn für Humor, oft auch für reine Albernheit. Außer in Momenten tiefer Trauer oder Leidenschaft machen sie über alles ihre Witze. Sie bewahren die alten Melodien, aber die einzigen Worte, die sie dazu finden, entstammen einem Jargon der Obszönitäten. In unserem Dorf hatten sich zwei Zigeunerfamilien niedergelassen: die Familie eines Korbmachers und seiner Frau - beides ruhige Leute - und Federo, ein älterer Mann, der einen wilden schwarzen Schnurrbart zur Schau trug und eine Schmiede betrieb. Sein Sohn Ramón, ein häßlicher Kerl, half ihm. Außerdem lebten mit ihnen Ramóns Frau Matilde, zwei erwachsene Töchter und ein Junge. Wie die meisten Zigeuner schienen sie in tiefster Armut zu leben. Ihr gesamter Besitz an Hausrat bestand in einer großen Bratpfanne, einem eisernen Dreifuß und einigen Steinen, die als Stühle dienten. Nachts schliefen sie alle zusammen auf einem Haufen Stroh. Aber ihre Armut täuschte. So schlecht ging es ihnen gar nicht, und wenn sie etwas Geld übrig hatten, veranstalteten sie eine *juerga*, ein Saufgelage.

Über Federo erzählte man sich eine amüsante Geschichte. Er war mehrmals verheiratet gewesen und bekannt für seine Eifersucht. Bei seiner letzten Trauung hatte ein junger Priester, der erst kurz zuvor vom Seminar ins Dorf gekommen war und deshalb noch voll missionarischen Eifers steckte, unbedingt die Gelegenheit benutzen wollen, die junge Zigeunerin zum Kirchenbesuch zu überreden. Federo konnte solche Motive nicht recht nachvollziehen und redete sich ein, der Priester wolle sie verführen. Also ging er zur Beichte und breitete unter wilden Gesten und unter Stöhnen, wie es Zigeuner jederzeit aufführen können, eine Geschichte aus: wie er nämlich einige Jahre zuvor einen Priester umgebracht habe, der einer seiner Frauen zu nahe getreten sei. Der Pater gab ihm die Absolution, war aber durch das Gehörte so eingeschüchtert, daß er nie wieder ein weibliches Mitglied dieser Familie ansprach. Wenn Federo betrunken war, erzählte er gern diese Geschichte, oft spielte er sie sogar mit großem Vergnügen nach.

Seine Schwiegertochter Matilde kam oft vorbei und saß in meiner Küche. Sie war eine liebenswürdige und sehr lebhafte junge Frau, oberflächlich hübsch und von der feingliedrigen Art der *gitana*. Tragischerweise hatte sie keine Kinder. Sie sprach offen über sich selbst und ihre Familie, doch hinter der Wand ihrer Worte spürte man die Reserviertheit und Verschlossenheit der Zigeuner. Wenn es nicht gerade um ihren häßlichen Ehemann ging, war sie kalt wie Eis, ihre übliche Ausdrucksweise bestand in einem steten Fluß von Obszönitäten, die sie mit einem freundlichen, gewinnenden Lächeln von sich gab. Manchmal brachte sie am Abend ihre gesamte Familie mit. Ich kümmerte mich um die Getränke, und sie sangen und tanzten. Die Darbietungen ihres Mannes waren auf schauerliche Weise komisch und makaber, und wenn er in wilden Bocksprüngen herumhüpfte und mit den Fingern schnalzte, verdrehte er seine Augäpfel so, daß nur das Weiße zu sehen war. Die Frauen tanzten *sevillanas*, während Federo, nachdem er drei oder vier *copillas* heruntergestürzt hatte, in höchst melancholischem Ton eine *soleá* vom Tod und seinen Leiden sang.

Stieg man in einer schönen Nacht aufs Dach, um nach dem Wetter zu sehen, hörte man fast immer die Gitarren. Sie kamen entweder von einem Tanz im unteren *barrio* oder von den jungen Männern, die ihre *rondas*, ihre Runden drehten. Sie versammelten sich zu zweit oder zu dritt, stellten sich gegenüber dem Haus des Mädchens auf, für das einer von ihnen schwärmte, und spielten eine Melodie. Dann sang derjenige, dessen Mädchen die Serenade galt, eine *copla*, einen vierzeiligen Vers zu ihrem Lobe. Gefielen ihr seine Aufmerksamkeiten, so stand sie auf und zeigte sich am Fenster. Ließ ihn das Mädchen aber abblitzen, sang er einen beleidigenden Vers. In der Mittsommernacht ging es ähnlich zu. Die jungen Männer schmückten dann in der Nacht die Häuser ihrer Mädchen mit Zweigen, Blumen und Bündeln von Kirschen. Waren sie dagegen zerstritten, so brachten sie Dornen und Brennesseln.

Nach getaner Arbeit bildeten Liebesaffären natürlich die Hauptbeschäftigung. Jeder junge Mann wollte gern mit seiner *novia* schlafen oder gab es zumindest vor, aber niemand schaffte es, da die Mädchen wußten, daß es um ihre Heiratsaussichten geschehen war, wenn sie sich darauf einließen. Deshalb trieben sie mit den Männern ein neckisches Angelspiel, und nur diejenigen mit Geld im Hintergrund konnten sich ihrer Beute sicher sein. Nun stand es aber so, daß fast alle hübschen Mädchen in unserem Dorf arm waren, und so wurde der spannende Zustand des Verliebtseins möglichst in die Länge gezogen. Die jungen Männer, deren Familien Land besaßen, machten sich an eines der schönen Mädchen heran, sobald aber die Zeit für eine Familiengründung reif war, arrangierten die Eltern eine passende Heirat mit einer häßlichen Reichen. Die ärmeren Mädchen mußten hart arbeiten, um die Eltern der Männer für sich zu gewinnen, die sie haben wollten. Die Erbinnen, die Landbesitz im Wert von vielleicht hundert Pfund als Mitgift zu erwarten hatten, konnten es sich leisten, in Ruhe abzuwarten, auch wenn sie sich wegen des zeitweiligen Erfolges ihrer Rivalinnen in Neid verzehrten.

Hielt man die Augen offen, konnte man bei einer solchen Tanzveranstaltung eine Menge erfahren. Hinter all der Förmlichkeit und Nüchternheit verbargen sich ebensoviele heimliche Dramen wie auf einer Party in Chelsea. Die Atmosphäre knisterte vor Eifersucht, man spürte die Feindseligkeit derjenigen Mädchen und jungen Männer, die nicht gekommen waren, weil die Anwesenheit der anderen sie ferngehalten hatte. Neuer Streit und neue Freundschaften begannen, und eine Reihe scharfer Augen registrierte jeden Blick und jede Bewegung. Den folgenden Tag verbrachte man damit, die Beobachtungen zu vergleichen und alle eingetretenen Veränderungen zu registrieren.

Gegen Ende meiner Zeit in Yegen war ich oft mit einer Familie zusammen, die man 'Die Ratten' nannte. Das war eine ganz besondere Sippe. Vater Ratte war Schäfer, ein einfacher Mann mit aristokratischem Kopf und würdevollem Auftreten. Man hätte ihn für einen Edelmann gehalten, wäre seine Kleidung weniger zerlumpt gewesen, doch in seiner eigenen Familie galt er wenig, da er kaum besondere Begabungen hatte. Mutter Ratte, die wie eine Kröte aussah, war eine Hexe und somit außerordentlich klug, während ihre beiden Söhne ausgezeichnet Gitarre spielten. Mein Interesse galt den Töchtern. Isabel, die ältere, war eine schlagfertige junge Frau, die sehr lebendig zu singen verstand, während Ana, die jüngere, einen schlangenhaften, biegsamen Körper hatte, der beim Tanzen von oben bis unten pulsierte. Sie war ein Zigeunerhalbblut, denn Mutter Ratte hatte großzügig dafür gesorgt, daß ihre Kinder alle von verschiedenen Vätern stammten. Es ist nun einmal das Schicksal der Hirten - dieser Seeleute der welligen Sierras, die zu so langer Abwesenheit von ihren Familien verdammt sind - daß ihre Frauen ihnen untreu werden.

Ich weiß nicht mehr, wie mein Interesse für die Ratten begonnen hatte, jedenfalls beschlossen Paco und ich eines Tages, uns an die beiden Mädchen heranzumachen. Er wählte Isabel, ich Ana, und wir begannen, ihnen den Hof zu machen. Das war von Anbeginn eine aufregende Angelegenheit, voll falscher Hoffnungsschimmer und jäher Enttäuschungen, denn obgleich die Mädchen, die durch unsere Aufmerksamkeit Ansehen gewannen, in der Öffentlichkeit auf uns eingingen, zeigten sie uns die kalte

Schulter, sobald wir mit ihnen allein waren. Wir merkten bald, daß sie uns nur benutzten, ihren Marktwert zu erhöhen und die Männer ihrer eigenen Klasse eifersüchtig zu machen. Aber wir stellten auch fest, daß unser Werben um die beiden Schwestern bei den übrigen Mädchen eine Unruhe hervorrief, die sich zu unseren Gunsten auswirkte. Merkwürdig, daß Stendhal, der so viel über die Strategie der Liebe zu sagen hatte, niemals auf den Schein-Flirt eingegangen ist, den zwei Menschen betreiben, um eine amouröse Atmosphäre um sich herum zu schaffen. Im Allgemeinen gibt es kein besseres Mittel, Mädchen für sich zu interessieren, als der frechsten und feurigsten unter ihnen öffentlich den Hof zu machen.

Paco schien zunächst bei Isabel einen gewissen Erfolg zu haben. Sie war *muy salada*, bekannt für ihren Witz, und er war ein ebenbürtiger Partner. Sein Werben entwickelte sich daher zu einem langen Duell witziger Reden und Gegenreden, sprühend vor Metaphern, verkappten Sprichwörtern und örtlichen Anspielungen, die mir sämtlich unbekannt waren, so daß ich kaum folgen konnte. Ana dagegen war stur wie ein Maulesel. Ihre einzige sichtbare Reaktion auf mich waren ein paar schlangenartige Bewegungen, wie sie vielleicht eine Kobra vor einem unbegabten Flötenspieler macht. Ich wurde ihrer deshalb auch bald überdrüssig.

Ehe es jedoch soweit war, mußte ich mich noch einer besonderen Prüfung unterziehen. Mutter Ratte verbrachte die Frühlingsmonate hoch oben im Gebirge in einer kleinen Steinhütte an einem Bach neben einer einsamen Pappel. Hier bereitete sie Schafskäse, der zusammen mit den köstlichen schwarzen Kirschen, die oberhalb der Kastanienzone wild wuchsen, einen Teil ihrer Nahrung bildete. Als festere Kost diente ihr das Maisbrot, das eine ihrer Töchter buk und ihr zweimal in der Woche heraufbrachte. Bei meinen täglichen Spaziergängen kam ich zuweilen an ihrer Hütte vorbei. Dann bot sie mir frischen Quark an, auf einem Maulbeerblatt serviert, dazu eine Handvoll Kirschen als Erfrischung. Ich aß beides, doch als ich meiner Dienstmagd Maria davon berichtete, erschrak sie heftig. Die alte Ratte sei eine gefährliche Hexe, und das mindeste, was sie mir in den Käse gemischt hätte, sei ein Liebestrank, der mich mit Leib und Seele ihrer Tochter ausliefere. Als ich lachte, rief sie Paco und Asunción herein, die mir beide versicherten, daß ich in großer Gefahr schwebe. Die Männer des Dorfes taten solche Hexengeschichten stets als Altweibergewäsch ab. Ich war daher über Pacos Vorhaltungen ziemlich überrascht, bis mir klar wurde, daß seine Skepsis nichts als eine männliche Maske war und alle den Frauen Glauben schenkten.

Die alte Mutter Ratte schien die Oberhexe des Dorfes zu sein und sich in den nekromantischen Künsten am besten auszukennen. Sie war auch die Hauptpartnerin des Müllers gewesen, als er noch unbeschwert über den Häusern durch die Luft schwebte. Zudem war sie die Hüterin eines Gold- und Silberschatzes, den die Mauren zurückgelassen und in der Nähe ihrer Hütte am Berghang vergraben hatten. Wer weiß, was sie nicht alles mit einem Menschen anstellen konnte, der in ihren Zauberbann geriet.

»Aber ist sie eine weiße Hexe, eine hechicera, oder eine schwarze, eine bruja?« fragte ich Maria.

Bevor sie antwortete, zog sie mich vom Kamin weg und blickte mir bedeutungsschwer in die Augen.

»Eine von denen, die Sie zuletzt nannten«, sagte sie dann.

Ich schien indessen für mediterrane Hexerei und Zauberkunst nicht empfänglich, denn mir widerfuhr nichts Ungewöhnliches. Mutter Rattes Liebestränke wirkten auch nicht stärker auf mich als die von Maria.

Einer nach dem anderen vergingen die Tage, die Wochen, die Monate. Das Lesen, das Spazierengehen und auch das Leben im Dorf wurden mir eigentlich nie langweilig. Ich schreibe das zum großen Teil der Fröhlichkeit und Vitalität der Dorfgemeinschaft zu, in der ich mich niedergelassen hatte. Diese kleine autarke Welt hatte etwas von der Lebensfreude und dem Sinn für Maß und Balance der alten Griechen. Las ich bei Platon, wie sehr sie ihre Städte und politischen Verfassungen als Kunstwerke auffaßten, denen sie eher ästhetische als moralische Qualitäten zuschrieben, dann glaubte ich zu verstehen, warum dieses Dorf, das ja nicht kleiner war als viele selbstverwaltete Republiken der Ägäis, so wohlgeraten war. Es hatte die richtige Größe, die passende Menge bewässerten Landes, das angemessen verteilt war. Es war abgeschieden und hatte die Kraft der Tradition, die den lebendigen und menschlichen Eigenschaften seiner Bewohner größte Entfaltung ermöglichte. Eine größere oder weniger isolierte Gemeinschaft wäre von der bäuerlichen Bahn abgekommen, was zu Eigendünkel geführt hätte und sie im Leben der modernen Nation hätte untergehen lassen. Yegen dagegen bewahrte seine Eigenständigkeit.

Auch seine natürliche Lage regte die Vorstellungskraft an. Viertausend Fuß über dem Meer, an einem gut bewässerten Berghang, auf grauen, gerippten Felsen gelegen, umgeben von Pappeln, Mais und Obstbäumen aller Art, hing es zusammengedrängt wie eine Kolonie von Schwalbennestern über dem Nichts. Schaute man von einem seiner Flachdächer hinab, sah man, wie der Berghang sich weiter unten in jäh abfallenden roten Schluchten verlor, die in ein Labyrinth sandiger Wasserläufe, sogenannter *ramblas* mündeten. Was sich dem Auge bot, war kein Tal, es war, wenn auch von Bergen umgeben, eher ein ausgeschwemmtes, von vielen Läufen durchzogenes Becken.

Man hatte an diesem Ort den Eindruck, hoch über der Welt zu thronen. Hier war Zurückgezogenheit und Stille, unterbrochen nur durch die Geräusche des Dorfes und das Murmeln des Wassers - ich hatte das Gefühl, von Strömen reiner Luft umspült zu werden, wie ich es nirgendwo sonst erlebt habe. Berge und Wolken waren die wesentlichen Elemente dieser Landschaft. Zwanzig Meilen weiter, jenseits des leeren Raumes, erhob sich ein abgeflachter Berg, die etwa vierhundert Quadratmeilen große

Sierra de Gádor, nackt, baumlos und ohne Wasser. Im Winter weideten einige Schäfer dort ihre Herden und entzündeten an Allerseelen Feuer zur Vertreibung der bösen Geister. Vor vielen Jahren waren Bergleute gekommen, einsame Männer mit mürrischen Gesichtern, die in dem Schiefergestein nach Blei und Kupfer gruben. Dann hatte dort eine Zigeunerfamilie gelebt, die aus den benachbarten Dörfern Kinder stahl, deren Blut sie aussaugte und trank. Seit jenen Tagen spukte es auf dem Berge. Rechts davon gab eine Lücke kurz den Blick auf die See frei, und noch weiter rechts kam das Küstengebirge, die Sierra de la Contraviesa, deren sanfte Buckel und Gräben an samtenen Faltenwurf erinnerte. Oberhalb von Orgiva schließlich ein weiteres Felsmassiv, die Sierra de Lújar.

Merkwürdig in den Alpujarras war die Wolkenbildung. Den ganzen regenlosen Sommer hindurch stand eine Herde von Cumuluswolken - unten glatt, oben mit schneeigen Kuppeln und barock geschweiften Rändern - über der Sierra de Gádor. Wie ein riesiger Hut warfen sie ihre dunklen Schatten auf die grauen Triasfelsen, aber niemals brachten sie Regen. Mit dem Winter kamen Wolken, die ich Tümmler oder Wale nannte. Sie standen den ganzen Tag einzeln oder zu zweit völlig unbeweglich über dem Dorf, und am Abend färbten sie sich golden oder blutrot. Es waren hohe Wolken, sie schienen stillzustehen, angehalten von den Strömen feuchter Meeresluft, die die Sierra überquerten. Englische Wolken nehmen ständig neue Formen an, sie können aussehen wie Burgen oder wie das Meer. Die Wolken der Alpujarras führen gleichsam ein Einzeldasein, sie stehen für Wochen an einem Ort.

Zu den seltsamsten und angenehmsten klimatischen Besonderheiten Yegens gehörte die Windstille, die fast das ganze Jahr anhielt. Selbst im Sommer, wenn in den tieferen Regionen Tag und Nacht ein scharfer Seewind blies, erzitterten nur zwischen Mitternacht und Morgengrauen die Pappeln leise unter einem sanften Hauch. Dann mußten die Erntearbeiter nachts bei Laternenlicht die Spreu vom Getreide trennen. Nur ein oder zweimal im Jahr - gewöhnlich im Januar oder Februar - war das anders. Dann tauchte eine lange, flache Wolkenbank über der Kordillere auf, und das war für jeden, der sich auf dem Feld aufhielt, das Zeichen, sich schleunigst nach Hause zu begeben. Bald darauf stürmte der Nordwind heran, zuerst in Böen, dann in einem gewaltigen Strom, als ob irgendwo über den Berggipfeln ein Damm geborsten wäre. Mit der Gewalt eines Orkans stürzte er den Berghang hinab, riß Äste mit sich fort, ließ die Häuser in ihren Grundfesten erbeben und tobte in den Kaminen, daß man kaum sein eigenes Wort verstand. Man konnte kein Feuer anzünden, obwohl es eiskalt geworden war, und auch nicht auf die Straße gehen, wollte man nicht Gefahr laufen, von herabfallenden Dachziegeln erschlagen zu werden. Einmal brach der Sturm unten in den Stall ein, hob den Boden des Wohnzimmers, in dem ich saß und jagte durch den ganzen Raum. Doch es war ein wunderbares Schauspiel. Vom Fenster - anders als auf allen vieren war es nicht ratsam, aufs Dach zu gehen - sah man gegen den blauen Himmel Schneeflocken in langen waagerechten Streifen von den Berggipfeln heruntertreiben, während die Olivenbäume mit hochgestülpten Blättern wie rasend an ihren Wurzeln zerrten. Dann ging man zu Bett. Das war alles, was man tun konnte, wenn der 'Tigerwind' blies; man hatte die Gewißheit, daß er innerhalb von 24 Stunden ebenso plötzlich aufhören würde, wie er gekommen war.

Lebhafte Ereignisse waren auch die Regentage. Wir lebten in der Nähe einer Wetterscheide. In Almería mit seinem wüstenähnlichen Klima regnet es nur bei Ostwind. In Granada kommen die sehr hohen jährlichen Niederschläge aus dem Westen. Wir befanden uns fast an der Grenze der Region Granada. Riesige schwammige Massen purpurroter Wolken jagten von Westen heran und über uns hinweg. Es regnete tagelang, die Wege wurden fortgespült, die Brücken lösten sich und brachen zusammen, und dann klärten sich die Nebel wieder auf und wir sahen unter uns in verschiedenen Höhenlagen ein Meer von Wolken mannigfacher Gestalt und Formation, einige dicht und schwer, andere bloße Nebelfetzen - wie wenn sich in einem Teich der Schlamm absetzt und im klaren Wasser Fische und Tang sichtbar werden. Aber der erste Regen nach einer Trockenperiode brachte auch Stunden der Sorge. Überall, wo die Tauben das Dach zerkratzt hatten, drang das Wasser ein, und ich mußte mitten in der Nacht mit einer Esparto-Fackel hinausgehen und Lehm in die Löcher stopfen. Wenn ich dann um mich blickte, sah ich durch die schwarze Regenwand hindurch auch auf anderen Dächern Fackeln und in ihrem Licht dunkle Gestalten, die sich an den Dächern zu schaffen machten.

6. Der Dorfkalender

Der Kalender eines südeuropäischen Dorfes wird bestimmt durch die saisonbedingte Arbeit auf dem Feld und die damit zusammenhängenden Riten und Feste. In meinem Dorf war dieser Kalender besonders eng, denn die milden Winter und die reichliche Bewässerung machten den Anbau der verschiedensten Früchte möglich. Das Jahr begann mit der Olivenernte, die im wesentlichen Aufgabe der Frauen war. Dann gab es überall in den Olivenhainen ausgelassene Gruppen von Frauen und Mädchen mit weißen Kopftüchern und leuchtend bunten Kleidern in Begleitung der kleineren Kinder. Die Mädchen kletterten auf die Bäume, und wenn einmal ein Mann zu nahe kam, schrien sie auf und beeilten sich herunterzuklettern, denn sie trugen keine Schlüpfer. Die Oliven sammelte man auf gestreiften Matten, die auf dem Boden ausgebreitet lagen, schüttete sie dann in Körbe und brachte sie zu einer Ölmühle. Im Halbdunkel eines niedrigen, engen Raumes zog hier ein Esel einen kegelförmigen Mahlstein im Kreis herum. Dabei wurden die Oliven zerquetscht und das Öl ergoß sich als feiner Strahl in ein Faß.

Während die Frauen mit den Oliven beschäftigt waren, beschnitten die Männer Weinstöcke und Obstbäume. Sodann wurden Zwiebeln und Knoblauch (die beiden am leichtesten verkäuflichen Produkte) angepflanzt und die Kornfelder gesät. Anfang Mai begann man an der Küste, die Gerste zu ernten und kurz darauf den Weizen. Die Reifezeit verschob sich Schritt für Schritt bergauf und erreichte unser Dorf im Juli (alle dreihundert Fuß Höhenunterschied bedeuten eine Verschiebung von vier Tagen). Auf den Feldern hoch im Gebirge begann sie nicht vor September. Das Getreide mähte man mit einer kurzen gebogenen Sichel. Der Mäher faßte mit seiner Linken ein Bündel Halme und schnitt sie mit der Rechten kurz unterhalb der Ähre ab. Sie wurden in Körben gesammelt und auf den Rücken der Esel zum Dreschplatz gebracht. Falls der Mond schien, mähte und sammelte man die Gerste bei Nacht, denn wenn sie zu trocken wird, fallen die Körner aus.

War im August alles Getreide geschnitten, kam die *parva*, wie man hier das Dreschen nannte. Das war der Höhepunkt des Jahres, die eigentliche Ernte. Das ungedroschene Korn oder *mies* wurde auf einem der runden, gepflasterten Dreschplätze ausgebreitet, die am Berg verstreut und meist auf einem möglichst windigen Felsvorsprung angelegt waren. Zwei Maultiere wurden vor die *tabla* gespannt, ein kleines hölzernes Brett mit Zähnen aus Eisen oder Quarzit, und ein Mann hielt die Zügel und balancierte darauf. Ein zweiter Mann stand dabei, schwang eine lange Peitsche, und die Mulis liefen im Kreis. Sobald sie müde wurden, wechselte man sie gegen ein anderes Paar aus. Den ganzen Tag über drehte man am Berg diese Kreise, schweigend lehnten sich die Drescher wie Wagenlenker ins Geschirr zurück, begleitet von gelegentlichen Rufen des Mannes mit der Peitsche. Das Fell der Maultiere glänzte vor Schweiß. Bei Einbruch der Dunkelheit begannen die Vorbereitungen, das Getreide von der

Spreu zu trennen. Eine Gruppe von Männern und Frauen versammelte sich auf dem Dreschplatz, eine Laterne wurde angezündet, dazu klimperte jemand auf einer Gitarre. Plötzlich erhob sich eine Stimme in die Nacht, hing einige Sekunden in der Luft und verlor sich wieder in der Stille. Von den Pappeln in der Nähe antwortete der Gesang einer Nachtigall.

Ein leichter Wind hatte jetzt eingesetzt. Zuerst kamen kleine Böen, dann erstarb der Wind wieder und hob aufs neue an. Schien er kräftig genug, nahmen ein oder zwei Männer ihre langen Gabeln aus Eschenholz oder *almez* (Zürgelbaum oder libyscher Lotus) und begannen, die Ähren in die Luft zu werfen. So ging es mit Unterbrechungen die ganze Nacht. Am stetigsten blies der Wind gegen Sonnenaufgang. Oft, wenn ich lange gelesen hatte, verließ ich dann das Haus, und ging den Pfad hinauf, um bei dieser Arbeit zuzusehen. Das riesige gebirgige Becken unten füllte sich, wie aus einem Wassertank gespeist, in Wellen mit Licht. Die violetten, später lavendelfarbenen Schatten wurden zarter und lösten sich auf. Wenn ich am Dreschplatz ankam, sah ich die Spreu wie einen weißen Mantel im Wind, während die schweren Körner unten auf den Haufen fielen wie die Goldmünzen einst auf Danaë. Ohne Wolken und ohne Dunst zeigte sich die Sonnenscheibe über der Sierra de Gádor und stieg rasch empor. Die schlafenden Gestalten erhoben und reckten sich. Die Männer nahmen einen Schluck aus den Weinschläuchen, die Frauen packten ihre Proviantkörbe und gingen nach Hause. Eine halbe Stunde später gingen sie schon wieder zum Bach, um zu waschen.

Gegen Ende des Frühlings und zum Sommeranfang gab es die meiste Arbeit. Die Bohnen, deren Blüten zu Ostern die Luft mit ihrem Duft erfüllten, mußten gepflückt und die Kartoffeln gesetzt werden. Zur gleichen Zeit erfolgte die Aussaat der Tomaten, Paprikaschoten, Auberginen, weißen Bohnen und der Honig- und Wassermelonen. Dann wurde der Weizen geerntet, das Feld grob gepflügt und Mais angepflanzt. Hierauf sammelte man Linsen, Kichererbsen und Futterwicken, und danach feierte man das große Fest der *parva*. Wenig später pflückte man die Trauben, die man an Spalieren zog und bewässerte, kelterte sie in den Weinfässern und lagerte all die anderen Herbstfrüchte ein. Tomaten, Paprikaschoten und Feigen breitete man auf den Dächern auf Matten aus, um sie zu trocknen. Kastanien, Zwiebeln, Knoblauch und Kartoffeln wurden geerntet und verkauft oder eingelagert. Das Schälen des Mais war mit einem Ritual verknüpft. Eine Gruppe von Jugendlichen saß im Kreis mit einem Krug Wein und einem Teller Kuchen oder gerösteter Maronen in der *azotea*, der offenen Mansarde. Fand ein Mädchen in einem Maiskolben rote Körner, schlug sie ihr Messer leicht an die Stirn eines jeden Jungen. Wenn ein junger Mann einen solchen Kolben aufbrach, umarmte er dagegen alle Mädchen. Sie zu umarmen bedeutete nicht, sie zu küssen, vielmehr legte er einen Arm um sie und klopfte ihr dabei auf die Schulter. Ein Kuß war solch eine ernste Angelegenheit, daß manche besonders anständigen Mädchen ihrem Bräutigam erst nach der Heirat erlaubten, sie zu küssen.

Mein Dorf versorgte sich beinahe ausschließlich selbst. Die ärmeren Familien aßen nichts, was nicht in der Gemeinde angebaut wurde, abgesehen von getrocknetem Kabeljau und frischem Fisch (man brachte ihn auf dem Rücken eines Maultieres von der Küste herauf, was eine Nacht lang dauerte). Baumwollstoffe, Keramik, Eisenwaren und billiger Kram kamen zwar aus den Städten zu uns herauf, aber die Dorfbewohner webten und färbten ihre eigenen Wollstoffe, ihre Decken aus Baumwollflicken, ihre Seidentücher und Bettdecken. Mit anderen Worten, die Wirtschaft eines Dorfes in den Alpujarras hatte sich seit dem Mittelalter kaum verändert. Die Instrumente des Ackerbaus waren sogar noch weit antiquierter. Unser Pflug war dem römischen Pflug eng nachempfunden. Eine sehr ähnliche Form mit senkrechtem Griff fand an der Küste und in großen Teilen Andalusiens Verwendung. Sie glich den Abbildungen auf griechischen

Vasen. Zweifellos gab es dieses primitive Gerät im gesamten Mittelmeergebiet. Ebenso alt war das Dreschbrett oder auch Schlitten - sowohl Amos als auch Isaios erwähnen es - und unsere Sichel war in der Form identisch mit denen, die man in Gräbern der Bronzezeit nahe Almería gefunden hatte. Trotzdem darf man unsere Art der Landwirtschaft nicht als rückständig abtun. Etwa 1930 nahm man eine motorgetriebene Dreschmaschine in Betrieb und empfand das auch als praktisch. Aber die anderen Werkzeuge entsprachen so vollständig den lokalen Bedingungen, daß ich bezweifle, ob sie überhaupt zu verbessern sind. Da ich zu jener Zeit Vergil las und mich durch die zwölf Bände von Frazers *Golden Bough* und das Alte Testament hindurcharbeitete, hatte ich besondere Freude an solchen archaischen Relikten.

Der Frühling war wie in fast allen Ländern die schönste Jahreszeit. An der Küste begann er im Februar oder März, breitete sich dann als grüner Farbfleck den Berg hinauf aus und erreichte das Dorf im April. Die Feigen- und Maulbeerblätter schlugen aus, der Weizen und die Gerste schossen jede Nacht ein wenig höher, die klebrigen Pappelknospen öffneten sich und zeigten ihre dünnen seidigen Blütenblätter. Die Schwalben kamen zurück und begannen, Nester zu bauen, und bald darauf konnte man den Kuckuck und die Nachtigall hören. Oberhalb des Dorfes erwachte der gesamte Berg zu neuem Leben. Die Familien, die dort Felder besaßen, zogen nach oben in ihre *cortijos* - einfache, unter die Kastanienbäume gebaute Steinhütten - und begannen mit der Herstellung des Käses. Rufen, Lieder, Eselsschreie, das Krähen der Hähne und das Blöken der Schafe und Ziegen hallten überall wider.

Hoch oben, einen Fußmarsch von zwei oder drei Stunden entfernt, lag im Tal von Mecina ein ausgedünntes Steineichengehölz - alles, was vom *monte*, dem Eichenwald übrig war, der einmal den ganzen Berghang oberhalb der Kastanienzone bedeckt hatte. Etwas weiter oben hatte Don Fadrique seinen Hof mit etwa siebzig Rindern, einer Herde Ziegen und ein paar Schafen. Unter dem Vorwand, die Botanik zu erforschen, ging ich manchmal dort hinauf. Akelei, Enzian, Steinbrech und Scilla säumten den Bach, und man konnte im eiskalten Schneewasser baden. Hier wohnte Juan el Mudo, den man so nannte, weil sein Vater stumm gewesen war, ein großer, athletischer Mann, der mit der gesundheitsstrotzenden Araceli, Doña Lucías letztem Hausmädchen, verheiratet war. Er bewirtschaftete den Hof als Halbpächter und unterhielt dank des Einflusses seiner Frau eine enge Beziehung zu seinem Feudalherrn. Der größte Teil des Besitzes bestand aus Weideland, aber sie säten auch etwas Roggen und mähten ihn Ende August. Don Fadrique hatte sich ein Zimmer reserviert, und wenn ich Abwechslung vom Dorfleben suchte, konnte ich hierher kommen und bleiben. Ich entdeckte, daß es kein besseres Mittel gibt, wieder einen klaren Kopf zu bekommen, als sich eine Zeitlang und ohne jedes Buch der Monotonie auszusetzen. Am Tage fraßen sich Einsamkeit und Leere des Bergtales in mein Inneres: ich suchte Blumen, ich fand das Nest eines Tauchers unter einem Wasserfall, oder ich sah die Falken und Adler über mir kreisen. Am Abend kehrte ich zurück, saß am Kaminfeuer mit dem schweigsamen Juan, dem liebenswürdigen, bärtigen und in Lumpen gekleideten Felipe und ein paar wilden, sprachlosen Hirtenjungen. Wenn ich dann nach einigen Tagen ins Dorf zurückkehrte, hatte ich das Gefühl, in eine Metropole zu kommen.

Diese jungen Schäfer oder besser gesagt, Ziegenhirten verlangen nach einer Beschreibung. Sie sahen oft verblüffend gut aus, langes, gelocktes Haar fiel ihnen bis auf die Schultern, ihr Teint war olivenfarbig, aber sie waren in der Abgeschiedenheit der Berghöfe aufgewachsen oder hatten ihre Ziegenherden in den *secanos* gehütet und hatten darüber beinahe das Sprechen verlernt. Sprach man sie an, antworteten sie in einem Singsang, der fast unverständlich war, jedoch so laut, daß es bis zum nächsten Hügel schallte. Hörte ich ihnen zu, so schien mir, als hätten alle

Ziegenhirten der Mittelmeerländer eine gemeinsame Sprache, so als könnten die Jungen der spanischen Sierras sich in den Bergen von Sizilien oder Albanien verständlich machen. Bei ihren seltenen Aufenthalten im Dorf waren sie scheu und versteckten sich sogar. Da ihre Schönheit aber die Mädchen anzog, fanden sie sich früher oder später vor dem Traualtar wieder. Dann begann ihr Leidensweg, denn ihre Frauen wurden ihnen ohne Ausnahme untreu. Die groben unter ihnen schlugen ihre Frauen, doch meist waren sie sanfte, wehrlose Kreaturen. Als ob sie sich rechtfertigen wollten, entwickelten sie dann ihre sprachlichen Fähigkeiten und wurden gewandte Gesprächspartner. So auch Felipe, dessen Frau Viktoriana ein Dutzend Liebhaber hatte, darunter auch ihren Arbeitgeber. Felipe hatte Gesichtszüge wie Christus, einen Charakter so schwach wie Wasser und war der einzige auf diesem abgelegenen *cortijo*, mit dem man sich unterhalten konnte.

Manchmal erzählte er Geschichten über Wölfe. Er behauptete, wenn man einen einzelnen Wolf traf und ihm fest in die Augen sah, so würde er weglaufen. Waren es aber zwei, bleibe nichts übrig, als einen Stock zu schwingen, zu brüllen und das beste zu hoffen. Mit einer Schleuder auf sie zu schießen, provoziere sie nur. Allerdings fehlte ihm der Mut, seine Theorie zu erproben. Ein einziges Mal war ihm ein Wolf begegnet, und er war prompt auf eine Eiche geklettert, für den Fall, daß sich noch ein zweiter in der Nähe aufhielt, wie er uns sagte. Der Wolf war dann vorbei geschlichen. In letzter Zeit hatte es wohl überhaupt keine Wölfe mehr gegeben. Die Rodung des *monte* hatte sie verstört, und seit mehreren Jahren hatte man keinen mehr gesehen. Der letzte war mitten in der Nacht über die Hofmauer gesprungen und hatte den Schäferhund gefressen, die Herde aber in Ruhe gelassen. Heute sind sie allerdings wieder da. Eine Polizeiverordnung, die jedermann das Tragen von Feuerwaffen untersagte, verschaffte ihnen einen Freibrief. Letztes Jahr (1953) kamen zwei Wölfe bis an den Rand des Dorfes, brachen in einen Schafpferch ein und töteten alle Tiere.

Ich sagte bereits, daß die agrarischen Höhepunkte des Jahres mit entsprechenden Ritualen begangen wurden. Zuerst kam der Karneval. Die jungen Leute machten sich fein, setzten Masken auf und organisierten einen Umzug. Zwischen all den Mauren, Riesen und anderen Phantasiefiguren, die umherliefen oder getragen wurden, gab es auch eine Sänfte, in der sich zwei junge Männer, von denen einer sich als Mädchen verkleidet hatte, unter obszönen Worten und Gebärden zum Schein liebten. Das schien mir Frazers Ansicht zu bestätigen, wonach der Karneval den römischen Saturnalien entstammt. Die Einwohner zündeten kleine Feuer auf ihren Dächern an und rösteten Maiskörner; am Abend wurde getanzt. Den letzten Tag feierten sie mit einem Fackelzug, wobei sie einen ausgestopften Fuchspelz (oder in Ermangelung dessen ein Kaninchenfell) im Triumph rings um das Dorf trugen und unter Verspottung religiöser Zeremonien und nach einem Sermon vor der Kirche begruben. Dieses Ritual verkörperte wohl die Grablegung des alten Jahres.

Die Osterfeiern waren besonders lebendig. Vom Morgen des Palmsonntag an legte sich eine Stille über das Dorf, die bis zum Ende der Woche anhielt. Während dieser Zeit wurde nicht gerufen oder gesungen, und der Klang von Mörser und Stößel, dieses fröhliche Vorspiel jeder andalusischen Mahlzeit, blieb aus. Am Abend des Gründonnerstag trug man dann die Figur des gekreuzigten Christus in langsamer Prozession mit Fackeln und Kerzen bis hin zur steinernen Kreuzwegstation zwischen den Olivenbäumen etwas unterhalb des Dorfes. Bei jedem Halt erklang eine leise, klagende *copla.* Am Abend darauf trug man in einer stillen, trauervolleren Prozession den Leichnam in einem Glassarg zum gleichen Ort, brachte ihn dann zur Kirche zurück und begrub ihn dort. In der Nacht umrundete eine Gruppe alter Frauen mit Espartofackeln wie in einer *via crucis* die Kirche; sie klagten und sangen *saetas* (nicht den *flamenco* oder den verfälschten Stil der Zigeuner, der heute als *saeta* ausgegeben wird, sondern den reineren *cante andaluz* aus Granada). In der Kirche brannten rings um das Grabmal die Kerzen der *capilla ardiente*. Während der Priester am Samstagmorgen um zehn Uhr die Messe las, läutete die Glocke das Gloria als Zeichen der Auferstehung, und das Weihwasser für das kommende Jahr wurde gesegnet. Die Anwesenden füllten etwas davon in ihre mitgebrachten Gläser und besprengten ihre Häuser, um die bösen Geister fernzuhalten.

Die Fastenzeit war nun zu Ende, doch die Schlußszene des Dramas stand noch aus. Am Ostersonntag bekamen die jungen Männer bei Tagesanbruch vom Küster den Kirchenschlüssel und trugen die Figur des auferstandenen Christus zum Platz am unteren Ende des Dorfes. Er war dargestellt als junger Mann in grünem Gewand. Und als sollte er mit Adonis, Osiris und den anderen männlichen Göttern in Verbindung gebracht werden, die gestorben waren, auf daß die Getreidesaat aufgehen und der Saft wieder in die Halme steigen möge, krönten sie ihn mit Blättern; dazu gaben sie ihm einen Blumenstrauß in die rechte und ein Bündel Gerste in die linke Hand. Auf dem bescheidenen Platz mit seinen niedrigen, unverputzten Häusern stellten sie ihn auf ein Podest. Die Dorfbewohner - besonders die ärmeren Familien - versammelten sich ringsum und riefen *Viva, viva el Señor*. Um neun Uhr öffnete der Priester dann die Kirchentüren. Der Bürgermeister und die Honoratioren des Dorfes warteten, und als die Jungfrau in ihrem grünen, sternenübersäten Gewand herausgetragen wurde, schlossen sie sich an und bildeten eine Prozession. Diesen Höhepunkt der Osterzeremonie verstand selbst der einfältigste Hirtenjunge: die Jungfrau hatte das Grab offen vorgefunden, vermißte ihren Sohn und machte sich auf, ihn zu suchen. Gemessenen Schritts und in völliger Stille bewegte sich der Zug den unebenen Weg hinab, die steife, grüngewandete Figur schwankte von einer Seite zur anderen, bis sie am Eingang des kleinen Platzes ankamen, der nun voller Menschen war. In allen Fenstern drängten sich die Gesichter der Frauen, auf den niedrigen Dächern saßen Männer aufgereiht und hoben sich als fransige Einfassung wie Kraniche oder Störche gegen den Himmel ab. Sobald die Figur der Jungfrau vor der des Christus angekommen war, verneigte sie sich dreimal. Der Priester trat vor, besprengte ihn mit Weihwasser, beweihräucherte ihn, und schwankend wurde die Jungfrau zum Rand der Plattform gebracht. Als sie vor ihrem Sohn stand, hob man seine Arme, die an Fäden hingen, in einer ruckartigen Bewegung an und berührte damit ihre Schultern. Auf dieses Signal hin wurde die Stille gebrochen. In einer Ecke des Platzes stand der Trommler, ein großer, schlanker Jugendlicher. Er hob die Hände über den Kopf und schlug mit verzerrtem Gesicht die Trommel. Alle Stimmen riefen *Viva la Purísima, Viva el Señor*, Trompeten erklangen, die Jungen trommelten auf Blechstücken herum und die Männer auf den Dächern schossen Raketen ab oder feuerten ihre Gewehre in die Luft. Beim Nachladen dieser Vorderlader fuchtelten sie mit den Armen und den Ladestöcken herum, und ihr jähes und hektisches Gestikulieren ließ mehr an Afrika als an Europa denken.

Nun formierte sich die Menge wieder zu einer Prozession und trug die wankende Mutter und ihren Sohn im gleichen Schneckentempo zurück zur Kirche. Unter Trommeln und Trompeten begannen die Frauen zu singen. Sie sangen keine Litanei, sondern einen der vierzeiligen, *copla* genannten Verse, von denen jedermann eine große Zahl auswendig wußte. Die hohen, durchdringenden Stimmen der Jungen konnte man deutlich heraushören. Weitere Raketen zischten gen Himmel, weitere Schüsse fielen, bis der Zug mit den beiden ernsten, marionettenhaften Figuren unter lauten Hurra-Rufen schließlich die Kirche wieder erreichte.

Am Nachmittag versammelten sich die Jugendlichen des Dorfes um die Schaukeln, die die jungen Männer nachts auf der Straße vor den Häusern ihrer Mädchen befestigt hatten. Sie waren nicht wie die englischen Kinderschaukeln, anstelle des Sitzes hing nur ein Brett an zwei Seilen, und ein Mann und ein Mädchen setzten sich jeweils an ein Ende. Mindestens vierzehn Tage lang schaukelte man jeden Abend zu einem bestimmten Lied. Nur Leute im heiratsfähigen Alter durften daran teilnehmen, denn dieser Ritus sollte den Feldfrüchten, die gerade erst durch den Tod und die Auferstehung Gottes erneuert worden waren, zu Kraft und Wachstum verhelfen.

Das nächste Fest folgte am Sankt-Markus-Tag, dem fünfundzwanzigsten April. Für spanische Landbewohner ist der heilige Markus nicht der Autor der synoptischen Evangelien, die Quelle Q der Erzählungen des heiligen Matthäus und des heiligen Lukas, auch nicht das Thema vieler gelehrter Abhandlungen Tübinger Professoren, sondern der Schutzpatron der Stiere und aller grasenden Tiere. An seinem Namenstag brachte man das Vieh deshalb zur Segnung ins Dorf. Hinter seinem hölzernen Abbild zog eine Prozession her, in der jedermann seine Kuh oder Ziege, sein Maultier oder seinen Esel mit sich führte, an deren Hörner oder Ohren man Blumensträuße gebunden hatte. Die Schäfer und Ziegenhirten trieben ihre Herden vor dem Zug her. So wurde der gesamte Tierbestand durch die engen Straßen zum Kirchplatz gebracht, wo sich der Priester ihnen zuwandte, sie segnete und beweihräucherte. Danach wurden kleine Brotkringel, geformt wie Armbänder, sogenannte *roscos*, verteilt, jeder Mensch und jedes Tier bekam einen. Sie waren das Geschenk einer Bruderschaft, deren Mitglieder jedes Jahr unter sich auslosten, wer das Mehl stellen und die Kringel backen mußte. Nachdem der Priester auch diese gesegnet hatte, hängte man sie über die Hörner der Kühe und Ziegen und über die Ohren der Esel, und die Prozession setzte ihren Weg durch das untere *barrio* fort. *Roscos* verteilte man auch an Freunde und Verwandte, um ihnen Glück zu bringen, und am Ende des Tages gab es noch einen für jedes Tier. In unserem Dorf mit seinen steilen, winkligen Gassen hätte man sich keinen pittoreskeren Anblick vorstellen können als diesen heidnisch wirkenden Umzug verschiedenster blumengeschmückter Tiere und ihrer Besitzer - alte Männer, Frauen und Kinder.

Der erste Mai wurde bei uns nicht gefeiert, wohl aber am dritten Mai der Tag des Kreuzes - *la Cruz de Mayo* - ein großes Ereignis in den meisten Gegenden Spaniens. An diesem Tag stellten die Kinder kleine Kreuze auf den Straßen auf, schmückten sie mit Blumen und lauerten den Vorübergehenden auf, um ein paar Pfennige zu erbetteln. In unserem Dorf aber brachte man diesen Tag damit zu, den Teufel zu töten. Gruppen junger Leute gingen hinaus aufs Feld, aßen und tranken zunächst unter den Olivenbäumen, und machten sich dann, so gestärkt, auf die Suche nach dem universalen Feind. Sie fanden ihn in Form einer großen Wolfsmilchpflanze, die im Ruf steht, für Tiere giftig zu sein. Nachdem sie ein Exemplar ausgewählt hatten, rissen sie es mit den Wurzeln aus, banden es an ein Seil und zogen es unter Triumphgeschrei übers Feld und durch die Straßen. Wenn sie keine Lust mehr hatten, banden sie den Strunk an einen Baum und gingen. In der Zwischenzeit hatte man die Häuser mit Zweigen und Blumen geschmückt, selbstgesponnene Seidengehänge aus den Truhen genommen und im größten Zimmer einen Altar mit einem hölzernen Kreuz darauf errichtet. Davor trank und tanzte man am Abend. Der Tag des Kreuzes war natürlich eine Erfindung der Kirche, ein Ersatz für den Maifeiertag mit seinen heidnischen Bräuchen. Ursprünglich pries die Zeremonie den Tod und die Auferstehung des Baumgeistes, so wie man an Ostern die Erneuerung des Getreides feierte.

Die nächste Gelegenheit zu einem Fest war der Johannistag. Am Abend zuvor schmückten die jungen Männer die Haustüren ihrer Mädchen mit Zweigen und brachten Ständchen. Am nächsten Morgen gingen die Mädchen früh zur Quelle, tauchten Gesicht und Hände ins Wasser und sangen dazu. Am Nachmittag banden sie ihre hübschesten Tücher um und zogen zusammen mit den jungen Männern hoch hinauf in die Berge, um die wilden Kirschen dort zu essen. Dann, im August, kam das Himmelfahrtsfest, an dem man sich in den *secanos* traf, um Feigen zu essen und im September, am Geburtstag der Jungfrau, galt es wieder, aufs Feld zu gehen, diesmal der Melonen wegen.

All diese Feste, die ich beschrieben habe, standen in Beziehung zum Wachstum der Pflanzen und Bäume, zur Obsternte und zur Fruchtbarkeit des Viehs. Man hatte ihnen einen christlichen Anstrich verpaßt, doch waren sie sehr viel älter als das Christentum. Lediglich Ostern gab dem Wachstumsritus eine tiefere Bedeutung bei, denn das aufgeführte Drama setzte nun ein Zeichen, daß sich nicht nur das Korn, sondern auch der Mensch wieder erneuern werde. Christus und die Jungfrau übertrafen in jener Woche Adonis und Demeter. Aber unsere anderen Riten waren heidnisch, und da die Fröhlichkeit die Essenz allen Heidentums ist, klangen sie meistens aus mit Essen und Trinken und mit Ausflügen aufs Feld, die eigentlich Parties waren, um einander den Hof zu machen. Das Dorf zeigte wenig Toleranz traurigen Dingen gegenüber. Allerheiligen wurde zwar zum Anlaß genommen, zu tanzen, sehr viel Alkohol zu trinken und Maronen zu rösten, aber Allerseelen, das Fest der Toten, ließ man aus, allenfalls brannte während der Nacht eine *candil*, eine Öllampe für jedes verstorbene Familienmitglied. Man besuchte nicht den Friedhof wie in anderen Teilen Spaniens und brachte auch keine Blumen zu den Gräbern. Allein das lebende Dorf war real, der Toten gedachte man nur kurze Zeit.

Weihnachten war das letzte Fest des Jahres. Alle gingen zur *misa del gallo*, der Mitternachtsmesse, und blieben dann ruhig zu Hause. Es war die Feier der Wintersonnenwende. Die einzige Besonderheit stellte die *zambomba* dar, dieses lästige, lärmende Instrument. Es besteht aus einem Stück Kaninchen- oder Ziegenfell, das straff über die Öffnung eines zerbrochenen Blumentopfes oder Abflußrohres gespannt wird. Ein Stock wird nun durch das Fell gesteckt, und mit der benetzten Hand stößt man den Stock auf und ab, was ein halb quiekendes, halb klagendes Geräusch erzeugt. Die sexuelle Bedeutung ist offensichtlich, und zweifellos sollte dieser Ritus ursprünglich der sinkenden Sonne wieder Kraft verleihen. In Yegen spielten es vorwiegend die jungen Männer, waren Mädchen dabei, dann machten sie zwar gern mit, waren aber gehemmt und kicherten und lachten. In der Stadt ist das Instrument heute zum Kinderspielzeug verkommen.

In Cádiar und einigen anderen Dörfern feierte man Weihnachten allerdings nach altem Brauch. Nach Sonnenuntergang gab es Tänze auf den Dächern der Häuser. Feuer wurden entfacht und Gruppen junger Männer und Mädchen rösteten Kastanien, spielten auf der *zambomba*, tanzten Hand in Hand im Kreis und sangen. Diese Tänze nannte man *remelinos* oder *remolinos*, was soviel wie Wirbeltänze bedeutet. Am 2. Februar, zu Mariä Lichtmeß, führten sie sie wieder auf und aßen *rosetas* oder gerösteten Mais, und so ging es weiter an jedem schönen Abend bis Karneval. Diese Tänze hatte es auch in Yegen einmal gegeben, man war aber davon abgekommen, weil sie angeblich die Dächer ruinierten.

Die Wochen um Weihnachten waren schön und sonnig. Am Wegrand blühten die Veilchen und eine kleine weiße Pflanze, die der Schleifenblume ähnelte. Es herrschte die übliche Windstille. Die Frauen gingen hinaus in die Olivenhaine, um die letzte Ernte des Jahres einzubringen, und bald begannen die kalten Winde und der Regen, die unseren zwei Monate dauernden Winter einleiteten. In den Straßen unterhalb meines Hauses blühte der Efeu, und immer, wenn ich hinaus in die Sonne ging, spürte ich seinen Duft.

7. Schule und Kirche

In meinem Dorf fanden die Errungenschaften der Wissenschaft kaum Verwendung. Wie Mecina und Válor hätte es elektrisches Licht haben können, aber aus Gleichgültigkeit und Apathie hatte man versäumt, sich die Dienste des Elektrizitätswerkes zu sichern. Es hätte auch Telephon haben können, aber als die Kabel entlang der Straße verlegt wurden, lehnte man die angebotene Telephonzelle ab. Die Leute aus Yegen fragten sich - nicht ohne Grund - warum sie gutes Geld für etwas ausgeben sollten, das doch niemand benutzen würde.

Mit der Schule war es eine andere Sache. Der Staat bestand auf einer Schule, also gab es eine und sogar eine Schulleiterin, die dort unterrichtete. Hier versammelten sich jeden Morgen die Kinder, die ihren Eltern nicht beim Ziegenhüten helfen mußten, und nahmen die Grundlagen einer modernen Erziehung auf. Sie lernten eine Anzahl von Kirchenliedern und Gebeten auswendig, machten sich ein wenig mit der biblischen Geschichte vertraut und beherrschten mittels der Arithmetik die Zahlen von eins bis zwanzig, oder, wenn sie schlauer waren, bis hundert. Sie eigneten sich die Namen der vier Hauptkontinente und zwölf bedeutender Nationen an und lernten, die wichtigsten Tiere zu erkennen, angefangen von der heimischen Kuh oder dem Hund bis hin zum Kamel, dem Elefanten und dem Löwen. Ein farbiger Öldruck an der Wand erleichterte diese Aufgabe. Er zeigte, wie eine Kuh mit einem Eimer darunter gemolken wurde, einen Jäger in Begleitung seines Hundes, ein Kamel, vor einer Palme posierend, ferner einen Löwen, der eine Antilope verschlang.

Aber wie stand es mit dem Lesen und Schreiben? Theoretisch gehörte beides zum Lehrplan, aber ich glaube, nur als Ideal, das anzustreben man die ernsthaften und begabteren Kinder zu ermutigen suchte. In der Praxis lag derlei außer Reichweite. Nur selten gelang es einem Jungen oder Mädchen, über das Erkennen einiger weniger Buchstaben hinaus vorzudringen. In der Tat gab es unter der älteren Generation im Dorf kaum mehr als drei oder vier, die, ohne Don oder Doña vor ihrem Namen zu tragen, eine Zeile lesen konnten. Wenn die jungen Männer den Militärdienst ableisteten, lernten sie es, weil sie von ihren Sergeanten in einen Kurs geschickt wurden. Aber wen störte dieser 'Analphabetismus' schon, der so oft von Journalisten und Politikern beklagt wird. In unserem Dorf gab es nichts zu lesen, so daß selbst die, die es gelernt hatten, es bald wieder vergaßen, denn sie hatten selten Gelegenheit, ihre Kenntnisse in der Praxis zu erproben.

Man wird nun fragen, ob es denn keine Zeitungen gab. Gewiß, es gab welche, der Arzt und der Krämer hatten eine abonniert; und zwar ein Blatt aus Granada, das die lokalen Nachrichten brachte. Was außerhalb Spaniens geschah, fand kaum Erwähnung, es sei denn der Gesundheitszustand des Papstes oder eine Feier im Vatikan. Als ich gerade im Dorf angekommen war und von dem Krieg erzählte, an dem ich teilgenommen hatte, nahmen viele Leute an, ich hätte gegen die Mauren gekämpft. Wurden nicht alle Kriege gegen die Mauren geführt? War diese falsche und heimtückische Rasse nicht der Feind schlechthin? England und Frankreich waren nur vage Begriffe und standen für die entlegeneren, unbestimmten Länder; Engländer oder Franzosen waren ihnen allenfalls vertraut als Durchreisende. Der Engländer stand im Ruf, sich für Bergwerke zu interessieren und über bemerkenswerte sexuelle Kräfte zu verfügen. Der Franzose war ein Mensch, über den jeder Spanier im Kampf die Oberhand behielt. Über ihre Heimatländer wußte man nichts. Als ich nach mehreren Jahren im Dorf zu einem kurzen Besuch nach England aufbrach, jammerte meine Magd Maria mit einer bedeutsamen Geste ihres Armes, daß ich wohl durch dieses ganze *Europa de Francia*, dieses Europa Frankreichs reisen müsse. Dieses Wort drückte für sie eine Wildnis voller Unsicherheit und Traurigkeit aus.

Aber was machte diese Unwissenheit schon aus? Die Menschen in Yegen wußten alles, was sie für ihr Wohlergehen und ihr Glück brauchten und abgesehen von ein paar pedantischen Phrasen hätten sie durch weitere Kenntnisse nichts hinzugewonnen. Innerhalb der Grenzen ihrer Lebensweise waren sie feinfühlige, zivilisierte Menschen, die ihre Angelegenheiten besser im Griff hatten, als man es bei vielen größeren Gemeinschaften antrifft. Als spanische Bauern und Katholiken wußten sie eine alte Tradition hinter sich, und ich erlebte oft, daß die Menschen mit der geringsten Schulausbildung die gewandtesten Gesprächspartner waren. Sie sprachen dann nämlich von Dingen, die sie wirklich verstanden.

Wenn sie meinten, Bescheid zu wissen, konnten sie aber auch ermüdend sein. Mitunter traf ich ältere Leute, die sich in den Kopf gesetzt hatten, daß der Spanier spanisch spreche, der Engländer englisch und der Franzose französisch, so wie jede Gattung Vögel ihren eigenen Ruf oder Gesang hat. Hörten sie dann, daß ich Engländer war, nahmen sie an, ich könne nur meine eigene Sprache sprechen. Und selbst wenn sie mich spanisch sprechen hörten, verschlossen sie ihre Ohren und erklärten: »Ich kann nicht verstehen, was dieser Mann sagt.« Da es keine größere Hartnäckigkeit als die der Spanier gibt, beharrten sie auf ihrer Haltung, auch wenn ich flüssig und mit akzeptabler Aussprache redete und mich in den Grenzen des bäuerlichen Vokabulars bewegte. Wie Don Eduardo würden sie lieber bis zum letzten kämpfen, als eine liebgewonnene Meinung aufzugeben.

Von den etwa hundert Weilern und Dörfern, die über die fruchtbaren Alpujarras verstreut lagen - von Padul und Motril im Westen bis nach Ohanes und Dalías im Osten - war Yegen eins der verlassensten - *de los más abandonados* - um diesen treffenden spanischen Ausdruck zu benutzen. Das lag weder an seiner Größe - seine Einwohnerzahl lag etwa bei tausend - noch an seiner Armut - fast alle Familien besaßen etwas Land - sondern an der Tatsache, daß es hier nur wenige wirklich wohlhabende Leute gab. Damit stand es in krassem Gegensatz zu Válor wie auch zu Mecina Bombarón, zwei aristokratischen Dörfern, deren

Ruf bis in maurische Zeiten zurückreichte. Obwohl ihre Größe und Bedeutung nicht an die mancher anderer Orte der Region heranreichte, hatten beide während des Aufstandes von 1568 einmal einen König für die Rebellen gestellt.

Yegen, so stelle ich mir vor, ist immer ein Dorf mit überwiegend bescheidenen Familien gewesen. Seine Berbersiedler hatten es als vier getrennte *barrios* erbaut, von denen zwei etwas entfernt von den anderen lagen. Die Moschee stand auf dem einzig verfügbaren flachen Gelände, dort, wo heute die Kirche steht. Als die Christen kamen, gaben sie die beiden entfernteren *barrios* auf und ließen sich in den Vierteln oberhalb und unterhalb der Kirche nieder, die auch heute noch existieren. Sie zogen mit einundzwanzig Familien, also etwa hundert Leuten, ein. Ihre Nachkommen vermehrten sich bis in die achtziger Jahre des vergangenen Jahrhunderts. Dann zerstörte eine Reblausepidemie den Wein, und die daraufhin einsetzende Auswanderungswelle nach Südamerika halbierte die Bevölkerungszahl. Seit damals war sie wieder angestiegen, und 1920 gab es etwa so viele Menschen, wie das Land ernähren konnte.

Die Abgeschiedenheit unseres Dorfes zeigte sich unter anderem in seiner Haltung der Religion gegenüber. Liberale, antiklerikale Meinungen waren nicht bis hierher vorgedrungen und schon gar nicht die in Almería verbreiteten anarchistischen Ideen oder die sozialistischen Programme aus Granada. Gleichwohl prägten eine gewisse Lässigkeit und Sorglosigkeit das religiöse Leben. Eine stattliche Zahl der Dorfbewohner ging nie zur Beichte oder zur Messe, trotzdem nahmen alle enthusiastisch teil an den Gottesdiensten und Umzügen, die zu Ehren der Jungfrau abgehalten wurden. Oft zog an Sonntagabenden nach Einbruch der Dunkelheit eine Rosenkranzprozession durch die Straßen. Der Majordomus trug eine Fahne, gefolgt von einer Reihe von Männern und Jungen mit Kerzen, und die Einwohner, deren Häuser an der Route lagen, stellten Lichter in die Fenster. Wenn jemandem daran lag, ein paar Peseten zu spenden, hielt die Prozession bei seinem Hause an und sang eine *copla*, einen Vers zu Ehren der Jungfrau. Auch zu den *novenas* war die Kirche sehr gut besucht. Sie fanden nach Einbruch der Dunkelheit statt. Die Musiker - ein Gitarrist und ein Lautenspieler - saßen mit den Chorknaben auf der hölzernen Galerie, und zusätzlich zu den Litaneien und Lobliedern sang man *coplas* im traditionellen *cante jondo*. Die frommeren Familien und auch einige, die kaum zur Messe gingen, stellten in ihren Häusern Altäre auf und luden ihre Freunde ein, Zuckerküchlein mit ihnen zu essen und den Rosenkranz zu beten. Nach Begräbnissen las man neun Abende hintereinander im Haus des Verstorbenen eine *novena*, und alle Freunde und Verwandten nahmen daran teil.

Bei der Messe am Sonntagmorgen zeigte sich das Desinteresse deutlicher. Die Frauen, die entweder schwarze Mantillas trugen oder Kopftücher, belegten die vorderen Reihen, während hinten eine Gruppe von Männern stand, die redeten und schwatzten und mitunter auch während der Messe rauchten. Andere Männer standen draußen auf dem Platz. Sie meinten, sie hätten der Messe schon beigewohnt, wenn sie nur die Tür im Auge behielten und sich bekreuzigten, sobald sie die Glocke zur Wandlung läuten hörten. Hunde rannten ein und aus, Kinder spielten, und es herrschte eine allgemeine Atmosphäre der Gleichgültigkeit. Als ich mich später mit der Religionsgeschichte Spaniens im sechzehnten Jahrhundert eingehender beschäftigte, stieß ich auf viele zeitgenössische Beschwerden über diese Art des Benehmens. Nach modernen Maßstäben waren in diesem Zeitalter des Glaubens die Sitten extrem respektlos, die Leute tanzten, aßen und tranken in der Kirche, sie redeten, lachten und schnupften während der Messe Tabak und trafen sich auch in den Kapellen, um zu flirten und ihre Liebschaften auszutragen. Das ließ vermuten, daß Yegen nicht die religiöse Gleichgültigkeit des neunzehnten Jahrhunderts angenommen, sondern im Gegenteil das auf Ungezwungenheit und Vertrauen fußende sorglose Benehmen einer früheren Zeit bewahrt hatte. Auch in dieser Hinsicht trug es mittelalterliche Züge.

Als ich zum ersten Mal ins Dorf kam, war ein gewisser Don Horacio Priester. Er war ein sehr häßlicher Mann, aber von einer Art Häßlichkeit, die die Menschen in seiner Umgebung entspannte, weil sie so natürlich und menschlich erschien. Er hatte einen großen Goldzahn, der beim Lächeln im Munde strahlte und funkelte, und dabei war er so herzlich und sympathisch, daß ihn alle Frauen liebten. Die Leute sagten, das komme von seinem langjährigen Aufenthalt in Kuba, wo sich die Geistlichen mehr unters Volk mischten und weniger auf ihrer Würde beharrten als in Spanien. Zu mir war er jedenfalls äußerst entgegenkommend, und als ich ihm sagte, ich sei Protestant, tat er das als nebensächlich ab, klopfte mir auf die Schulter und sagte: »Macht nichts, *hombre*. Kommen Sie zur Messe und Sie werden sehen, daß es Ihnen nicht wehtut. Aber ein Wort unter uns. Sagen Sie den Leuten nicht, daß Sie Protestant sind. Die Leute auf dem Land sind sehr einfältig und werden es nicht verstehen.« Als ich mich erkundigte, stellte ich fest, daß einige glaubten, Protestanten seien Menschen mit Schwänzen.

Gleich nach dem Glockenläuten schickte Don Horacio dann den Küster nach mir. Wenn ich in der Kirche ankam, begleitete er mich persönlich zum Stuhl des Bischofs, der neben dem Altar stand. Es war eine peinliche Situation. Unterhalb lag ein Meer von weiblichen Gesichtern, weiblichen Augen, weiblichen Händen, letztere ständig mit diesen für Andalusien typischen, komplizierten Bekreuzigungen beschäftigt, sogenannten *santiguadas* und *persignadas*. Die Frauen saßen mit übergeschlagenen Beinen auf einzelnen Matten auf dem Boden. Ihre Gesichter waren eingerahmt von schwarzen Spitzenmantillas und Kopftüchern und richteten ihre dunklen, ausdruckslosen Augenpaare auf mich. Im hinteren Teil des Kirchenschiffs standen die Männer, höchstens ein Dutzend, und blickten so unbeteiligt wie möglich drein.

»Sie brauchen nicht niederzuknien oder sich zu bekreuzigen«, sagte Don Horacio und kam mitten im Gottesdienst quer zu mir herüber, als er mein Unbehagen bemerkt hatte. »Sitzen Sie einfach nur da und entspannen Sie sich!«

Nach der Messe kam die Predigt. Der Priester stieg auf die Kanzel und verkündete den Text. Er predigte über den Verzicht des Joseph und dessen liebende Fürsorge gegenüber seiner Frau und dem Kind. Sofort wandten sich alle Gesichter der Frauen von mir ab und zu ihm hin, dabei verdrehten sie die Hälse nach hinten und sahen mit weit offenen Mündern und Augen zu ihm hinauf. Sie erinnerten mich an ein Nest voller junger Vögel, die auf ihre Eltern und das Futter warten. Aber die meisten Männer im Hintergrund, die von dieser Predigt sicher etwas hätten lernen können, waren schon hinausgegangen.

Nach dem Gottesdienst nahm mich Don Horacio beim Arm und fragte, wie es mir gefallen habe. Ich murmelte etwas Anerkennendes. »Das stimmt, *hombre*. Das stimmt genau. Ich sehe, Sie sind schon ein halber Katholik. Unsere Religion ist wirklich sehr gut und für Spanier sicher die einzig passende.«

Obwohl alle Frauen für Don Horacio schwärmten, gab es nie auch nur einen Hauch von Skandal um ihn. Das geschah erst, als er sich in die Schwägerin des Arztes verliebte. Er ging jeden Abend ins Haus des Doktors, um Schnipp-Schnapp zu spielen. Dieser Doktor war ein untersetzter, unangenehmer Mensch, der so schwerfällig redete, daß man ihn kaum verstand. Er war extrem kurzsichtig und sah aus wie ein Eber. Obwohl er nie in der Armee gewesen war, nannte man ihn *el Capitán*, aus Bewunderung für seinen Vater, der *comandante* oder Major gewesen war. Er war mit einer Frau verheiratet, die so gigantisch dick war - *como un colchón de grande*, füllig wie eine Matratze, wie Maria es ausdrückte - daß sie nie das Haus verließ, weil ihre Füße sie auf dem spitzen Kopfsteinpflaster nicht getragen hätten. Sie war liebenswürdig wie die meisten korpulenten Frauen. Sie hatte eine ledige Schwester namens Cándida, die fast genauso dick war wie sie selbst und, wenn auch nicht sehr jung, ebenso sanft und gutmütig.

Wie schon das Sprichwort sagt, sind Langeweile und allzu große Nähe schlechte Berater. Es dauerte nicht lange, da verliebte sich Don Horacio hoffnungslos und fand seine Liebe erwidert. Die beiden beschlossen, zusammen wegzulaufen. Er hatte ein Auto bestellt, das an der Straße wartete. Er schickte ihr eine Nachricht, um ihr zu sagen, der Wagen sei da, aber der Doktor öffnete den Brief. Don Horacio verließ das Dorf wenige Wochen später und kehrte nie wieder zurück.

Jahre später traf ich ihn einmal in einem Café in Granada. Mit seinem gewinnenden, goldblitzenden Lächeln legte er mir seinen Arm um die Schulter, setzte sich neben mich und fragte dann, ohne zu zögern, wie es Doña Cándida gehe. Ich erwiderte »ganz gut«, und sogleich stimmte er einen Lobgesang an auf ihre Schönheit, ihre Reinheit, ihre engelsgleiche Anmut und Herzensgüte, so als sei sie das große Los der zahlreichen Dörfer in den wohlhabenden Alpujarras.

»Welche Verschwendung!« rief er aus, »Welche Verschwendung! Da welkt sie hin und niemand weiß sie zu würdigen!«

Nach Don Horacios Schande waren wir für einige Zeit ohne Priester. Ein ungehobelter Kerl mit einem Bullengesicht, der mit der dicken, schmierigen Besitzerin des Gasthofs in Mecina schlimmer als in Sünde zusammenlebte, kam jeden Sonntag auf seinem Maulesel herüber und las die Messe. Diese entlegenen Dörfer waren die Sammelbecken für üble Typen. Dann schickte der Bischof einen neuen Amtsinhaber, aber die Frauen, die Don Horacio wiederhaben wollten, versammelten sich auf der Straße und vertrieben ihn mit einem Steinhagel. Jahre vergingen, bis schließlich Don Indalecio kam. Er war ein alter Mann, von großem Umfang und mächtiger Statur, den aber die Gicht dermaßen plagte, daß er kaum das Bett verließ. Ich weiß nicht, ob zurecht, aber die Leute sagten, er sei Trinker. Er brachte seine Haushälterin mit, die allgemein Pan Blanco, Weißbrot genannt wurde. Die Geschichte, die hinter diesem Spitznamen steckte, lag viele Jahre zurück. Pan Blanco war ein Mädchen aus einem Nachbardorf, sie war verlobt und wartete auf die Heirat. Einige Tage vor der Feier war sie zur Beichte zu Don Indalecio gegangen, der damals ebenfalls jung war. Er verliebte sich in sie und hängte sein Herz daran, sie um jeden Preis zu bekommen. Er ging deshalb zu seiner Mutter und sagte ihr, er werde sich das Leben nehmen, wenn er sie nicht bekäme. Die Mutter versprach, mit dem Mädchen zu reden.

»Maria«, sagte sie, »ich will dich etwas fragen. Was möchtest du dein Leben lang essen, lieber schwarzes Brot oder weißes Brot?«

»Weißes Brot«, sagte das Mädchen.

»Ich freue mich, daß du so einsichtig bist«, antwortete die Mutter des Priesters. »Das einzige, was du nun tun mußt, ist, deine Heirat aufzugeben, die sowieso unter deiner Würde wäre, und als Haushälterin zu meinem Sohn gehen.«

Das tat sie. Der rasende Verlobte zog seinen Revolver und schoß auf den Geistlichen, verfehlte aber dessen großen, schwarzen Leib und traf nur den kleinen Finger. Zum Beweis für die Wahrheit dieser Geschichte verwies man auf den fehlenden Finger.

Zum letzten Mal sah ich diesen Priester im Januar 1933. Nachdem er monatelang bettlägerig gewesen war, hatte er sich für das Dorffest aufgerafft. Die Raketen knallten, die Gewehre wurden abgefeuert und der Jubel immer lauter. Unser Schutzpatron, das Jesuskind, näherte sich schwankend auf seiner vergoldeten Plattform. Und da kam auch Don Indalecio, er stolperte zwischen den Reihen der Kerzenträger einher, seine gewaltige schwarze Gestalt thronte über der Menge, und eine Hand lag schwer auf Pan Blancos Schulter.

Nun soll allerdings nicht der Eindruck entstehen, alle Priester in den Alpujarras seien den Frauen verfallen gewesen. Don

Prudencio aus Válor und Don Domingo aus Ugíjar waren beide mustergültige Geistliche, und zweifellos gab es noch viele andere mehr. Doch zur Rechtfertigung derer, die nicht so waren, sei darauf hingewiesen, daß es einen Grund gibt, warum das priesterliche Zölibat in Spanien nicht immer so strikt eingehalten wurde wie in nördlichen Ländern. Marcel Bloch zufolge galt diese Regel aufgrund des allgemein verbreiteten Glaubens, einer Messe mangele es an Wirksamkeit, wenn sie von einem Geistlichen gelesen werde, dessen Körper durch geschlechtlichen Umgang befleckt sei. Aber die Spanier akzeptierten das nicht, sie hielten eher an der moslemischen Sicht fest, Sexualität verunreinige nicht den Geist. So widersetzten sich ihre Priester den Verboten des Laterankonzils, und bis zur ersten Hälfte des sechzehnten Jahrhunderts war es fast die Regel, daß sie sich eine *barragana*, eine Konkubine, hielten, mit der sie die zivile Ehe eingingen und die besondere Kleidung tragen mußte. Obwohl die Zügel nach dem Konzil von Trient straffer angezogen wurden, beweist die Volksdichtung, daß eine Konkubine bis ins beginnende neunzehnte Jahrhundert für einen Priester nichts ungewöhnliches war. Wen kümmerte es auch? Spanische Dorfbewohner bewundern einen keuschen Geistlichen, wenn er ihnen in anderer Beziehung als guter Mensch erscheint, aber sie denken nicht schlechter über einen, der seine natürlichen Regungen nicht verbirgt. Unter dem Spott der Protestanten hat sich die Furcht vor Skandalen in der katholischen Kirche heute zur Manie entwickelt, aber in einem so wenig scheinheiligen Land wie Spanien hängt der Einfluß eines Priesters nicht davon ab, ob er frei ist von dieser oder jener Sünde. Man beurteilt ihn nach seinem gesamten Charakter. Wenn zu der Zeit, von der hier die Rede ist, ein andalusischer Dorfpfarrer eine Haushälterin hatte, so setzte er damit nicht unbedingt seine gesellschaftliche Stellung aufs Spiel. Im Gegenteil, es gab viele Leute, die ihre Töchter dann mit einem ruhigeren Gefühl zur Beichte schickten.

Mehr als die privaten Verfehlungen unserer Priester schokkierte mich der Zustand des Friedhofs. Als die Friedhofsmauer einstürzte, konnte kein Geld für ihre Reparatur aufgetrieben werden. Jahrelang kletterten die Hunde hinein, wühlten die frisch begrabenen Leichname aus (der felsige Boden ließ keine tiefen Gräber zu), und fraßen sie auf. In Spanien werden Friedhöfe eigentlich gut gepflegt, nirgendwo sonst habe ich je von solch einer orientalischen Mißachtung der Toten gehört.

Wir hatten keinen Pfarrer, wir hatten keinen Arzt - denn Don José hatte seine Praxis aufgegeben - und unser jährliches Fest war das ärmlichste in der Gegend. Yegen war ein Dorf ohne Ansehen. Von Laujar und Berja bis Padul und Orgiva fragten die Leute, warum ich mich in diesem barbarischen Ort niedergelassen hätte, wo ich mich doch für die zivilisierten Freuden und die Annehmlichkeiten der größeren Dörfer hätte entscheiden können. Aber eines konnten sie uns nicht bestreiten: wir hatten die beste Quelle im ganzen Land, und ihr Wasser hatte den besten Geschmack. Es wird oft erwähnt, daß die Spanier das Wasser nicht nur nach der Menge, sondern auch nach seinem Aroma bewerten. Ihr Gaumen, der sich beim Abschätzen von Wein oft als grob erweist, entfaltet seine höchste Feinheit, wenn es um diese natürliche Flüssigkeit geht. Unser Wasser war von ganz besonderer Qualität, es war durch den Boden gesickertes Schmelzwasser, das direkt aus unterirdischen Spalten und Höhlen im kristallinen Gestein austrat, wo es Zeit zur Reinigung gehabt hatte. Die Maultiertreiber aus Almería, wo das Wasser entweder salzig oder geschmacklos und fade ist, gerieten darüber ins Schwärmen, wenn sie sich über das Vergnügen unterhielten, ein Glas Wasser aus Yegen zu trinken.

Es strömte unter einem Felsen am oberen Ende des Dorfes heraus in ein tiefes Becken. Von dessen Rand aus sah man unten am Boden glitzernde Kieselsteine zwischen Bruchstücken farbiger Keramik. Lange grüne Wasserpflanzen wogten sanft und unaufhörlich wie in Trance. Büschel von Frauenhaarfarn, die in der Felswand wurzelten, hingen darüber. Diese Ruhe und Stille schienen mir außergewöhnlich im Kontrast zu dem kräftigen Wasserstrahl, der sich aus dem Becken ergoß und durch das Dach der Mühle hindurch direkt auf das Mühlrad fiel.

Diese Wassermühlen in den andalusischen Bergdörfern sind von sonderbarer und sehr einfacher Art. Ihre Räder sind nicht vertikal, sondern horizontal angebracht. Die senkrechten, wie Speichen angeordneten Schaufeln werden von dem schräg auftreffenden Wasser angetrieben. Der Mühlstein läuft auf der selben Achse in einer tiefer liegenden Kammer, was den Mechanismus vereinfacht und Platz und Kosten spart. Die gesamte Mühle besteht aus einem kleinen, zweigeschossigen Gebäude, das an den steilen Berghang gebaut ist und in der Höhe nicht mehr als zwölf Fuß mißt. Man nimmt an, daß sie in Spanien zum ersten Mal zur Zeit der Westgoten oder der Byzantiner auftauchten (zwischen 550 und 620 n. Chr. wurde der größte Teil Andalusiens von einem griechischen Statthalter regiert). Die Römer kannten zwar die Wassermühle - bei Vitruv findet sich eine Beschreibung - aber der ihnen eigene Konservativismus und die im Überfluß zur Verfügung stehende Arbeitskraft der Sklaven ließen sie an der alten Methode festhalten, in örtlichen Mühlen von Hand zu mahlen. Von Galicien brachte man diesen Mühlentyp nach Irland, wo ihn die Wikinger vorfanden und ihn auch in Norwegen und auf den Inseln vor Schottland einführten. In Spanien griffen ihn die arbeitsamen Araber und Berber auf und sorgten für seine weitere Verbreitung.

Das Wasser aus unserem *nacimiento*, unserer Quelle, trieb zwei Mühlen an, während eine weitere Leitung die *fuente*, den Trinkwasserbrunnen speiste und auch mein Haus versorgte. Unterhalb der oberen Mühle strömte der Bach hervor, in dem die Frauen die Wäsche wuschen. Das Waschen war die Hauptbeschäftigung der weiblichen Bevölkerung, viele verheiratete Frauen übten sie an jedem schönen Tag des Jahres aus. Sie genossen die Bewegung im Freien, das spritzende Wasser und den

Klatsch, der den *lavadero* zu einer Art Klub machte. Jeder Mann, der es wagte, in die Nähe zu kommen, sah sich dem Feuerhagel ihrer kritischen Bemerkungen ausgesetzt und wurde verjagt. Sie hatten den Ehrgeiz, die Hemden ihrer Söhne und Ehemänner fleckenlos rein und weiß zu bekommen, selbst wenn sie sie dabei auf die Dauer verschlissen. Da kein heißes Wasser zur Verfügung stand, mußten sie die Hemden über Tage hinweg mehrfach waschen, spülen und in der Zwischenzeit in flachen Becken in der Sonne einweichen. Waren die Kleider sehr verschmutzt, stellten sie eine Lauge aus Holzasche her, rieben und scheuerten die Wäsche und weichten sie ein. Oder man mischte eine Paste daraus, allerdings ohne Olivenöl oder Ätznatron, die die Frauen in einer Schale zum *lavadero* mitnahmen. Die Armen benutzten sie anstelle von Seife, die immer noch als Luxus galt. Zwanzig Jahre zuvor hatten selbst die Reichen sie nur für ihre persönliche Toilette genommen.

Die spanischen Dorfbewohner verstanden unter Reinlichkeit, gelegentlich die Unterwäsche zu wechseln. Den Körper wusch man höchstens zweimal im Jahr. In der Sommerhitze badeten gelegentlich Kinder oder Jugendliche in einem der beiden großen *balsas*, den Bewässerungsbecken, die man etwas oberhalb des Dorfes in den Berg gegraben hatte, aber das Wasser dort war eiskalt und galt deshalb als gefährlich. Die Nachbarn wunderten sich, daß ich gern darin badete. Wenn die Frauen, die auf den *cortijos* lebten, sahen, wie ich mich auszog, schwankten sie zwischen Neugierde und Sittsamkeit. In einiger Entfernung unterhalb des Dorfes, am Maultierpfad nach Yátor, speiste eine Quelle ein kleines Becken mit lauwarmem Wasser, das sogenannte Bad der Frauen. Diesem Zweck soll es der Überlieferung nach schon in maurischer Zeit gedient haben. Manchmal besuchte eine Gruppe von Mädchen, die vor Stolz auf ihren enormen Wagemut fast platzten, diesen Tümpel, und unter Kreischen und Kichern zog sich eine nach der anderen bis auf die Unterwäsche aus und setzte sich ins Wasser. Wenn sich ein Ziegenhirte auf dem nächsten Hügel hinter einem Busch versteckte und sie beobachtete, sah er Gestalten in langen, groben Unterhosen und geriet in Erregung, weil er wußte, daß sie nichts darunter trugen. Wenn die Mädchen ihn entdeckten, kreischten und schrien sie wie ein Starenorchester, und der Junge suchte verschämt das Weite. Denn in jenen Tagen trugen alle Frauen, wie arm sie auch waren, Baumwollstrümpfe, und die Chance, einen flüchtigen Blick auf ihre Füße oder Fesseln zu werfen, genügte, um den Männern das Herz schneller schlagen zu lassen. Als gegen 1927 plötzlich sehr kurze Röcke in Mode kamen, wurde es normal, daß man ein Stück der weißen Schenkel zu sehen bekam, wenn sich ein Mädchen bückte oder hinkniete, um den Boden zu scheuern.

Jedes Dorf hatte zwei oder drei Prostituierte. Sie waren eine feste Institution. Eine sehr rechtschaffene, die einige Türen weiter wohnte, nannte sich Máxima. Meine erste Erinnerung an sie reicht zurück in die Zeit, als sie eine ledige Frau von Anfang dreißig war, schon mit fünf oder sechs Kindern beladen, wie die Spanier sagen. Um die Kinder versorgen zu können, nahm sie in Liebesdingen eine geschäftsmäßige Haltung an. Sie war ein gutmütiges Wesen, redete niemals ordinär und zeigte keine *mala doctrina*, wie es Don Eduardo nannte. Die meisten der angesehenen Familien behandelten sie deshalb freundlich, wenn sie in ihre Häuser kam, um die Böden zu scheuern, oder wenn sie um etwas Brot oder Olivenöl bettelte, weil sie nichts mehr zu essen hatte. Denen, die sie brauchten, gab man solche Almosen. Eine andere Frau, die dem gleichen Gewerbe nachging, war la Prisca, der Pfirsich. Sie war eine geistreiche, redegewandte Frau, die lesen und schreiben konnte, und deshalb sehr gefragt war beim Abfassen von Liebesbriefen, in die sie meist etwas Anzügliches und Schlüpfriges einstreute. Ihr Auftreten war professionell, sie war jeder Lage gewachsen, wie eine Krankenschwester, die sich ihres Sachverstandes und ihrer Nützlichkeit bewußt ist. Deshalb und weil ihr jede Unterwürfigkeit abging, hielten die angesehenen

Frauen ihr gegenüber Distanz, während sie mit Máxima einen ungezwungenen Umgang pflegten. Sie hatte zwei Kinder, beides Töchter, die zu Schönheiten heranwuchsen. Als deren Vater, der ihr erster Liebhaber gewesen war, sie in ein Waisenhaus stecken wollte, brachte sie sie nach Granada, wo sie mit der Zeit die Geliebten zweier reicher Ladenbesitzer wurden. Máximas Töchter hingegen wurden Hausangestellte und heirateten Tagelöhner.

Der Preis, den La Prisca für ihre Dienste berechnete, ist ein Ausdruck für die bescheidene Lebensart in unserem Dorf. Den Maultiertreibern, die von der Küste heraufkamen und ihre besten Kunden waren, berechnete sie eine Pesete und ein wenig Essen oder zwei Peseten für die ganze Nacht. Máxima, zu der die jungen Männer des Dorfes gingen, war in ihren Preisen noch bescheidener. Da diese Burschen ohnehin selten Geld hatten, zahlten sie in Naturalien. Die übliche Gebühr waren zwei Eier oder auch eins, wenn die Henne nicht gelegt hatte. Ich schreibe diese Einzelheiten der dörflichen Wirtschaftsordnung nieder in der Hoffnung, daß sie eines fernen Tages einem Historiker, der dieses Buch aus dem Regal einer Bibliothek in Neuseeland oder Feuerland zieht, behilflich sein mögen, seine Kenntnisse über den Wandel des Preisgefüges während der letzten Jahrzehnte einer untergegangenen Zivilisation zu vervollständigen. Hält er dann inne, mag er zu dem Schluß kommen, daß die Kobaltbombe eine Lebensform ausgelöscht hat, die, wenn auch archaisch und unkultiviert, der Erhaltung wert war.

8. Das Fest von Ugíjar

Unsere nächstgelegene Stadt war Ugíjar - ein Name, an dessen Aussprache man sich nur schwer gewöhnt. Man gelangte in etwa zweieinhalb Stunden dorthin, wenn man der Straße folgte. Es gab auch eine Abkürzung, die schneller und angenehmer war. Man nahm den steilen Weg unterhalb des Dorfes, bis man zum Puente kam, einer natürlichen Brücke, die von den grünen Terrassen und schattigen Olivenhainen am Hang hinüber zu den nackten, hügeligen *secanos* auf der anderen Seite führte. Diese Brücke oder Kamm war ein abenteuerlicher Ort, kaum sechs Fuß breit, und auf beiden Seiten fielen die roten Sandsteinklippen etwa dreihundert Fuß jäh in die Tiefe.

Diese *secanos* - das Wort heißt trocken und steht für unbewässertes Land - muß man mit einigen Worten beschreiben. Die riesige Rinne zwischen der Sierra Nevada und der Küstengebirgskette scheint im Quartär ein See gewesen zu sein. Regen hatte den Muschelkalkstein und den roten Mergel an den unteren Berghängen ausgewaschen, beide hatten sich am Grund des Sees mehrere hundert Fuß hoch abgelagert. Später war der See zum Meer hin abgeflossen, und die Kraft der reißenden Bäche schnitt tiefe Kanäle in das trockene Bett. Zwar besaß der Boden dieses Bettes - feiner lehmiger Sand - die Besonderheit, sich im Wasser leicht aufzulösen, doch seine Bindekraft hatte senkrechte und sogar überhängende, mehrere hundert Fuß hohe Klippen entstehen lassen. So hatten die Talsenken, die sich in dieses jetzt hügelige und zerfurchte Land gruben, steile und senkrechte Wände. Das Wasser grub und fraß seltsame Formen in den Boden. In den östlichen Ausläufern der Alpujarras, wenn man von Almería zur Hochebene von Guadix hinaufsteigt, gibt es solche Felsformationen, die sich senkrecht tausend Fuß hoch erheben. Der Anblick des völlig vegetationslosen Labyrinths roter, ocker- und lavendelfarbener Fratzen, die nördlich von Alhama, von Schluchten umgeben, wie Kegel herausgemeißelt sind, gehört zu den phantastischsten und gespenstischsten in Europa.

Nur das Auge des Geologen kann Landschaften wie diese von solchen unterscheiden, die aus dicken Lößschichten bestehen. Dieser Begriff bezeichnet Ablagerungen verwehten Sandes, wie sie sich am Rande von Wüsten bilden, früher wandten ihn die Geologen aber auch auf Schwemmland an, wie ich es eben beschrieben habe. Nun ist Löß eine der geologischen Formationen, die die Geschichte beeinflussen. In einigen Ländern mit ungenügenden Regenfällen sorgt er für schlechte Böden, andererseits ist er verantwortlich für die Fruchtbarkeit des Mississippitales und für die eigenartige Mondlandschaft von Honan, wo die chinesische Zivilisation ihren Anfang nahm. Nach Marcel Granet spielten die natürlichen Bergkämme, die zwischen je zwei Schluchten stehengeblieben waren, (und dadurch entstanden waren, daß die Flußbetten sich zwischen den Felsen einen Weg fraßen und sich beinahe trafen), eine entscheidende Rolle bei der Abgrenzung der feudalen Königreiche, die dem Kaiserreich vorausgingen. Sie bildeten natürliche Schutzwälle. Dieser Boden förderte auch die sich entwickelnde Bewässerungspraxis, denn während Löß in seinem Naturzustand wertlos ist, erweist er sich nach dem Pflügen und bei Bewässerung als äußerst fruchtbar. Das gilt auch für das hügelige Schwemmland unterhalb von Yegen. Der Boden liegt hier brach, da kein Wasser zur Verfügung steht. Weiter nach Osten hin hat man ihn aber terrassiert, bewässert und mit Weinspalieren bepflanzt. Hier erntet man die Trauben aus Almería mit ihren zähen Häuten, die nach England exportiert werden.

Der Pfad nach Ugíjar führt entlang einer dieser tiefgelegenen Rinnen. Bei Sonnenschein war das ein luftiger und angenehmer Spaziergang. Der Boden war kahl bis auf verstreute Lavendel- und Ginsterpflanzen oder einige drahtige Büschel Espartogras, gelegentlich hing auch ein Kapernstrauch über einer Sandbank oder baumelte an der überhängenden Wand einer

Wasserrinne herab. Seine riesigen rosa-weißen Blüten, über und über voller Staubfäden und -beutel und seine zähen, dornigen Blätter nährten sich aus Wurzeln, die sich auf der Suche nach Wasser mehr als hundert Fuß tief in die ausgetrocknete Erde gruben. Diese Hügel waren einmal mit Weinstöcken bepflanzt gewesen (nicht der Spalierwein, der bewässert werden muß, sondern die Sorte, aus der man Wein herstellt), aber die Reblaus hatte sie vernichtet, und nun wuchs hier nichts mehr. Ein kleiner Pinienhain ließ ahnen, daß die Hügel einmal bewaldet waren.

Man stieg permanent bergab und kreuzte schließlich zwei *ramblas* oder Wasserläufe. Diese *ramblas* markierten die natürlichen Routen der Packtiere, und bis zum Bau des heutigen Straßennetzes waren die Maultier- und Eselskarawanen, die langsam das sandige Flußbett hinaufzogen, ein Charakteristikum des Landes, sie waren ein Symbol der zeitlosen orientalischen Lebensweise. Direkt jenseits der zweiten *rambla* - da sie oft Wasser führte, nannte man sie *río* oder Fluß - lag Ugíjar, ein kleiner, gepflegter und gedrungener Ort inmitten von Orangenhainen. Er hatte Ziegeldächer, ein halbes Dutzend Läden, einen Marktplatz und auch einen *parador*, einen Kutschergasthof, von dem aus jeden Morgen bei Tagesanbruch ein Autobus nach dem fast sechzig Meilen entfernten Almería abfuhr. Im Oktober wurde die *feria*, ein Viehmarkt, im Flußbett abgehalten. Die Stadt interessierte mich aber aus einem anderen Grund. Ziemlich sicher handelt es sich bei ihr um Odysseia, später zu Ulyssea latinisiert. Strabo erwähnt, Odysseus habe hier auf einer seiner Reisen in den Mauern eines der Athene gewidmeten Tempels seine Schilder und Schiffssporne angenagelt. Zwar trennen diesen Ort zwanzig Meilen unwegsamen Landes vom Meer, doch gab es einen triftigen Grund für ihn, sein Andenken gerade hier zu lassen (falls er Spanien überhaupt auf seinen Reisen besucht hat): denn der Sand des Flußbettes ist reich an Gold. 1929 war eine französische Firma so beeindruckt von der Menge, die sie fand, daß sie vorschlug, in der Nähe einen künstlichen See anzulegen, um es besser waschen zu können. Vielleicht findet sich auch eine Spur dieser Legende in dem Umstand wieder, daß die Jungfrau von Ugíjar, la Virgen de los Martirios, von den Küstenfischern als Kultfigur verehrt wird. Bei Sturm rufen sie sie fast ebenso häufig an wie die Virgen del Mar von Almería oder Adra.

Saß ich in meiner Bibliothek und las, konnte ich die Rufe der Straßenhändler und *arrieros* in den steilen, engen Straßen hören. Ich versuchte zu raten, was sie verkauften. Einer von ihnen war ein alter Mann, der einfach gedruckte Flugschriften brachte, die in Balladenform über berühmte Verbrechen berichteten - von dem Vater, der seiner Tochter ein Messer ins Herz stach, weil er glaubte, sie habe einen Liebhaber und der zu spät bemerkte, daß es sein Sohn war, der gerade aus Amerika zurückgekommen war; wie ein Mann seinen Schwager mit einer Axt erschlug, weil dieser seine Frau verführt hatte; und so weiter. Es gab auch pietistische Balladen, die bemerkenswerte Wunder beschrieben: Ein Bandit wurde von einem tränenden hölzernen Kreuz bekehrt, das zu ihm sprach. Ein Toter wurde durch Besprenkeln mit Weihwasser zum Leben erweckt, gestand, wo er die Beute aus seinen Diebstählen versteckt hatte und sank wieder zurück ins Grab. Sie waren die letzten Relikte der Legenden, die die Bühnendichter des siebzehnten Jahrhunderts mit großem Erfolg aufgeführt hatten. Ein anderes Mal kamen zwei Männer mit einem ausgewachsenen Wolf vorbei, den sie in einen hölzernen Käfig gepfercht und auf den Rücken eines Maulesels geschnallt hatten. Anscheinend verdienten in der Sierra Morena manche Männer ihren Lebensunterhalt damit, junge Wölfe zu fangen und sie großzuziehen. Waren die Tiere ausgewachsen, zogen sie mit ihnen von Dorf zu Dorf und sammelten Pfennige von den Leuten, die zusammenliefen, um sie anzusehen. Etwas größere Summen bekamen sie von Hirten und Herdenbesitzern, denn sie behaupteten, die Tiere in der Umgebung gefangen zu haben. Es war seltsam, ein solches Tier und seine Unbezähmbarkeit in Gefangenschaft zu sehen: in seinem engen Käfig konnte es sich kaum bewegen. Wurde es mit Strohhalmen geärgert, fletschte es die Zähne und knurrte furchterregend und wild.

An einem Winterabend kam Maria sehr aufgeregt in mein Zimmer. Die *títeres*, ein Puppentheater, waren angekommen und würden eine Vorstellung geben. Ich ging nach draußen und sah, daß es sich bei dem Puppentheater, wie sie es genannt hatte, um eine Truppe umherziehender Schauspieler handelte. In unserem Dorf waren die Worte 'Theater' und 'Schauspieler' unbekannt, deshalb nannte man jede dramatische Darbietung Puppentheater. Das Stück sollte in einem Stall aufgeführt werden. Ich sollte hierzu noch erwähnen, daß in den Dörfern der Alpujarras das Erdgeschoß immer als Stall oder Lagerraum benutzt wird und sich die Wohnräume im ersten Stock befinden. Der Stall, den die Schauspieler ausgesucht hatten, war groß genug, um etwa hundert Personen Platz zu bieten. An einem Ende hatte man eine kleine wackelige Bühne aus Brettern und Böcken aufgestellt. Vier Paraffinlampen sorgten für die Beleuchtung, und es gab sogar einen Vorhang. Und was für einen Vorhang! Er bestand aus irgendeinem dünnen Baumwollstoff, der hilflos an einer Schnur baumelte. Jedes Mal, wenn er aufgezogen werden sollte, stellten sie eine Leiter auf, die ein kleiner Junge erklomm, um etliche Knoten und Befestigungen zu lösen. Aber das war eine Bagatelle. Um sieben Uhr war der Zuschauerraum voll besetzt. Es folgte die in spanischen Theatern übliche lange Wartezeit. Der Bühnenleiter, in diesem Fall der Hauptdarsteller, streckte mehrmals den Kopf durch den Vorhang, und sobald er die Ungeduld der Zuschauer auf dem Höhepunkt wähnte, begann die Vorstellung.

Es waren nur drei Schauspieler - ein Mann, eine Frau und ein Junge. Zu meiner Enttäuschung spielten sie kein Stück, sondern eine Reihe kurzer Sketche, die das Leben in Asturien oder das Leben der Mittelklasse in der Hauptstadt illustrierten. Es waren matte Imitationen der matten *fin de fiestas*, die man an Madrider Bühnen gab und die völlig über die Köpfe der Zuschauer hinweggingen. Sie wurden natürlich in Versform vorgetragen und wechselten mit ausführlichen phrasenhaften Rezitationen ab, denen kaum einer der Anwesenden zu folgen vermochte. Zu meiner Überraschung war eine davon an mich gerichtet - »den berühmten und weltbekannten *inglés*, Förderer aller Künste, vor allem aber der erlauchtesten, der edelsten und der kultiviertesten unter allen, allgemein bekannt als die Tragödie.« Im Laufe der Vorstellung machten die Jugendlichen und kleinen Jungs draußen einen ohrenbetäubenden Lärm. Sie schrien und schlugen an die Türen, weil sie meinten, man müsse sie ohne Bezahlung einlassen. Die Schauspieler brachen mehrmals inmitten ihrer Dialoge ab, um gegen diese Unterbrechungen zu protestieren. Sie appellierten an die Ehre und die *caballerosidad* und schließlich an das Schamgefühl, die *vergüenza* des Dorfes. »Soll man denn sagen, daß dies der einzige Fleck in unserem geheiligten Vaterland ist, wo man die Künste nicht ehrt?« Aber vergebens, denn die einzigen, die sie überhaupt hören konnten, waren die Zuschauer, die verständnislos und mit versteinerter Miene dasaßen, als wären sie in der Kirche. Ich glaube, niemand bedauerte es, als die Show schließlich zum Ende kam.

Am Abend schickte ich den Schauspielern eine Einladung für den kommenden Tag und bat sie um die Ehre, mir beim Essen Gesellschaft zu leisten. Sie kamen. Außer den drei Darstellern vom vergangenen Abend kam ein finsterer, leichenblasser Mann mit fahlem Teint und einem verblichenen schwarzen Halstuch, das er sich als Schleife um den bloßen Hals gebunden hatte - der Tragödiendichter. Er hatte am Tag davor einen epileptischen Anfall gehabt, und das hatte die Truppe gezwungen, anstelle des sonst aufgeführten Stückes auf einige kleinere Sketche zurückzugreifen. Auch die Hauptdarstellerin war abwesend. Sie war eine Tagesreise zuvor mit Geburtswehen in einer Dorfschenke zurückgelassen worden. Alle Schauspieler beklagten bitter die Unkultur unseres Dorfes und seine Gleichgültigkeit gegenüber den Künsten. Nicht nur das Geschrei und das Geklopfe an der Tür hatten es ihnen unmöglich gemacht, fortzufahren, außerdem hatten sie sich den Umkleideraum mit einem Esel teilen müssen. Mit einem Esel! Niemals zuvor, nicht einmal in *Las Hurdes*, war ihnen eine derart beleidigende Behandlung zuteil geworden. Der kulturelle Stand, auf den dieses Dorf gesunken war, sei wirklich eine Schande für die Nation.

Nach dem Essen fragten sie, ob sie mir eine bessere Vorstellung ihrer Kunst geben dürften. Der Tragödiendichter erhob sich. Er nahm eine theatralische Haltung ein und rezitierte in pathetischem Stil einige fast unverständlich bombastische Passagen. Hamlets Rat an die Schauspieler kam mir unwiderstehlich in den Sinn. Es folgte der Komödiant, aber nichts hätte weniger komisch sein können als sein künstliches Geplapper, das vor abstrusen Anspielungen überquoll. Dann war der Junge an der Reihe. Er hatte wirklich einiges Talent, aber die Älteren ließen ihn nicht in Ruhe, immer wieder unterbrachen und verbesserten sie ihn. Man konnte schon sehen, wie seine natürliche Lebhaftigkeit und seine Fähigkeit zur Nachahmumg zu dem hochtrabenden Schwulst der anderen gefror. Auf den kam es an, das war das Kennzeichen der 'Kunst'.

Wir saßen, tranken Cognac und ich fragte den Tragödiendichter, wie er zu seinem Beruf gekommen sei. Er war Tischler in Algeciras gewesen, erzählte er mir, hatte gut verdient - sehr viel mehr als jetzt - aber hatte dann alles aufgegeben, um Schauspieler zu werden. Aber allen Härten und Niederträchtigkeiten des Künstlerdaseins zum Trotz bereute er nicht die Wahl, die er getroffen hatte. »Ein Tischler«, erklärte er, »mag beim gemeinen Volk höher angesehen sein, aber letzten Endes besitzen die Künste eine Erhabenheit, die für alles entschädigt.« Als sie Abschied nahmen, begleitete ich sie bis zur Straße, um ihnen meinen Respekt vor ihrem Beruf zu zeigen. Nach einigen weiteren Reden brachen sie auf. Die neue Hauptdarstellerin trug den Bühnenvorhang wie einen Schal um den Körper gewickelt, den Rest der Habe trug der Tragödiendichter in einem schwarzen Bündel.

Vierzehn Tage später erhielt ich eine Einladung ins etwa zwei spanische Meilen entfernte Cádiar, um sie spielen zu sehen. In der ersten Reihe waren Plätze für mich und meine Begleiter reserviert worden - ich brauche wohl nicht zu erwähnen, daß es uns nicht erlaubt wurde, Eintritt zu bezahlen - und als wir in den Zuschauerraum traten, diesmal ein Weinkeller, kamen die vier Schauspieler mit großem Pomp herunter, um uns zu empfangen. Waren wir nicht die Leute, die mehr als jedermann im ganzen Land die Künste verehrten? Außerdem waren wir Engländer. Es war wohlbekannt, daß es auf der ganzen Welt kein Land gab, in dem die Künste eine solch außerordentliche Wertschätzung erfuhren wie in England. Bei meiner Rückkehr hatte ich das Gefühl, von einer Reise ins *siglo de oro* zurückzukommen, denn das Leben und Verhalten der wandernden Schauspielertruppen war dem der Zeit von Lope de Vega sehr ähnlich gewesen.

Die Hauptvergnügungen des Jahres waren die Dorffeste. Unseres, das im Januar stattfand, war eher ärmlich, was es mir aber nicht verleidete. Die kleinen, billigen Heiligenbildchen, die Kapelle mit ihren schiefen Tönen und die Raketen, die in die Höhe schossen und meist ohne Kaskaden verpufften, verliehen ihm ein reizvolles Pathos. Aber sowohl Mecina als auch Válor hatten glänzende Feste mit *columpios* oder Schiffschaukeln, mit Ständen, an denen es Bänder, Kopftücher und Broschen sowie Nougat und Karamel zu kaufen gab, dazu ganze Formationen zischender, goldgeschweifter Raketen. In Válor führte man auch eine Schlacht zwischen Christen und Mauren auf, es wurden viele Gewehre abgefeuert, viel Lärm gemacht und meistens auch einige Leute verletzt.

Das wichtigste Ereignis in den Alpujarras aber war die *feria*, der Viehmarkt von Ugíjar. Sie fand Anfang Oktober außerhalb der Stadt im trockenen, steinigen Flußbett statt. Pferde und Maultiere wurden aus dem ganzen Distrikt ringsum zusammengebracht, Stände und Trinkbuden wurden aus grünen Ästen zusammengebaut, bärtige Zigeuner mit steifen Sevillaner Hüten und Leibbinden aus rotem Flanell gingen herum oder demonstrierten die Gangart ihrer Tiere. Es war ein Bild karger Schönheit: während die Pferde und Maultiere auf und ab geführt wurden, riefen die fliegenden Händler mit rauher Stimme ihre Waren aus. Männer und Frauen saßen in Gruppen unter den Orangenbäumen und vesperten mit reserviertem und feierlichem Gesichtsausdruck. Unterhalb von ihnen floß zwischen Pappeln und rosa blühendem Oleander ruhig der kieselige Fluß, dessen Sand Gold enthielt. Im Hintergrund, halbverdeckt von den flimmernden Blättern, erhob sich ein Vorhang aus weichem rotem Gestein. Darin sah man dreißig Fuß über dem Boden eine Reihe quadratisch in den Fels geschnittener Höhlenwohnungen. Ihr Alter war unbekannt, und wer weiß, sagte ich, ob nicht Odysseus in einer von ihnen geschlafen hat.

Der letzte Tag der *feria* war der Tag der Virgen de los Martirios, der Patronin von Ugíjar. Sie war eine kleine, gedrungene Jungfrau mit dunklem, fast schwarzem Gesicht und einem goldgesprenkelten scharlachroten Gewand. Aufgrund ihrer Farbe hielten die Leute sie für eine Zigeunerin, und deshalb war es nur natürlich, daß ihr die Zigeuner wie auch die Küstenfischer besondere Verehrung entgegenbrachten. Es gab viele vom Stamm der *gitano* in diesen Landesteilen. Mairena, direkt oberhalb von Ugíjar, war eines ihrer großen Zentren, ebenso wie das Nachbardorf Laroles. Diese Ortschaften beherrschten den Zugang zum Hochpass von La Ragua, der über die Sierra Nevada zum Marquesado führte, einer Gegend, in der der Pferdehandel eine große Rolle spielt. In den Alpujarras herrschte regelmäßige Nachfrage nach Maultieren und Eseln, und die Zigeuner brachten sie von den Märkten in Guadix und Fiñana über den Paß herüber und verkauften sie. In Ronda gab es auch einen großen und wichtigen Jahrmarkt, und wenn er bevorstand, strömten die dunklen, kupferfarbenen Männer mit ihren steifkrempigen schwarzen Hüten und farbigen Halstüchern in Scharen über die Straßen nach Westen und trieben ihre Tiere vor sich her. Sie kehrten nicht in Herbergen ein. In jedem Dorf hatten sie eine Familie aus ihrem eigenen Volk, bei der sie abstiegen.

Die Prozession der Virgen de los Martirios war ein eindrucksvolles Ereignis. Die Jungfrau wurde unter wildem Glokkengeläute, Raketenfeuer und Gewehrschüssen aus der Kirche herausgetragen. Dreißig Männer trugen ihr fröhlich dekoriertes Floß und ihre golden glitzernde Schleppe, und alle Geistlichen der Umgegend waren anwesend. Nach alter Sitte hatte jedes Dorf des *partido*, des Verwaltungsbezirks von Ugíjar, das Recht, sie einen Teil des Weges zu tragen. Die Strecke wurde in Abschnitte unterteilt, die ordnungsgemäß aufgestellten Träger standen bereit, und wenn die Jungfrau eine wartende Gruppe erreichte, rief der Zeremonienmeister, der die Prozession mit seinem versilberten Zepter anführte, »Yegen« oder »Mairena«, und die Männer dieses Dorfes übernahmen die Figur. Manchmal weigerten sich die Träger allerdings, sie abzugeben, es entstand dann ein Aufruhr, Beleidigungen und selbst Schläge wurden ausgetauscht, bis der Majordomus schließlich seine Autorität durchgesetzt hatte. Der Festzug war sehr lang. Der Marienfigur folgten die Priester, deren an sich schon füllige Statur durch die Meßgewänder noch anzuschwellen schien, hinter ihnen die Guardia Civil mit ihren ledernen Gesichtern und knirschenden Uniformen, schließlich die Amtsinhaber der Gemeindeverwaltung Ugíjar und der angegliederten Dörfer, lachend und schwatzend, jedes Dorf mit seinem Banner. Den Schwanz bildeten die Leute, die ein Gelübde abgelegt hatten, in dem Zug mitzulaufen, die Frauen gingen meist ohne Schuhe, aber mit Strümpfen, um den Anstand zu wahren. Wenn die Prozession beim Funkeln der ersten Sterne ihren Kreis geschlossen hatte und die Jungfrau in ihr Sanktuarium zurückkehrte, ließ man noch einmal alle Glocken läuten, Raketen in den Himmel aufsteigen, und man feuerte Gewehrsalven. Dann kehrte Stille ein. Auf den Straßen drängten sich

Maultiere mit rotem Putz, die zwei oder gar drei Leute trugen, die darauf erpicht waren, so schnell wie möglich wieder in ihren Dörfern zu sein. Einige erwartete eine Reise von drei Stunden oder gar noch mehr bis zu ihren Betten.

9. Maurer und Tiere

In meinem Garten reiften die Aprikosen und Kakifrüchte, außerdem hatte ich einen Orangenbaum, der in jedem Frühjahr Früchte trug. Das hieß allerdings nicht, daß die Winter mild gewesen wären. Obwohl ich nur einmal erlebt habe, daß es schneite und ich mich nicht erinnern kann, jemals Eis gesehen zu haben, lag eine schneidende Kälte in der Luft, sobald die Sonne untergegangen war. Nachts funkelten die Sterne unnatürlich hell, und die entfernten Berge hoben sich klar vor der Dunkelheit ab. Der Breitengrad unseres Dorfes mochte etwa dem von Tunis entsprechen, es lag aber viertausend Fuß über dem Meer.

Damit stellte sich das Problem, das Haus zu beheizen. In der Küche hatte ich eine offene Feuerstelle, aber in meinem Wohnzimmer, das gleichzeitig als Bibliothek diente, gab es nur eine *mesa camilla.* Dieses klassische Möbelstück und die häuslichen Sitten im Zusammenhang damit verlangen eine Beschreibung. Man stelle sich also einen runden Holztisch vor, unter dem eine Pfanne voll glühender Holzasche oder Holzkohle steht. Man bedecke den Tisch mit einem Tuch aus rotem Flanell, das rundherum bis auf den Boden fällt und lasse drei, vier oder auch sechs Personen daran Platz nehmen. Nun legt sich jeder den Saum der Tischdecke auf den Schoß. Die Anwesenden tragen womöglich kurze Jacken oder locker über die Schulter geworfene Tücher. Sie wenden ihre Gesichter einander zu - ins Kartenspiel oder in eine Näharbeit vertieft oder auch in völliger Stille und Bewegungslosigkeit, und nur gelegentlich murmelt jemand eine gelassene Bemerkung. So bekommt man ein Bild vom Familienleben während der Hälfte des Jahres in allen Städten und Dörfern des Landes.

Manchmal kam mir in den Sinn, einer der Gründe für den Niedergang Spaniens im siebzehnten Jahrhundert könnte in diesen runden Tischen gelegen haben. Die Wälder waren abgeholzt, das Feuerholz wurde knapp, die Menschen wurden häuslicher, die Männer gewöhnten sich an die Zurückgezogenheit, an die beschauliche Plauderei mit den Frauen der Familie, der Schwiegermutter, der Tante und den älteren Kindern, anstatt die Beine am Feuer auszustrecken oder es sich auf Kissen in der *estrada* bequem zu machen. Um die *mesa camilla* herum wurde das Familienleben dichter, zäher, orientalisch bürgerlich. In dieser förmlichen Haremsatmosphäre wurden keine Bücher mehr gelesen, und die Klubs oder Cafés - bis vor kurzem noch düstere, schlecht beleuchtete Orte - boten den einzigen Ausweg, ihr zu entkommen. Spanien entwickelte sich zum klassischen Land der Stagnation, das selbstversunkene Ottomanische Reich des Westens - ein Zustand, von dem es sich bis in unser Jahrhundert hinein nicht völlig erholt hat. Die einzigen, die von diesen Tischen profitierten, waren die Verlobten, denn war der junge Mann erst einmal im Hause akzeptiert, konnten sie in stundenlanger Seligkeit unter der Flanelldecke Händchen halten.

Die Glut unter diesem Möbelstück mußte etwa alle halbe Stunde gerührt und dann wieder mit Asche bedeckt und sorgsam geklopft werden, wobei giftiger Rauch aufstieg. Nach mehreren Monaten dieser Art des Heizens suchte ich deshalb nach einer besseren Methode, mich zu wärmen. Ich erhielt Don Fadriques Erlaubnis, den Kornspeicher, in dem er getrocknete Erbsen und Getreide lagerte, zu benutzen. Dieser lange, unregelmäßige Raum lag zwanzig Fuß über dem Garten und den Obstbäumen, hatte dicke Wände in Lehmbauweise und Aussicht über die offene Landschaft. Der Maurer schlug Fenster in die Wand, damit ich bessere Sicht hatte, und baute eine Feuerstelle mit einem Kaminsims, der die gesamte hintere Wand einnahm. Gegenüber spannte ich gegen Zugluft einen schweren roten Vorhang von Wand zu Wand. So hatte ich einen Raum im Raum, in dem vier Leute selbst an den kältesten Abenden beim wärmenden Feuer sitzen und zu Abend essen konnten.

Das Feuermachen hatte in diesem Teil des Landes einen besonderen Reiz. Das feste Brennholz bestand aus kleinen Eichenstämmen aus den Bergen, als leichtes Anmachholz nahm man *bolinas* und *piornos*, dicke verfilzte Polster der Besen- oder Stechginsterpflanzen oder auch die kleineren Rosmarin-, Lavendel- und Zistrosenbüsche. Legte man einen *piorno* auf die Feuerstelle und hielt ein Streichholz daran, dann hüpfte eine wachsende, lebende Pflanze aus Feuer im Kamin auf und ab und warf Licht und Wärme über Decke und Wände. Die anderen Büsche gaben einen aromatischen Duft, und alle hinterließen im Ausglimmen eine feine weiße Asche auf dem Tisch, auf meinen Haaren und meinen Augenwimpern. Das war lästig, aber ich konnte nie dem Vergnügen widerstehen, sie brennen zu sehen.

Mit dieser Kaminecke verbinde ich einige meiner glücklichsten Erinnerungen an die Jahre in Yegen. Kam ich müde und steif von einem langen Ausflug zurück, dann wurde, während ich mich wusch und umzog, ein Feuer angefacht und das Essen hereingebracht. Meine Post einschließlich einer Nummer der *Nation* - jener Vorläuferin des *New Statesman* - wartete schon auf mich. Beim Kaffee las ich dann meine Briefe und machte mich daran, sie zu beantworten. Ich saß in einem alten Barbierssessel, den ich in Almería gekauft hatte: nicht elegant, aber bequem und so vollkommen meiner Haltung beim Lesen und Schreiben angepaßt, daß ich ihn mit der Zeit sogar liebgewann. Das Feuer loderte auf, wenn ich einen *piorno* hineinwarf, und in den Flammen erschienen mir die Gesichter meiner so weit entfernten Freunde. Die meisten Formen des Glücks enthalten ein Element von *añoranza*, der Sehnsucht nach dem Abwesenden, denn der

Geist konzentriert sich am liebsten auf die Dinge, die ihm vorenthalten sind.

Der Kamin in der Kornkammer blieb nicht die einzige Verbesserung am Haus. Einige Jahre später ließ ich eine weitere Feuerstelle auf der anderen Seite des Hauses bauen. Hier lag ein kleiner Raum, der wegen seines dreieckigen Grundrisses *pañoleta*, Halstuchzimmer genannt wurde und Aussicht auf das ganze Dorf bot. Die Fenster ließen die Abendsonne ein, und der Blick auf die grauen Dächer mit ihren rauchenden Schornsteinen und die Frauen, die darauf standen, die weißen Tauben, die ihre Kreise zogen, die herabhängenden Olivenbäume und die scharlachrote Wolke, die wie ein Fisch bewegungslos am Himmel stand, schlugen eine melancholische Note des *quattrocento* an. Doch über diese Umbauten hinaus brauchte ich ohnehin jedes Jahr für ein paar Tage einen Maurer. Diese an den Berghang gebauten Häuser waren immer in Bewegung, und die Risse, die sich dabei bildeten, mußten mit Putz verschlossen werden. Das spanische Wort für Reparaturen am Haus oder fürs Bauen aller Art ist *obra* und heißt schlicht 'Arbeit'. Man hat eine *obra*, man ist *de obra*, und das ist ein derart häufiger, verbreiteter und, ich darf hinzufügen, preiswerter Vorgang, daß ihn das Wort 'Arbeit' hinreichend beschreibt.

Der Dorfmaurer hieß José Agustín. Er war ein älterer Mann und hing stark an der Flasche. Da ihn seine Frau verlassen hatte, um in den Baumwollspinnereien von Málaga zu arbeiten, und er mit seiner Familie zerstritten war, lebte er allein mit seinem erwachsenen Sohn und nahm seine Mahlzeiten im Wirtshaus ein. Er war ein mürrischer, ungeselliger Mensch mit rauher Stimme und buschigen Augenbrauen, dessen Kunden unter seiner Unzuverlässigkeit zu leiden hatten. Er sagte zu, mit der Arbeit an einem bestimmten Tag anzufangen, alle Möbel wurden zum anderen Ende des Hauses geräumt, und er erschien nicht. Eine Woche später kam er dann morgens um sechs mit seinen Eimern und Leitern und war nicht einen Moment zu bremsen. Also mußte man die Zimmer in Windeseile wieder ausräumen, während er begann, an den Wänden herumzuklopfen und sich die Luft mit Staub füllte. Aber er beherrschte seine Arbeit, und wenn man darauf achtete, ihn ausschließlich mit *Maestro*, Meister anzureden und ihn mit *aguardiente*, Anisschnaps versorgte, machte er seinen Job sehr gut. Verlangte man aber etwas künstlerisches von ihm, etwa einen Kaminsims plastisch zu modellieren oder die Ausführung einer dekorierten Wandkonsole, strahlte er besonders, denn er entstammte einem alten Geschlecht von Maurern und war stolz auf seine Kunst.

Mit zunehmendem Alter wurde der *maestro* immer seltsamer und begann, an Größenwahn zu leiden. So erzählte er mir etwa, man habe ausdrücklich nach ihm geschickt, um für die Ausstellung in Sevilla den Nationalpalast zu bauen, er aber habe abgelehnt. Er würde sich für niemanden ein Bein ausreißen, er nicht. Oder auch ein Komitee von Architekten habe ihn auserwählt, der Alhambra neue Räume im *estilo moro*, im maurischen Stil, anzufügen. Doch nein, er würde es nicht tun! »Sie können mich auf ihren Knien bitten, aber ich sage nein, *no me da la gana*! Ich habe keine Lust dazu, weil ich einfach nicht will!« Und ich glaube, er hätte tatsächlich abgelehnt, auch wenn ihm jemand eine wichtige Arbeit angeboten hätte, nur um seine Überlegenheit zu demonstrieren.

Schließlich gab er die Arbeit auf und verbrachte seine Tage im Hause, trank und machte lange einsame Spaziergänge. Einmal traf ich ihn hoch in den Bergen, oberhalb der Baumgrenze. Er trottete langsam über das steinige Geröll hinter einem kleinen Esel her. Sein Kopf war auf die Brust gesunken, und er murmelte zusammenhangloses Zeug. Ohne mich anzusprechen, ging er vorbei, mit seinen Gedanken bei großen Architekturprojekten, die die Herrscher des Landes ihm anvertrauten, mit denen er aber nichts zu tun haben wollte. Auch sein Sohn, der seine Nachfolge als Maurer antrat, war ein Mann mit seltsamen Launen, auch er ein Trinker, der seiner Kundschaft gegenüber zu üblen Scherzen neigte. Er war sehr schnell gekränkt und warf dann mitten in der Arbeit das Werkzeug hin und verließ die Baustelle als völliges Durcheinander.

Vor José Agustín hatte es einen anderen Maurer namens Frascillo gegeben. Er lebte noch, ein alter Mann mit feinen Gesichtszügen und weißem Bart, bearbeitete aber nur noch sein eigenes Stück Land oder verdingte sich als Tagelöhner. Da ich mich gern mit ihm unterhielt, ließ ich ihn manchmal in meinem Garten arbeiten, was er allerdings sehr schlecht machte. Er war ein gewandter Mann, konnte flüssig lesen und schreiben, hatte eine gewählte Ausdrucksweise, eine klare Aussprache und einen Wortschatz, der weit über den dorfüblichen hinausging. Einige seiner Redensarten waren ebenso treffend wie blumig. Aber etwas seltsames umgab ihn - das Dorf nannte es *misterioso*. Er lebte allein mit seiner Tochter und ließ niemals jemanden über die Schwelle seines Hauses treten. Vielleicht war er ein feinfühliger Mann, der sich seiner Armut schämte.

Paquita, die Tochter, war ein großes, auffallend schönes Mädchen, das gelegentlich unter Wahnzuständen litt. Wenn diese auftraten, wurde sie zur Nymphomanin. Dann verließ sie nachts das Haus, ging nach oben zum Dreschplatz, wo die Erntearbeiter von der Küste schliefen, und legte sich zu ihnen. Sie schlief auch mit ihrem Vater. Er erzählte den Leuten, er habe eingewilligt in der Hoffnung, sie von ihren Anfällen zu heilen. Irgendwo hatte er gehört, eine inzestuöse Beziehung könne wie eine Reinigung wirken und den Geist von seinen Obsessionen befreien. Aber bei ihr wirkte das nicht. Im Gegenteil, sie bekam ein geisteskrankes Kind, das sie in eine Anstalt bringen mußte. Nach dem Tode des Vaters zog es sie dann nach Granada, wo sie sich mit einem Mann nach dem anderen einließ. Wenn sie ihre Anfälle hatte, kam sie in eine Anstalt, bis diese wieder nachließen. In allen andalusischen Städten gibt es eine Anzahl solcher nicht ansässiger Frauen, deren einzige Hoffnung fürs Alter darin liegt, einen Sohn zu haben, der sie unterstützt. Paquita lebt immer noch in

Granada - ich sah sie kürzlich Zeitungen verkaufen - aber sie hat keinen Sohn.

Aus ihrer Familie war ihr nur noch der Bruder José geblieben, der allgemein unter dem Familien-Spitznamen Pocas Chichas oder 'Wenig Grips' bekannt war. Für alle, die an diesen Dingen interessiert sind, möchte ich sagen, daß fast alle spanischen Dorfbewohner Spitznamen haben, die vom Vater auf den Sohn übergehen. Sie ersetzen die Familiennamen, die (außer bei den reichen Familien) nicht immer allgemein bekannt sind und nur auf amtlichen Dokumenten oder Ausweisen erscheinen. Der einzige Unterschied zu Familiennamen ist der, daß sie niemandem ins Gesicht gesagt oder in seiner Gegenwart benutzt werden dürfen. Ein Verstoß dagegen wäre eine unverzeihliche Mißachtung der Umgangsformen gewesen. Im Falle von José Pocas Chichas galt dies umso mehr, als der Spitzname sein wunder Punkt war. Denn er war ebenso intelligent wie gutaussehend, wiewohl er sich im klaren sein mußte, daß ihm der familienbedingte Ruf der Absonderlichkeit anhaftete. Dieser gründete sich unter anderem auf seine Begeisterung für die Poesie. Eines Tages kehrte er aus Barcelona, wo er in einer Fabrik gearbeitet hatte, mit einem Buch von Góngora in der Tasche zurück. Er kam und zeigte es mir und brachte auch einige Hefte über vegetarische Lebensweise mit, für die es an der Mittelmeerküste einen regelrechten Kult gab, aber ich konnte kaum einschätzen, welchen Nutzen er daraus zog. Jedenfalls stellte sich bald heraus, daß er selbst literarische Ambitionen hatte. Dergleichen ist bei der Arbeiterklasse im Süden Spaniens keine Seltenheit. Die Andalusier sind Menschen mit einem natürlichen Gefühl für Kunst und Schönheit, und obwohl der Gesang und das Gitarrenspiel manchen eine Ausdrucksmöglichkeit bietet, neigen andere mehr zur Poesie und denken stets daran, daß die Literatur und ihr Diener, der Journalismus, hohe Auszeichnung versprechen. In Spanien fangen alle Provinzjournalisten als Dichter an. So setzte sich der arme José in den Kopf, daß er der Geringschätzung, die ihm das Dorf entgegenbrachte, entgehen könne, indem er Artikel schrieb. Er schrieb zwar nie welche, aber die Gewißheit, hierzu imstande zu sein, hielt ihn davon ab, sein kleines Stück Land wirksam zu bearbeiten und verurteilte ihn, seine Frau und die Kinder - denn obwohl die Mädchen auf ihn herabsahen, hatte er schließlich doch geheiratet - zu hoffnungsloser Armut. Er träumt heute noch, daß ich ihm helfen könne, seine ungeschriebenen Essays irgendwo unterzubringen.

Neben der menschlichen Bevölkerung unseres Dorfes dürfen die Tiere nicht unerwähnt bleiben. Wann immer man die unebenen, steinigen Straßen hinabwanderte, hörte man eine schrille Stimme *Miso, Miso, Misi-ico* rufen. Sie gehörte einer Frau, die im Eingang ihres Hauses stand und ihre Katze rief. Die Frauen widmeten dieser Beschäftigung viel Zeit, ob die Katzen nun kamen oder nicht. Sie wußten genau, um welche Uhrzeit der Fischhändler mit seinen beladenen Körben vorbeikam, und dann brauchte sie niemand zu rufen.

Den bestgehegten Ansichten der Engländer zufolge vergöttert er selbst Tiere und riskiert jederzeit sein Leben, um einen Hund oder eine Katze zu retten oder um einem Fuchs zu einer gesunden kleinen Leibesübung zu verhelfen. Der Ausländer hingegen, insbesondere der Italiener oder Spanier, mag Tiere überhaupt nicht und behandelt sie oft grausam. Ich kann dazu nur sagen, daß sich ohne weiteres Belege für das genaue Gegenteil finden ließen. Man beobachte einen spanischen Hirten mit seiner Ziegen- oder Schafherde. Sie kennen alle seine Stimme, hören auf seine Rufe und folgen ihm. Jedem Tier gibt er einen eigenen Namen. Man vergleiche das mit der Art und Weise, wie diese Tiere in England die Straße entlanggetrieben werden, oder man denke an die Rohheit und Ungeschicklichkeit, mit der das Vieh häufig behandelt wird. Die Schäfer und Treiber unterscheiden sie nur nach ihrer Verwertbarkeit, nicht etwa nach ihrem individuellen Charakter. Der Spanier hingegen respektiert die Tiere und begegnet ihnen mit großer Geduld. Er kann ihnen viel Zeit widmen, weil er nicht in Eile ist, bloß um ja rechtzeitig zum Tee zurück zu sein.

Das gleiche gilt für Geflügel. In unserem utilitaristischen Land gilt es entweder als Eierlegemaschine oder als unreifer Fleischklumpen, der zur Mast in Käfige gesperrt werden muß. Diese Vorstellung widerstrebt der spanischen Mentalität, weil es die Kreatur ihrer Würde beraubt. Man darf ein Tier töten oder es für sich arbeiten lassen, aber man darf ihm nicht seine Würde als lebendes Wesen nehmen, will man nicht selbst an Würde verlieren. Ich erinnere mich an eine alte und sehr arme Frau, die ein Huhn als Haustier hielt, das keine Eier mehr legte. Zur Entschuldigung dafür, daß sie es nicht in den Topf steckte, erklärte sie, es sei 'sehr edel'. Niemand sah darin eine absurde Feststellung, denn 'edel' zu sein, ist eine Qualität, die dem Menschen Respekt verleiht, und auch Tiere können diese Qualität besitzen.

Der Hund allerdings ist in Spanien nicht das edle Tier, als das er in England angesehen ist. Das liegt daran, daß Hunde in spanischen Dörfern und Arbeitervierteln von kleinen Jungen so gequält werden, daß sie feige werden. Damit büßen sie den Respekt ein. Trotzdem hängen die Männer in ihrer zurückhaltenden Art oft ebenso an ihren Hunden wie die Frauen an ihren Katzen. Sie machen kein Aufhebens um sie, dulden sie aber als Begleiter. Wenn man in Spanien so viele halbverhungerte Hunde und Katzen sieht, dann deshalb, weil die Armen selbst nicht genug zu essen haben, um ihnen etwas abzugeben. Das Gefühl wirklicher Tierliebe kann sich nur entwickeln, wenn ein gewisser Lebensstandard erreicht worden ist. Wenn man regelmäßig die kleinen Läden in der Stadt besucht, wird man bei ihren Inhabern die gleiche leidenschaftliche Tierliebe antreffen, die man überall findet, besonders aber bei alten Jungfern und kinderlosen Ehepaaren. Die Gleichgültigkeit gegenüber der Haustierhaltung, die man manchmal bei größeren Familien beobachtet, rührt daher, daß sich das spanische Familienleben ganz um die Kinder dreht, die alle Liebe und Aufmerksamkeit auf sich ziehen. Das läßt die

Vermutung zu, daß die Anbetung der Tiere, auf die wir Engländer so stolz sind, für unsere tieferen Gefühle vielleicht gar nicht so schmeichelhaft ist, wie wir uns das gerne vorstellen. Unter allen europäischen Völkern kümmern wir uns am wenigsten um unsere Kinder. In diesem Ruf stehen wir seit der Zeit Chaucers, und das gilt bis heute. Wir sind selbstsüchtig, lieben unser Vergnügen und meinen, daß Haustiere weniger Ärger machen.

Die Frage hat aber auch noch eine andere Seite, und um sie zu verdeutlichen, möchte ich eine Geschichte erzählen. Plácido und Isabel waren ein junges Ehepaar mit vier oder fünf Kindern und lebten in großer Armut. Sie besaßen etwas Land und einen kleinen Esel, mit dessen Hilfe Plácido Reisigholz für den Verkauf sammelte und so seine Einkünfte als Landarbeiter aufbesserte. Eines Tages stürzte der Esel und brach sich ein Bein. Das war ein großes Unglück, denn einen anderen konnten sie sich nicht leisten. Ich ging hin, um zu sehen, ob ich ihnen irgendwie helfen könnte.

Ich fand Isabel mit einem Baby auf dem Arm vor, inmitten mehrerer verwahrloster Kinder und den Tränen nahe.

»Man kann nichts tun,« sagte sie. »Nichts. Wir werden den Esel wegwerfen müssen. Es bricht mir das Herz. Er ist mit den Kindern aufgewachsen und gehört fast zur Familie. Er ist auch so ein gutes Tier - niemals ist er im geringsten heimtückisch gewesen. Unser Kleinstes kann mit ihm spielen. Ich glaube wirklich, es tut mir mehr leid wegen des *animalico* als wegen uns.«

Ich fragte sie, was sie meinte, wenn sie sagte, sie würde ihn wegwerfen. »Oh, genau das,« antwortete sie, und als ich nachbohrte, erklärte sie, sie würde ihn von einem Felsvorsprung in die Tiefe stoßen, wohin man tote und sterbende Tiere eben warf. Er würde dann mit zwei oder drei gebrochenen Beinen liegen, bis er starb oder ihn die Geier auffraßen.

»Aber wie können Sie an so etwas nur denken?« rief ich aus. »Stellen Sie sich nur vor, wie er leiden wird. Sie müssen ihn vorher töten.«

»Oh, das brächten wir niemals fertig,« erwiderte sie. »Habe ich Ihnen nicht gesagt, daß er in unserem Haus inmitten der Familie groß geworden ist? Armes kleines Tier, sowas könnten wir ihm nie antun.«

Es stellte sich heraus, daß niemand im Dorf je Maultiere, Esel oder Kühe getötet hatte. Schweine wurden geschlachtet, auch Zicklein und Lämmer, aber andere Tiere warf man entweder in den Abgrund oder band sie an einen Pfosten, bis sie verhungerten. So war es Sitte, und sie wurde damit gerechtfertigt, daß niemand Tiere töten könne, die im Hause aufgewachsen waren. Unter dieser kategorischen Voraussetzung, und weil ich Esel sehr mag, wandte ich mich an den Schmied Federico und bot ihm Geld dafür an, den Esel zu töten. In der Regel sind Zigeuner nicht zimperlich, wenn es darum geht, ein Tier zu schlachten, zudem essen sie gern Eselsfleisch, das ohnehin den Hauptbestandteil der spanischen Wurst ausmacht. Er weigerte sich aber, da er fürchtete, die Meinung des Dorfes würde sich gegen ihn richten, wenn er akzeptiere. Mir blieb also nur übrig, Plácido das Versprechen abzunötigen, den Esel in einen wirklich tiefen Abgrund zu stürzen, wo er auf der Stelle tot sein würde, doch ich bezweifle, daß er sich daran gehalten hat. Gegen die Sitten des Dorfes kam man kaum an.

Der gleiche Widerwille, etwas unangenehmes zu tun, das wir aber für human halten, ist der Grund für die große Zahl streunender Hunde und Katzen in den spanischen Städten. Wenn Leute umziehen und ihre Haustiere nicht mitnehmen können, schicken sie sie auf die Straße und überlassen sie ihrem Schicksal. Viele Leute hassen es regelrecht, kleine Kätzchen oder Hunde zu töten; wenn etwa unser derzeitiger Gärtner, ein schroffer, aber extrem weichherziger Mann, sich eines Wurfs Kätzchen entledigen muß, läßt er anschließend sein Abendessen stehen und liegt die halbe Nacht wach. Vor kurzem erst ließ sich eine streunende Katze bei uns nieder, und da wir sie nicht haben wollten und schon mehr Tiere hatten, als wir brauchen konnten, schlug ich vor, der Tierarzt solle sie einschläfern. Unsere spanischen Hausangestellten protestierten. »Warum nehmen wir sie nicht mit nach Málaga«, sagten sie, »und lassen sie dort laufen? Das arme Tier findet vielleicht bei jemandem ein Zuhause.« Das widerstrebte meiner englischen Empfindsamkeit, obwohl es durchaus der Art entsprach, in der wir vor Einführung der Renten mit unseren alten und ungeliebten Menschen umgingen. Nur Tieren erlauben wir nicht, zu leiden.

Natürlich begegnet man auch Fällen wirklicher Brutalität. Als ich noch in Yegen wohnte, fiel einmal ein Hund von einem Dach und lag mit gebrochenen Beinen auf der Straße. Die kleinen Jungen banden ihn an ein Seil und zogen das erbärmlich jaulende Tier durchs Dorf. Ohne im geringsten einzuschreiten, sahen ihre Eltern zu. Nun war das kein Ausnahmefall, sondern eher charakteristisch. Eine geheimnisvolle Veränderung überkommt manche Spanier, wenn sie mit dem Tod oder dem Leiden konfrontiert werden. Diese Dinge scheinen ihre tiefe Billigung zu finden, so als würden ihre eigenen Todestriebe angesprochen und stellvertretend befriedigt. Es ist nicht Sadismus oder Liebe zur Grausamkeit, sondern eine Art faszinierten Versunkenseins in das, was sie als den Kulminationspunkt der Existenz ansehen. Sie verschmelzen damit, wie der Voyeur angesichts des Orgasmus einer anderen Person. Ich habe beobachtet, daß sich diese Haltung im spanischen Leben bei vielen Gelegenheiten zeigt, selbst bei den wichtigsten und heiligsten, und ich habe auch festgestellt, daß ihr ein Erstarren der normalen Reaktionen vorausgeht. Werden sie zum Beispiel Zeugen einer Tat, die sie normalerweise mißbilligen, schwinden ihr Wille wie auch ihre Kraft einzuschreiten. Dieser Hang schockierte mich während der frühen Tage des spanischen Bürgerkrieges. Auf beiden Seiten mordeten einige wenige völlig unbehelligt, die meisten keine fünfundzwanzig Jahre alt, während die Mehrheit, in deren Namen es geschah, eine passive Haltung einnahm. Sehr selten geschah es, daß jemand offen protestierte. Fehlte es den Spaniern an Zivilcourage oder hatte es schon immer eine Seite ihrer Natur gegeben, die sie nicht einmal selbst eingestehen mochten, eine Seite, die sich vom Töten angezogen fühlte und eine erbärmliche Befriedigung daran fand? Wie dem auch sei, ging man durch die Straßen, dann sah man die Maske der Passivität, die, festgezurrt vor ihren Gesichtern, sie erstarren ließ. Napier bemerkt in seiner *History of the Peninsular War*, daß die Spanier wohl mehr Tugenden und weniger Laster als andere Menschen besitzen, es aber vorkommt, daß ihre Tugenden passiv und ihre Laster aktiv sind. Ich halte diese Sichtweise für bedenkenswert.

Andalusier essen keine Hunde und Katzen, selbst wenn sie sehr hungrig sind. In der Estremadura gelten sie allerdings als Delikatesse. Eine Frau aus Alcántara, die in Katzen vernarrt ist und selbst nie eine töten würde, erzählte mir, sie habe geschmorte Katze gegessen, und das schmecke besser als Kaninchen oder Hase. In der Estremadura ißt man auch Marder, Wiesel und Füchse, und man erklärt, was ich allerdings bezweifle, die gebratene Keule eines Fuchses sei das beste überhaupt. Aber sie sind eben ein Volk von Viehzüchtern und Jägern, Vorfahren der argentinischen *gauchos*, die alles in den Topf stecken, was ihnen vor die Flinte läuft. Die einzige Ausnahme bildet der Wolf. Die Zigeuner essen Frösche, Schlangen und Eidechsen, ja sogar Haustiere, die eines natürlichen Todes gestorben sind. In der Nähe von Jerez gibt es ein ganzes Dorf, das bis vor wenigen Jahren seine Nächte damit zubrachte, die wilden Kamele zu jagen, die in den Sümpfen der Mündung des Guadalquivir lebten. Im Süden Spaniens ißt man alle Arten Vögel einschließlich Adler, Eulen und Falken. Verschmäht werden lediglich Möwen, Krähen, Geier und die heiligen Schwalben und Störche. Die Redensart *Pájaro que vuela, para la cazuela*, 'Der Vogel in der Luft gibt im Topfe guten Duft', wird ziemlich gründlich in die Tat umgesetzt. In Yegen ließ man die kleinen Vögel allerdings in Ruhe, vielleicht weil es kaum wirklichen Hunger gab. Es genügte den Jägern, ein Kaninchen oder Rebhuhn zur Strecke zu bringen, oder vielleicht eine der fetten Drosseln oder Amseln, die sich im Spätherbst sammelten, um sich an den Oliven gütlich zu halten. Die Tauben, die meinem Vermieter gehörten und im Schlag auf dem Dach meines Hauses nisteten, wurden kaum angerührt. Ihr Fleisch war nicht sehr beliebt, und sie wurden nur wegen des Guano gehalten.

Ich habe etwas über die Vögel und die anderen Tiere in Yegen gesagt, und so will ich dieses Kapitel mit einigen Worten über die Seidenraupen beschließen. Man hielt sie in Kästen aus Rohrgeflecht, die in sauberen, gut durchlüfteten Räumen oder Mansarden an der Decke hingen, und fütterte sie mit frisch gepflückten Maulbeerblättern. Sie fraßen mit solcher Gier, daß das Geräusch ihrer schmatzenden Kiefer im ganzen Haus zu hören war. Wenn sie so weit waren, sich einzuspinnen, gab man ihnen zum Befestigen ihrer Kokons Büschel von *bolina*, einer polsterförmigen, für Backöfen sehr begehrten Ginsterart. Sie wurden dann mit Tüchern abgedeckt, um dunkel zu stehen. Die Seidenraupenzucht ist nicht einfach, denn es handelt sich um ungewöhnlich empfindliche Tiere. Bei unvermitteltem, auch nur geringem Temperaturwechsel scheiden sie eine milchige Flüssigkeit aus, an der sie nach kurzer Zeit eingehen, außerdem vertragen sie keine üblen Gerüche. Ihre Abneigung gegen gebratenen Fisch beispielsweise war so ausgeprägt, daß schon ein leichter Hauch aus dem Nachbarhaus genügte, sie gelb anlaufen und sterben zu lassen. Der Geruch von Schweinemist oder menschlichen Exkrementen brachte sie beinahe ebenso aus der Fassung. Laute Geräusche können sich ebenfalls nachteilig auswirken, wenn sie während der Zeit des Spinnens auftreten. Wenn man sie aufschreckt, verdrehen die Raupen nämlich jäh den Kopf, wobei der Faden abreißt. Wenn im Juni etwa ein Gewitter aufzog, mußte ein kontinuierlicher Geräuschpegel aufrechterhalten werden. Dazu schlug man rhythmisch auf Blechdosen, damit die Tierchen nicht erschraken, wenn es donnerte.

Seidenraupen fühlen sich in den Alpujarras wohl, weil das helle, luftige Klima ihnen ebenso gut bekommt wie den Maulbeerbäumen, von denen sie sich ernähren. Wenn das Maulbeerblatt nicht exakt die notwendigen Eigenschaften und den Flüssigkeitsgehalt besitzt, entwickeln die Raupen einen Darmpilz, an dem sie eingehen. Aus diesem Grund werden die Dörfer der Sierra Nevada seit dem elften Jahrhundert wegen ihrer Seidenproduktion erwähnt. Es war üblich, eine gewisse Menge Seide am Ort zu Tüchern und Bettdecken zu verspinnen, die besten Kokons aber auf dem Rücken von Mauleseln zur Verarbeitung in die Fabriken von Almería und Granada zu schicken. Als die letzte dieser Fabriken im frühen neunzehnten Jahrhundert geschlossen wurde, blieb der Export von Seide für einige Zeit unterbrochen. 1869 eröffnete ein französischer Industrieller aus Lyon eine neue Fabrik in Ugíjar, die etwa hundert Menschen Beschäftigung gab, bis auch sie mit der Einführung der Kunstseide in den zwanziger Jahren schließen mußte. Seit kurzem, mit der Neubelebung des Marktes für echte Seide, ist sie wieder in Betrieb.

10. Ansichten und Rituale

Ich sammelte gerne *coplas* oder Volksgesänge und hielt in einem Notizbuch Ansichten und Gebräuche folkloristischer Art fest. Da ein Bild des spanischen Dorflebens ohne eine Darstellung dieser Dinge unvollständig wäre, will ich von einigen der besonders verblüffenden erzählen.

Zunächst werde ich noch etwas mehr als bisher über die *hechiceras*, die Hexen, mitteilen. Man glaubte, sie seien von anderer Natur als andere menschliche Wesen. Dies werde, ob sie es wollten oder nicht, von den Eltern auf die Kinder vererbt.

Oder man nannte sie *los lanudos*, die Zottigen, und im Gegensatz zu den *brujas* galten sie als Christen, wenn auch von eher zweifelhafter und halbherziger Art. Offensichtlich waren die Hexenkünste vor einiger Zeit einem grundlegenden Reinigungsprozeß unterzogen worden, denn die *hechiceras* hatten die Fähigkeit zu fliegen von den *brujas*, den schwarzen Hexen, die es in unserer Gegend nicht mehr gab, übernommen, ohne sich jedoch deren Bosheit und Gehässigkeit anzueignen. Ohne Zweifel muß man dies der aufgeklärten Haltung der spanischen Inquisition als Verdienst anrechnen, die die Hexen als Hysterikerinnen behandelte und sich weigerte, sie zu verfolgen.

Bis der Bau der Straße ihren Aktivitäten ein Ende setzte, flogen diese *hechiceras* und *hechiceros* in dunklen Nächten und an neblig verhangenen Tagen umher, und wenn sie näher kamen, hörte man Klänge einer süßen Musik. Die Meinungen gingen auseinander, ob sie sich mit nach geheimen Formeln zubereiteter Salbe einrieben und sich nackt von den Dächern erhoben, oder ob sie ganz ohne pharmazeutische Hilfe in kurzen weißen Nachthemden aufstiegen, waren sich alle einig, daß sie beim Verlassen der Erde magische Formeln sprachen. Ein altehrwürdiger Spruch lautete etwa *Guía, guía, sin Dios y Santa María*, Führe mich, führe mich, ohne Gott und die Heilige Maria. Es hieß auch, sie trügen gerne Säuglinge bei sich. In der Tat schienen sie nur dann an den Versammlungen auf den Dreschplätzen teilzunehmen, wenn sie schwanger waren oder gerade ein Kind abstillten, denn nur dann fühlten sich die *hechiceros*, die männlichen Hexer, zu ihnen hingezogen. Draußen auf diesen Plätzen tanzten sie natürlich und liebten sich, und man erzählte sich, in Trevélez gäbe es einen jungen Mann, der als Kind von einer Hexe auf einen ihrer Flüge mitgenommen worden war, und der sich an alles erinnerte, was sich dabei zugetragen hatte. Als ich mich einmal in diesem Dorf aufhielt, versuchte ich, ihn zu finden, aber niemand hatte je von ihm gehört. Es gab auch keinen Menschen, der je von Hexen gehört hatte. Wahrscheinlich hatten die Leute Angst. Trevélez, das mehr als 5000 Fuß hoch liegt und damit, soweit ich weiß, das höchstgelegene Dorf Europas ist, ist nämlich weithin bekannt für seine Hexenkünste (in Spanien gibt es eine mathematische Korrelation zwischen der Anzahl der Hexen an einem Ort und dessen Höhe über dem Meeresspiegel). Man behauptet sogar, daß die berühmten Schinken, die von dort kommen und die man selbst bei Fortnum and Mason's bekommt, ihr besonderes Aroma den Zaubersprüchen dieser Hexen verdanken.

Noch eine andere Ansicht zum Flug der Hexen steuerte eine sehr alte, einäugige Frau namens Encarnación bei. Viele Jahre später bat meine Frau sie einmal, für uns Wolle zu färben. Einen besonders schönen Safranton gab eine Pflanze namens *torvisco* oder Seidelbast - ihr botanischer Name ist *Daphne gnidium* - die man zusammen mit Granatapfelrinde und Gerstenstroh kochte. Aber der Gebrauch selbstgemachter Farben war aus der Mode gekommen, und nur noch wenige Leute kannten das Geheimnis. Wie die Alte erklärte, seien Mörser und Stößel, die von einer Generation zur nächsten weitergegeben wurden, zwar das Kennzeichen der *hechicera*, zum Fliegen werde allerdings die für das Aufwickeln der Wolle gebräuchliche Spindel benutzt. Man legte sie sich auf den Kopf, zog die Röcke darüber und erhob sich in die Luft. Noch zu Zeiten ihrer Mutter war es auch für ein Mädchen, das in die Künste der *hechicera* eingeweiht war, üblich, dem Bräutigam einen Trank zu verabreichen, der ihn in einen Esel verwandelte. Sodann bestieg sie ihn nackt, die Kleider über den Kopf gebunden. So ritt sie die ganze Nacht lang glückselig durch die Lüfte. Aber diese Dinge gehörten der Vergangenheit an, jenen glücklichen Tagen, als noch jede Pappel von Weinreben umschlungen war, als es den Armen niemals an Öl und Brot mangelte, weil die Lebensmittel nicht mit Wagen in die Städte fortgebracht wurden. Will man heutzutage einen derartigen Trank haben, muß man zum Arzt gehen und ihn sich verschreiben lassen.

Ich wollte unbedingt herausfinden, ob die Leute, denen man nachsagte, sie seien *hechiceras*, sich auch selbst dafür hielten. Man konnte sie nicht geradeheraus fragen, denn das wäre unhöflich gewesen. Man mußte sich vorsichtig herantasten. Nachdem ich mit den Frauen, die man mir als Hexen genannt hatte, einige Zeit um den heißen Brei herumgeredet hatte, kam ich zu dem Schluß, daß keine von ihnen sich irgendwelcher okkulter Kräfte bewußt war, nicht zu sprechen von der Kunst des Fliegens. Alle dachten, die Hexe sei jemand anders. Das widerspricht Miss Margaret Murrays Theorie, die Hexerei sei ein bewußter Kult, stamme in direkter Linie von der Anbetung der heidnischen Gottheiten ab und sei ein erklärter Rivale des Christentums. Aber stützt sich diese Theorie überhaupt auf Tatsachen? Der Glaube an die Hexerei war nie stärker als während der offenen Anbetung der heidnischen Götter, wie man im *Goldenen Esel* des Apuleius nachlesen kann.

Aberglaube kam bei uns auch noch in anderen, mehr oder weniger interessanten Formen vor. Zum Beispiel meinte man, wie in ganz Andalusien, daß, wenn eine Frau neun Söhne hintereinander bekomme, der neunte von besonderer Grazie sei. Dies zeige sich dann im Alter von etwa sechs Jahren, und das Kind solle als Erwachsener nicht nur sehr begabt, sondern auch sehr glücklich werden. Solche Menschen haben eine bemerkenswerte Fähigkeit, zu heilen. So erzählte mir Maria, beim Abstillen ihrer Tochter habe sich in der Brust eine Geschwulst gebildet und den Fluß der Milch unterbrochen. Sie schickte nach einem dieser neunten Söhne - zu der Zeit ein zwölfjähriger Junge - der drei Tage lang dreimal täglich mit den Händen ihre Brüste berührte. Davon wurde sie geheilt.

Menschen namens Maria gelten ebenfalls als glückbringend und werden bei Krankheit herbeigerufen, vor allem aber zur Abwehr des bösen Blicks. Dieser Gefahr sind insbesondere hübsche Kinder ausgesetzt. Wird ein solches Kind 'angesehen', wölbt sich seine Schädeldecke nach innen und es welkt langsam dahin. Es gibt nur ein Mittel dagegen, daß nämlich der Vater vor Sonnenaufgang hinausgeht und einen Arm voll *torvisco* sammelt, das ebenso wie die mandelblättrige Wolfsmilch im Ruf steht, des Teufels zu sein. Der *torvisco* wird in ein Tuch gewickelt, um ihn vor den Sonnenstrahlen zu schützen, und ein Mädchen, das Jungfrau sein muß und auf den Namen Maria hört, 'wiegt' das Kind darin. Sie legt die Pflanzen in einen offenen Espartokorb, setzt das Kind darauf und hebt den Korb in die Höhe. Anschließend kommen drei Frauen namens Maria - diesmal müssen es keine Jungfrauen sein - unbeobachtet in das Zimmer, in dem das Kind alleine liegt. Sie nehmen es zwischen sich in die Arme und legen es auf den *torvisco* am Boden. Wenn das geschehen ist, schickt man nach dem Priester, daß er ein Gebet spreche. Zum Abschluß des Rituals werden die Pflanzen unter dem Bett verstreut: trocknen sie, so wird das Kind genesen, bleiben sie aber feucht, so wird es immer schwächer und stirbt schließlich. Der Glaube an den bösen Blick und dieses Gegenmittel waren in Yegen und in ganz Andalusien so verbreitet, daß mein Dienstmädchen mir erzählte, sie habe in den vergangenen fünfzehn Jahren bestimmt fünfzig mal an solchen Zeremonien teilgenommen. Die Menschen, die diesen Bann hervorrufen, sind alt und häßlich, in der Regel Zigeuner.

Männer und Frauen, die aus dem einen oder anderen Grund *gracia* oder Gnade hatten, waren in den verschiedensten Situationen sehr gefragte Leute. Fehlte zum Beispiel etwas oder meinte man, es sei gestohlen worden, nahm man Zuflucht zu einer Art Tischrücken. Drei begnadete Frauen nahmen ein Sieb und hielten es mittels dreier Feuerzangen waagerecht in ihrer Mitte. Das Sieb drehte sich dann, und sie stellten ihm Fragen. »Hat der soundso es genommen?« Erwähnte man den Namen des Diebes, hielt das Sieb inne. Diese Methode der Wahrsagerei oder Koskinomanteia, wie sie manchmal genannt wird, erwähnt der griechische Schriftsteller Lukian in seinem Essay über einen

Scharlatan namens Alexander. Offensichtlich war die Wahrsagerei in Kleinasien sehr beliebt.

Frazer berichtet in *The Golden Bough* von gewissen Zauberformeln, die das Wachstum der als Gärten des Adonis bekannten Vegetation fördern sollten. In Yegen hatten wir eine ähnliche Erscheinung, die allerdings (was auch in heidnischer Zeit der Fall gewesen war) der Brautwerbung diente. Die Pflanze, die für diese Rituale benutzt wurde, war der Basilikum, dessen botanischer Name *Ocimum basilicum* und dessen spanischer Name *albahaca* lautet. Es ist ein buschiges, einjähriges Kraut mit fahlgrünen Blättern, unscheinbaren weißen Blüten und einem starken, durchdringenden Geruch. Die Araber haben es aus Indien eingeführt, wo man es dem Krishna geweiht hatte, und bald gehörte es zu den allgemein verbreiteten Küchenkräutern. Es stand als Symbol für die Liebe und im besonderen für die junge Frau. Ich glaube, ursprünglich hatte es eine rein sexuelle Bedeutung. Wenn Parkinson in seinem *Paradisus in Sole* mitteilt, daß es »bei vorsichtigem Gebrauch ein angenehmes Aroma abgibt, stark ausgewrungen und zerquetscht aber Skorpione entstehen lassen könne«, so übersetzt er einen Ausdruck wörtlich, der eigentlich metaphorisch gemeint war.

In meinem Dorf war es üblich, daß die Mädchen diese Pflanze in Töpfen zogen und am Johannistag einen davon ihrem Verlobten, ihrem *novio* schenkten. Die Töpfe standen auf ihren Balkonen, und hatte ein Mädchen keinen *novio*, dann kletterten die Jugendlichen, die sie umwerben wollten, in der Nacht hinauf, pflückten einen Zweig ab und steckten ihn sich hinters Ohr. Am folgenden Tag gingen sie dann an ihrem Haus vorbei und trugen den Zweig sichtbar zur Schau, um von ihr gesehen zu werden. Dasselbe machte man auch mit *claveles*, mit Nelken (einer Pflanze, die im siebzehnten Jahrhundert aus Italien gekommen war), und wenn niemand die Topfpflanzen eines Mädchens stahl, fühlte sie sich übergangen. Ein junger Mann konnte auch ein Mädchen um die weiße Nelke bitten, die es im Haar trug: bekam er sie, bot er ihr eine rote Nelke an, und sie wurden *novios*. Oder er bat sie, ihm ein sauberes Taschentuch mit einer aufgedruckten oder aufgestickten Blume zu waschen, und willigte sie ein, so war das ein Zeichen, daß sie ihn akzeptierte. Wenn man also in spanischer oder italienischer Renaissancedichtung diese oder andere Blumen erwähnt findet - die Rose, die Minze, die Balsamine und (als späteren Ankömmling) den *alhelí*, die Levkoje - so muß man bedenken, daß sie nicht nur verschiedene Formen der Schönheit darstellen, sondern auch einen Platz und eine Bedeutung im Ritual der Liebe haben. Zu den Dingen, die wir heute verloren haben - und in England vielleicht nie besessen haben - gehört der Sinn für das Gebundensein der wichtigsten Handlungen im Leben an entsprechende Rituale. Das gilt in besonderer Weise für die Brautwerbung.

Anders als im Norden Spaniens kannten wir in Yegen nicht die *xanas*, die Wassernymphen, aber wir kannten den *duende*. Es handelt sich um einen Hausgeist oder ein Gespenst, das sich in die Angelegenheiten des Hauses hilfreich oder auch störend einmischt, Gegenstände verlegt oder wiederfindet. Im schlimmsten Fall führt er sich wie ein Poltergeist auf, der die Bewohner zwingt, in ein anderes Viertel zu ziehen. Aber ich bezweifle, daß irgend jemand in unserem Dorf wirklich an ihn glaubte. Heutzutage ist er viel zu sehr eine rhetorische Figur, um objektive Existenz zu haben, zumal er unsichtbar ist. Aber man kann das Wort auch in einem anderen Sinne gebrauchen. In Andalusien sagt man von einer Person oder Sache, die geheimnisvolle Kräfte hat oder sie für eine Zeit heraufbeschwört, sie 'habe *duende*'. Das kann zum Beispiel für einen Stierkämpfer gelten, der die Zuschauer gerade mit einer Abfolge wunderbarer Figuren mit seiner Capa zu Beifallsstürmen hingerissen hat. Oder man sagt es von einem Flamenco-Sänger, der bei einem feuchtfröhlichen Vergnügen, einer *juerga*, so weit über sich hinauswächst, daß seine Zuhörer überwältigt sind. *Duende* verkörpert gewissermaßen den dionysischen Geist, der in Erscheinung tritt, und zwar, da wir in

Spanien sind, in düsterer Art und Weise. In diesem Sinne zitiert García Lorca einen berühmten Zigeunersänger, dem zufolge jede Musik und jeder Gesang, die 'schwarze Klänge in sich bergen', *duende* haben. Ein ähnlicher Ausdruck ist *tener ángel*, 'Engel haben', ein umgangssprachlicher Ausdruck für Charme oder Grazie. Jemand kann *buen ángel* haben oder auch *mal ángel* - also ein finsterer Mensch sein - oder sogar *desangelado*, ohne Engel, farblos sein. Ferner kann man *buena* (oder *mala*) *sombra* haben, einen 'guten (oder schlechten) Schatten werfen'. All diese nur begrenzt übertragbaren Begriffe deuten auf den Glauben an eine übernatürliche Kraft oder *mana* (die Mauren nennen sie *baraka*), die den Menschen innewohnt, ihren Charakter und ihre Fähigkeiten beeinflußt, wobei der Ausdruck *tener duende* den nur zeitweisen oder gelegentlichen Besitz dieser Kraft andeutet, da sich *duende* nur in Momenten höchster Emotion zeigt. In Yegen benutzten wir diesen Begriff allerdings nicht. Wir sagten statt dessen *tiene solitaria*. Die *solitaria* ist der Bandwurm und wird als eine Art innewohnender Geist, als Kobold, verstanden. Er ist es, der den Sänger außergewöhnlich befähigt und seinen Gesang so erschütternd und ergreifend macht. Diesen Ausdruck kennt man auch in Málaga.

Mancher Volksglaube wird so streng gehütet, daß man Jahre an einem Ort leben kann, ohne die geringste Ahnung davon zu haben. Ich kann ein Beispiel dafür geben, eine Entdeckung, die ich machte, kurz bevor ich das Dorf verließ. Ich war auf einem Spaziergang in ein abgelegenes Tal oberhalb der Anbaugrenze. Ich legte mich nieder, um an einem Bach zu trinken, als ich spürte, daß sich in meiner Nähe etwas bewegte. Ich hob den Kopf und sah einen großen grauen Hund, den ich im ersten Moment für einen Wolf hielt. Er stand nur wenige Meter entfernt und fixierte mich. Zuhause berichtete ich meiner Haushälterin von diesem kleinen Abenteuer, und sie fragte mit sehr ernster Miene: »Warum haben Sie ihn nicht gefragt, was er wollte?« Wie sich herausstellte, glaubte sie, daß die Seelen der Verstorbenen, die keine Ruhe finden können - *las almas en pena*, wie man sie nennt - in Hunde oder andere Tiere schlüpfen und solange umherwandern, bis sie jemanden finden, dem sie sich offenbaren können. So mochte es etwa sein, daß sie in ihrem Leben jemanden beraubt und das Geld versteckt hatten und nun keine Ruhe fanden, solange es nicht zurückerstattet war.

Als ich eines Abends auf dem Dach meines Hauses saß, hörte ich einen tiefen, dumpfen Klang, ähnlich dem Signalhorn eines Weichenstellers, nur sehr viel lauter. Allmählich stimmten weitere Hörner in anderen Teilen des Dorfes und auf den umliegenden Hügeln ein, bis ich mich von einer Armee klagender, unheimlicher Klänge belagert fühlte. Als ich nachfragte, sagte man mir, das sei die *cencerrada*, die Katzenmusik. Wenn eine Witwe oder ein Witwer ihre Absicht, zu heiraten, kundtaten, zogen die jungen Burschen des Dorfes los und bliesen auf Kuhhörnern und Muscheln. Das ging so mehrere Wochen mit täglich zunehmender Intensität bis zur Hochzeit. Das bedauernswerte Paar hatte auch unter den *pregones* zu leiden, ein Wort, das das Lexikon mit 'öffentliches Ausrufen' übersetzt. Kinder und junge Männer versammelten sich auf der Straße und wiederholten meist obszöne und skurrile Verse, die die Brautleute warnten, den jeweils anderen zu heiraten. Als Beispiel hier einer der harmloseren:

Heirate nicht den José
denn er ist der Vater des Elends.
Ich verbrachte ein Jahr mit ihm,
es war ein Jahr des Leidens.
Alles, was er mir je zu essen gab
war ein Teller Linsensuppe,
ein altbackener Gerstenkuchen
und eine Portion Mehlpampe.
Wenn wir dann hungrig ins Bett gingen
drehte er sich um und schlief ein.

So ein Kerl ist das
er schnarcht die ganze Nacht und macht das Bett naß.
So soll die *cencerrada* weitergehen.

Von den Anthropologen hören wir, die Hörner und Muscheln repräsentierten den Geist des verstorbenen Ehemannes oder der Ehefrau, der Einwände gegen eine Wiedervermählung habe. Oder es gelte, den Geist fernzuhalten. Was immer sie bedeuten mag, die *cencerrada* stellte eine schwere Prüfung dar. Das kontinuierliche Blasen der Hörner zerrte an den Nerven der Verlobten, und die *pregones* gaben ihnen den Rest. Während meiner Zeit im Dorf geschah es mindestens zweimal, daß ein Paar zusammenbrach, das bereits das Aufgebot in der Kirche bestellt hatte und nun entschied, es könne nicht durchhalten. Vor allem Witwen fürchteten die Öffentlichkeit so sehr, daß sich nur selten eine wiedervermählte. Stammten sie aus armen Verhältnissen und mußten deshalb nicht auf ihre gesellschaftliche Stellung Rücksicht nehmen, so lebten sie einfach mit ihrem Mann zusammen. Dann blieben ihnen nicht nur die Hornbläserei und die *pregones* erspart, sondern auch der wüste Krach und Tumult, der solche Paare empfing, wenn sie aus der Kirche traten, und der rings um ihr Haus und vor ihrem Schlafzimmerfenster die ganze Nacht weitertobte.

In den meisten Gegenden Spaniens, nicht nur in den abgelegenen Dörfern, hält man energisch an der *cencerrada* fest. Ich bin ihr erst kürzlich auch in kleinen Städten begegnet. Anders als die meisten Volksbräuche besteht sie weiter, denn sie ist Ausdruck der landläufigen Auffassung über eine zweite Heirat und bietet den kleinen Gemeinschaftswesen zudem ein Ventil für ihren Drang, hin und wieder aus sich heraus zu gehen. Darin liegt auch der Grund für die Anstößigkeit und Skurrilität der *pregones*, die im starken Kontrast zur üblichen Würde und Verschlossenheit der spanischen Dorfbewohner stehen. Wie der Karneval und die römischen Saturnalien bietet die *cencerrada* Gelegenheit, unter allgemeiner Billigung Hemmungen abzulegen, weil man sich für Worte und Taten nicht persönlich verantwortlich zu fühlen braucht. Es ist das Dorf als Ganzes, das da spricht, und deshalb nimmt man keinen Anstoß und es bleibt kein Groll zurück. In der Tat verursachen die *pregones* keinen persönlichen Schmerz: sie sind zwar taktlos, ihre Beleidigungen folgen aber einem allgemeinen und traditionellen Muster.

In allen spanischen Dörfern treten Aberglaube und alte Gebräuche besonders konzentriert zur Sommersonnenwende in Erscheinung. Um Mitternacht segnet der Heilige Johannes - es ist sein Festtag - alle Dinge der Erde: die Felder, die Früchte, die Bäume, die Wildpflanzen, die Flüsse und die Quellen. Vor allem segnet er das Wasser, und es ist sein Segen, der der *flor del agua*, der Blume des Wassers, magische Kräfte verleiht. In manchen Gegenden Spaniens gibt es eine Wasserpflanze, die man so nennt und deren Besitz Glück bringt. In Yegen aber bezeichnete man damit das Wasser selbst, vor allem den Wasserspiegel, in dem die Mädchen des Dorfes vor Sonnenaufgang ihre Hände und Gesichter netzten. Ich glaube, eigentlich sollte es der Tau sein, von dem man in früheren Zeiten annahm, er tropfe von den Sternen herab. Es gibt Ortschaften in der Provinz Soria und in Navarra, wo sich Mädchen nackt im Tau wälzen.

Die Vorbereitungen für dieses große Fest begannen bereits am Vorabend. Die jungen Männer verbrachten die Stunden vor Mitternacht damit, 'die Runde zu machen', also Ständchen zu bringen. Sobald aber die Position des Antares über dem Cerrajón de Murtas die Mitternacht anzeigte und den magischen Einfluß in Kraft setzte, gingen sie hinaus auf die Felder, um Zweige und Blumen zu sammeln, insbesondere von Mandel- und Kirschbäumen, um die Fenster und Balkone ihrer Mädchen zu schmücken. Ein Vers erklärt die Gründe dafür:

El día de San Juan, madre,
cuaja la almendra y la nuez.
También cuajan los amores
de los que se quieren bien.

Mutter, am Johannistag
werden Mandeln und Nüsse fest.
Fest wird auch die Liebe
derer, die sich wirklich lieben.

Derweil saßen die Mädchen drinnen und versuchten zu ermitteln, wer einmal ihr Bräutigam sein werde. Eine Methode bestand darin, rohe Eier in Wasser zu schlagen und durch ein seidenes Taschentuch die Formen zu betrachten, die sich bildeten. Dann erschien das Gesicht des jungen Mannes. Oder man schälte wilde Artischocken und warf die Blätter ins Feuer. Oder zählte ein Mädchen in zehn aufeinanderfolgenden Nächten vor dem Johannistag zehn Sterne, dann ließen die Sterne sie von ihrem Zukünftigen träumen. Auch die ersten Worte, die man nach Sonnenaufgang auf der Straße hörte, enthüllten das Geheimnis. Inzwischen waren die älteren Frauen draußen, um Heilpflanzen zu sammeln. Zwischen Mitternacht und Sonnenaufgang verlieren die bösen Mächte, die die Erde quälen, ihre Kraft. Das ist die Zeit, um die Heilkräuter zu pflücken, denen keine Krankheit widerstehen kann, ebenso jene, die ewiges Leben und Glück verleihen und verborgene Schätze zum Vorschein bringen. Das wichtigste Kraut war die *hierba del sillero*, eine kleine Zistrose mit dem botanischen Namen *Fumana glutinosa*. Wegen ihres runden, gelben Gesichts, das der Sonnenscheibe glich, hatte man sie dem Helios geweiht. In anderen Teilen Spaniens zog man das Johanniskraut und den Beifuß vor.

Während die ersten Stunden des Johannistages als eine Zeit des Stillstandes galten, als eine Periode, in der alles auf der Erde in Erwartung der kommenden Segnungen den Atem anhielt, stellte die aufgehende Sonne einen Triumph dar. Sie erschien im Tanz, wie man in ganz Spanien sagte. Aber in unserem Dorf gab es eine seltsamere und sehr einfache Sicht. Man glaubte, eine junge Frau, die ein seidenes Taschentuch über die Augen legte und in die Sonne sah, werde für einen Moment die Sonne und den Mond übereinander sehen. *Estaban luchando*, sie kämpften miteinander, eine Umschreibung, die sagen will, sie schliefen miteinander. Vermutlich beziehen sich darauf die Psalmen, wenn sie sagen, die Sonne komme wie eine Braut aus ihrem Zimmer. Es gibt auch einen berühmten Vers in der *Faerie Queene* (Buch 1, 5. Gesang), der den gleichen Gedanken in der Sprache heidnischer Mythologie widerspiegelt. Mit der Vereinigung von Sonne und Mond erneuert sich zur Sommersonnenwende alle Natur.

Das waren die Mittsommernachtsriten in Yegen und in den meisten Landesteilen Spaniens, in einigen Distrikten beobachtete man aber völlig andere Gebräuche, zum Beispiel in der Nachbarprovinz Málaga. Hier bestand die Zeremonie in der Hauptsache darin - es gibt sie noch heute - bei Sonnenaufgang *peleles*, Strohpuppen vor die Haustür zu stellen, die oft sexuelle oder bacchantische Bedeutung besaßen. Aus Würsten hergestellte Phallen wurden an passender Stelle befestigt, weibliche Körper wurden mit Kürbissen und Kalebassen ausgestopft und mit aufgefädelten Feigen geschmückt. Daneben stellte man Krüge mit Wein. Andere Puppen wurden an Seilen quer über die Straße gehängt, am Abend angezündet und in einem großen, krachenden, selbstgebauten Feuerwerk verbrannt. Dazu rief man laute Beleidigungen und Obszönitäten. Gleichzeitig verbrannte man Bündel alter Kleider, und der ganze Vorgang nannte sich die 'Verbrennung des Judas'. Vorher, am Nachmittag, waren die Jugendlichen auf die Felder hinausgegangen und hatten Körbe voller Brotkringel, sogenannte *roscos*, die eigens für diese Gelegenheit gebacken wurden, und weißen Käse mitgenommen.

Man fragt sich vielleicht, wo die Gründe für die Verschiedenheit der Rituale liegen mögen. Mein Freund, Don Julio Caro

Baroja, erzählt mir, die Sitte der 'Verbrennung des Judas' könne man in ganz Nordspanien am Karsamstag beobachten. In einigen Distrikten Navarras und Altkastiliens ist es auch üblich, am Abend des Johannistages auf einem geheiligten Baum eine namenlose Puppe aufzuhängen, die den alten Wachstumsgeist darstellt, um sie anschließend zu verbrennen. Es scheint, daß sich diese beiden Sitten in Málaga, das von Altkastilien her neu besiedelt wurde, vermischt haben und die anderen darüber in Vergessenheit geraten sind. Ich halte es für wahrscheinlich, daß der maurische Einfluß dafür entscheidend war. Bei den spanischen Moslems war es Sitte, zur Sonnwendfeier neue Kleider anzulegen, auf die Felder zu gehen und dort Freudenfeuer anzuzünden und zu tanzen. Sie aßen besondere Gemüsegerichte und hängten in Stroh gewickelte männliche Feigen an die weiblichen Bäume, um sie zu befruchten. Möglicherweise verbrannten sie auch Puppen. Wir können daraus schließen, daß die Vertreibung der maurischen Bevölkerung doch nicht so vollständig stattgefunden hat, wie die Quellen es vermuten lassen.

Ich möchte die Bemerkungen über die magischen Riten mit der Beschreibung einer Zeremonie abschließen, die in unserem Dorf am Karsamstag praktiziert wurde. Sobald die Glocken das Gloria geläutet und so den Moment der Auferstehung angezeigt hatten, machten sich ganz besonders fromme Frauen auf und sammelten in den Bächen und Bewässerungskanälen Kieselsteine. Sie nahmen sie mit nach Hause, sprachen zu jedem Stein ein Vaterunser und verpackten sie sorgfältig in Papier. Wenn im Laufe des Jahres ein Sturm über das Dorf hinwegzuziehen drohte, gingen sie hinauf aufs Dach, warfen einen Stein dem Sturm entgegen und je einen zur Seite. Dabei bekreuzigten sie sich. Der Sturm zog dann vorüber. In manchen Dörfern in der Nähe von Soria rührt die Furcht vor Stürmen aus der alten Vorstellung, ein starker Wind könne die Frauen schwängern. So versteckten sich die Frauen dieser Dörfer entweder vor dem Wind oder sie warfen Steine, die sie am Karsamstag gesammelt hatten, um ihre Jungfräulichkeit zu schützen. Doch Stürme zerstören auch die Ernte. Dagegen gibt oder gab es bis vor kurzem in einigen Teilen Spaniens (Asturien, Kastilien, Sevilla, Guadix) eine ausgefeiltere und offizielle Zeremonie. Der Priester kam in vollem Ornat aus der Kirche, hielt das Evangelium in der einen und den Weihwasserwedel in der anderen Hand. Er las einige Gebete und sprach einen Exorzismus, während mehrere Männer um ihn standen und ihn am Hemd festhielten, für den Fall, daß der Dämon des Sturmes es sich in den Kopf setzen sollte, ihn fortzuwehen. In einigen Orten beschloß er den Exorzismus, indem er dem Sturm einen mit Weihwasser besprenkelten Stein entgegenwarf. Diese Verrichtung war allerdings an eine Bedingung geknüpft - es mußte sich um einen jungfräulichen Priester handeln. War dies nicht der Fall, so erlitten sowohl er als auch das Dorf Schaden.

Kein Bild eines spanischen Dorfes ist vollständig ohne eine Darstellung seiner Volksdichtung. Es ist bekannt, daß es in Spanien eine solche Poesie gibt, und daß sie auch heute noch sehr lebendig ist. Sie besteht aus kurzen, eigenständigen Strophen mit drei oder vier Versen, die man *coplas* nennt. Der Ursprung dieser *coplas* geht sehr weit zurück - vielleicht ebensoweit wie die bäuerlichen Werkzeuge und die magischen Zeremonien - obwohl uns kein Beispiel aus der Zeit vor dem elften Jahrhundert überliefert ist. Wenn ich sage, sie seien lebendig, dann nicht nur, weil sie ständig im Haus, auf den Feldern oder auf Reisen gesungen werden, sondern auch, weil immer wieder neue erfunden werden. Jeder, der in diesem Genre einigermaßen zu Hause ist, kann darin improvisieren.

Aber vielleicht führt es in die Irre, wenn man sie Gedichte nennt. Bevor Heimatforscher sie zu sammeln begannen, hatte man sie kaum je aufgeschrieben. Sie waren als Lieder gedacht, und so wie Sancho Pansa einen unbegrenzten Schatz an Sprichwörtern parat hatte, so gibt es heute viele Menschen mit einem unerschöpflichen Repertoire an *coplas*. Sie singen sie tagelang, ohne sich zu wiederholen. In Andalusien singt man sie im orientalisch klingenden Stil, dem *cante jondo*, vulgär auch *flamenco* genannt - einem ausgeschmückten Stil voller Tremolos und Appoggiaturen, dessen Begleitung Intervalle enthält, die der westlichen Musik unbekannt sind. Manche Besucher aus dem Norden empfinden diese Klänge als unangenehmes Jaulen, vermuten, dieser Gesang sei maurischen oder arabischen Ursprungs. Mit hoher Wahrscheinlichkeit ist er jedoch älter und stammt von einer archaischen mediterranen Lied- und Musikform ab.

Ich möchte an dieser Stelle nicht mehr über die *copla* sagen, da es sich um ein sehr umfassendes Thema handelt. Ich habe in meinem Buch *The Literature of the Spanish People* ausführlicher darüber geschrieben, außerdem bereite ich eine Anthologie dieser kleinen Lieder vor, die weitere Erläuterungen enthalten wird. Für den Moment möchte ich nur deutlich machen, daß sie einen stets präsenten Hintergrund im Alltagsleben Yegens bildeten. Kaum ein Moment im Laufe des Tages, an dem man nicht, auf dem Dache sitzend, eine *copla* singen hörte. Jenseits des weiten Raumes erhob sich eine Stimme, fiel wieder ab, erstarb, und der Luftzug, der sie unterbrach, verlieh ihr eine unpersönliche, kaum noch menschliche Qualität. Es schien ein körperloser Schrei zu sein, eine umherirrende Klage, ebenso Teil der Natur wie der Klang fallenden Wassers oder der Gesang eines unsichtbaren Vogels in einer Pinie, ohne jede Verbindung zu einem lebenden Wesen. Wer den *cante jondo* nur in Sälen oder im Radio gehört hat, hat keine Vorstellung, wie er aus der Ferne, unter freiem Himmel, klingt.

Auch die Kinderlieder waren bezaubernd, wenn auch in ganz anderer Weise. Am schönsten waren die, die man beim Spielen sang in der Art von *Oranges and Lemons*. Sie bestanden aus Balladenfragmenten des sechzehnten Jahrhundert, die ohne große Rücksicht auf die Bedeutung aneinandergereiht waren und in Passagen reinen, überschwenglich kindlichen Unsinns endeten. An Schönheit übertrafen manche von ihnen alles in *Mother Goose*, und ich glaube, das kommt daher, daß der größte Teil des

Materials wirkliche Poesie war, die Erwachsene geschrieben hatten, die aber von Kindern ausgewählt und zusammengeschustert worden war. Die kleinen Mädchen, die Hauptstützen der bardischen Tradition, hatten auch - wie ich annehme, unter einiger Nachhilfe ihrer Eltern - zwei komplette Balladen überliefert. Die eine nannte sich die *Romance de Catalina de Granada.* Sie beschreibt auf dramatische Weise die Qualen, die ein maurisches Mädchen unter ihrem Vater und ihrer Mutter erleidet, weil sie zum Christentum übergetreten ist. Wir erfahren in vierzig herzzerreißenden Zweizeilern, wie die arme Catalina vor Hunger und Durst stirbt, und um die Marter noch zu verlängern, folgt auf jeden Reim ein Refrain. Die andere Ballade beginnt mit den Worten *Dónde vas, buen caballero* und erzählt von einem Edelmann, der seine Frau sucht, bis ihr Geist ihm erscheint und ihm verkündet, sie sei tot; es folgt eine Beschreibung ihres verschwenderischen Begräbnisses und der Rat an ihn, wieder zu heiraten. Auch das war nicht eben ein heiteres Thema, aber was diese Ballade zur Domäne der Kinder machte, war ihre eindringliche, unvergeßliche Melodie. Engländer kennen sie, es ist die Melodie von 'Clementine'. Während des kalifornischen Goldrauschs von 1849 wurde es den amerikanischen und englischen Goldgräbern lästig, ihre mexikanischen Kameraden tagein, tagaus diese Ballade singen zu hören, und sie machten eine Parodie daraus. Die Melodie ist ansteckend, und ich bezweifle nicht, daß sie sich inzwischen um die ganze Welt von der Türkei bis nach Japan verbreitet hat.

Ich möchte diese kurzen Bemerkungen über Kinderlieder mit einem Schneckenvers abschließen - mit dem spanischen Äquivalent von 'Snail, snail, put out your horn'.

Caracol, col, col,
saca los cuernos al sol.
Te daré una miguita de pan
para que avíes de almorzar.

Schnecke, liebe Schnecke,
magst du nicht deine Hörner ausstrecken?
ich geb' dir einen Krümel Brot,
dann leidest du auch keine Not.

Das Interessante an diesem Vers, den die Kinder in ganz Spanien kennen, ist, daß er in Yegen immer noch gesungen wurde, um Schnecken zu bezaubern. Wenn es geregnet hatte, gingen Frauen und Kinder nach Einbruch der Dunkelheit mit Laternen auf die Felder, um die großen Weinbergschnecken zu sammeln, die sich von Gras ernähren. Dabei sangen sie dieses Lied. Es soll die Schnecken wohl glauben machen, die Laterne sei die Sonne, und es sei Zeit, aufzustehen und sich zu zeigen. Doch verfehlten die Worte ihr Ziel, denn nicht Schnecken kommen bei Tag heraus, sondern die Menschen.

Taufe, Heirat und Tod sind die drei wichtigsten Ereignisse im Leben eines Spaniers. Ersteres war in unserem Dorf eine einfache Sache. Die Taufpatin trug das Kind in die Kirche und traf alle Vorkehrungen, während der Pate die Kosten für die Feier und den Tanz übernahm, die anschließend stattfanden. Die Paten beherrschten die Situation, die Eltern blieben ausgeschlossen. Wenn der Priester gut aussah oder *buen ángel*, das heißt Charme besaß, dann brachte er dem Kind Glück, während es vom Salz, das man auf seine Lippen legte, *salado*, geistreich wurde. Bei der Rückkehr ins elterliche Haus sagte die Patin: »Comadre, hier ist dein Sohn. Du gabst ihn mir als Mauren, als Christen bekommst du ihn zurück.« Dann konnte die Feier beginnen, mit Wein, Anisschnaps und *buñuelos*, Ölgebackenem, und, falls die Familie es sich leisten konnte, mit Süßigkeiten und Biskuitkuchen.

Der Heirat gingen Verlobungs- und Brautzeit voraus. Letztere war in den Dörfern sehr viel zwangloser als in den Städten. Der junge Mann erklärte sich einem Mädchen, während sie zusammen tanzten. Wenn sie akzeptierte, wurde sie seine *novia*, und von dieser Zeit an tanzte sie mit niemand anderem mehr. Da es in den Dörfern keine *rejas* oder Fenstergitter gab, war es ihm erlaubt, jeden Abend ins Haus ihrer Eltern zu kommen, wo er neben ihr saß und sich in Anwesenheit anderer im Flüsterton mit ihr unterhielt. Natürlich zerstritten sich *novios* oft und suchten sich jemand anderen. Erst wenn der junge Mann seinen Militärdienst beendet und genug Geld für die Hochzeit gespart hatte, konnte er formell um die Einwilligung ihrer Eltern bitten. Das Mädchen kaufte die Möbel mit dem Geld, das der *novio* ihr gab, doch erwartete man von ihr, daß sie das Bett und die Bettwäsche beisteuerte. Wenn sie arm waren, gab es nur ein Rollbett, und die Matratze war mit Roggenstroh oder getrockneten Maisblättern gefüllt.

Der entscheidende Schritt erfolgte, wenn die jungen Leute *tomaran los dichos*, das heißt, wenn sie im Haus des Priesters ihre Erklärungen abgaben. Das war der eigentliche Ehevertrag. Es folgten das Aufgebot und danach die Hochzeit. Fand die kirchliche Zeremonie am Morgen statt, war sie am billigsten, im Laufe des Tages erhöhten sich die Gebühren des Priesters. 'Die Reichen' heirateten nach Einbruch der Dunkelheit, damit sie nach einem kurzen Empfang gleich ins Bett huschen konnten. Wenn die Heirat dagegen am Morgen stattfand, folgte ein Mittagessen, die beiden Familien setzten sich bei einem Hühnerschmortopf zusammen, und am Abend gab es eine Party oder eine Fiesta. Braut und Bräutigam führten den Tanz an, während die Sänger *coplas* zu Ehren der Braut improvisierten oder im Scherz über den Bräutigam herzogen. Für eine düstere Note sorgten in der Regel die älteren verheirateten Frauen, die die Braut zur Seite nahmen und sie vor der Gefahr warnten, 'mit einem Kind beladen zu werden', und ihnen diskrete Ratschläge anboten, wie dies zu verhindern sei. Andere Frauen erzählten ihnen, Kinder seien *fruto de benedición*, eine Frucht der guten Wünsche und deshalb in bescheidenen Mengen sehr erstrebenswert. Wenn die Uhr Mitternacht schlug - ein rein bildlicher Ausdruck, denn es gab in unserem Ort keine Uhren, erst recht keine, die schlagen konnten - ging das jungvermählte Paar nach Hause.

Die meisten Menschen durchleben irgendwann einmal eine schwere Krankheit. Schüttelte bei uns der Arzt den Kopf, dann legten die nächsten Verwandten Gelübde für die Genesung des Patienten ab: barfuß in der nächsten Prozession zu laufen, eine Haarsträhne zu opfern oder gar - obwohl ich mich an einen solchen Fall in unserem Dorf nicht erinnere - für soundsoviele Monate oder Jahre die Tracht dieser oder jener Jungfrau oder eines Heiligen zu tragen, womöglich gar, bis sie in Stücke fiel. Einige Christusse und Jungfrauen halfen bei Krankheiten wirksamer als andere. In den Alpujarras nahmen die Menschen gewöhnlich Zuflucht zu Jesús del Gran Poder, Jesus von der großen Macht, obwohl sich dessen Schrein und Bildnis in Sevilla befand und nicht in Granada. Das lag daran, daß die Patronin von Granada, die Virgen de las Angustias, die Jungfrau des Herzeleids, offenbar geeigneter war in Fällen, in denen man alle Hoffnung aufgegeben hatte.

Kam der Tod, beerdigte man den Leichnam schon am folgenden Tag. Mädchen bettete man in weiß, mit einer Blumenkrone auf dem Kopf und einem Blumenstrauß zwischen den gefalteten Händen, anderen Menschen zog man ihre besten Kleider an und ihre Lederschuhe (sie hielten ein ganzes Leben, da man sie nur zur Messe trug), und in diesem Gewand legte man sie in den Sarg. In der Nacht vor der Beerdigung blieben die ganze Familie und die Nachbarn auf, und alle saßen bei dem Toten. Klagelieder wurden nicht mehr gesungen, doch ließen die

Frauen ihrem Schmerz freien Lauf und brachen in heftiges Wehklagen aus und in Lobpreisungen des Verstorbenen. Das nannte man *dar la cabezada.* Eine Witwe oder Tochter, die das versäumte, galt als gefühllos, während man von den Männern erwartete, daß sie Selbstkontrolle zeigten. Der Friedhof war als *tierra de la verdad*, als Ort der Wahrheit bekannt. Erst kürzlich fragte ich meine Haushälterin nach dem Grund, und sie antwortete mit großem Nachdruck: »Warum, das ist doch die einzige Wahrheit, die es gibt. Man wird begraben und das war's. Unser ganzes Leben ist eine Illusion.« Rosario ist eine heitere und gottlose Frau, die sich wenig um die Welt schert, doch wenn man sie fragt, gibt sie die zeitlose spanische Antwort: »Das Leben ist eine Illusion, weil es ein Ende hat.« In diesem Land durchdringt der Gedanke an den Tod das Leben, und ist der Rausch der ersten Jugend vergangen, beginnt er Genuß und Lebensfreude auszuhöhlen.

Eine halbe Stunde vor Beginn der Begräbnisprozession versammelten sich alle, die teilnehmen wollten, beim Haus des Toten und drückten in einigen förmlichen Sätzen ihre Verbundenheit mit den nächsten Angehörigen aus. »Ich teile Ihre Gefühle«, sagten sie, oder »Er möge in Frieden ruhen«. Dann trugen sie den Sarg - der spöttisch 'die Gitarre' oder 'die Violine' genannt wurde - auf den Schultern zur Friedhofskapelle, wo die Totenmesse gelesen wurde. Die Armen, die sich die üblichen Gebühren nicht leisten konnten, begrub man in flachen Gräbern in einem *la tertulia* oder *la olla* - 'geschlossene Gesellschaft' oder 'Eintopf' - genannten Teil des Friedhofes. Die Reichen mauerte man gut versiegelt in jene kommodenartigen Grabkammern ein, die sogenannten *columbarios*, die Teil des römischen Erbes sind. In vielen Orten wurden die Toten nackt beerdigt, da ihre Familie es sich nicht leisten konnte, das Tuch, in das sie gewickelt waren, zu opfern. In Yegen trugen sie aber ihre eigenen Kleider, man brachte sie im gemeindeeigenen Sarg zum Friedhof und ließ sie durch seinen klappbaren Boden ins Grab fallen. Nachdem das Begräbnis zu Ende war, folgten neun Tage strenger Trauer, während derer sich die Familie und die Freunde jeden Abend im Haus des Toten trafen und abwechselnd für ihn beteten. Dieser Brauch ist in den andalusischen Städten schon lange nicht mehr üblich, lebt aber in vielen kleineren Ortschaften weiter.

Alle Völker bemühen ihren Geist, wenn es um den Tod geht. Spanische Dorfbewohner und Arbeiter gebrauchen in diesem Zusammenhang einige ausdrucksstarke Redewendungen. Über Waisen sagen sie, »Ihnen bleibt nichts als der Tag und die Nacht und das Wasser im Krug«. Eine arme Frau, deren Mann gerade gestorben war, beklagte sich etwa so: »Nicht daß ich ihn allzusehr vermisse, aber er hat den Schlüssel zur Speisekammer mitgenommen«. Im Kampf ums bloße Überleben zählen verfeinerte Gefühle wenig. Für die ganz Armen ist selbst der Schmerz ein Luxus.

11. Der einsame Schotte

Wenn ich durch die weite Luft über das Tal vor mir schaute, sah ich durch meinen Feldstecher in einer Entfernung von etwa neun Meilen einen kleinen weißen Punkt. Es war eine Farm, die man Cortíjo del Inglés nannte. Dort lebte ein Engländer, genauer gesagt, ein Schotte. Manchmal händigte mir der Postbote versehentlich seine Briefe aus, deshalb wußte ich, daß er MacTaggart hieß. Er war neben mir der einzige englischsprachige Mensch, der in den Alpujarras lebte - und wahrscheinlich je gelebt hatte. Abend für Abend konnte ich die Rauchfahne sehen, die von seinem Haus aufstieg und zeigte, daß sein Abendessen auf dem Herd stand.

Er hatte eine seltsame Geschichte. Ein Spanier, der ihn gut kannte, erzählte sie mir. Vor etwa zwanzig Jahren war er, ein verheirateter Mann mit Familie in Schottland, auf Geschäftsreise in Oran gewesen. Dort hatte er ein spanisches Mädchen namens Lola kennengelernt, einige sagten, im Bordell, andere, sie sei Zimmermädchen in einem Hotel gewesen, und hatte sich in sie verliebt. Sie gingen zusammen fort. Nach einer Spritztour nach Madrid, das beiden mißfiel, landeten sie in Murtas, ihrem Dorf, einem kahlen Ort auf einem Hügel, zu dem nicht einmal eine Straße führte. Hier stellte sich heraus, daß sie aus einer der ärmsten Familien kam und eine Herde bedürftiger Brüder und Schwestern hatte, die dringend auf Hilfe angewiesen waren. Das hätte die meisten Männer entmutigt, aber MacTaggart schien es nicht zu stören. Er mietete das beste verfügbare Haus und zog ein. Später, als ihm das Leben hier zusagte, kaufte er ein paar Meilen entfernt ein Bauernhaus mit etwas Land und ließ sich mit seinem Mädchen dort nieder.

Murtas ist ein Dorf direkt unterhalb des Gipfels der Sierra de la Contraviesa. Es hat kaum Wasser für die Felder, ist aber berühmt für seine Feigen und Mandeln. MacTaggart übernahm mehrere hundert Morgen mit Feigen und Mandelbäumen und überließ sie zwei Brüdern seiner Geliebten, die sie als Halbpächter bewirtschafteten. Jeder bekam eine Hütte, während der Rest der Familie, einige kleine Kinder eingeschlossen, in seinem Haus lebte und an seinem Küchentisch satt wurde. Nur der ältere Bruder war auf der Liste der Nutznießer übergangen worden, da aus irgendeinem Grund kein Platz für ihn gefunden werden konnte.

MacTaggart war ein Mann, der gerne trank. Er ließ kistenweise Whisky aus Almería kommen und war ein großzügiger Gastgeber. Jeden Abend gab er Parties für seine Freunde, man trank, spielte Karten, und oft ging das so bis nach Mitternacht. Wer im Dorf etwas zu sagen hatte, nahm daran teil, und da Privathäuser, in denen man umsonst trinken kann, für Spanier etwas völlig Neues waren, hielten sie seine Farm bald für eine Art Taverne zum Nulltarif. Er betrank sich mit großer Regelmäßigkeit, und jeden Oktober, wenn er zum Jahrmarkt nach Ugíjar hinabritt, war er am Ende so betrunken, daß er auf sein Pferd gebunden und nach Hause gebracht werden mußte.

Dies alles war natürlich in höchstem Maße skandalös. Spanier halten gar nichts von der Trunkenheit, da sie einen Mann seiner Würde beraubt. Andererseits zählten die Handlungen eines Ausländers nicht wirklich. Sie lachten über den Schotten, was sie davon abhielt, ihn zu beneiden (an sich wird jeder, der ein Tabu bricht, beneidet), und sie versammelten sich in seinem Haus, um von dieser wunderbaren Quelle zu trinken. Sicherlich verdarb er das Dorf, aber da Dörfer es lieben, verdorben zu werden und sich selbst der Pfarrer zuweilen herabließ, mitzumachen, hatte niemand das Gefühl, Schaden zu nehmen. Es wäre doch töricht gewesen, einen reichen und spendablen *inglés* nicht um einen Teil seines Überflusses zu erleichtern.

Denn in der Tat schien es MacTaggart gleichgültig zu sein, wie er sein Geld aus dem Fenster warf. Seine Geliebte stand im Ruf, eine ehrliche Frau zu sein, aber sie erlaubte ihrer Familie, ihn auszunehmen. Ihr Bruder, der die Farm bewirtschaftete, betrog ihn, wie man sagte, auf äußerst schamlose Weise. Mit irgendeiner Ausrede enthielt er ihm seinen Gewinnanteil vor. Das ging umso leichter, als er über ein paar Brocken Spanisch nie hinauskam und Lola kein Wort Englisch verstand. Sie hatten eine Art Kauderwelsch erfunden - oder vielmehr zwei Kauderwelsche - vermittels derer sie kommunizierten. Mit seinen Zechbrüdern sprach er mit lauter Stimme und unter Zuhilfenahme seiner Hände und Füße Englisch, und der Schnaps gab ihm die Illusion, verstanden zu werden. Da er mit der britischen Kolonie in Almería keinen Umgang hatte und er auch nie Besuch von Landsleuten bekam, hatte er niemanden, mit dem er ein wirkliches Gespräch hätte führen können.

So hatte er schon viele Jahre gelebt, als etwas Schreckliches geschah. Ein Gerücht ging um, er habe eine Rolle Banknoten in einer Schachtel unter seinem Bett versteckt. Der ältere Bruder seiner Freundin, der ihn haßte, weil er leer ausgegangen war, beschloß, MacTaggart auszurauben. In einem Gemeinderatsmitglied, das regelmäßig an den abendlichen Parties teilnahm, fand er einen Komplizen. Dieser hatte bei den Zusammenkünften hoch gespielt und sich verschuldet. Auch er hegte deshalb einen Groll. Doch im letzten Moment kam Lola zu Ohren, was sich da zusammenbraute und sie erzählte es dem Schotten. Er rief die Guardia Civil, die sich auf die Lauer legte. Als der ältere Bruder bei Mondschein zum Fenster hereinstieg, erschossen sie ihn. Das Ratsmitglied, das hinter ihm herkam, brachte man ins Gefängnis. Bei dem Prozeß kam eine Menge skandalöser Dinge - der ganze Klatsch des Dorfes - ans Tageslicht. MacTaggart erfuhr zum ersten Mal, was seine Nachbarn von ihm hielten.

Diese Vorgänge beeindruckten ihn tief. Er erwachte aus seinem Säufertraum voller Kameradschaftlichkeit, in dem er gelebt hatte. Dieses Erwachen kam mit der Schnelligkeit und Heftigkeit einer religiösen Bekehrung. Augenblicklich veränderte sich seine Art zu denken und zu leben und schlug ins Gegenteil um. Aus seiner früheren übertriebenen Vertrauensseligkeit wurde tiefer Argwohn gegen jeden außer gegen seine Geliebte. Er gab seine Whisky-Parties auf, wollte keinen seiner alten Kumpanen mehr sehen und schloß sich im Haus ein. Ein Mann, der einmal für ihn gearbeitet hatte, erzählte mir, daß er seit dieser Zeit kaum noch vor Sonnenuntergang das Haus verließ. Nachdem er sich mit Whisky hatte vollaufen lassen, ging er ein paar Runden unter seinen Mandelbäumen und schoß mit seinem Revolver in die Luft. Vielleicht stellte er sich vor, zukünftigen Räubern eine Warnung zu erteilen. Doch für seine Absonderlichkeiten war er schon länger bekannt gewesen, etwa für seine Manie, Dinge, die ihn ärgerten, zu bestrafen. Wenn sein

Hut davonflog, hängte er ihn an einen Baum und sagte »Da bleibst du, bis du Manieren gelernt hast«. Hatte sein Mantel einen Fleck, landete er ebenso am Baum. Als sein Pferd einmal strauchelte und beinahe gestürzt wäre, schloß er es ohne Futter drei Tage lang ein, 'um ihm eine Lehre zu erteilen'. Ich glaube, er war jetzt dabei, den Leuten in Murtas 'eine Lehre zu erteilen', weil sie versucht hatten, ihn zu berauben.

Diese Geschichten machten mich sehr neugierig auf meinen exzentrischen schottischen Nachbarn. Deshalb schickte ich ihm eines Tages eine Nachricht und schlug vor, an einem bestimmten Nachmittag, falls es ihm recht sei, bei ihm hereinzuschauen, da mein Weg an seiner Farm vorbeiführe. Eine mündliche Antwort kam zurück - er werde da sein. Pacos jüngerer Bruder Cecilio plante eine Reise nach Murtas, um ein paar Schinken zu verkaufen. Ich wollte diese Gelegenheit nutzen und mit ihm gehen. Es würde einen besseren Eindruck machen, wenn ich auf dem Rükken eines Maultieres ankäme. Eines Morgens ritten wir deshalb beim ersten Tageslicht los.

Unser Weg führte vom Dorf direkt nach unten, über die Brücke und quer über die kahlen Abhänge ins trockene Flußbett. Von hier aus kletterten wir über einige kleinere felsige Hügel, die mit Ginster, Zistrosen und Lavendel überwuchert waren, und landeten dann wiederum im Fluß. Direkt oberhalb des Flußbettes, an den unteren Hängen der Sierra de la Contraviesa, lag das Dorf Jorairátar. Vom Dach meines Hauses aus wirkte es wie ein paradiesischer Ort, eine Ansammlung perlenähnlicher Häuser inmitten eines kühlen grauen Olivenhaines. Gegen Abend stiegen die Rauchfahnen aus seinen vielleicht hundert Schornsteinen senkrecht in die Luft, so daß das Dorf daran aufgehängt schien. Näherte man sich aber, änderte sich dieser Eindruck. Die Olivenbäume hatten sehr lange Äste, waren bewässert und kaum beschnitten, wie es in der landwirtschaftlichen Praxis der Alpujarras üblich ist. Sie standen auf felsigen Terrassen, eine erhob sich steil über der anderen, und sie befanden sich in einem Zustand, den man sich nur wünschen konnte. Aber das Dorf selbst war ein heruntergekommener Ort, voller Baulücken, eingestürzter Mauern und baufälliger Häuser, in denen einmal besser gestellte Leute gewohnt hatten, und die nun der Armut und dem Verfall preisgegeben waren.

Cecilio hatte einige Geschäfte zu erledigen, also setzte ich mich am Brunnen nieder und wartete. Direkt dahinter erhoben sich ein Felsen und zwei riesige Olivenbäume, doch die meisten Häuser am Platz waren Ruinen. Fliegen krabbelten über die Steine, die Sonne brannte, und es lag ein beißender Geruch von Urin und Exkrementen in der Luft. Als ob sie einen Kontrast dazu bilden wollten, stachen von dem Staub und dem bröckelnden Mauerwerk scharlachrote Granatapfelblüten ab und verkörperten in Farbe, Form und Geruch den reinen Orient. Als ich so dasaß, mit der Geduld, die Spanien lehrt, kamen Frauen mit Krügen unter ihren Armen, barfüßige, armselig gekleidete Mädchen, eins trug ein Baby, das mit Entzündungen übersät war, ein alter Mann ging mit seinem Esel vorbei. In dem quadratischen Fensterrahmen gegenüber lehnte ein altes Weib mit einem Gesicht, trocken und zerfurcht wie die Hügel, und sah mit kleinen Augen bewegungslos zu mir herüber. Die klassische andalusische Armut. Nur die Olivenbäume schienen von besseren Tagen zu erzählen. Ich stellte mir vor, es hätten sich einmal heidnische Tempel aus dem Schutt erhoben und feierliche Prozessionen girlandengeschmückter Mädchen seien die steinernen Treppen emporgestiegen. Aber Jorairátar, das wenig Wasser hatte und dessen Grundbesitz nicht aufgeteilt war, kann niemals wirklichen Wohlstand gekannt haben, auch nicht zu der Zeit, als hier noch einige Minen ausgebeutet wurden.

Mein Gefährte kam zurück und wir setzten unsere Reise fort. Aber es waren Stunden vergangen, während ich am Brunnen gesessen hatte. Wir machten deshalb im Schatten eines Olivenbaumes Rast und verzehrten unser Mittagessen - eine Flasche Wein, eine kalte Kartoffel-Tortilla und ein paar Kirschen.

Cecilio unterschied sich im Charakter von seinem Bruder Paco so weit wie nur möglich. Er war sorglos, Geld war ihm gleichgültig, und er war nicht besonders intelligent. In jeder Stadt und in jedem Dorf Andalusiens gibt es ein oder zwei Leute, die wenig Talent für praktische Dinge zeigen, aber eigens auf der Welt zu sein scheinen, um *coplas* zu singen. So auch Cecilio. Vom Moment unseres Aufbruchs bis zu unserer Rückkehr am nächsten Tag unterbrach er nur selten für einige Minuten seinen Gesang, und da sein Repertoire unerschöpflich war, wiederholte er sich kaum. Manchmal animierte ich ihn mit einer Anfangszeile, die ich mochte, und sofort nahm er sie auf.

En la orillita de la mar
suspiraba una ballena
y en sus suspiros decía:
Quien tiene amor, tiene pena.

Am Ufer des Meeres
seufzte ein Wal
und sagte in seinen Seufzern:
Wer verliebt ist, leidet Qual.

Auch wenn das Wort *ballena*, Wal, eigentlich eine Verballhornung von *sirena*, Sirene, war, hatte ich doch das Gefühl, hier sei das letzte Wort über die Unausweichlichkeit der Liebe gesagt worden. Selbst die Wale kannten sie.

Oder er sang ein gewöhnliches Liebeslied:

- Pajarito de la nieve,
dime, ¿dónde tienes el nido?
- lo tengo en un pino verde
en una rama escondido.

- Kleiner Vogel im Schnee,
sag mir, wo hast du dein Nest gebaut?
- Es ist auf einer grünen Pinie
gut versteckt auf einem Ast.

Aber am liebsten sang er von unglücklicher Liebe:

A las dos de la mañana
yo me quisiera morir
por ver si se me acababa
este delirio por ti.

Um zwei Uhr morgens
wünschte ich, ich wäre tot,
um zu sehen, ob damit auch
die Leidenschaft zu dir vergehe.

Er sang mit großem Einfühlungsvermögen, obwohl er keine *novia* hatte und auch nicht verliebt war.

Über eine Stunde lang kletterten wir stetig die Sierra de la Contraviesa hinauf. Es ist eine alte Gebirgskette, die Erosion hat das Schiefergestein und den Glimmerschiefer zu sanften Wellen geformt. Auf ihrer Südseite ist sie mit Weinstöcken bepflanzt, die den besten Weißwein der Gegend liefern, aber auf den Nordhängen, die wir überquerten, ist sie mit Mandel- und Feigenbäumen bedeckt. Der Pfad wand sich langsam um abgeflachte Felsvorsprünge und unebene *barrancos* herum, und wir begegneten niemandem. Die einzigen Lebewesen, die wir zu Gesicht bekamen, waren grüne Eidechsen, die davonschossen, wenn wir näherkamen, und die kleine Haubenlerche, die *totovía*, die auf einem Stein sitzt, wehmütige Töne singt und sich dann in wellenförmigem Flug, wie ein Pieper, in die Luft schwingt. Sie verdankt ihren Namen dem spanischen Wort 'todavía', 'noch immer', das sie angeblich in ihrem Gesang wiederholt.

Schließlich erreichten wir das Grundstück des Schotten und sahen seine Farm vor uns, ein niedriges weißes Gebäude neben einem alten Feigenbaum. Ich bestieg das Maultier und ritt darauf zu.

Man erwartete uns. Das achtsame weibliche Gesicht, das verstohlen zum Fenster heraussah und verschwand, die Stille, die auf mein Klopfen folgte und die eiligen Schritte des Mädchens, das kam und uns die Tür öffnete, all das deutete auf ein außergewöhnliches Ereignis. Ich wurde hineingeführt. Als ich ins Wohnzimmer trat, bemerkte ich eine stämmige Frau mittleren Alters, die hinter einer offenen Tür stand. Sie trug schwarze Kleidung von guter Qualität. Sie war gekommen, um mich zu sehen, wußte aber, daß die schottischen Konventionen es nicht zuließen, einander vorgestellt zu werden. Ihre großen schwarzen Augen starrten mich teilnahmslos an, ihr Mund blieb fest verschlossen. Was sie in dieser Viertelminute sah, würde ihr zweifellos einigen Anlaß bieten, mich mit ihrem Herrn und Meister zu vergleichen.

In einem kleinen Zimmer, das im eleganten Stil der spanischen unteren Mittelklasse möbliert war, mit Stühlen, die so aussahen, als könnten sie jeden aushalten, der sich darauf setzte, mit einem runden Tisch, auf dem eine Spitzendecke lag und sprach »zu sauber, um benutzt zu werden«, und mit einem reich geschnitzten, mit Knöpfen und Schnörkeln verzierten Büfett saß ein Mann mit einem grauen Schnurrbart in der Art der Mineningenieure und einem sehr roten Gesicht. Er trug einen hohen, umschlagbaren, gestärkten Kragen um den Hals und eine grüne Tweedjacke, der man ansah, daß sie eben noch zusammengefaltet gewesen war. Er hatte schon ins Graue gehende schwarze Haare, und in seinen Bewegungen war etwas Steifes und Bedächtiges, als müsse er sie zuvor bedenken. Den Platz, auf dem er saß, nahm er so halsstarrig ein, daß mir in den Sinn kam, er hätte für ein Porträt von Cézanne Modell stehen können.

Ich eröffnete die Konversation mit einigen entschuldigenden Bemerkungen - daß ich ein Nachbar von ihm sei, daß ich hoffte, ihn nicht zu stören und so weiter - aber zu meiner Überraschung antwortete er mit keinem Wort, er saß nur da und fixierte mich mit seinen blauen Augen, sein ganzes Gesicht drückte Argwohn und Mißbilligung aus.

Plötzlich klatschte er in die Hände und rief »Ana«. Das Mädchen, das offensichtlich direkt hinter der Tür gestanden hatte, kam herein.

»Bring das Baby.«

Etwas irritiert wollte ich gerade nachfragen, wer dieses jugendliche Mitglied der Familie sein könne, als das Mädchen mit einer Flasche Whisky, zwei Gläsern und einer Karaffe Wasser zurückkam. Da fiel mir wieder ein, was ich über ihn gehört hatte. Mit 'Baby' meinte er *bebe*, dritte Person Singular, Praesens Indikativ des Verbs 'trinken'.

Er entschuldigte sich, kein Sodawasser zu haben.

»Dieser verdammte Miguel hat es nicht mitgebracht. Immer sagt er, er werde es mitbringen, er schwört bei allen seinen Heiligen, nächstes Mal werde er es mitbringen - *mañana, mañana* sagt er mir dauernd. Aber es kommt nie. Die Leute in diesem Land sind sehr unzuverlässig, Mr. Bremen. Sie können sich auf niemanden verlassen.«

Ich sagte, das fände ich nicht.

»Warten Sie, bis Sie so lange hier sind wie ich. Dann werden Sie es sehen. Sprechen Sie ihre Sprache?«

Ich sagte ja.

»Ein großer Fehler, meiner Meinung nach. Ich sagte ihnen gleich, als ich herkam: "Glaubt nicht, daß ich euer feines Kauderwelsch lernen werde, das tue ich nicht". Und dabei ist es auch geblieben. Aber ich verstehe sie ganz gut; ja, ich verstehe sie. Besser als sie sich selbst verstehen.«

Offensichtlich hatte er getrunken. Er riß sich zusammen, aber immer, wenn er wieder zu sprechen anfing, wallten seine

Ressentiments erneut auf. Um die Unterhaltung nicht entgleisen zu lassen, fragte ich ihn nach der Farm.

»Farm!« rief er spöttisch aus. »Man hat Ihnen also gesagt, ich hätte eine Farm! Gut, die Bäume wachsen und tragen Früchte entsprechend der Jahreszeit, wie die Bibel es ihnen vorschreibt, aber sie tun es ohne den Dienst derer, deren Aufgabe es ist, sich um sie zu kümmern. *Mañana, mañana,* den ganzen Tag Zigaretten rauchen, Siesta halten! *Dormez-vouz bien, señor!* Kein Wunder, daß dem Besitzer kein Gewinn bleibt.«

Er füllte die Gläser und fiel wieder in Schweigen. Ich sagte auch nichts.

»Ich wäre froh, Mr. Bremen, Ihre Meinung zu einer gewissen Frage zu hören«, fuhr er nach einer Weile fort. »Wie ich es sehe, ist die Welt nicht mehr das, was sie einmal war. Sogar während meiner Zeit ist die Moral hier enorm heruntergekommen. Sehen Sie sich diese Hügel an - als die Mauren hier lebten, waren sie alle bewässert, kultiviert und sorgsam gepflegt. Und jetzt wachsen hier nur noch Mandelbäume. Die Leute ringsherum sind arm, weil sie nicht arbeiten. In der Lotterie zu gewinnen, ist alles, woran sie denken! Schmuggelware verschieben! Etwas umsonst bekommen! Sie lesen Bücher, Mr. Bremen - es würde mich freuen, wenn Sie mir erklären könnten, wie es dazu gekommen ist.«

Ich erwiderte, ich könne es ihm nicht sagen, denn in dem Dorf, in dem ich lebte, arbeiteten die Menschen sehr hart und das Land werde so erfolgreich bestellt wie eh und je.

»Stimmt das wirklich?« sagte er und begann, seine Pfeife zu stopfen. Dann, mit einem anderen Unterton in der Stimme:

»Da ist noch eine andere, eher persönliche Frage, die ich Ihnen stellen möchte. Ich frage mich, finden Sie es schwierig, sich in diesem Land Respekt zu verschaffen?«

Ziemlich taktlos antwortete ich, darüber hätte ich nie nachgedacht.

»Erlauben Sie mir, zu sagen«, gab er zurück, »daß Sie einen großen Fehler machen. Man muß darüber nachdenken. In diesem Land wird ein Mann entweder respektiert oder wie Dreck behandelt. Dazwischen gibt es nichts. Als Brite halte ich es für angemessen, respektiert zu werden, wo immer ich mich im Ausland aufhalte.«

Wieder gab es eine lange Stille. Wir nippten an unserem Whisky.

»Diese sogenannten Spanier«, hob er plötzlich an, »sie könnten niemals eine Hochseeflotte aufbauen und ausrüsten wie die, die jedes Jahr zur Landenge von Panama segelte. Nein, ich sehe noch nicht einmal, daß sie es versuchen würden. Sie sind mit ihrer Kraft am Ende, von ihrem früheren Stolz und Kampfgeist ist nichts geblieben.«

»Die Zeiten ändern sich«, sagte ich.

»Genau, und die Völker auch, und die Rassen. Das ist nur ein kleines Dorf, in dem ich hier lebe, ein winziger unwissender Ort, wie man sie in vielen Teilen Schottlands finden kann. Aber ich bin hier auf Verderbtheit gestoßen, ja, auf tiefe Verderbtheit. Und auf die schlimmste Einfalt. Es ist eine verläßliche Regel, die sich mir im Laufe aller meiner Reisen bestätigt hat: wohin der Priester auch geht, Dummheit und Verderbtheit folgen ihm. Sie sind kein Katholik, nehme ich an?«

»Nein, Protestant.«

»Reichen Sie mir die Hand darauf. Vor zweihundert Jahren hätten diese Leute uns beide verbrannt. Heute wollen sie bloß unser Geld. Sind Sie bei Ihren Studien jemals auf die Arbeit Dr. Butlers über den Niedergang der Zivilisation gestoßen?«

Ich sagte, ich kenne sie.

»Dann verstehen Sie, was ich meine. Aber das komische ist, daß diese Kerle keine Vorstellung haben, wie tief sie gesunken sind. Wenn ich ihnen sage, daß ein kleines Kanonenboot der britischen Navy ihr heiliges Dorf in Fetzen schießen könnte, dann lächeln sie nur und sagen nichts. Sie haben eine ganz schön hohe Meinung von sich selbst.«

»Haben Sie schon andere Teile Spaniens besucht?« fragte ich.

»Ich war in Madrid, einem armseligen Ort, kein Vergleich mit Edinburgh. Und ich lebe hier. Es hat mich nicht gereizt, weiter in diesem Land zu reisen.«

»Und doch leben Sie gern hier?«

Sofort erschien wieder der argwöhnische Blick in seinem Gesicht, und er starrte mich an, ohne zu antworten.

»*Ich* lebe sehr gerne hier,« sagte ich.

»Ist das wahr? Nun, ich will nicht abstreiten, daß es schlimmere Plätze auf der Welt gibt als diese Berge. Einige würden sagen, daß sie zumindest abgelegen sind. Ein Mann kann hier er selbst sein.«

Plötzlich kam aus dem Nachbarzimmer ein Schrei, das Geräusch stürzender Stühle und schrille Frauenstimmen, die durcheinanderschrien. Schritte jagten über den Korridor.

»Ist etwas passiert?« fragte ich.

Regungslos antwortete er: »Spanier. Das ist ihre Art von Vergnügen. Ich schließe meine Augen davor«, fuhr er fort. »Ich halte mich aus ihren Dingen heraus und erwarte, daß sie sich aus den meinen heraus halten. Das ist die einzige Möglichkeit, in diesem Land zurechtzukommen.«

Erneutes Schweigen. Ich sah, wie das Sonnenlicht draußen den Hügel wärmte, ich sah den schwarzen Stamm eines Mandelbaumes gegen den Himmel, die dunkel glänzenden Blätter eines Feigenbaumes. Ich fand es schade, einen so wunderschönen Tag damit zu verbringen, sich mit Whisky vollaufen zu lassen und einem halbverrückten Schotten zuzuhören. Mit schon leicht verdrehtem Kopf erhob ich mich und sagte, ich müsse mich auf den Heimweg begeben. Mein Gastgeber unternahm nichts, um mich zurückzuhalten. Meine Einladung zu einem Besuch in Yegen blieb ohne Reaktion. Ohne mir in die Augen zu sehen, fingerte er an seinem Kragen herum. Nur zu offensichtlich zählte er die Sekunden, bis ich gehen würde und er sich endlich in sein eigenes Zimmer - nicht in dieses erbärmliche Wohnzimmer - zurückziehen konnte. Er würde dann in die Hände klatschen, damit ihn die dicke Frau von der verfluchten Einschnürung befreite, das Mädchen würde die grüne Jacke zusammenfalten und in einer Truhe verstauen, und beide würden ihn mit einer Flut von Tratsch überschütten, den sie in der Küche von Cecilio aufgeschnappt hatten und wovon er nur die Hälfte verstand. So hatten sich auch schon die burgundischen Edelmänner im orientalischen Luxus ihrer Harems in Barbastro gesuhlt und vielleicht die gleichen Dinge über die maurischen Einwohner gesagt, die dieser einsame Schotte mir gegenüber geäußert hatte. Es war schon immer so, daß diejenigen, die Spanien lieben, es mißbrauchen.

Auf dem Rückweg fragte ich Cecilio, worum es bei dem Handgemenge gegangen sei.

»Oh, in der Küche war ein Kaninchen entwischt«, antwortete er, »und sie machten ein Riesengetue, als sie es wieder einfingen. Ich glaube, sie wollten den *inglés* ärgern. Sie schienen nicht sehr viel von ihm zu halten.«

»Ich nehme an, die Dame des Hauses war verärgert, weil er sie mir nicht vorgestellt hat. Sie empfand es als Geringschätzung ihrer Person.«

»Was es auch war«, erwiderte er, »sie legten wenig *educación* an den Tag. Sie hätten zumindest vor mir den Schein wahren können.«

Das war das letzte Mal, daß ich Mr. MacTaggart sah. Ein Dutzend Jahre später hörte ich, er sei tot. Die schottischen Erben beanspruchten den Besitz, und seine Geliebte und ihre ganze Familie, die nichts gespart hatten, sahen sich wieder in äußerste Armut zurückgeworfen. Offenbar hatten sie ihn doch nicht so ausgenommen, wie man sagte.

Die Sonne senkte sich am Himmel, als wir um die Ecke bogen und Murtas unterhalb auf einer Bergfalte liegen sahen. Ein fahlgraues Dorf, dicht gedrängte Häuser mit flachen Dächern, aus deren Schornsteinen der Rauch senkrecht emporstieg. Ich würde mit Cecilio im Haus eines seiner Cousins übernachten. In der Nacht lag ich auf meinem Strohsack und dachte an das vorige Mal, als ich in diesem Ort gewesen war. An einem Oktoberabend des Jahres 1919 war ich hierher getaumelt, von der Ruhr geschwächt. Nach einem Mahl mit pappigem Reis und Stockfisch hatte ich mich auf eine Strohmatratze auf dem Küchenboden gelegt. Eine Stunde später war ich aufgewacht, weil mich eine Armee von Käfern attackierte. Da ich nicht mehr schlafen konnte, war ich aufgestanden und hatte mit Schüttelfrost und heftigen Beschwerden draußen auf dem Feld gesessen. Am Morgen hatten sie sich geweigert, Feuer zu machen, um mir Kaffee zu kochen.

12. Das Essen und die Phönizier

Der große *cortijo*, der Gutshof der andalusischen Ebenen, ist ein direkter Nachkomme der römischen Villa. Er besteht aus den gleichen Nutz- und Wohnräumen, die um einen geräumigen Hof angeordnet sind, mit Ausnahme der heißen Bäder. Im Erdgeschoß befinden sich die Ölmühlen, die Weinfässer, die Lagerräume und manchmal auch die Ställe. Das obere Stockwerk ist in Wohnräume für den Besitzer eingeteilt, falls er sich herabläßt, den Hof zu besuchen, und in Räume für den Verwalter. Über dem monumentalen Eingangstor gibt es eine Nische für eine Heiligenfigur und auf dem Haus einen *mirador*, einen Turm. Diese Gliederung hat man in den kleineren Höfen der Alpujarras und in den Herrenhäusern der Dörfer so weit wie möglich beibehalten. Es gab sie auch bei mir im Ort. Ich bewohnte die Hauptwohnräume mit der Eingangstür zur Straße hin, während der Mann, der für den Hausherrn das Land bestellte, quer über den Hof wohnte. Da aber die Haustür nur mit Hilfe eines sehr schweren Schlüssels geöffnet werden konnte, benutzte ich den Hintereingang, der von der Küche aus über einige Treppenstufen hinaus in den Hof führte. Hier lagen die Ställe, das Backhaus, der Kuhstall, die überdachte Veranda mit ihren steinernen Bänken, die den Bettlern zur Verfügung standen, und der Eingang zum Garten.

Der Landwirt, mit dem ich diesen Innenhof teilte, hieß *tío Maximiliano*, Onkel Maximiliano. Er war ein alter Mann mit lauter Stimme und einem mit Obszönitäten und Blasphemien überladenen Sprachschatz. Selbst der Respekt, den er Doña Lucía zollte, reichte nicht, um sich in ihrer Gegenwart etwas zurückzuhalten. Seine Frau war *la tía Rosario*, Tante Rosario, eine schlanke, zurückhaltende, freundliche Frau, die durch die Arbeit und weil sie ihrem Mann ein halbes Dutzend Kinder geschenkt hatte, vorzeitig gealtert war. In ihrer Jugend war sie die Dorfschönheit gewesen und trug seither den Spitznamen la Reina, die Königin. Dies und ihr sanftes, zuvorkommendes Wesen hatten ihr den Posten eines Dienstmädchens bei Don Fadriques Mutter und gleichzeitig den der Mätresse seines Vaters verschafft - diese Ämter laufen bei *caciquen*-Familien gewöhnlich auf dasselbe hinaus. Später wurde sie mit einem Stallknecht verheiratet, den man im Gegenzug für seine Einwilligung zum Verwalter des gesamten Besitzes im Dorf machte, den er auf der Basis der Halbpacht bewirtschaftete. Juan el Mudo und Araceli, die zu dieser Zeit den Hof in den Bergen verwalteten, verdankten ihre Position ganz ähnlichen Umständen - der Heirat einer vertrauenswürdigen Magd mit einem Viehhirten - und nach Onkel Maximilianos Tod nahmen sie dessen Platz ein.

Zu den brauchbaren Erfindungen der katholischen Kirche gehört die Institution der Patenschaft. In ländlichen Gemeinschaften hilft dieses Verhältnis, die Blutsbande zu festigen, die durch das Konkubinat zwischen dem Landbesitzer und den Leuten, die für ihn arbeiten, entstehen. So war Don Fadrique der Taufpate von Tante Rosarios jüngeren Kindern, und er und Onkel Maximiliano sagten *compadre* zueinander, während die Kinder ihn *padrino* nannten. Als er Doña Lucía heiratete, wurde sie damit, zumindest dem Titel nach, ihre *madrina*. Mit dem Weglassen der Anrede Don verringerte sich der Rangunterschied, und sie wurden bis zu einem gewissen Grad eine Familie. Wir haben es hier also mit einer Version der Römischen *familia* zu tun, einer Gesamtheit von Hausangestellten, deren gemeinsames Merkmal sich erhalten hat, daß nämlich in den Adern der meisten von ihnen das Blut ihres Herren floß. Seine Heldentaten als Liebhaber dienten vor allem, wie auch seine gesetzliche Heirat, seinen ökonomischen Interessen, wie man das heute noch in einer erstaunlichen Skala bei den Beamten des Hohen Atlas antrifft. Und dieser erweiterte Familienkreis, zu dem dann noch die Schützlinge des weiteren Umfeldes kommen, bildet den Kern des Clan-Systems, das in Spanien zu allen Zeiten eine so wichtige Rolle gespielt hat. An sich eine nützliche Sache, eine spontan gebildete Gesellschaft, die ihren eigenen formalen Institutionen mißtraut, hat sie andererseits den Weg geebnet für jenen oft beklagten, engstirnigen Despotismus, *caciquismo* genannt, die Herrschaft des örtlichen starken Mannes, des *cacique*. Den Anstoß zu diesem Verhalten gab der Wunsch der Spanier, sich durch ein Netzwerk menschlicher Beziehungen Einfluß zu verschaffen. Der reiche und mächtige Mann braucht Abhängige, die seinen Interessen treu ergeben sind; der arme Mann braucht einen Beschützer, und so entsteht eine Anzahl kleiner Clans, die durch die Notwendigkeit wechselseitiger Hilfe gegen die Gefahren und Widrigkeiten des spanischen Lebens zusammengehalten werden. Da Spanien ein Land ist, in dem rein eigennützigen Motiven wenig Respekt entgegengebracht wird, muß die Gruppe, wo immer möglich, durch moralische und religiöse Verbindungen zusammengeschweißt werden, das heißt, durch Heiraten, Patenschaften, außereheliche Beziehungen und persönliche Freundschaften. Auf diese Weise bekommen gegenseitige Verpflichtungen etwas Heiliges.

Wann immer ich die Küchentür öffnete und in den Hof hinunter sah, waren Tante Rosario und ihre Töchter mit Hausarbeiten beschäftigt, und gegen Abend hörte ich Onkel Maximiliano in seiner überlauten Stimme obszöne Schimpfworte ausstoßen. Er war eigentlich ein guter Mensch, abgesehen von seinen Kraftausdrücken, die er eher so vor sich hin sprach, als sie an bestimmte Personen zu richten. Aber sehr gesprächig war er nicht. Ich setzte mich manchmal zu ihm an den Kamin und bemühte mich um ein Gespräch, aber obwohl er sicher interessante Dinge aus der Vergangenheit zu erzählen hatte, aus den Tagen, als die Wölfe ins Dorf herunterkamen, als die Weinreben die Pappeln umschlangen und der Wein so billig war, daß die Gärten damit bewässert wurden, konnte ich ihn niemals dazu bewegen, darüber zu sprechen. Seine Vorstellung von Konversation bestand in einer lauten, lärmenden Bestätigung seiner eigenen Existenz. Wie sehr unterschied er sich doch im Charakter von Onkel Miguel Medina, dem Verwalter meines Vermieters - einem ernsthaften, strengen, reservierten Mann, der in den Ebenen Alt-Kastiliens hätte geboren sein können!

Wie ich schon sagte, führte der einzig taugliche Eingang in mein Haus durch die Küche. Sie war ein kleiner Raum mit einer offenen Feuerstelle, einer Reihe von Holzkohleöfen, die in eine gekachelte, auf Mauern ruhende Herdplatte eingelassen waren, und einem steinernen Waschbecken. In die Wand eingebaute Schränke aus dunklem Nußbaum verliehen der Küche ein angenehmes Äußeres, und von hier aus gelangte man in den Backraum und zum Klosett. Wer einmal Pompeji besucht hat, weiß, daß die Römer an eine enge Beziehung zwischen der Zubereitung des Essens und der Entleerung des Körpers glaubten, und in alten spanischen Häusern grenzt das Wasserklosett immer noch an die Küche. Unseres - obwohl es keine Wasserspülung hatte - war ein origineller und sogar poetischer Ort. Sein Sitz bestand aus feingemasertem Marmor, und das Loch führte durch eine luftige Klappe in einen eingefriedeten *corral*, einen Hof, etwa zwanzig Fuß unterhalb. Wenn der Wind blies, drang er mit außerordentlicher Kraft und einem leisen Stöhnen durch diese Öffnung und machte den Ort unbenutzbar. Die meisten Häuser im Dorf hatten überhaupt keinen Abort, die Leute gingen einfach hinunter in den Stall und suchten sich einen freien Platz zwischen dem Maultier und den angebundenen Schweinen.

Unweit der Küche war der Lagerraum, ein wichtiger Ort. Jeden Herbst hängten wir dort zwei- oder dreihundert Pfund Trauben mit fester Haut unter die Decke, die bis in den April frisch blieben, wobei sie immer süßer wurden und schrumpften. Wir hatten auch mehrere hundert Kakifrüchte von zwei Bäumen, die im Garten wuchsen: nach dem ersten Frost gepflückt, reiften sie langsam und wurden mit dem Löffel gegessen, sobald sie weich wie Mus geworden waren. Quitten wurden dort ebenso gelagert wie Orangen, Zitronen und Äpfel, ferner Töpfe mit Marmelade aus Orangen, Kirschen und grünen Feigen, deren Zubereitung ich Maria beigebracht hatte. Und ich hatte immer einen oder zwei der berühmten Alpujarra-Schinken, die sich den Sommer über hielten, wenn man sie alle ein oder zwei Wochen mit Salz einrieb. Es folgten die Gemüse - getrocknete Tomaten und Auberginen, in Scheiben geschnitten und auf Regalen ausgelegt, an die Decke gehängte Paprikaschoten, Krüge mit selbsteingelegten Oliven, getrockneten Aprikosen und Feigen, Kichererbsen, Linsen und andere Arten von Hülsenfrüchten in *espuertas*, großen Binsenkörben. Und oben in der *azotea* gab es Zwiebeln, denn *olla sin cebolla, es baile sin tamboril*, 'ein Eintopf ohne Zwiebeln ist wie ein Tanz ohne Tamburin'. Keines dieser Dinge konnte man im Laden kaufen, man mußte sie über das Jahr lagern oder zu einem höheren Preis von den Nachbarn kaufen.

Ich habe den Honig vergessen. Ihn mußte man beim Imker holen, der in der Nähe des Cortijo Colorado wohnte, eine Stunde oder mehr entfernt. Er brachte seine Bienenvölker auf dem Maulesel den Berg hinauf und hinunter, immer dorthin, wo Thymian, Lavendel, Rosmarin und andere aromatische Kräuter in Blüte standen. Jeden Frühling ging ich mit einem Esel hinauf und stattete dem Imker einen Besuch ab. Ich brachte dann zwei *arrobas* Honig, das sind fünfzig Pfund, in zwei *orzas* oder Amphoren mit zurück. Mitunter, wenn man durch einen einsamen *barranco* ging, kam man an seinen Bienenstöcken vorbei, etwa zwanzig jeweils mit einem Stein beschwerte Keramikröhren. Dies war eine Gegend, die man besser mied, denn spanische Bienen sind weit aggressiver als englische.

Fleisch bekamen wir nur gelegentlich, wenn ein Zicklein geschlachtet wurde. Die meisten Leute aßen es nur an Festtagen. Fisch hingegen wurde praktisch das ganze Jahr über abends von der Küste heraufgebracht - *sardinas, boquerones, jureles* und *pulpos*, Sardinen, Sardellen, Stöcker und Tintenfische - und von dem Händler an der Haustür verkauft. Nur im Sommer kam er seltener, im Sinne eines kleinen Verses:

En los meses que no tienen erre,
ni pescado ni mujeres.

In einem Monat ohne R
gibt es weder Fisch noch Frau.

Dieses Sprichwort will sagen, daß Fische im Sommer als unbekömmlich gelten, da sie laichen, und daß ein Mann, der mit seiner Frau schläft, weniger Kraft für sein langes Tagewerk habe. Aber das ist eher das, was die Leute erzählen, wenn man sie fragt. Der eigentliche Grund ist, daß die Aussaat und das Pflügen die magische Unterstützung eines sinnenfrohen Ehebettes verlangten, die Ernte dagegen in einem Zustand ritueller Reinheit vollzogen werden sollte. Aus dem gleichen Grund durften Frauen, wenn sie ihre Periode hatten, keine Pflanzen oder Blumen pflücken, kein Getreide oder landwirtschaftliches Gerät anfassen und nach Möglichkeit auch nicht kochen. Wenn sie nämlich ihre Hände oder ihr Gesicht wuschen, konnten sie womöglich erkranken, und wollten sie Brot backen, würde der Teig nicht aufgehen.

Ob die spanische Küche Verdienste erworben hat oder nicht, ist umstritten. Nach meiner Erfahrung hat sie auf der anspruchlosesten Ebene einige bewundernswerte Gerichte hervorgebracht, allerdings auch zwei oder drei bedauerliche. Mein Lieblingsgericht in Yegen war die *cazuela*, die ihren Namen von dem Topf hat, in dem sie gekocht wird. Die *cazuela* ist ein Schmorgericht aus Reis, Kartoffeln und grünen Gemüsen, die entweder mit Fisch oder mit Fleisch zusammen gekocht werden und mit Tomaten, Paprikaschoten, Zwiebeln, Knoblauch, gemahlenen Mandeln und manchmal auch mit Safran gewürzt werden. Die Herstellung beginnt damit, den Reis und einige der anderen Zutaten in Olivenöl anzubraten und, sobald sie eine goldene Farbe annehmen, Wasser hinzuzugeben. Dann werden die Kartoffeln und die grünen Gemüse beigegeben, und nach zwanzig Minuten auf kleiner Flamme hat man als Ergebnis eine Art Eintopf, der mit dem Löffel gegessen wird. Unter den guten Gerichten möchte ich auch die berühmte *paella* nennen, ein Gericht aus Valencia. Schalentiere, Hühnchen, Paprikaschoten und Reis bilden die Hauptzutaten, allerdings enthält sie keine Kartoffeln. Man kocht sie in einer sehr großen flachen Pfanne, bis alles Wasser absorbiert ist, und ißt sie dann elegant mit der Gabel.

Einige Stufen weiter unten auf der Rangliste folgten die vegetarischen Gerichte - *olla gitana, ropa vieja* oder 'alte Kleider', Linsen- und Bohnensuppen, grüne Bohnen mit Eiern, verschiedene Sorten Tortilla und das Schlußlicht bildete das Regionalgericht Kastiliens namens *puchero*. Es ist ein gekochtes Etwas, dem französischen *pot-au-feu* nicht unähnlich, dessen

Hauptbestandteile Schweinefleisch, *tocino*, Speckstücke, Kartoffeln, Steckrüben und Kichererbsen sind. Die Kichererbse, von der Cicero seinen Namen hat, ist eine gelbe Kugel, die sich im Körper in mehrere Kubikmeter Gas zersetzt, und wenn die Köchin ihren Job beherrscht, sorgt sie dafür, daß das Fleisch so lange kocht, bis es keinen Geschmack mehr hat, und daß ausschließlich ranziges Fett von gelblich-weißer Farbe zur Verwendung gelangt. Einem Spanier gibt der Verzehr dieses Gerichtes das Gefühl, seine Zähigkeit unter Beweis gestellt zu haben und immer noch dem Menschenschlag anzugehören, der mit einer Handvoll Abenteurer einen Kontinent eroberte, Tag und Nacht kratzige Büßerhemden trug, bis sie am Fleische klebten, und den Moskitos am Pilcomayo und am Amazonas getrotzt hatte.

Unsere Auswahl an Gemüsen war so groß, daß wir wenige Gerichte vielfältig variieren konnten. Wir labten uns fast das ganze Jahr an Salaten und schlürften im Sommer die köstliche Salatsuppe, die andalusische *gazpacho*. Die Winterform davon ist ein pochiertes Ei, das in einer Mischung aus Wasser, Essig und Olivenöl zwischen kleinen Brotstückchen schwimmt. Ein bescheidenes Mahl, das höchstens zwei Pence kostete, und ich empfand es als eine erfrischende Vorspeise, wenn man müde war. Aber wie konnte ich nur die charakteristischste aller spanischen Speisen vergessen - *bacalao*, gesalzenen Kabeljau? Betritt man auf der Halbinsel einen beliebigen Lebensmittelladen, fällt der Blick auf eine Reihe flacher, drachenförmiger, schmutzig weißer Objekte, die an Schnüren unter der Decke hängen. Sie sehen aus wie die mumifizierte Beute am Gürtel eines Wildhüters oder wie verschossene, ungebleichte Kleider auf der Wäscheleine. Das ist der Fisch, der beim Kochen einen Geruch verbreitet wie das Raubtierhaus im Zoo. Ist er aber von bester Qualität und gut zubereitet, schmeckt er hervorragend und ist nahrhaft und sättigend. Er war ein Gericht der Reichen wie der Armen, aber da zu meinem Mißgeschick die große Mehrheit der Einwohner Yegens arm war, verkaufte man hier *bacalao* von der schlechtesten Sorte. Selbst Maria, ein Naturtalent in der Zubereitung von Kräutermedizin und Pflanzenfarben, war als Köchin kaum versiert.

Unsere im Schnee getrockneten Schinken, die man roh aß, waren berühmt, und manchmal gab es Kaninchen, Hasen und Rebhühner zu kaufen. Dem Kaninchen verdankt Spanien angeblich seinen Namen (das phönizische Wort für dieses Tier ist *sapan*), doch heute ist es selten geworden. Seit die Wälder abgeholzt wurden, hat es keinen Schutz mehr vor den Falken, die sich in den spanischen Bergen auf Kosten kleinerer Vögel und anderer Tiere stark vermehrten. Gab es aber einmal Kaninchen, dann waren sie delikat und mager und hatten eher den Geschmack von Wild als ihre nördlichen Verwandten. Unsere Rebhühner gehörten zu der großen rotbeinigen Sorte, es gab sie im Überfluß auf den trockenen Hügeln und den *barrancos*, aber es war schwierig, sich ihnen bis auf Schußweite zu nähern. Gewöhnlich wurden sie auf unsportliche Weise mit Hilfe von Lockvögeln erlegt, ohne Rücksicht auf die Jahreszeit, und das führte zu einem eigenartigen und unerbaulichen Verhalten dieser Vögel. War der Lockvogel ein Weibchen, und das sich nähernde Männchen wurde abgeschossen, so tanzte und krähte der Vogel im Käfig und flatterte vor Freude und Triumph. Aber war es ein männlicher Lockvogel, ließ er den Kopf hängen und blieb still.

Ich habe noch zwei Gerichte ausgelassen, die in der westlichen Küche unbekannt sind, die aber in früherer Zeit doch recht verbreitet waren. Das waren einmal die *gachas*, ein Brei aus in Wasser gekochtem Weizenmehl, der in England als *hasty pudding* bekannt war. Auf den Berghöfen und in den Lagern der Schäfer bildete er die Grundlage der Nahrung, man aß ihn monatelang dreimal täglich mit Milch. In den Dörfern verzehrte man ihn mit gebratenen Sardinen, Tomaten und Paprikaschoten. Zum anderen gab es die *migas*, auch sie eine Art Brei, allerdings in Olivenöl gebraten und mit Knoblauch und Wasser zubereitet. Man kann Weizen- oder Maismehl oder auch Brotkrumen verwenden. Die Armen essen ihn mit den ewig gleichen Sardinen, den billigsten und langweiligsten unter den Mittelmeerfischen, meist die einzigen, die man in unserem Ort bekam, während die Reichen gern heiße Schokolade darüber gossen. Mein Vermieter aß, wie ich bereits sagte, *migas* mit beidem, mit Schokolade und gebratenem Fisch, und rührte alles auch noch gut durch.

Fast alle sind sich einig über die exzellente Qualität des spanischen Brotes. Es ist sehr feinporig und in Geschmack und Wohlgeruch wie kein anderes auf der Welt. Ich denke, das liegt daran, daß man das Korn vor der Ernte völlig ausreifen läßt. Neben den Brotlaiben hatten wir *roscos*, kringelförmige Brötchen und *tortas*, flache Küchlein, die aus Weizenmehl, Zucker und Öl gebacken wurden. Die Armen, mitunter auch die Reichen, aßen Maisbrot, und auf den Berghöfen buk man aus Roggenmehl Schwarzbrot, das für die Schäfer den Vorteil hatte, nicht auszutrocknen.

Hinsichtlich des Brotes gab es einige seltsame Sitten, die in meinem Dorf, tatsächlich auch in ganz Andalusien, strikt eingehalten wurden. Bevor man einen neuen Laib anschnitt, gehörte es sich, mit dem Messer darauf das Kreuzzeichen anzudeuten. Wenn ein Brot oder eine *rosca* auf den Boden fiel, so küßte sie derjenige, der sie aufhob und sagte »*Es pan de Dios*« ('Es ist Gottes Brot'). Kindern war es nicht erlaubt, auf das Brot zu klopfen, grob damit umzugehen oder es auf dem Tisch zu zerkrümeln, und man hätte es als schockierend empfunden, einem Hund auch nur eine trockene Kruste hinzuwerfen. Als ich einmal mit meinem Messer in einen Brotlaib stach, wurde ich getadelt und mußte mir sagen lassen, ich hätte »in das Antlitz von Christus gestochen«. In der Tat war Brot etwas Heiliges, und folgt man Dr. Américo Castro, dann entstammt diese Auffassung nicht, wie man annehmen möchte, dem Sakrament der Wandlung, sondern ist eine den Arabern entlehnte Vorstellung. Butter war andererseits unbekannt. Bei *manteca* handelte es sich entweder um Schweineschmalz oder um mit Knoblauch gewürztes ranziges Fett, das die Arbeiter in den Küstenstädten mit Brot zu sich nahmen. Das erklärt sich aus der Tatsache, daß wir keine Milchkühe hatten. Selbst in Nordspanien soll es keine gegeben haben, bis sie in der Zeit Karls V. unter flämischem Einfluß dorthin gebracht wurden. In Andalusien hält man sie erst seit wenigen Jahren. Im neunzehnten Jahrhundert pflegten die wohlhabenden Familien Málagas Fässer mit gesalzener Butter aus Hamburg zu importieren, was ihnen die Bezeichnung *la gente de la manteca*, 'die Schmalzleute', eintrug. Butter war ein Luxusartikel und galt als Statussymbol, ähnlich wie heutzutage das Auto.

In unserer Gegend aß man diverse Wildgemüse, und ich möchte ein paar davon herausgreifen. Wer Südspanien im Frühling besucht hat, hat sicher den dünnen, bitteren Spargel probiert. Er wird nicht in Gärten angebaut, sondern man pflückt ihn von einer großen dornigen Pflanze, die auf jedem Berghang in Südspanien wächst, der nicht allzu weit vom Meer entfernt ist. In Yegen kamen Männer an die Haustür und verkauften ihn. Eine andere, weithin verbreitete Pflanze ist der Fenchel. Die in Italien kultivierte Form mit ihren dicken, eßbaren Wurzelknollen war in Spanien unbekannt. Wir aßen die Blätter und Stengel des wilden Fenchel, eine häufige und, wie ich finde, angenehme Zutat in Suppen und *ollas*. Eine Pflanze, die ich ebenfalls wärmstens empfehle, ist die *colleja*, eine Art Leimkraut mit dem botanischen Namen *Silene inflata*. Die jungen Sprossen werden vor der Blüte gepflückt und in Tortillas gegessen. Für Salate sammelten die Frauen *cerraja*, die jungen Blätter der gemeinen Gänsedistel, *vinagrera*, französischen Sauerampfer und die Zichorie.

Auf die Gefahr, langweilig zu wirken, möchte ich doch noch hinzufügen, daß die ländlichen Bewohner der Küstenregion sowie der Hochebene im Innern große Freunde der Disteln sind. So kocht man zum Beispiel die jungen Stengel der hervorragenden Golddistel, *Scolymus hispanicus*, im Spanischen *tagarnina*, in Schmorgerichten mit. Manche Menschen bekommen davon allerdings Hautausschläge. Köpfe und Wurzeln der Mariendistel,

Silybum marianum, aß man während der Hungersnot, die auf den Bürgerkrieg folgte, in ganz Andalusien in großen Mengen.

Viele Leute in Yegen hatten ein neurotisches Verhältnis zum Essen. Ziemlich viele ärmere Frauen schienen eine Aversion gegen das Essen zu haben. Eher nahmen sie eine Tasse Kaffee an als eine gute Mahlzeit. Andere schämten sich, beim Essen gesehen zu werden, und wenn sie gezwungen waren, in der Öffentlichkeit zu essen, setzten sie sich mit dem Rücken zum Raum in eine Ecke. Ich kannte eine wohlhabende Familie, die zum Teil von Zigeunern abstammte. Jedes Familienmitglied kochte für sich selbst und aß am eigenen Tisch mit dem Rücken zu den anderen. Man kann vermuten, daß derartige Einstellungen in Ländern vorkommen, in denen die Lebensmittel knapp sind, so daß vielen Menschen jede Art des Essens gewagt und ausschweifend vorkommt. Insbesondere alte Frauen entwickelten eine Prüderie bezüglich der Ernährung, wie es sie in anderen Ländern bezüglich der Sexualität geben mag.

Außer bei den Reichen galt die allgemeine Regel, daß der Familienvater vor den anderen und alleine aß. Er ging dazu nicht an den Eßzimmertisch, sondern hatte eine *mesilla*, einen kleinen niedrigen Tisch im orientalischen Stil vor sich. Seine Kinder aßen am Boden, im Kreis um einen Topf oder eine Pfanne hokkend, während die Frauen des Hauses ihre Mahlzeiten eilig und zwischendurch als letzte einnahmen. Gab es mehrere erwachsene Männer in einer Familie, dann aßen sie gemeinsam aus einem Gefäß, das auf dem Tisch in ihrer Mitte stand. So war es auch Sitte in Gasthöfen und Herbergen oder wenn eine Gruppe von Freunden zu einem festlichen Picknick aufs Feld ging. Dem Romancier Juan Valera zufolge speiste die andalusische Oberschicht bis in die Mitte des neunzehnten Jahrhunderts auf diese Weise. Natürlich gab es dabei festgelegte Umgangsformen. Jeder wählte sich ein Segment und aß bis in die Nähe der Nachbarportion. Diejenigen mit empfindlicherem Geschmack legten dann ihren Löffel beiseite und überließen den Rest denen mit derberem Appetit.

Auch bei der Kleidung gab es ein oder zwei Absonderlichkeiten. Während der Wintermonate trugen die Männer eine *bufanda*, einen Schal, den sie sich selbst bei milden Temperaturen über den Mund zogen. Fragte man sie nach dem Grund, antworteten sie, es sei gefährlich, kalte Luft in die Lunge gelangen zu lassen. Ich vermutete einen anderen Grund, daß nämlich diese Sitte ein maurisches Relikt sein könnte. Die Tuareg-Stämme der Sahara, die im zwölften Jahrhundert Spanien eroberten, verhüllen ihren Mund, um ihn vor bösen Geistern zu verschließen.

Hüte waren ein wichtiger, Würde verleihender Bestandteil der Kleidung. Kam ein Besucher, so zog er als Geste der Höflichkeit in der Tür den Hut, doch mußte man ihn sogleich bitten, ihn aufzubehalten, was er allerdings ablehnte, wenn man selbst ohne Kopfbedeckung war. Ich fand es deshalb ratsam, nach meinem eigenen Hut zu greifen, sobald sich jemand ankündigte. Das ersparte meinem Besucher die mißliche Lage, sich entweder unhöflich zu benehmen oder sich dem Risiko einer Erkältung auszusetzen. Aus Angst davor nahmen die Männer in Yegen nie ihre Hüte ab, bevor sie ins Bett gingen. Die große soziale Revolution der späten Zwanziger war dadurch gekennzeichnet, daß die Mädchen kurze Röcke trugen und die jungen Männer barhäuptig gingen. Welchen Bruch mit der Vergangenheit das bedeutete, erkennt man, wenn man sich mit der Rolle des Hutes in der spanischen Geschichte befaßt. Um nur ein Beispiel zu geben: als Karl III. anordnete, Hüte mit breiter Krempe dürften nicht mehr getragen werden, erhob sich das Volk von Madrid *en masse*. Der König floh nach Aranjuez, und der Minister, der das Dekret verkündet hatte, mußte Spanien verlassen. Die königliche Reaktion darauf war die Vertreibung der Jesuiten, die aus eigenen Interessen heraus den populären Hutfetischismus unterstützt hatten.

Ich verbrachte nicht all meine Zeit im Hause mit Lesen und Reden. Ich unternahm auch Reisen. Da ich wenig Geld für Busse hatte und auch gern wanderte, ging ich in der Regel zu Fuß. Auf diese Weise gelangte ich bis nach Murcia und Cartagena und erkundete die Berge, in denen ich lebte und das Land ringsum. Im Sommer ging ich manchmal hinunter ans Meer.

Von Yegen aus ist Adra der nächstgelegene Ort an der Küste. Dieser kleine Hafen liegt an der Mündung des Flusses, der durch die östliche Hälfte der Alpujarras fließt. Der angenehmste Weg dorthin führte entlang der *rambla*, die gleich unterhalb des Dorfes begann. Man stieg entlang des Baches hinab, bis er sich zu einem kleinen Fluß ausweitete, der von Pappeln, Oleander, Tamarisken und Abrahamssträuchern gesäumt war. Letzterer ist ein Strauch mit einer Dolde blauer Blüten, der etwas der Buddleia ähnelt und von dessen Blättern man sagt, ihr Genuß lasse jeden keusch werden. Ich kann das freilich nicht belegen, da ich niemanden kenne, der das Experiment gewagt hätte.

Hinter einem Dorf namens Darrical trat der Fluß in eine Schlucht ein. Der Maultierpfad nahm einen Umweg über die Hügel. Zu Fuß war es einfacher, durch die Schlucht zu gehen, falls der Wasserstand nicht zu hoch war und es einem nichts ausmachte, durchs Wasser zu waten und zu klettern. Ich nahm gewöhnlich diesen Weg. Zu beiden Seiten ragten die Felsen jäh in große Höhe, von Löchern und Höhlen zerfressen, in denen Felsentauben, Dohlen und Falken wie auch Wildkatzen und Marder hausten. Es war ein sehr einsamer Ort. Das Wasser floß und hüpfte unter den Oleanderbüschen, und der blaue Himmel über mir sah aus wie ein weiterer Fluß.

Der Oleander ist die verblüffendste Pflanze des südlichen Mittelmeeres. Man findet ihn an jedem Wasserlauf, in jeder trockenen *rambla* und an jedem *barranco*. In solcher Umgebung erscheinen seine Dolden voller rosé-farbener Blüten höhnisch und unheimlich. Er zeigt jene Friedhöfe an, in denen tote Wasseradern unterirdisch begraben liegen, Adern, die zu schwach sind, emporzusteigen und den ausgedörrten Boden zu befruchten. Außerdem ist sein Geschmack bitter und seine Blätter sind giftig für die Menschen und das Vieh. 'Bitter wie der Oleander', *como la adelfa amarga*, sagt eine spanische *copla*, wenn sie die Bitterkeit der unerwiderten Liebe beschreiben will, und kein Bild könnte treffender sein.

Adra ist eine weiße Stadt in einem Meer von Zuckerrohr. Hier herrscht ein anderer Lebensrhythmus. Die Luft ist träge und schwer, die Vegetation reich und üppig, und eine kleine schlanke Pflanze, *Oxalis cernua*, der gelbe Sauerklee, der aus Südafrika hierhergebracht wurde, bedeckt die Dämme und Ränder der Felder mit seinen unscheinbaren gelben Blüten. In der langen Hauptstraße roch es nach Verfall. Von den Wänden fallender Putz, Fliegen überall, Schwärme halbnackter Kinder, Gestank von Urin und Exkrementen. Und dort, wo das letzte Feld zu Ende war, jenseits der letzten Reihe des gefiederten Zuckerrohrs, lag die See - monoton, gezeitenlos, schwappte sie an ihrem sandigen Ufer auf und ab und war doch so schön wie der Oleander.

Einmal ging ich mit einem Freund, Robin John, dem Sohn eines Malers, hinab nach Adra. Wir schliefen in einer kleinen Schilfhütte am Strand, auf dem, wie ich mich erinnere, eine riesige Kürbispflanze wuchs. Am Tag badeten wir, sahen den Fischern zu, die ihre Schleppnetze einholten, und schielten nach den Fischermädchen. Nachts lauschten wir dem Klang einer Gitarre oder der Klage des *cante jondo*, während der Mond wie ein noch größerer Kürbis über dem Meer aufging. Aus den Gräben und Bewässerungsbecken stimmte ein Chor von Fröschen ein, als wollten sie sich gegen soviel Üppigkeit und Völlerei verwahren.

Adra besitzt eine lange Geschichte. Ursprünglich ist es wohl eine griechische Handelsniederlassung gewesen (sein früherer Name, Abdera, legt eine ionische Gründung nahe). Dann übernahmen es die Karthager, die 535 v. Chr. den Phöniziern die Seeherrschaft entrissen hatten. Sie bauten es zur Fischpökelstation aus. Seine Münzen zeigen einen Tempel, dessen Säulen Thunfische darstellen, und sein Hauptexportartikel war neben gesalzenem Fisch die berühmte Sauce *garon* (*garum* im Lateinischen), die die griechischen und römischen Autoren so hoch gepriesen haben. Man stellte sie aus den Rogen der Makrelen und den Eingeweiden der Thunfische her, verrührte sie mit Ei und kochte sie in Salzlake. Anschließend ließ man sie mehrere Monate in einer Mischung aus Wein und Öl ziehen.

Das Geschäftsviertel von Adra liegt an der Küstenstraße und endet beim Hafen. Die Altstadt, die auf dem Platz der maurischen Stadt erbaut wurde - die karthagische Siedlung lag etwas weiter nach Osten - steht auf einem niedrigen Hügel am Rand des Flußdeltas. Außer einigen punischen Scherben und Münzen und den Gräbern zweier jüdischer Kinder, die während der Herrschaft des Augustus gestorben waren, hat man nichts aus den dreitausend Jahren seiner Geschichte gefunden, nur der Schrein der Virgen del Mar, der wieder rekonstruiert wurde, nachdem ihn Piraten im Jahr 1610 zerstört hatten, verewigt in gemäßigter Form die Riten der Astarte-Aphrodite. Anders als in Griechenland oder Sizilien hat in Spanien die Jungfrau alles absorbiert, was noch an heidnischen Bräuchen vorhanden war. Klettert man die steile Böschung hinauf, die hier so nackt und kahl ist, als sei sie aus Metall, hat man eine gute Sicht über den ganzen Ort. Das weite grüne Delta, die blendend weiße Stadt und dahinter die See - so flach, so hell und so modern, als hätte Picasso sie eben gemalt.

Geht man von Adra aus westwärts entlang der Küstenstraße, trifft man alle paar Meilen auf einen Wachtturm. Einige sind quadratisch und aus einer Art Zement gebaut, und sie sind sehr alt. Livius erwähnt sie unter dem Namen *turres Hannibalis* und erklärt, sie seien von den Karthagern gebaut worden, aber Professor Schulten datiert einige von ihnen noch mehrere Jahrhunderte früher, in die Zeit von Tartessos. Die häufigeren runden Türme wurden von den Arabern gebaut, aber auch von den

Christen bis gegen Ende des achtzehnten Jahrhunderts benutzt, um vor den Korsaren zu warnen. Man entzündete Feuer auf ihnen, wenn verdächtig aussehende Schiffe gesichtet wurden. Die berittene Miliz, *la caballería de la costa*, eilte dann zum Ort der Gefahr. Der Satz *Hay moros en la costa*, »Es sind Mauren an der Küste«, ist zu einem Sprichwort geworden.

Etwa zehn Meilen weiter erreicht man La Rábita, das, wie der Name sagt, einst ein Kloster der moslemischen Derwische war. Hier windet sich eine breite, trockene *rambla* wie eine Schlange aus den Bergen herab, und wenige Meilen aufwärts liegt die kleine gepflegte Stadt Albuñol. In ihrer heutigen Form datiert sie vom Ende des achtzehnten Jahrhunderts. Wie alle Dörfer in der Sierra de la Contraviesa lag sie nach der Vertreibung der Mauren 1570 fast zweihundert Jahre lang in Trümmern, denn die Überfälle afrikanischer Korsaren machten die Küste unbewohnbar. Einige Meilen außerhalb der Stadt gibt es eine Höhle, die man Cueva de los Murciélagos, die Höhle der Fledermäuse, nennt. 1857 hat man dort eine bemerkenswerte Grabstätte der Jungsteinzeit entdeckt. Davon werde ich später berichten.

Albuñol ist ein Zentrum des lokalen Mandel- und Weinhandels. Eine Straße führt von hier aus über die Sierra nach Orgiva und Granada. Der Autobus von Granada nach Almería nahm gewöhnlich diese Route und brauchte etwa zehn Stunden für die Reise. Ich empfehle sie jedem Autofahrer. Wenn im Februar die Mandelbäume blühen, bietet die *rambla* von Albuñol einen herrlichen Anblick, und der Aufstieg auf fast fünftausend Fuß, mit dem Meer direkt darunter, ist überwältigend. Auf dem Kamm befinden sich eine als Haza del Lino bekannte Herberge und die Überreste eines großen Korkeichenwaldes.

Ich möchte dieses Kapitel mit einer außergewöhnlichen und, wie ich meine, einzigartigen Geschichte beschließen. Ich ging in Yegen in den Dorfladen, um Zigaretten zu kaufen. Mit dem Wechselgeld bekam ich einige ungewöhnliche Münzen. Zu

Hause sah ich bei näherer Untersuchung, daß es sich um punische und iberische Geldstücke handelte. Das heißt, es waren Münzen der punischen und iberischen Städte, während der römischen Republik geprägt, und folglich die ersten in Spanien hergestellten Münzen überhaupt, einmal abgesehen von den griechischen Städten Kataloniens.

Ich kehrte in das Geschäft zurück und fragte nach weiteren Exemplaren. Tatsächlich fanden sich noch weitere zwanzig oder dreißig Stück. Auf mein Angebot, sie für eine Pesete pro Stück zu kaufen, bekam ich noch einmal an die zwanzig von anderer Seite. Die Frage war, wo stammten sie her? Waren sie seit ihrer Prägung ohne Aufhebens in der Umgebung zirkuliert oder stammten sie aus einem Schatz? Im Zuge einiger Nachforschungen stieß ich auf einen Mann, der sich erinnerte, daß einer seiner Vorfahren bei seinem Tode eine Sammlung alter Münzen hinterlassen hatte. Da die Familie keine Verwendung dafür hatte, beschloß man, das Geld auszugeben.

1940 schickte ich diese Münzen zum Ashmolean Museum, um sie untersuchen zu lassen, und schenkte ihm die, die es noch nicht besaß. Die Museumsleitung gab eine Denkschrift heraus, die schilderte, wie die Münzen in meinen Besitz gelangt waren. Die Sammlung umfaßte Münzen aus sechs oder sieben iberischen und punischen Städten in Andalusien, darunter mehrere aus Adra.

13. Virginia Woolfs Besuch

Im Frühjahr 1923 besuchten mich Leonard und Virginia Woolf. Wir trafen uns in Granada im Haus von Freunden, den Temples, die mit Leonard über die afrikanischen Kolonien diskutieren wollten. Wir verbrachten ein paar Abende in Granada und kamen dann, zunächst mit dem Bus, zuletzt auf Maultieren nach Yegen. Diesmal ging alles gut, ohne die Schwierigkeiten, die Lytton Stracheys Transport drei Jahre zuvor mit sich gebracht hatte, und zweifellos genossen beide die Reise.

Wenn ich an Virginia denke, wie sie in jenen Tagen war, und wie ich sie in der ruhigen Abgeschiedenheit meines Hauses erlebte, so erinnere ich mich als erstes an ihre Schönheit. Von der Symmetrie her schien ihr Gesicht etwas lang, aber von feinem und grazilem Knochenbau, und ihre großen grauen oder grau-blauen Augen waren so klar wie die eines Falken. Im Gespräch leuchteten sie ein wenig kalt auf, während ihr Mund ironische und herausfordernde Züge annahm. Ruhte sie, dann hatte sie einen nachdenklichen und fast mädchenhaften Gesichtsausdruck. Wenn wir abends am Kamin saßen, die Holzscheite brannten und sie ihre Hände dem Feuer entgegenstreckte, dann enthüllten ihre Züge ihre poetische Natur.

Es gibt Schriftsteller, deren Persönlichkeit ihrem Werk gleicht, und andere, die beim ersten Kennenlernen auch nicht das leiseste vermuten lassen. Virginia Woolf gehörte eindeutig der ersteren Kategorie an. Hatte man eine halbe Stunde mit ihr im selben Raum verbracht, konnte man sich gut vorstellen, daß sie es war, die, wie man gehört hatte, diesen erfrischenden und geistreichen Artikel, der gerade in der *Nation* erschienen war, im Sommerhaus in Rodmell mit purpurner Tinte hingekritzelt hatte. Sah man sie in nachdenklicher oder verträumter Stimmung, erkannte man ohne weiteres die Autorin von *To the Lighthouse*. Im Gespräch, vor allem, wenn sie auf ihr Gegenüber eingestimmt war, äußerte sie sich wie in ihrer Prosa. Sie sprach wie sie schrieb und annähernd auf gleichem Niveau. Ich kann heute keine Seite in *The Common Reader* lesen, ohne daß ihre Stimme und Intonation wieder ganz gegenwärtig sind. Ich kenne keinen Autor, dessen Bücher in solchem Maße von seiner Persönlichkeit geprägt sind.

Nicht, daß sie je gestelzt geredet hätte. Sie sprach leicht und natürlich, in einem reinen und idiomatischen Englisch, dabei oft, wie auch viele ihrer Freunde, mit einem leicht ironischen Unterton. Ironie spielt in ihrem Werk ja eine große und wichtige Rolle. Sie tritt heiter und spielerisch auf und nähert sich manchmal dem Scherzhaften. In der Unterhaltung wurde sie persönlicher und nahm feminine, man könnte sagen, kokettierende Formen an. Zur Seite gelehnt, saß Virginia ein wenig steif in ihrem Stuhl und wandte sich in leicht herausforderndem Ton an ihren Gesprächspartner. Sie schätzte es, wenn man in gleicher Weise antwortete. Doch wie immer sie aufgelegt war, all ihre geistigen Fähigkeiten schienen ihr in jedem Augenblick zur Verfügung zu stehen. Man spürte eine gläserne Klarheit, aber nicht die Klarheit der reinen Logik, sondern eher die eines Kaleidoskops, dessen Elemente ständig neue Formen schaffen. Viel später, ich glaube, sie arbeitete gerade an *The Waves*, erzählte sie mir, ihre Schwierigkeit sei, im Fluß des Schreibens innezuhalten. Sie habe eine Lebensbeschreibung Beethovens gelesen und beneide ihn um seine Fähigkeit, durch ständiges Überprüfen und Korrigieren die Themen seiner Partituren auszuarbeiten, die sich sträubten, ans Licht gebracht zu werden. Korrektur bedeutete für sie ganz einfach, das Kaleidoskop durchzuschütteln und so zu einer neuen, gelungeneren Passage zu kommen.

Vielleicht fehlte Virginia der Sinn des Romanciers für die dramatischen Möglichkeiten eines Charakters, zudem interessierte sie mehr die Struktur des menschlichen Geistes. Ihr lag daran, das Gewebe der Seele herauszuarbeiten und darin ihren Ausdruck zu finden. Sie stellte mir sehr viele Fragen - warum ich gerade hier lebte, wie ich über dieses oder jenes dachte, was ich vom Schreiben hielt. Mir war klar, daß ich beobachtet und sogar ein wenig ausgefragt wurde, auch daß sie und Leonard herausfinden wollten, ob ich Anzeichen literarischen Talents zeigte. Gegebenenfalls würden sie meine Texte veröffentlichen. Doch darf man daraus nicht schließen, sie sei gönnerhaft aufgetreten. Im Gegenteil überraschte mich ihre Achtung vor diesem unerfahrenen und eher arroganten jungen Mann, bei dem sie zu Gast war. Sie stritt sich mit mir über Literatur, verteidigte Scott, Thackeray und Conrad gegen meine Angriffe, widersprach meiner hohen Meinung über den *Ulysses* mit dem Argument, große Kunstwerke dürften nicht so langweilig sein, und hörte bescheiden meine Kritik an ihren eigenen Romanen an. Das war das Großartige an 'Bloomsbury' - daß seine Mitglieder sich weigerten, das Podest ihres eigenen Alters oder ihrer Überlegenheit zu ersteigen. Ihrem Besuch folgte eine Reihe ganz charakteristischer Briefe, in denen sie die Themen unserer Diskussionen wieder-aufnahm.

Ich möchte bei dieser Gelegenheit Virginias aufrichtige Freundlichkeit hervorheben und die Mühe, die sie sich machte, mich zu beraten und zu ermutigen, denn ihre Unbesonnenheit im Gespräch - wenn sie sich sehr aufregte, sprach sie zu oberflächlich - konnte glauben machen, es fehle ihr jede Sympathie. Ich war recht unerfahren für mein Alter und ziemlich ernst. In meiner Isolation war ich egozentrisch geworden, und wie alle Menschen, die nach Konversation hungern, war ich sehr gesprächig. Sie war demgegenüber eine Autorin von Rang und näherte sich dem Gipfel ihrer Möglichkeiten. Trotzdem zeigten weder sie noch ihr Mann je die Ungeduld, die sie sicherlich empfanden und behandelten mich als intellektuell ebenbürtig. Man mag einwenden, sie wollten wohl die jungen Schriftsteller ermutigen, um dann die besten herauszupicken. Virginia fühlte sich der Kontinuität literarischer Tradition verbunden und machte es sich zur Aufgabe, Empfangenes weiterzugeben. Sie lebte mit dem ebenso intensiven wie beunruhigenden Bewußtsein, daß bereits eine jüngere Generation existiere und eines Tages ihre Werke beurteilen werde. Vielleicht sah sie deshalb in meinem eigenwilligen Lebensstil und meiner Leidenschaft für die Literatur ein Indiz dafür, daß ich womöglich etwas zu bieten hätte. Jedenfalls entschieden sie und Leonard einige Jahre später, sich getäuscht zu haben.

Während ich hier sitze und versuche, meine verstreuten Erinnerungen an diese vierzehn Tage zusammenzufügen, erstehen manche Szenen lebhaft und wie von neuem. Ich erinnere mich an Virginias Gesicht im Schein des Feuers, an den fröhlich herausfordernden Ton, in dem sie sprach, und an Leonards unbeschwerte, gesellige Art zu reden. Damals war sie von lebenslustigem, dabei eher reserviert-weiblichem Naturell und schien ihr Sprechen im Bewußtsein ihrer eigenen Fähigkeiten zu genießen. Mit etwas Ermutigung sprach sie in ganzen Wortkaskaden, ähnlich einem großen Pianisten, der improvisiert, und ohne die Affektiertheit - aus Freude über ihre Sprachmeisterschaft - die sich mitunter in den Stil ihrer Romane einschlich. Leonard dagegen war sehr gesetzt, sehr maskulin - ein pfeiferauchender, in Tweed gekleideter Mann, der eine Debatte bis zum Ende führen konnte, ohne den Faden zu verlieren, und der das hatte, was man in Cambridge 'einen klaren Kopf' nannte. Darüberhinaus - und das beeindruckte mich mehr als alles andere - las er Aischylos ohne Übersetzungshilfe.

Dann sehe ich noch eine ganz andere Person vor mir, die zwischen Feigen- und Olivenbäumen über den Hang geht. Eine schlanke englische Lady, auf dem Land aufgewachsen, die mit offenen Augen in die Ferne sieht und in völliger Selbstvergessenheit die Schönheit der Landschaft genießt, überrascht, sich an einem so entlegenen und arkadischen Ort zu finden. Obwohl schweigend, schien sie mir aufgeregt wie ein Schulmädchen in den Ferien, während die ernsten, starren Züge ihres Mannes etwas jungenhaftes angenommen hatten. Bei diesen Spaziergängen sprachen sie mit großer Offenheit über sich und ihr gemeinsames Leben - keine Geheimnisse vor den Freunden zu haben, war ein Merkmal von 'Bloomsbury' - und ich erinnere mich, wie mir Virginia erzählte, wie unvollkommen sie sich neben ihrer Schwester Vanessa fühlte, die eine Familie versorgte, einen Haushalt führte und trotzdem Zeit zum Malen fand. Ich glaube, sie verlor nie ganz das Gefühl der eigenen Unzulänglichkeit, also im Wortsinne kein Mensch aus Fleisch und Blut zu sein; dabei war sie sehr wohl praktisch veranlagt, sie konnte kochen und den Haushalt besser versorgen als die meisten Frauen und ein gesellschaftliches Leben führen, das ihre Kräfte sicher oft überstieg.

Man hörte oft - und zwar von Leuten, die nicht zu den Parties geladen wurden - 'Bloomsbury' sei eine Gesellschaft zur gegenseitigen Bewunderung und zur Förderung der eigenen Werke. Diese Beschuldigung, die unlängst wiederholt wurde, ist ganz einfach nicht wahr. Virginia Woolf war eine große Verehrerin der Romane von E. M. Forster, an deren Qualität, was die Darstellung der Wirklichkeit betraf, ihre eigenen Werke ihrer Meinung nach nicht heranreichten. Sie bewunderte Roger Frys Schriften zur Kunst wie auch seine auf brillante Weise engagierte und fesselnde Konversation. Andererseits hielt sie wenig von Lytton Stracheys Biographien, obwohl sie ihm persönlich eng verbunden war und die Feinfühligkeit und Distinktion seines Geistes wie auch seine Urteilskraft als Kritiker schätzte. Ich entsinne mich, daß wir eines Abends, während die Woolfs in Yegen waren, auf sein Buch *Queen Victoria* zu sprechen kamen. Leonard und Virginia sprachen sich entschieden dagegen aus und erklärten es für unlesbar. Obwohl mir nichts an seinem flachen, schwammigen Stil lag, bei dem ich immer das Gefühl hatte, über Linoleum zu laufen, kam mir dieser Vorwurf absurd vor, denn eins war es - lesbar. Trotzdem bestanden sie darauf, sie hätten es nicht zu Ende lesen können. Andererseits bewunderte Lytton viele von Virginias Texten, mochte aber die Bücher Forsters nicht lesen, ungeachtet seiner engen Freundschaft zu ihm. Ich weiß noch, wie er nach der Durchsicht des kleinen Alexandria-

Führer *Pharos and Pharillon* sagte, es sei schade, daß Forster, dem doch die Geschichtsschreibung weit mehr liege, Romanschriftsteller geworden sei. Und er mochte weder Roger Fry noch dessen Werk.

Virginia sprach oft von T. S. Eliot, den sie damals häufig traf. Sie sprach warmherzig von ihm als Menschen und von seiner bemerkenswerten Intelligenz, schien aber eher gleichgültig gegenüber *The Waste Land*, das die Hogarth Press gerade verlegte. Ebenso wie ich hielt sie wenig von D. H. Lawrence. Sein langweiliger, prophetischer Deckmantel, die hingepfuschten und sentimentalen Ergüsse seiner Feder verwässerten die mitunter außergewöhnlichen Einsichten, die sich in einigen seiner Romane und Kurzgeschichten fanden. Auch seine Bewunderer waren seinem Ruf wenig hilfreich, da sie, wie meist in solchen Fällen, eher von seinen schlechten Büchern beeindruckt waren - denen, die seine 'Botschaft' enthielten - als von seinen guten. Aber Virginia war auch bereit, ihre Meinung auch ändern, und als sie einige Jahre später auf sein Buch *Sons and Lovers* stieß, schrieb sie einen äußerst positiven, wenn auch nicht sehr klugen Artikel dazu. Man fragt sich, gab es je ein Zeitalter, in dem die Schriftsteller mehr als einen oder zwei ihrer Zeitgenossen bewunderten?

Um Virginia Woolfs Fähigkeiten als brillante Rednerin würdigen zu können, mußte man sie im Kreis ihrer Freunde erleben. Fünf oder sechs von ihnen trafen sich jede Woche nach dem Abendessen entweder in ihrem Haus oder in dem ihrer Schwester Vanessa, und gewöhnlich lud man ein oder zwei Vertreter der jüngeren Generation dazu. In dieser Eigenschaft nahm ich mehrere Male teil. Die Asse waren Roger Fry, Duncan Grant, Vanessa Bell, Lytton Strachey, Maynard Keynes und gelegentlich Leute wie Desmond MacCarthy und Morgan Forster. Letztere, glaube ich, fühlten sich nicht 'zu Bloomsbury gehörig', obwohl die anderen sie als ebenbürtig akzeptierten. Die Vorbereitungen zu diesen Treffen waren formlos, doch jedem war bewußt, wozu sie dienten, nämlich gute Konversation zu pflegen. Mit Blick auf diesen Zweck - für Literaten jener Zeit waren sie wirklich enthaltsam - gab es keine Getränke außer Kaffee.

Ich bekam bald den Eindruck, diese *conversaciones* besäßen den Charakter orchestraler Konzerte. Man könnte sagen, für die Partitur war gesorgt, denn die Themen kehrten immer wieder - der Unterschied zwischen den Generationen, der Unterschied zwischen Maler und Schriftsteller und so fort. Die Interpreten waren eingespielt, denn seit Jahren trafen sie sich wöchentlich und öfter, um dieselben Fragen zu diskutieren, die weniger inspirierend waren, als man annehmen möchte. Jeder von ihnen hatte seinen Part eingeübt und gab sein bestes zur allgemeinen Wirkung und wußte wohl, wie die anderen zu stimulieren waren und welche Stichworte sie brauchten. Die Soloinstrumente, erste und zweite Geige sozusagen, spielten Virginia Woolf und Duncan Grant: auf sie war Verlaß, sie lieferten im passenden Augenblick ein kunstvoll gearbeitetes Phantasiestück, das von ernsten und nachhaltigen Bestätigungen der anderen Instrumente kontrapunktiert wurde. Roger Fry preschte mit einer seiner provokativen Klangfolgen vor, Vanessa Bell, die Ruhigste im Orchester, ließ eins ihrer Bonmots fallen, während Clive Bell am Fagott für einen allgemein belebenden Geräuschpegel sorgte. Sein besonderer Part in der Vorstellung war, Virginia zu reizen und einen ihrer legendären Höhenflüge zu provozieren.

Wenn man meinem jugendlichen Urteil trauen kann, gaben diese Abende dem Teilnehmer eins: Konversation von einer Brillanz und (bei aller Wiederholung) Spontaneität, wie man sie in England bis dahin wohl kaum kannte. Ich habe gute Redner kennengelernt, die jedem aus diesem Kreis ebenbürtig waren, doch traten sie immer als Solisten auf. Die Abende bei 'Bloomsbury' boten ein Konzert, in dem jeder sprach, um sich selbst zu produzieren und um das Beste aus den anderen herauszuholen. Ich glaube, daß nur stete Übung von Menschen, die eine gewisse

Lebensauffassung teilen und die Beiträge ihrer Freunde ebenso schätzen wie die eigenen, so etwas möglich macht.

Für einen jungen Autor hatte selbst die flüchtige Bekanntschaft mit diesen Menschen etwas von einer Ausbildung, wenn auch nicht unbedingt im Sinne eines Vorbildes. Sie hatten Maßstäbe - Aufrichtigkeit, Intelligenz, Geschmack, Liebe zu den Künsten und kultivierte Umgangsformen. Nie ließen sie bei der Niederschrift ihrer Ansichten Eitelkeit, private Freundschaften oder politische oder religiöse Vorurteile auch nur durchscheinen, und sie gehörten nicht zu den Leuten, die andere angreifen, um eigene Schwächen und Unzulänglichkeiten zu kompensieren. Andererseits muß man wohl sehen, daß sie insgesamt - nicht als einzelne, das wäre unerheblich - in einem Elfenbeinturm lebten. Maynard Keynes und Leonard Woolf hatten Wurzeln nach draußen in die Welt der Politik, und Roger Fry war zu aktiv und um das Gemeinwohl besorgt, um sich einengen zu lassen. Die anderen waren allerdings gefangen im engmaschigen Netz ihrer wechselseitigen Freundschaften, ihres Lebens im Komfort und ihrer ziemlich engstirnigen und (wie sie sie lebten) blasierten Cambridge-Philosophie. Virginia Woolf, das muß man sagen, hatte immer auch einen Blick für die Stenotypistin, die zum Mittagessen vor einem billigen Teehaus Schlange stand, oder die zerlumpte alte Frau, die die Eisenbahnwaggons der dritten Klasse schrubbte, obwohl auch sie ihrer Herkunft unterlag, ihren gesellschaftlichen Neigungen, ihrer Sehnsucht nach Lob und Schmeichelei; nach draußen konnte sie nur distanzierte und unbehagliche Blicke werfen. Ihr Sinn für die Unsicherheit der Dinge, der ihrem Werk seine Bedeutung verleiht, kam aus ihrem Privatleben - dem Schock über den Tod ihres Bruders Thoby und der Erfahrung des Wahns. Aber das Ethos ihres Kreises und auch ihre ganze kultivierte viktorianische Erziehung schnitten sie von einer klaren Sicht der menschlichen Dinge ab, wie sie der Literat braucht, und ließen sie eine sehr eigene poetische und mystische Vision der Dinge entwickeln, die, so empfinde ich es, eine zu subjektive Richtung nahm. Doch liest man ihre Romane heute, dann scheint immer wieder dieses Gefühl der Leichtigkeit und Schönheit auf und hinterläßt den unterschwelligen Eindruck, ähnlich wie bei Calderón, das Leben sei nicht mehr als ein Traum. Doch bleibt man am Ende unbefriedigt. Denn wenn man annehmen soll, das Leben sei ein Traum, dann muß deutlich werden, und zwar sehr klar, daß es sich bei dem, was dargestellt wird, tatsächlich um das Leben handelt.

Wenn ich heute zurückschaue, dann erkenne ich unschwer, woran 'Bloomsbury', diese leuchtende Blüte englischer Kultur, krankte: einer im Absterben begriffenen Klasse und Lebensweise verhaftet, gab es schon 1930 keine Weiterentwicklung mehr. Seine Angehörigen waren zu abgesichert, zu selbstzufrieden, zu triumphierend und sich der Überlegenheit ihrer parnassischen Philosophie zu gewiß, um Energie aus der neuen und beunruhigenden Ära ziehen zu können, die eben anbrach. Sie waren dem Schock des ersten deutschen Krieges entkommen, sei es, weil sie für den Militärdienst untauglich waren, sei es, weil sie den Reihen der Pazifisten beitraten, und sie hatten die Warnungen der Propheten überhört, die ankündigten, die behagliche rationalistische Welt, in der sie lebten, sei in ernster Gefahr. Ausgerechnet in der Blüte ihres Lebens waren sie auf dem besten Weg, ein Anachronismus zu werden; sogar Virginia Woolf - neben Maynard Keynes die aufgeschlossenste von allen - vergrub sich in alle möglichen tiefsitzenden Zweifel (womöglich eine Folge ihrer Wahnanfälle) über die Wirklichkeit von beinahe allem außer der Literatur. Trotzdem glaube ich - wenn die Kobaltbombe nicht alles auslöscht - daß künftige Zeitalter sich für diese Menschen interessieren werden, denn sie verkörpern etwas, auf das die Welt immer in Wehmut zurückschaut - ein *ancien régime.* Sie beförderten die Kunst des zivilisierten Lebens und der Freundschaft auf ein sehr hohes Niveau, und ihr Werk reflektiert diese Zivilisation. Und zumindest zwei von ihnen, Virginia

Woolf und Maynard Keynes, hatten diese seltene Gabe, die man Genius nennt.

Ich meine, es war im Sommer 1923, als David Garnett, allgemein bekannt als Bunny, und seine Frau Ray Marshall kamen und mich besuchten. Ich hatte ihn in London kennengelernt, wo er zusammen mit meinem alten Freund Francis Birrell einen Buchladen führte, war aber nicht sonderlich von ihm eingenommen. Nun war er da und befand sich in den Flitterwochen.

Er war damals ein schmächtiger, blonder Mann, etwa in meinem Alter, mit ziemlich breiten Schultern, sehr blauen Augen und einer behäbigen Art zu sprechen. Wenn er jemanden ansprach, hatte er die Gewohnheit, seinen Kopf in einer bedächtigen Bewegung seinem Gegenüber zuzuwenden, wie die Figuren Thurbers es tun, und seine Augen blickten tief und eindringlich in die des anderen, bis dieser regelrecht von diesen beiden unergründlichen Seen hypnotisiert wurde. Dann, nach einer scheinbar endlosen Pause, begann er vorsichtig zu sprechen. Dabei bewegte er die Lippen zaghaft und schien seine eigene Unbeholfenheit zu belächeln. Anfangs verwirrte mich dieses eigenartige Verhalten, doch als ich ihn besser kennenlernte, mochte ich ihn sehr gern. Zunächst einmal hatte er all die angenehmen Eigenschaften und die Ungezwungenheit eines extrovertierten Menschen. Er war nie verärgert, stand immer mit beiden Beinen auf dem Boden, und sein Benehmen hatte etwas beruhigend Ungehobeltes, so daß man, hätte man ihn zum ersten Mal in einem Pub gesehen, ihn für einen Bauern oder den Dorfarzt hätte halten können. Bei näherer Bekanntschaft spürte man seinen Witz, seinen gesunden Menschenverstand und seinen tiefen Sinn für Humor, vor allem gegenüber den Launen seiner Freunde, und sein großzügiges, vollkommen unabhängiges Wesen. Mit diesen Qualitäten und der Selbstsicherheit eines Mannes ausgestattet, der es für selbstverständlich hielt, daß man ihn mochte, kam er mit den unterschiedlichsten Leuten sehr gut zurecht, und ohne je von seinem Weg abzuweichen, bloß um zu gefallen, hatte er einen großen Freundeskreis. Männer fanden in ihm einen äußerst angenehmen Kameraden - beim Fischen, Bootfahren, Baden oder beim Rennen - während sein hypnotisches Starren eine überwältigende Wirkung bei Frauen erzielte und ihn in die Lage versetzte, mit beachtlichem Erfolg die Rolle des Don Juan zu spielen. Um es zusammenzufassen, eine sehr englische Art von Mensch, allerdings auf unerklärliche Weise mit dem russischen Wesen gekreuzt, so, als hätten die Übersetzungen seiner Mutter während der Schwangerschaft den Part von Jakobs gestreiften Ruten auf Labans Vieh gespielt.

Seine Frau Ray war klein, dunkel und hatte etwas von einer indianischen Squaw. Sie hatte wohl auch Talent als Künstlerin - ich erinnere mich, daß Roger Fry oft ihre Holzschnitte lobte - aber sie war dermaßen still, daß ich lange Zeit keine konkrete Vorstellung von ihr bekam. Wenn sie zum Sprechen ansetzte, zogen sich ihre Halsmuskeln zusammen, als wollten sie sie daran hindern, und sie mußte schließlich mit großer Anstrengung die Worte zwischen den Zähnen hervorpressen. Ihre Erscheinung hatte etwas von einem kleinen, scheuen Tier - einem Eichhörnchen etwa - aber welches Tier es auch war, es war ein reizendes. Sie lebte in ihrer eigenen geheimen Welt, und nur wenn man sie in Ruhe ließ, fand man schließlich Zugang zu ihr. Bunny, der gerade *Lady into Fox* veröffentlicht und einiges von einem ziemlich schweren Tier hatte, schien diese Seite an ihr anzuziehen. Einen großen Teil der Zeit in meinem Haus verbrachten sie damit, einander anzusehen und leise Urtöne von sich zu geben. Ansonsten sprachen sie kaum, so daß ihre Anwesenheit am Ende gar nicht mehr auffiel.

Zuletzt sah ich David Garnett während der letzten Kriegsjahre. Ich hatte gehört, er habe einen wichtigen Posten beim Nachrichtendienst, bewohne eine Suite in der Nähe der Strand Street und habe mehrere Sekretärinnen zu seiner Verfügung. Doch als ich diesen stattlichen, gepflegten Mann sah, mit dem zusammengerollten Seidenschirm am Arm, mit seinem dichten, feinen, weißen Haar unter dem schwarzen Hut des Foreign Office, war ich doch erstaunt - jeder Zoll ganz Minister im Kabinett. Aber ich spürte bald, daß er immer noch der selbe alte anglo-Hemingway'sche Typ war: bedächtig, humorvoll, amüsiert über sein eigenes bedeutsames Äußeres, unter dem er sich nicht im geringsten geändert hatte. Eins hatte er mit zunehmendem Alter und in seiner offiziellen Position gelernt - eine gute Geschichte gut zu erzählen. Obwohl - wenn ich es mir heute überlege, konnte er das schon immer, wenn man ihm nur Zeit ließ.

Einen langen Besuch meines Freundes John Hope-Johnstone in Yegen habe ich noch nicht erwähnt. Robin John, damals ein gutaussehender Junge von sechzehn Jahren, kam ebenfalls und blieb einige Zeit, und nach ihm kam Robins Vater Augustus. Er traf im April ein und blieb bis Ende Juni, während der ganzen Zeit arbeitete er an seiner Malerei. Doch kann ich zu seinem Besuch nichts sagen, weil ich unterwegs war. Ich war nach England gefahren und traf ihn nur noch zufällig in Madrid auf der Rückreise. Sidney Saxon-Turner, ein Freund Virginia Woolfs und Lytton Stracheys, kam ebenfalls auf einen kurzen Besuch, und mein Freund Franky Birrell kam mit seinem betagten Vater, der 1915 Chief Secretary für Irland gewesen war, nur bis Orgiva. Sie hatten zwei Nächte in der Herberge - einem primitiven Ort, der noch nicht einmal einen Trockenabort besaß - zugebracht, ohne von mir eine Antwort zu bekommen - ich war wieder unterwegs - und kehrten nach Granada zurück.

Ich komme nun zu einer Episode ganz anderer Art. Gegen 1927 oder 1928, als ich in London lebte, überließ ich mein Haus einem jungen Schriftsteller namens Dick Strachey, einem Neffen Lytton Stracheys, der später als Kinderbuchautor ein bemerkenswertes Talent entwickelte. Er war auf der Hochzeitsreise und hatte ein schmerzhaftes Abenteuer, das ich beschreiben möchte, da es ein gewisses Licht auf den örtlichen Aberglauben wirft.

Er ging eines Tages in der wilden, zerklüfteten Landschaft der *ramblas* und *barrancos* unterhalb der Dorfes spazieren, als er drei schäbig gekleidete Männer sah, die etwas weiter standen und ihn herbeiwinkten. Sein erster Gedanke war, sich zu ihnen zu gesellen und mit ihnen den Tag zu verbringen, um etwas Übung im Spanischen zu bekommen, doch dann kam ihm ein zweiter Gedanke: und wenn es sich nun um Straßenräuber handelte? Spanien war für seine Banditen und Räuber bekannt, die andere Menschen in ihre Höhlen verschleppten, sie verprügelten und bis zur Zahlung eines Lösegeldes gefangenhielten. Ein näherer Blick auf diese Leute verunsicherte ihn noch mehr. Er beschloß deshalb, umzukehren, und da Gehen eine eher langsame Methode der Fortbewegung ist, er aber schnell weg wollte, begann er zu laufen. Zigeuner aber - um solche handelte es sich nämlich - können auch laufen, und bald hatten sie ihn eingeholt. Sie umringten ihn mit gezogenen Messern und grimmiger Miene und schrien ein Wort, das er nicht verstand - *Mantequero! Mantequero!*

Ein *mantequero* ist ein Ungeheuer, das äußerlich einem Menschen gleicht, an entlegenen, unbewohnten Orten lebt und sich von menschlicher *manteca*, von Menschenfett, ernährt. Wenn es gestellt wird, gibt es einen schrillen, wiehernden Laut von sich, und wenn es sich nicht gerade vollgefressen hat, ist es dürr und abgemagert. Soweit ich herausfinden konnte, glaubten die Leute in Yegen, die zur Skepsis neigten, nicht mehr an ihre Existenz, doch Zigeuner sind von Natur aus konservativ und glauben an alles. Und in diesem Fall konnte es keinen Zweifel geben. Was sonst hätte es sein können, dieses dünne, blonde wandernde Wesen mit seiner schrillen, hohen Stimme, das kein Wort irgend einer menschlichen Sprache beherrschte, allein in den *barrancos* lebte und weglief, kaum daß es sie gesehen hatte? Zuerst wollten die Zigeuner es gleich an Ort und Stelle töten und aus seinem Blut eine magische Salbe herstellen, um Warzen zu heilen und die Fruchtbarkeit der Frauen zu fördern, aber der älteste Zigeuner, der wegen Totschlags einige Zeit im Gefängnis verbracht und dort Vorsicht und Vernunft gelernt hatte, sagte - während er seinen schwarzen Schnurrbart zwirbelte - nein, sie müßten sich strikt an Recht und Gesetz halten und die Kreatur der nächstgelegenen *justicia*, der Obrigkeit übergeben. Sie banden dem armen Dick deshalb die Hände auf den Rücken und trieben ihn mit gelegentlichen Messerstichen vor sich her, bis sie im einige Meilen entfernten Dorf Yátor beim Haus des *alcalde*, des Bürgermeisters, angekommen waren.

Der war glücklicherweise zu Hause, saß in einem Sessel und unterhielt sich mit einem Nachbarn über irgendwelche Geschäfte in Zusammenhang mit einem Rechtsstreit.

»Was hat das zu bedeuten, José?« fragte er, als er die drei Zigeuner in einer Reihe sah, zusammen mit einem fremden Mann, dessen Handgelenke zusammengebunden waren. »Was in Teufels Namen habt ihr vor?«

Der älteste der Zigeuner zog langsam und mit einer würdevollen Gebärde seinen Cordobeser Hut.

»Señor Alcalde«, antwortete er und blickte mit seinen ausdruckslosen *gitano*-Augen den Bürgermeister an, »mit Ihrer Erlaubnis bringen wir Ihnen hier einen lebenden *mantequero*, den wir gefunden haben, als er auf der Suche nach Menschenblut in den *barrancos* herumschlich. Wollen Sie sich selbst seiner annehmen oder ist es Ihnen lieber, wenn wir ihn für Sie hinausführen und ihm die Kehle durchschneiden?«

Der Bürgermeister fragte genauer nach. Wie mir Dick später erzählte, kratzte er in einem Ausbruch von Beredsamkeit sein ganzes Spanisch zusammen gab vor, ein Verwandter sowohl von König Georg V. als auch des 'englischen Cervantes' zu sein. Der Bürgermeister war von dieser Rede sehr beeindruckt - wobei man nicht weiß, wieviel er davon verstanden hatte - und ordnete an, die Fesseln zu lösen. Er schickte Dick unter vielen Entschuldigungen und Händeschütteln sicher eskortiert nach Yegen zurück. Dann wandte er sich dem Zigeuner zu, der angenommen hatte, seinem Land einen Dienst zu erweisen, indem er es von einem menschenfressenden Ungeheuer befreite, und unter wüsten Beschimpfungen befahl er, ihn in Gewahrsam zu nehmen. Ein oder zwei Tage später brachte man den armen Kerl in Handschellen zur Polizeistation in Ugíjar, und seine Bewacher führten ihn entlang der umständlicheren Route durch Yegen. Auf ausdrücklichen Befehl des *alcalde* brachten sie ihn dort in den Hof meines Hauses, damit der distinguierte Engländer, der behauptete, mit Cervantes verwandt zu sein, ihn sehe und erkenne, 'daß es Gerechtigkeit gebe in Spanien'. Aber Dick hatte die Nase voll von Zigeunern und weigerte sich, auch nur aus dem Fenster zu sehen. Sobald das Geld, nach dem er telegraphiert hatte, angekommen war, fuhr er nach England zurück.

Den *mantequero* oder *sacamantecas*, wie er in einigen Gegenden heißt, kennt man in ganz Spanien. Erst in diesem Jahr fand einer meiner Freunde in Torremolinos in einer Untersuchung zu diesem Thema heraus, daß selbst in diesem kleinen Badeort jedes Hausmädchen an seine Existenz glaubte. Eins dieser Mädchen erklärte sogar, ihr Bruder sei erst im letzten Sommer beim Schafehüten in der Serranía de Ronda von einem solchen angegriffen worden, hätte es aber geschafft, ihn mit seiner Schleuder zu vertreiben. Es ist anzunehmen, daß diese weiten, einsamen Sierras ein natürlicher Nährboden für übernatürliche Wesen sind. Die Praxis der Bluttransfusion hat in den letzten Jahren in den Städten zum Glauben an einen neuen Typ des *mantequero* geführt. Er ist ein ganz normales menschliches Wesen, das Babies stiehlt, deren Blut irgendeinem immens alten, immens reichen und lasterhaften Marquis injiziert wird, um ihn zu verjüngen und zu neuen Gemeinheiten zu befähigen. Und solche Leute gibt es wirklich. 1910 fand man auf dem Gipfel der Sierra de Gádor eine Familie von Zigeunern, die dort lebte und Babies stahl. Sie tranken das noch warme Blut so, wie es aus der Halsschlagader strömte. Offensichtlich hängten sie die Kinder an einen Baum und kratzten sie dann aus. Eine *curandera*, eine weise Frau, hatte einer von ihnen, die sich La Leona, die Löwin nannte, erzählt, sie könne auf diese Weise nicht nur ihre Schwindsucht heilen, sondern würde ewig leben - zumindest so lange, wie sie Kinder heranschaffen könne. Auch in anderen Landesteilen sind solche Fälle plötzlich aufgetreten. Noch heute gibt es *curanderas*, die bei unheilbaren Krankheiten Menschenblut als einzige Medizin empfehlen. Wer weiß, ob nicht mitunter ein diensteifriger *mantequero* da ist, der es beschafft?

Ein Bericht in der *Sunday Times* (September 1954) zeigt, daß der *mantequero* sehr alten Ursprungs ist. H. J. Tarry erklärt, das Wort komme vom persischen *mardkhora*, Menschenfresser. Dieses Wesen habe den Kopf eines Menschen, Stacheln wie ein Stachelschwein, den Körper eines Löwen und den Schwanz eines Skorpions. In dieser Form erscheint er schon in Ctesias' *Persica* und in der *Naturgeschichte* des Aristoteles. Durch einen Lesefehler im griechischen Text entstand das lateinische Wort *mantichora* und verbreitete sich so in den westeuropäischen Sprachen. David Garnett, der vielleicht Glück hatte, daß man ihn nicht selbst für einen gehalten hatte, zitiert in Topsells *Bestiarium* eine Beschreibung, derzufolge der *mantequero* 'drei Reihen Zähne, das Gesicht eines Mannes und den Körper eines Löwen' habe. A. Colin Cole nennt ihn als gebräuchliches Emblem in der Heraldik, und ein in der *Sunday Times* abgedrucktes Bild zeigt ihn mit Bart und Hut. In diesem Fall hatte er aber mehr Ähnlichkeit mit dem 'Englischen Cervantes' als mit dessen Neffen, der ohne Bart und Kopfbedeckung herumlief.

Um das Kapitel Folklore abzuschließen, möchte ich noch einige Worte über *sabios, curanderas*, und *niños dormidos* sagen. *Sabio* oder *sabia* ist ein weiser Mann oder eine weise Frau, die durch die Wiederholung von Zauberformeln oder durch Einreiben mit Speichel heilen und manchmal auch das Wetter vorhersagen können. Julian Pitt-Rivers beschreibt in seinem klassischen Bericht über ein andalusisches Dorf, *The People of the Sierra*, eine solche weise Frau. Ich brauche dem nichts hinzuzufügen, zumal ich in den Alpujarras niemals auf eine gestoßen bin. Bei uns gab es stattdessen etwas ähnliches, die *curanderos* und *curanderas*. Sie heilten mit Hilfe von Kräutern und spezialisierten sich manchmal auf eine bestimmte Richtung - etwa Bauchschmerzen von Kindern. Andere halfen bei Knochenbrüchen. Obwohl sie ihre eigenen Techniken und überliefertes Wissen von den Pflanzen hatten, half ihnen auch der Besitz einer besonderen *gracia*, einer Gnade, bei ihrer Arbeit. Eine *curandera* war entweder ein Zwilling oder ein neuntes Kind, oder sie hatte sechs Finger an einer Hand, vielleicht war sie am Karfreitag geboren oder hatte schon im Mutterleib geschrien. Eine von ihnen fand man in jedem etwas größeren Dorf, während in kleineren Orten eine *hechicera* oder eine Hebamme diese Funktion mit übernahm. Was die *niños dormidos*, 'die schlafenden Kinder', betrifft, die eigentlich nur eine Sonderform des *curandero* waren, so gab es eins in Mecina Bombarón. Es war ein etwa zwölfjähriger Junge, der sich in Trance versetzte und nach dem Aufwachen der Mutter seine Träume erzählte. Sie legte sie dann aus. Man konsultierte ihn, um zu erfahren, wer eine Henne gestohlen hatte, oder ob die Freundin treu sei, und natürlich hingen seine Kräfte von seiner besonderen *gracia* ab. Seine Mutter kannte sich mit bestimmten Heilkräutern aus und konnte verletzte Gliedmaßen mit Breiumschlägen und Massagen heilen.

Noch eine andere Art der weisen Frau, die *motera*, muß ich erwähnen, auch wenn es sie nur in den großen Städten wie Sevilla gab. Ihr Fachgebiet waren die erotischen Angelegenheiten. Sie hielt einen Vorrat an cantharides oder Spanischer Fliege, dem einzigen Aphrodisiakum, das tatsächlich wirkt, und das sie in die Genitalien der Männer einmassierte, die meinten, solche Hilfe nötig zu haben und bereit waren, dafür zu zahlen. Aber selbst wenn es auf diese Weise verabreicht wird, ist es ein gefährliches Präparat, und Ferdinand der Katholische, der 1505 eine junge Frau geheiratet hatte, starb daran. Hätte er überlebt und einen männlichen Nachkommen gezeugt, hätte die spanische und europäische Geschichte ganz anders aussehen können. Vielleicht kommt daher die Berühmtheit der *motera.*

14. Das Hochgebirge und Guadix

Die Sommer in Yegen waren lang, zäh, monoton und wenn auch nicht unangenehm heiß, so doch von unerbittlichem Licht durchflutet. Kein Hauch regte sich in der dünnen Bergluft. Alle Tage waren gleich. Ich saß auf meinem Barbierstuhl in der Kaminecke, hatte ein Buch und eine Tasse Kaffee vor mir auf dem Tisch und hörte durch den Kamin eine Reihe schwerfälliger, schlaftrunkener Geräusche, als läge das Dorf auf einer Insel im Himmel: kläffende Hunde, Eselsgeschrei, das Summen der Hummeln, gurrende Tauben, weit weg eine singende Stimme oder vielleicht der scharfe und plötzlich abbrechende Anschlag einer Gitarre. Die Läden waren halb geschlossen, um die Fliegen draußen zu halten, und in dieser Wärme und Dunkelheit schwanden mir die Sinne. Ich fand es anstrengend, dem Buch zu folgen, das ich gerade las. - 1921 mag es *Du Côté de chez Swann* oder Flauberts Briefwechsel gewesen sein. Manchmal ging ich aufs Dach, um nachzusehen, ob irgendetwas los war. Nein, nichts. Nichts als dieser ondulierte Graben, in dem die Luft stand und die Hitzewellen, die vor den ockergelben und violetten Bergen flimmerten.

Von meinem Schlafzimmer hatte ich Blick über das offene Land. Ein einziges, bis zum Boden reichendes und von einer *reja*, einem Eisengitter umgebenes Fenster, ließ die Nachtluft herein und mit ihr kam vom unterhalb liegenden *barranco* das Rauschen eines Wasserfalls. Daneben sang eine Nachtigall, die Grillen sorgten für einen steten Geräuschpegel. Ich dämmerte in einen Halbschlaf und bildete mir ein, ich könne aus dem Klang des Wassers singende Stimmen heraushören und daß ich bei genauerem Hinhören die Worte verstünde. Ich erwachte und sah, daß die Sonne wie ein Vogel bereits ihre Reise quer über den Himmel angetreten hatte. Ich fand, es sei an der Zeit, dieser Aneinanderreihung gleichförmiger Tage zu entrinnen und das Hochgebirge zu besuchen.

Im Juni war es dafür noch zu früh. Von den Hängen rieselte noch das Wasser herab oder sie waren schneebedeckt. Aber im Juli, wenn die Schäfer hinaufzogen, waren sie bewohnbar. Nach einigen vorausgehenden Erkundungen fand ich in einem Hochtal namens El Horcajo eine kleine Höhle, die vor dem scharfen Nordwind geschützt lag und mit einem Esel leicht erreichbar war. Ich ging dann jeden Sommer mit Decken und Proviant hinauf und verbrachte ein oder zwei Wochen in dieser Mischung aus Langeweile und Spannung, die man verspürt, wenn man allein in den Bergen kampiert.

In El Horcajo gibt es zwei oder drei *cortijos*, Bauernhöfe in einer Höhe von etwa 8000 Fuß über dem Meer. Man sät hier jedes Jahr im September Roggen aus und erntet ihn im darauffolgenden August. Die Bauern aus Trevélez ziehen im Juli mit ihrem Vieh dort hinauf, und während der zwei Monate, die sie dort bleiben, ernähren sie sich fast ausschließlich von Quark, Frischkäse und *gachas*; letzteres ist ein Brei aus Weizenmehl, den sie mit Schafsmilch und ein wenig Knoblauch essen. Für etwas Geld teilten sie mit mir ihr *rancho*, wie sie ihre Mahlzeiten nannten, und obwohl das Essen sehr spartanisch war, hatte ich von der Bergluft einen solchen Hunger, daß ich mit Appetit aß. Diese *cortijos* waren klein und einfach ausgestattet. Die Wände waren aus unbehauenen Steinen, von Rauch geschwärzt, die Dächer aus Erde, und sie enthielten außer einigen Stühlen und einem kleinen Tisch keine Möbel. Obwohl sie fensterlos und dunkel waren, lag ein ständiges Summen von Fliegen in der Luft, und sobald man zu essen begann, ließen sie sich in solchen

Schwärmen auf dem Tisch und den Schüsseln nieder, daß man kaum umhin kam, einige zu mitzuessen. In der Reinheit der Luft und des Wassers schien das allerdings weniger ekelhaft, als es in geringerer Höhe der Fall gewesen wäre.

Am oberen Ende von El Horcajo pferchten die Schäfer jeden Abend ihre Schafe ein und kochten am Eingang einer Höhle ihre einzige Mahlzeit. Sie verbrachten den Winter auf dem Campo de Dalías, einer großen steinigen Ebene zwischen der Sierra de Gádor und dem Meer. Wenn sie für die kurzen Sommermonate hier herauf kamen, ließen sie ihre Frauen in den benachbarten Dörfern zurück. In der Regel sind spanische Schafhirten angenehme und gesellige Leute, bei ihrem einsamen Leben freuen sie sich über jede Gelegenheit zu einer Unterhaltung. Aber diese Männer waren grobe und brutale Kerle und so weit heruntergekommen, daß sie wehrlose Reisende ausraubten, die ihnen über den Weg liefen. Der Grund mag sein, daß sie das Leben in einer Gemeinschaft kaum kannten, denn in der Ebene von Dalías waren sie ebenso isoliert wie in diesen Bergen.

Direkt oberhalb von El Horcajo erhebt sich der Mulhacén, der höchste Gipfel der Sierra Nevada. Er ist 11.412 Fuß hoch über dem Meer gelegen und damit der höchste europäische Berg außerhalb der Alpen und des Kaukasus. Um dorthin zu gelangen, stieg man ein mit feinen Grasnarben und blauem Enzian bewachsenes Tal hinauf, dann über einen steilen Hang zu einer Gletschermoräne, die zwei *lagunas* oder Bergseen einschloß. Am äußersten Gipfel erhob sich im Schutz vorstehender Felsen ein Miniaturgletscher, von dem Stücke abgebrochen waren und wie Eisberge im Wasser trieben. Ein bequemer Aufstieg führte von hier bis zum Gipfel, von dem aus man über jähe Klippen auf Geröllhalden und Schieferhänge hinabsah.

In 10.000 Fuß Höhe gibt es etwa vierzig solcher Bergseen. Die Bauern und Schäfer am Ort glauben, sie seien unergründlich tief und besäßen sogar eine Verbindung zur dreißig Meilen entfernten See. Man meint fälschlich, dies mit der Beobachtung beweisen zu können, das Wasser in diesen Bergseen sei bei jedem auf hoher See tobenden Sturm aufgewühlt und gebe so laute Schläge wie eine Artillerie von sich. Deshalb nennt man sie *ojos del mar*, die 'Augen des Meeres'. Allerdings ist dieser Begriff (der in Spanien häufig für große Quellen benützt wird, wie zum Beispiel 'Los Ojos de Guadiana' in der Mancha) offensichtlich eine irrtümliche Bezeichnung, denn nach Dr. Américo Castro ist das Wort *ojo* die Ableitung eines arabischen Wortes, das sowohl 'Auge' als auch 'Quelle' bedeutet. Um einen der größten dieser Seen, die Laguna de Vacares, rankten sich besondere Geheimnisse. Tief unten auf seinem Grund steht ein Palast, den wie alles, was kostbar ist und ungewöhnlich in Südspanien, ein maurischer König erbaut hat. In diesem Palast wohnt eine schöne Frau, die unter einer unstillbaren Lust leidet, mit Männern zu schlafen. Jede Person männlichen Geschlechts, die so töricht ist, im See zu baden, wird von ihr in die Tiefe gezogen. Weil das aber nur selten vorkommt, erscheint sie den Schäfern und Steinbockjägern als weißer Vogel, der sie an den Rand des eisigen Wassers lockt und dann hineinzieht. Damit nicht genug, nach Einbruch der Dunkelheit treibt es sie in ihrer eigenen wollüstigen Gestalt umher, und trifft sie auf einen Wanderer, den die Nacht überrascht hat und der unter einem Felsen schläft, so legt sie sich zu ihm. Nachdem sie ihn mit ihren Umarmungen erschöpft hat, schleppt sie ihn in ihre Unterwasserresidenz in der Hoffnung, sich später von neuem mit ihm zu vergnügen. Deshalb wird sich kein Schäfer nach Sonnenuntergang an diesem Ort aufhalten.

Als ich das erste Mal El Horcajo besuchte, unterzog ich diese Legende einem Test. Da ich vom Gipfel aus den Sonnenaufgang sehen wollte, nahm ich einen Schlafsack mit zu diesem See und verbrachte dort eine sehr kalte Nacht. Doch leider - oder sollte ich sagen zum Glück - erschien keine Prinzessin mit den Augen der Huri, um unter meine Decke zu kriechen. Ich zitterte allein und ohne Gefährtin bis zum Morgengrauen. Als ich dann auf dem Gipfel stand, und die Sonne wie eine Kanonenkugel über den fernen Bergketten aufging, konnte ich die gesamte Küste Afrikas von der Straße von Gibraltar bis Oran sehen und auf der anderen Seite das Tal des Guadalquivir bis hin zur Sierra Morena. Dann zog der Hitze-Schleier auf.

Geht man ein paar Stunden den Kamm entlang, kommt man zum Pichaco de la Valeta, der zwar steiler, dafür aber nicht so hoch ist wie der Mulhacén. Jedes Jahr am fünften August, dem Tag der Schneejungfrau, kommen Wallfahrer an diesen Ort und es wird eine Messe gelesen. Seit es eine Autostraße von Granada bis fast an den Gipfel gibt, kommen die Städter und Touristen in Scharen, um daran teilzunehmen, und für eine oder zwei Stunden wecken sie den einsamen Berg mit ihrem Lachen und fröhlichen Treiben. Dann fahren sie wieder weg, und zurück bleiben leere Flaschen und Butterbrotpapier. Etwas weiter, im Tal, das nach Dílar führt, steht eine Klause, von der die Schneejungfrau ein Auge auf die Berge wirft und jeden, der in Schwierigkeiten gerät, retten kann. In ihrer Nähe gibt es einen Dolmen, interessanterweise das einzige prähistorische Monument in der Gegend. Dann fällt die Sierra Nevada plötzlich zu einem niedrigen, erdigen Kamm ab, dem Suspiro del Moro, und endet hier.

In einem September, kurz vor den ersten Regenfällen, setzte ich mir in den Kopf, an einem einzigen Tag von Granada quer über die Berge bis nach Hause zu laufen. Ich verließ die Stadt um drei Uhr morgens und erreichte bei Morgengrauen das Dorf Güéjar Sierra, wo ich eine offene Bar fand und ein Glas Kaffee bekam. Von hier zum Gebirgspaß in der Nähe der Laguna de Vacares hatte ich einen Aufstieg von annähernd 8000 Fuß vor mir. Oben angelangt, geriet ich in Wolken und hatte das Glück, den See als höchst erhabene und geheimnisvolle Erscheinung zu sehen. Ein Eisblock trieb an seiner Oberfläche, und ein Rabe krähte in den aufreißenden und sich wieder schließenden Nebelschwaden. Allerdings keine Spur eines weißen Vogels, obwohl ich am Ufer Rast machte, um mein Mittagessen, Brot und trokkene Feigen, zu verzehren. Als ich dann nach El Horcajo hinabstieg, stellte ich fest, daß die Hirten schon zurückgekehrt waren. Nachdem ich mich eine Zeit lang im Nebel verlaufen hatte, erreichte ich die Kastanienhaine von Bérchules am Abend gegen sechs Uhr. Hier trank ich Kaffee und aß Eier mit Schinken, bevor ich bei Dunkelheit meinen Weg auf der Hauptstraße fortsetzte. Um zehn Uhr war ich zu Hause. Es war ein langer Marsch - kaum weniger als sechzig Meilen - aber im Hochgebirge kann man ohne Ende weitergehen.

Da ich mit den spanischen Bergen einige Erfahrung habe, möchte ich künftigen Wanderern ein wenig Rat anbieten. Es ist besser, Schuhe oder Stiefel mit Hanfsohlen anstatt ledernen zu tragen, denn sie sind rutschfester und - ein wichtiger Punkt - sie wiegen weniger. Man muß dabei auf sehr robuste Qualität achten, Oberteil und Sohle sollten mit besonderen Nähten verbunden sein. Die besten von allen sind diese Segeltuchstiefel speziell für Sportler. Bei den sogenannten *alpargatas* riskiert man, daß sie sich auf dem Gipfel eines Berges auflösen und man barfuß absteigen muß. Es stimmt zwar, daß die Füße beim Wandern in den Hochtälern der Sierra Nevada in solchen Schuhen schwitzen, aber das sollte einen nicht allzusehr stören, denn sie sind sehr schnell wieder trocken. Ich würde auch sagen, es ist besser, eine *alforja*, eine kleine Satteltasche, wie sie die Bauern in den Alpujarras für ihren Proviant benutzen, mitzunehmen als einen Rucksack, denn sie hängt lose über der Schulter anstatt auf dem Rücken zu lasten und so den Wanderer in Schweiß zu baden. Kann man keine solche Tasche besorgen, dann genügt auch ein Brotbeutel. Man sollte daran denken, daß in diesen Breiten die Sonnenstrahlung sehr viel stärker ist als in den Alpen.

Vogelkundler, Insektenforscher und Botaniker werden in diesen Bergen vieles Interessante finden. Wenn sie auch, was Schönheit und Artenreichtum betrifft, keinen Vergleich mit der Serranía de Ronda bestehen, so sind sie doch fast doppelt so hoch. Unter den Vögeln fallen natürlich vor allem die Familien der Falken und der Krähen auf. Verschiedene Adlerarten, Lämmergeier, Habichte, Bussarde, Raben, Dohlen und Krähen gibt es wie in allen andalusischen Gebirgen im Überfluß, obwohl ich nicht sagen kann, wovon sie sich ernähren, denn aufgrund des spärlichen Bewuchses gibt es kaum kleine Tiere für sie. Ich vermute, jeder spanische Raubvogel stirbt früher oder später den Hungertod. Bei den Schmetterlingen gibt es einige blaue Arten, die man sonst nirgends findet, eine Apollofalterart hat tiefgelbe Flecken anstatt der karminroten, und das schönste Zinnober findet man bei *Zigaena ignifera*. Von den anderen Insekten weiß ich nur, daß man im August auf Schwärme von Marienkäfern trifft, die einem geheimnisvollen Trieb folgend in solchen Mengen in die Bäche fallen, daß diese sich karminrot verfärben. Und geben Sie acht, wenn Sie sich auf einen dieser einladenden Felsen setzen, die aus dem jungfräulichen Schnee ragen, Sie werden auf der Stelle von den wildesten Flöhen attackiert, mit denen Sie je zu tun hatten.

Über die Pflanzenwelt kann ich etwas fundierter berichten, denn wenn auch nicht mehr als ein Amateur, so bin ich doch ein enthusiastischer Blumenfreund und nehme jede Mühe botanischer Beschreibungen auf mich, um ihre Namen zu ermitteln. Ernsthaften Sammlern kann ich die Sierra Nevada deshalb nur empfehlen, denn sie bietet eine große Vielfalt von Arten, die nirgendwo sonst wachsen. Schon ein kurzes Überfliegen des *Compendium of Spanish Flora* von Lázaro e Ibiza zeigt dreiundzwanzig Pflanzen, die das Wort *nevadensis* in ihrer Artenbezeichnung tragen, während annähernd die gleiche Anzahl nur in der Sierra Nevada vorkommt und hundert weitere auch auf den angrenzenden Gebirgen, aber in keinem anderen Teil der Erde wachsen. Um einige Beispiele zu nennen, man findet hier fünf Enzianarten, darunter *Gentiana bory*, der nur hier vorkommt; ein hübsches Stiefmütterchen, *Viola nevadensis*; eine buschige Malve, *Lavatera oblongifolia*; und ein Geißblattgewächs, *Lonicera arborea*, das als Baum eine Höhe von zwanzig oder dreißig Fuß erreicht und sonst nur noch im Libanon bekannt ist. Als echte alpine Pflanzen möchte ich den weißen Mohn anführen, zwei weiße Hahnenfußgewächse, die am Rand des Schnees blühen, einen sehr schönen Tragant mit seidigen grauen Blättern und großen violetten Blüten und eine zierliche silberne Pflanze mit gelben Blüten, *Artemisia granadensis*, die man nur oberhalb 10.000 Fuß findet. Sie hat einen starken aromatischen Geruch und erzielt beim Drogisten unter dem Namen *manzanilla real de Sierra Nevada* einen hohen Preis, da aus ihr eine Art Kamillentee hergestellt wird. Eine weitere bemerkenswerte Pflanze dieser Höhenlage ist *Plantago nivalis*. Die Hirten nennen sie *estrellita de la nieve*, Schneestern, weil sie auf den grünen Grasnarben kleine silbrige Polster bildet.

In meinen Augen die außergewöhnlichste Pflanze von allen ist *Herinacea* (oder *Erinacea*) *pungens*, im Spanischen *piorno azul* genannt, blauer Stechginster. Er ist nicht nur in der Sierra Nevada heimisch, er wächst auch auf manchen Kalksteinbergen im Süden Frankreichs, und man findet ihn auf fast allen nackten Schieferhängen oder Gebirgskämmen in Südspanien oberhalb 5000 Fuß. Es ist eine Pflanze aus der Familie der Schmetterlingsblütler, die lange, extrem verschlungene Nadelkissen bildet und deren Blütenstände zunächst blauviolett sind. Beim Welken durchlaufen sie mehrere Stadien blaßblauer Färbung, so daß der Eindruck entsteht, die Pflanze trage zwei oder drei in Art und Farbe verschiedene Sorten von Blüten. Wenn man zum ersten Mal auf diese kleinen Inseln von Blau in der harten, steinigen Einöde trifft, muß man sich einfach freuen. Aber man kann sie unmöglich pflücken - sie ist zu dornig.

Eine andere Pflanze von besonderer Schönheit ist die andalusische Pfingstrose, *Paeonia coriacea*, die feinste der drei oder vier europäischen Arten. Sie kommt zwar auch auf den unteren Hängen der Sierra Nevada vor, doch kann man sie am ehesten im Küstengebirge zwischen Granada und Antequera sehen. Hier, auf den Berggipfeln, entwickelt sie ihre kräftigen Blüten. In der ersten Maiwoche treibt sie in den Spalten der grauen Kalksteinfelsen dicke Sträuße grüner Blätter und roséfarbener Blüten mit goldenem Zentrum aus und gewährt dem Botaniker mit Sinn für Ästhetik einen der erhabensten Anblicke, die Europa zu bieten hat. Für die, die starke Kontraste lieben, möchte ich zum Schluß *Putoria calabria* erwähnen. Sie ist ein kriechendes Gewächs mit holzigem Stamm aus der Familie der Rubiaceae, deren sternenförmige rosa Blüten die Felsen schmükken und deren Blätter beim Zerreiben einen solch starken und ekelhaften Gestank entwickeln, daß schon ein kleines Stück jeden aus dem Zimmer treibt.

Neben diesen Sommerexkursionen ins Hochgebirge überquerte ich die Sierra öfters an einer etwas niedrigeren Stelle auf dem Weg zur Hochebene des Marquesado auf der anderen Seite. Ich wählte gewöhnlich den Paß Puerto del Lobo, den Wolfspaß - auch eine falsche Bezeichnung, denn *lobo* ist vom arabischen Wort *loh* abgeleitet, was soviel wie Planke bedeutet, also ein schmales, flaches Stück Land. Da er in 7000 Fuß Höhe lag, war er für Packesel nur von Mai bis Oktober offen. Ein Mann zu Fuß konnte allerdings auch in den Wintermonaten durchkommen, wenn ihm das Risiko nicht zu groß war.

Der Paß war ein verlassener und trostloser Ort, besonders an nebligen Tagen. Dorthin gelangte der Wanderer auf einem allmählich ansteigenden, monotonen Weg entlang schieferiger Böschungen, die abgerundet, ohne Form und fast vegetationslos waren. Zwischen den Steinen schien eine kleine graue Pflanze mit wie im Gebet gefalteten Blättern auf etwas zu warten, das nie kam. Hatte man schließlich den Pass erreicht, befand man sich auf einer schmalen kleinen Ebene mit einigen Holzkreuzen. Arme Fischverkäufer hatten in ihrer dünnen Baumwollkleidung die Gebirgskette überquert, um in den Dörfern auf der anderen Seite ihre Sardinen und Sardellen zu verkaufen. Schnee und eisiger Wind hatten sie überrascht. Der nächste, der vorüberkam, fand ihre Leichen. Raben hatten ihnen die Augen herausgepickt. Kurz bevor ich zum ersten Mal nach Spanien kam, war an dieser

Stelle ein grauenhaftes Verbrechen verübt worden. Zwei Männer der Guardia Civil eskortierten zwei Zigeuner mit ihren Frauen und Kindern von Guadix nach Ugíjar. Auf dem Paß legten sie eine Essenspause ein. Die Anklage gegen die Zigeuner war geringfügig, sie hatten ein Maultier gestohlen, und in jenen nachsichtigen Tagen hatten sie nicht mehr als ein paar Wochen Gefängnis zu erwarten. Die Wächter waren freundliche Leute und nahmen ihnen die Handschellen ab, damit sie bequemer essen und trinken konnten. Voll vom lebenslangen Haß der Zigeuner auf die Polizei, warf sich die ältere der beiden Frauen augenblicklich von hinten auf den einen der Bewacher und erstach ihn mit ihrem Messer. Die anderen umringten den zweiten und töteten auch ihn. In einem Anfall von Raserei verstümmelten sie ihre Leichen, eine der Frauen schnitt ihnen sogar die Genitalien ab und nahm sie als Trophäen mit. Ihr Triumph währte nicht lange. Innerhalb weniger Tage waren alle gefaßt. Beim Prozeß, der in Ugíjar stattfand, wurde die Frau, die ihre Gefährten zu dem Verbrechen angestiftet hatte, zum Tode durch die Garrotte verurteilt, die anderen erhielten Freiheitsstrafen.

Ein weiterer, aber interessanterer Weg nach Guadix führte über den etwas höheren Paß Puerto de Rejón oder de Bérchules direkt oberhalb von Mecina Bombarón. Um die Reise abzukürzen, übernachtete ich dann in Don Fadriques *cortijo*. Bei Sonnenaufgang machte ich mich auf den Weg ins Tal hinauf, sammelte beim Gehen Pflanzen und kletterte am Ende über einen Gebirgsvorsprung. In der dünnen, flimmernden Luft sahen die Felsen am Horizont aus wie Karawanen von Packeseln, die stetig weiterzogen, ohne jemals anzukommen. In den Sommern 1922 und 1923 war dieser Paß berüchtigt wegen der Räuber, die sich hier herumtrieben. Es waren zeitweilig arbeitslose Schäfer, die Reisende überfielen und verprügelten, wenn sie nicht das Geld fanden, das sie erwartet hatten. Bis sie gefaßt wurden, machten sie beachtliche Beute, denn aus den Dörfern kamen Männer mit Bündeln von Banknoten in ihren Taschen herauf zu den Sommerweideplätzen, um Schafe und Lämmer zu kaufen. Einmal stieß ich auf drei solche Wegelagerer, aber da ich ahnte, was sie im Schilde führten, machte ich kehrt und entkam, bevor sie mir mit ihren Steinschleudern gefährlich werden konnten. Ein anderes Mal, als ich auf dem Rückweg von England den Puerto del Lobo bei Mondlicht überquerte, traf ich einen einzelnen Mann, der mir in den Weg trat, ich konnte aber weglaufen, bevor er mir zu nahe kam. In den Bergen war es nützlich, ein paar gute Beine zu haben, besonders, wenn man wie ich allein und unbewaffnet reiste.

Der Blick vom Gipfel des Puerto del Lobo nach Norden ist überraschend orientalisch. Direkt zu Füßen liegt eine weite gelbe, völlig kahle Ebene, von faltigen, ockerfarbenen Bergen eingefaßt. Mitten durch diese Ebene zieht sich eine tiefgrüne Spur, wie Tinte aus einer umgekippten Flasche. Das ist die vom Río Guadix und seinen Nebenläufen gebildete Oase. Es entsteht der Eindruck, als blicke man vom Berg Hermon auf Damaskus hinab. Geht man weiter, trifft man viertausend Fuß unterhalb auf ein erdfarbenes Dorf, in dem es Eisenerzminen gibt, die bis vor kurzem einer englischen Firma gehörten. Man kann sich keine trostlosere Gegend vorstellen, und doch steht nur wenige Meilen entfernt, einsam und bedrohlich, auf der Spitze einer steilen nackten Kuppe, eins der hervorragendsten Renaissance-Gebäude Spaniens. Es handelt sich um das Kastell von La Calahorra, das 1510 von einem italienischen Architekten, Michele Carlone aus Genua, für Rodrigo de Mendoza, den ersten Marqués del Zenete, gebaut wurde.

Die Geschichte dieser Burg ist es vielleicht wert, erzählt zu werden. Rodrigo de Mendoza war ein unehelicher Sohn des großen Kardinals Mendoza, des Erzbischofs von Toledo, der so viel daran setzte, Isabella auf dem Thron von Kastilien zu etablieren. Nach seiner Legitimierung durch den Papst gab sein Vater ihm als *mayorazgo*, als Majorat die *llanos*, die Ebenen von Zenete, und die Königin verlieh ihm den Titel eines Marqués.

Seine ruhmreichen Taten während der Belagerung Granadas und seine Abstammung machten ihn zu einem der edelsten Männer seiner Zeit. Als er Italien besuchte, verlobte ihn Papst Alexander mit Lucrezia Borgia, wohl in Anknüpfung an seine alte Freundschaft mit Rodrigos Vater. Diese Ehe kam zwar nicht zustande - den Sohn eines spanischen Kardinals mit der Tochter eines spanischen Papstes zu verheiraten, wäre denn doch ein zu starkes Stück gewesen - aber Rodrigo, der wie sein Großvater, der berühmte Marqués de Santillana, verfeinertes Kunstverständnis mitbrachte, blieb lange genug im Land, um sich enthusiastisch für die neue klassische Architektur zu begeistern. Bei seiner Rückkehr nach Spanien brachte er den besten italienischen Architekten mit, den er finden konnte, und baute in exponierter Lage am Fuß der Sierra Nevada das Kastell von La Calahorra. Da es aber inmitten trostloser Einöde lag, mochten weder er noch seine Nachfahren darin wohnen. Das Bauwerk vereinigt auf bemerkenswerte Weise spanische und italienische Formen. Von außen beeindrucken seine finsteren Mauern und die massiven, zylindrischen Türme den Betrachter. Stößt man aber das eiserne Tor und die innere Tür auf, findet man sich in einem Renaissance-Palast reinen Stils, dessen Portale und Treppenaufgänge sehr kunstvoll aus Carrara-Marmor gearbeitet sind. Es ist der erste in Spanien errichtete Renaissancebau, vielleicht mit Ausnahme des siebzig Meilen nordöstlich gelegenen Kastells von Vélez Blanco, das der Marqués de los Vélez etwa zur gleichen Zeit nach Plänen eines spanischen Architekten erbauen ließ. Von dieser Burg stehen heute nur noch die Außenmauern, da man das gesamte Innere 1903 Stein für Stein abbaute und in die Vereinigten Staaten verschiffte.

Heute ist La Calahorra Eigentum des Duque del Infantado, des Oberhaupts der Familie Mendoza und eines der mächtigsten Großgrundbesitzer des Landes. 1924 habe ich es einmal besichtigt, es war zu der Zeit mehr oder weniger vernachlässigt, doch heute ist es der Öffentlichkeit verschlossen, obwohl es jetzt einen

Verwalter gibt. Dahinter steckt eine Legende. Vor ein oder zwei Jahren ging das Gerücht um, der Herzog wolle seine in Marmor gearbeiteten Portale und Kamine verkaufen, so wie sein erlauchter Kollege die von Vélez Blanco verkauft hatte, doch die Regierung habe rechtzeitig Wind davon bekommen und die Demontage untersagt. Von da an verweigerte der Beauftragte des Herzogs in Granada jegliche Besichtigung des Kastells. Ich hörte, er habe selbst einem Beamten der Akademie der Schönen Künste den Zutritt verwehrt. Doch haben Herzöge nicht mehr den Einfluß wie vor fünfzig Jahren, und man geht davon aus, daß das Bauwerk bald unter Denkmalschutz gestellt und der Öffentlichkeit zugänglich gemacht wird.

Die Ebene des Marquesado ist nicht so völlig unfruchtbar, wie sie vom Puerto del Lobo aus erscheint, jedes Jahr wirft sie einen kleinen Ertrag an Gerste ab. In durchschnittlichen Jahren erreicht das Getreide eine Höhe von ein bis anderthalb Fuß. Im Juni färbt der Mohn die Ebene in tiefes Karminrot - der spanische Mohn hat die Farbe des Blutes - Feldlerchen schweben am Himmel und füllen den Raum mit ihrem atemlosen, jauchzenden Gesang. Offenbar bekommen ihnen die kalten Nächte dieser Höhenlage gut, denn die in Andalusien am weitesten verbreiteten Arten sind die Haubenlerche, die zwischen Felsen lebt und nicht in die Höhe fliegt, und die Heidelerche, die sowohl aufsteigt als auch singt, allerdings weniger ekstatisch und eher schwerfällig. Es ist für den mehr erdverbundenen Charakter dieser Art typisch, daß sie im Gegensatz zur Feldlerche auch in Gefangenschaft singt. Geht man in Richtung Guadix weiter, kommt man unvermittelt an einen steilen Abhang, dort beginnt das Flußtal. Gesäumt von roten Felsen, mit Pappeln und Maulbeerbäumen bewachsen, windet sich dieser wasserreiche Fluß langsam nach Norden.

Guadix ist das römische und iberische Acci, das die Araber in Wadi Ash umbenannten, als sie den Ort einige Meilen nach Südosten verlegten. Die ursprüngliche Stadtanlage - heute ist sie untergepflügt - war die Hauptansiedlung eines kleinen iberischen Clans, der dem Sonnengott Neto oder Netón, dem späteren Mars, huldigte. Zur Zeit Hannibals erlangte der Ort eine gewisse Bedeutung aufgrund seiner Silberminen. Es gab dort auch einen Schrein, den man der Isis, wahrscheinlich die romanisierte Form einer iberischen Mondgöttin, geweiht hatte. Eine kürzlich entdeckte Inschrift erwähnt eine Opfergabe an sie, die aus 53 Perlen, 32 Smaragden, 1 Karfunkel, 1 Hyazinthen, 2 Diamanten und 2 Meteoriten bestand. Eine weitere Gabe enthielt 20 Smaragde und 119 Perlen. Vergleicht man das mit den 8000 Diamanten, 145 Perlen, 74 Smaragden, 62 Rubinen und 46 Saphiren, die Nuestra Señora del Pilar in Saragossa zieren, erkennt man, daß die religiösen Praktiken in Spanien sich nicht in dem Maße verändert haben, wie man es vielleicht erwartet hätte. Höchstens, daß sie ein wenig abgekühlt sind, denn ich sehe keinen andalusischen Krösus, der heute noch die Jungfrau seines Heimatortes so großzügig beschenken würde. Wie auch immer, Guadix muß in jenen Zeiten ein bemerkenswerter Ort gewesen sein, denn etwa im Jahr 70 n. Chr. errichteten die Christen hier ihre erste Mission in Spanien. Der Heilige Torquatus und seine sechs Begleiter, die einer nicht unplausiblen Legende zufolge vom Apostel Paulus ausgewählt worden waren, das Land zu evangelisieren, landeten in Urci bei Almería und ließen sich in der Gegend nieder. Offenbar hat sie der Minendistrikt angezogen - vielleicht sahen sie in den Sklaven, die dort arbeiteten, gutes Material - San Torquatus ließ sich in Guadix nieder und überließ es seinem jüngeren Gefährten San Cecilio, das Evangelium in Illiberis - also in Elvira oder Granada - zu verkünden. Aus diesem Grund besitzt der Bischof von Guadix noch heute Vorrang vor allen anderen Bischöfen in Spanien. In Zusammenhang mit San Torquatus berichtet man von einem Wunder. Ein Olivenbaum, der beim Eingang zur christlichen Basilika wuchs, stand am Vorabend des Festes ihres Schutzheiligen in voller Blüte und trug bereits am folgenden Tag - dem 1. Mai - Früchte. Ein bescheidenes kleines

Wunder, das zum strengen iberischen Temperament paßt, und auch ein angemessenes. Schon damals lag der Reichtum Andalusiens in seinen Ölbäumen, und der 1. Mai war dem Baumgeist und den Fruchtbarkeitsriten gewidmet. Mir persönlich liegen solche Wunder mehr als jene, die später in Umlauf kamen und die die Frömmigkeit eines Heiligen nicht nach seinen Taten zu Lebzeiten beurteilen, sondern danach, ob sein Leichnam einen Monat nach seinem Ableben den Duft von Rosen und Parmaveilchen annimmt oder nicht.

Guadix ist eine schmutzige, lärmende, übervölkerte kleine Stadt mit schlechten Wirtshäusern und überdurchschnittlich vielen Armen. Es hat eine Kathedrale, die im achtzehnten Jahrhundert aus rotem Sandstein und im gleichen Stil wie die von Granada erbaut wurde, und einen von Arkaden umgebenen Platz, der einmal sehr schön war, aber vor kurzem mit einer neuen Fassade verschandelt wurde. Es gibt mehrere Adelspaläste, unter ihnen den des Marqués de Peñaflor - ein riesiger, weiträumiger Bau auf einer Anhöhe und mit so vielen Räumen und Fenstern wie ein tibetanisches Kloster. Inzwischen hat man es, was angemessen ist, in ein Priesterseminar umgewandelt. Man zeigte mir einen weiteren Palast, in dem ein bankrotter Marqués, dessen Name mir entfallen ist, mit seiner Geliebten wohnte. Seine Extravaganzen hatten ihn so tief in den Ruin getrieben, daß, wenn man den Leuten glauben konnte, sie außer Stockfisch und Kartoffeln nichts zu essen hatten, und außer einem alten Weib, das täglich zu ihnen kam, auf Bedienstete verzichten mußten. Aber diese Gerüchte sind nicht immer glaubhaft. Im Volksglauben Andalusiens ist der Marqués eine halb mythologische Figur, in einem Moment noch unermeßlich reich und schon im nächsten kraft seiner Leidenschaft für Frauen und fürs Kartenspiel restlos abgebrannt und völlig verarmt.

Sobald man nach Guadix kommt, rührt einen etwas Unangenehmes und Schäbiges an. Da es eine Anlaufstelle für viele Arten von Reisenden ist, gibt es hier überall Zigeuner, Maultiere,

Pferde und Esel, und am Ortseingang stehen reihenweise Lastwagen. Der feine Staub, den der trockene Sandboden abgibt, läßt die Männer und Frauen, denen man begegnet, ungewaschen und schmutzig erscheinen, die Leute spucken häufig aus und haben laute rauhe Stimmen. Die Winter sind kalt, denn die Stadt liegt in einer Höhe von über dreitausend Fuß, und die Sommer sind heiß wegen der trockenen Ebene und der sie umgebenden Berge. Hört man von einem alten Mann, wegen des guten Wassers hier sei das Land berühmt für seine Melonen, fühlt man sich an einen orientalischen Reisebericht erinnert. Und wirklich, dieser Ort ist orientalisch. Mit Pappeln und Maulbeerbäumen im Flußtal, mit seinen dürren Steppen und der Wand von schneebedeckten Bergen könnte er ebensogut irgendeine Stadt im anatolischen Tafelgebirge sein. Selbst die Menschen mit ihren reglosen, versteinerten Gesichtern sehen türkisch aus.

Anatolisch wirkt auch das Barrio de Santiago, das Höhlenviertel direkt unterhalb des maurischen Kastells, der Alcazaba. Hier lebt mehr als ein Drittel der fast 30.000 Einwohner von Guadix. Wegen dieses Viertels und wohl nur seinetwegen lohnt es sich, diese Stadt zu besuchen. Die Höhlen sind in die steilen, vom Wasser in den Berg gegrabenen Hänge geschnitten, die sich das Flußtal entlangziehen und zu den gleichen Schwemmlandformationen aus weichem, tonhaltigem Sandstein gehören wie das zerfurchte Land unterhalb Yegens. Früher bezeichnete man ihn als Löß, später bekam er von dem deutschen Geologen Drasche den Namen *Guadix-Formation.* Sicher ist sein größter Vorzug, daß man ihn schneiden kann wie Käse. Höhlen mit drei oder vier Zimmern einschließlich Kaminen, Nischen und Schränken lassen sich aus diesem Material herausarbeiten. In Guadix und den Dörfern ringsum gibt es einige zweigeschossige Höhlen, während es in Benalúa sogar eine dreigeschossige geben soll. Nach dem Aushöhlen werden sie innen geweißt, man verlegt die elektrischen Kabel, fliest die Böden und, da die Temperatur innen das ganze Jahr über annähernd konstant bleibt, bieten sie den Vorteil, im Winter warm und im Sommer kühl zu sein.

Eine Höhlenwohnung kostet in der Herstellung oder beim Kauf weniger als ein Haus. Eine kleine kann man oft schon für 5 Pfund bekommen, eine größere mag 70 Pfund, und eine luxuriöse mit zwei Stockwerken, Balkon und Telefon kann bis zu 500 Pfund kosten. Viele Arbeiter und Tagelöhner graben sich in den Wintermonaten, wenn sie ohne Arbeit sind, ihre eigene Höhle und haben dann die Beruhigung, im eigenen Haus zu wohnen, das kaum Kosten verursacht hat und für das sie nur eine Kleinigkeit an Grundstückspacht bezahlen müssen. Eine oder zwei Vorsichtsmaßregeln müssen allerdings beachtet werden. Wenn die Fassade zu bröckeln beginnt, was häufig vorkommt, muß sie durch eine Mauer aus Ziegelsteinen und Mörtel befestigt werden. Sollte man auf eine Sandader stoßen, muß man sie mit Kalkputz verschließen. Die Decke muß gewölbt sein, und das letzte Glätten der Wände besorgt man mit einem in Kalk getauchten Palmblatt. Das Material ist weich und leicht zu schneiden, die Oberfläche der Wände wird aber im Laufe der Zeit so hart, daß es unmöglich ist, einen Nagel hineinzuschlagen.

Die Höhlen von Guadix, und das unterscheidet sie von den Cuevas de Almanzora und anderen Dörfern der Provinz Almería, haben etwas besonders Pittoreskes: die Hänge, in denen sie liegen, hat das Wasser zu Kegeln, Zinnen und Schluchten in den Farben gelb und rot geformt. Sie haben viel von einer Mondlandschaft. Abgesehen von ein paar Stellen, an denen Feigenkakteen wuchern, ist der Boden nackt. Die Höhlen sind mitunter so angeordnet, daß die eine Familie ihr Schwein oder ihre Ziege am Schornstein der anderen anbinden kann. Das gesamte Höhlenviertel nimmt etwa eine Quadratmeile ein. Spaziert man durch diese eigenartigen Vororte, trifft man mitunter auf Veranden mit Weinspalieren, kommt man vorbei an Höhlenschulen, Höhlenkneipen oder Höhlenläden, und man meint, sich in einer anderen Welt zu befinden. Bei Mondlicht ist dieser Eindruck besonders intensiv. Doch betritt man eine dieser Höhlen, verbringt den Abend mit der Familie und schläft in einem ihrer Betten, wie ich es getan habe, dann vergißt man, nicht in einem normalen spanischen Haus zu sein. Diese Höhlenbewohner sind sehr stolz auf ihre Häuser, und ihre Unterkünfte sind um einiges hübscher und sauberer als viele Stadtwohnungen.

Aber es ist gar nicht so leicht, mit Muße durch dieses Viertel zu streifen. Auf jeden erwachsenen Höhlenbewohner kommen drei oder vier Kinder. Und diese Kinder laufen in wilden Banden herum und haben nichts besseres zu tun, als jedem Fremden, der sich bei ihnen blicken läßt, zu folgen und ihn anzupöbeln. In meiner Arbeiterkleidung zog ich höchstens ein Dutzend an, aber wehe dem ausländischen Touristen - auf der Stelle hat er einen lästigen Schwarm von hundert und mehr lärmenden Kindern um sich. Bemerkenswert ist auch der enorm zähe Lebenswille dieser Kinder. Die Kindersterblichkeit bei ihnen ist auffallend niedrig, und als kürzlich eine Höhle nach schweren Regenfällen einstürzte und den Vater, die Mutter und zwei Großeltern tötete, wurden alle zehn Kinder unverletzt ausgegraben. Das ist typisch für sie.

Ich habe verschiedene Reisebücher gelesen, englische wie auch französische, die von Guadix berichten. Alle erklären, das Höhlenviertel sei von Zigeunern bewohnt. Das zeigt nur die Unfähigkeit ausländischer Besucher, sich normale Arbeiter als Bewohner solch außergewöhnlicher Behausungen vorstellen zu können. Tatsächlich sind neunzehn von zwanzig Bewohnern dort Spanier. Das gilt für alle Höhlendörfer und Höhlenviertel, die ich in Südspanien gesehen habe, der Sacro Monte in Granada bildet die einzige Ausnahme. Es gibt allerdings auch unter den Höhlenbewohnern in Guadix einige Zigeuner, und möchte man sie treffen, so sollte man die engsten Schluchten hinaufklettern, bis man in der Nähe des Gipfels zu den kleineren und einfacheren Aushöhlungen kommt. Ein halbes Dutzend zerlumpter Kreaturen wird sich auf den Besucher stürzen, ihn bestürmen und wehklagend nach einem Bakschisch verlangen. Als ich zum ersten mal ihre Bekanntschaft machte, waren sie halb nackt, denn Zigeunerinnen machen in ihrem eigenen Wohnviertel um die Bedeckung ihrer Blößen keine Umstände, und die Kinder unter dreizehn trugen der Einfachheit halber gar keine Kleidung. Wie ich einer kleinen Schrift der Sozialen Stiftung vom Heiligen Herzen entnehme, hat man dieses Viertel aufgeräumt, Anstand, Sittsamkeit und gute Manieren haben Einzug gehalten. Und tatsächlich sind alle jüngeren Frauen und Kinder, die man in diesem Bezirk sieht, besser und ordentlicher gekleidet als früher.

Die meisten Dörfer rings um Guadix bestehen aus Höhlenwohnungen. Sehr malerisch sind die in Purullena an der Straße nach Granada. Eine Höhle in Benalúa hat im oberen Stockwerk einen mit Geranien geschmückten Balkon, eine andere, die ich nicht gesehen habe, soll sogar einen Innenhof haben. Alle außer den ärmsten haben Stromanschluß, einige auch fließendes Wasser und Telefon. In einer Höhle zu wohnen, ist gleichwohl nicht jedermanns Sache. Die Meinungen gehen in diesem Punkt weit auseinander, und jeder hält hartnäckig an seinem Standpunkt fest. Leute mit Neigung zum Einsiedlertum weisen darauf hin, daß Höhlen billiger und auch gesünder als Häuser seien, und daß es bequemer sei, zu jeder Jahreszeit mit der gleichen Zahl Bettdecken auszukommen. Die Höhlengegner bestreiten das zwar nicht, erklären aber, es sei für Menschen, die sprechen und aufrecht gehen können, unwürdig, wie Tiere in Erdlöchern zu leben. So geht der Streit weiter, die Fürsprecher der Menschenwürde stellen sich tapfer und um jeden Preis den Pragmatikern entgegen, ungeachtet dessen, daß sich die Kirche inzwischen im Sinne der letzteren entschieden hat.

Guadix ist keine glückliche Stadt. Der größte Teil des bewässerten Landes gehört wenigen Landbesitzern, und das wird allgemein und zu Recht als falsch angesehen. Der auf Landbesitz angewiesene Bauer hat einen moralischen Anspruch auf das Stück fruchtbaren Bodens, von dem er sich ernähren kann. Diese

Unzufriedenheit führte beim Ausbruch des Bürgerkrieges zu zahllosen Greueltaten. Eine Bande junger Terroristen machte sich in der Stadt breit, und jeden Morgen waren die Straßen mit Leichen übersät, bis nach fünf Monaten der Anarchie die republikanische Regierung all ihren Mut zusammennahm und die Anführer der Mörderbande exekutierte. Nach Ende des Krieges marschierten die Nationalisten ein und feierten ihren Sieg mit noch größeren Säuberungen. Es ist wohl die Regel in Bürgerkriegen, daß die Sieger die meisten Menschen töten.

Einer, der dabei sein Leben verlor, war der Bischof von Guadix. Man hielt ihn zunächst auf einem Schiff gefangen und warf ihn dann zusammen mit seinem Kollegen, dem Bischof von Almería, lebend, wie es heißt, in die *pozos*, die Gruben von Tabernas. Noch heute ist es der Bischof von Guadix, der mehr für den Lebensstandard und die Gerechtigkeit in dieser Stadt getan hat als Jahrhunderte spanischer Regierungen vor ihm. Mit der Umwandlung seines Palastes in eine Fabrik für Esparto-Matten ist er in der Lage, mehr als siebenhundert Männer und Frauen bei gerechtem Lohn und besten Arbeitsbedingungen anzustellen, und er hat die Dinge so organisiert, daß er zu Zeiten großer Arbeitslosigkeit bis zu dreitausend Arbeitskräfte beschäftigen kann. So könnte sein Projekt ein Modell sein für Fabriken in anderen andalusischen Kleinstädten, die unter saisonaler Arbeitslosigkeit in der Landwirtschaft leiden. Doch soll man nicht meinen, seine Arbeit hätte diesem bewundernswerten Mann nur allgemeine Achtung eingebracht. Der Antiklerikalismus in Südspanien ist ungeheuer stark. Ich hatte einmal mit einem Mann zu tun, der - obwohl er auf nationalistischer Seite gekämpft hatte und verhältnismäßig wohlhabend war - mir sagte, der Bischof habe aus der Fabrik enormen Vorteil für sich und seine Familie gezogen. Ich kann nur sagen, daß die im Höhlenviertel von der Kirche gebauten neuen Schulen und die ordentliche Kleidung der Schulkinder belegen, daß ein eventueller Gewinn der Esparto-Manufaktur gut angelegt wurde.

Ich darf Guadix nicht verlassen, ohne die bemerkenswerten Schriftsteller zu erwähnen, die es hervorgebracht hat. Der erste war ein arabischer Poet namens Shushtari. Er wurde etwa 1212 im persischen Viertel der Stadt geboren, und mit der bestmöglichen Erziehung, die einem Sohn der Mittelklasse damals möglich war, bekleidete er ein öffentliches Amt. Doch gehörte seine wahre Neigung mehr der Poesie. Die Dichter jener Zeit waren ausschweifende Leute, und für ihn galt das wohl ganz besonders. Man liest, er habe in Granada, in Loja und schließlich in Marokko gelebt und wahrscheinlich im Staatsdienst gearbeitet. Seine lebendigen, sinnlichen Gedichte über Tänzerinnen, hübsche Knaben und die Freuden der Trinkgelage schrieb er in Anlehnung an jene, die der talentierteste aller arabischen Troubadoure, Ibn Guzman, in Mode gebracht hatte. Louis Massignon, auf dessen Darstellung ich mich hier beziehe (siehe seinen Artikel in *Al-Andaluz*, Band XIV, 1949), vergleicht ihn mit Verlaine.

Als Shushtari kaum dreißig war, nahm sein Leben eine Wende. Plötzlich und heftig wandte er sich der Religion zu, und nach einer Zeit der Initiation, die er anscheinend in einer *zawiya* in Granada verbrachte, bestärkte ihn der berühmte Sufi-Mystiker Ibn Sab'in in seiner göttlichen Berufung. Er legte das Armutsgelübde ab und trat einer jener losen Klosterbruderschaften bei, die die Bewegung der Sufi ins Leben gerufen hatte.

Von dieser Zeit an nahm Shushtaris Poesie eine neue und für westliche Augen überraschende Wende. Er betrachtet Gott als eine männliche Kraft der Offenbarung. Göttliche Vorstellungen prägen die menschliche Seele, die passiv und weiblich ist und sich in Ekstase öffnet, um Gott zu empfangen. Die Seele muß sich völlig aufgeben, alles Verlangen nach Irdischem ablegen und darf kein anderes Ziel haben als die Vereinigung mit dem Unaussprechlichen. Sie empfindet dann einen Rausch ähnlich dem Genuß von Wein während einer Orgie. Eine solche Verbindung spiritueller mit erotischen Zuständen entsprach zeitweise einer unter moslemischen Mystikern verbreiteten Sichtweise, die auch christliche Mystiker bald annahmen. Doch Shushtaris Originalität liegt in seiner groben und plebejischen Umgangssprache, die selbst obszöne Ausdrücke verwandte. Darin folgte er natürlich der poetischen Tradition des Ibn Guzman. Die klassische arabische Poesie, die ihren Ursprung in der Wüste hatte, war dem normalen Leben der Stadtbewohner fremd geworden. An ihre Stelle trat eine vertrautere Art von Versen, wie sie auf dem Marktplatz gesungen wurden und Volksliedern entlehnt war. Dieser neue Stil war in Spanien am stärksten ausgeprägt, weil die marokkanischen Dynastien, die das Land seit 1100 regierten, kaum kulturelle Interessen hatten, und der Niedergang des höfischen Poeten Platz für den Troubadour und den fahrenden Sänger schuf. Diese Kunst beeinflußte natürlich auch die religiöse Dichtung. So wie im sechzehnten Jahrhundert die religiösen Poeten Kastiliens volkstümliche Liebeslieder aufnahmen und ihnen eine fromme Färbung verliehen, so veränderten die Sufi-Dichter die erotische Lyrik dieser fahrenden Sänger, um der Vorstellung ekstatischer Vereinigung mit Gott Ausdruck zu geben. Aber Shushtari war mehr als ein Sufi-Dichter, er war ein Derwisch, der sich - wie der Heilige Franziskus - zu einem Leben in Armut verpflichtet hatte. Die Menschen, denen er zur Erlösung verhelfen wollte, gehörten zum Bodensatz der Städte, waren Diebe, Säufer und Prostituierte. Der Islam ist keine prüde Religion, daher war es für Shushtari nur natürlich, in ihrer eigenen Sprache zu ihnen zu sprechen.

»Ich hatte einen Geliebten. 'Komm zu mir', sagte ich. 'Ich gebe dir alles, was du willst und noch mehr.' Und was tat er? Er fing mich in seinem Netz... er riß mir die Kleider herunter... er schlug mich und er nahm mich zwischen meinem Fleisch und meinem Blut... und drang bis in meine geheimsten verschlossenen Winkel. Er zog mich an den Ohren und sagte: 'Um deiner selbst willen mußt du dieses Schloß öffnen...' Das tat ich, und er nahm mich, und dann nahm ich ihn. Ich erforschte und erkundete sein ganzes Wesen. Und jetzt bin ich wie die Schildkröte auf der Straße, allein, ohne Feind oder Freund.«

Shushtari wanderte durch Afrika, sang auf den Marktplätzen seine Verse und bekehrte die Trunkenbolde und Prostituierten zu sublimeren Formen des Rausches und der Liebe. Aus Ägypten wird von ihm berichtet, wo er offenbar gegen den Heiligen Ludwig und seine Kreuzritter gekämpft hat, und dann hören wir aus Syrien von ihm. In einem Pilgerzug auf dem Rückweg nach Ägypten starb er 1269 in der Nähe von Port Said. Seine Gedichte singt man noch im ganzen Orient, besonders bei den Bruderschaften Shadili, um sich mit ihnen in Ekstase zu versetzen.

Aber was, so fragt man vielleicht, hat dieser Dichter aus Wadi Ash oder Guadix mit Spanien zu tun? Nach dem Fall des Kalifats von Córdoba war der aus Spanien stammende Intellektuelle oder Derwisch in allen Teilen der arabisch sprechenden Welt zu Hause, in Syrien und Ägypten mehr noch als im Westen. Dieses immense Reich, das sich vom Senegal und dem Atlasgebirge bis nach Buchara und Sind erstreckte, verstand sich mindestens ebenso international wie das Christentum des Mittelalters, und dort kennt man heute noch seinen Namen. Aber Shushtari hat auch auf Europa Einfluß ausgeübt. Ramón Llull oder Raimundo Lulio, der Mystiker und Philosoph aus Mallorca, hörte seine Verse, die ihn zu seinem berühmten Buch *Libro del amigo y del amado* inspirierten. Drei Jahrhunderte später begegnet uns San Juan de la Cruz, der seine Gedichte in der selben Stadt schuf, in der der arabische Poet gelebt hatte, und der über die gleichen erotisch-religiösen Themen schrieb. So ist Shushtari ein Glied in einer Kette, die bis in unsere Zeit reicht.

Der nächste Autor aus Guadix, der zu Ruhm gelangte, war Antonio Mira de Amescua. Obwohl er heute kaum gelesen wird, denn es hat nie eine Ausgabe seiner gesammelten Werke gegeben, ist er einer der interessantesten unter den nicht sehr bedeutenden Dramatikern des siebzehnten Jahrhunderts. Aus seinem

Leben ist wenig bekannt. Er wurde etwa 1574 geboren und stammt aus der unehelichen Verbindung zwischen einem Edelmann in höherer Position und einer schönen Frau, deren Name Beatriz de Torres y Heredia vermuten läßt, daß sie Zigeunerin war. 1601 erhielt er die Priesterweihe und bekam durch den Einfluß seines Vaters eine Stelle als Kaplan bei den Reyes Católicos in Granada und später die Domherrenwürde in der Kathedrale von Guadix. Als Priester war Mira allerdings eine Fehlbesetzung. Er war arrogant, gewalttätig und unberechenbar: es wird berichtet, er habe eine Lehrerin auf der Treppe der Kathedrale geohrfeigt, sich mit den anderen Domherren gestritten und sei von seinem Bischof wegen einer übermäßig langen Abwesenheit in Madrid gerügt worden. Diese Ruhelosigkeit und Gewalttätigkeit in seinem Temperament spiegeln sich in seinen Stücken wieder. Er war ein Romantiker - was man heute Barock nennt, war der Romantizismus jener Zeit - und die Überspanntheit und Absurdität seiner Geschichten überschreiten alle Grenzen. Doch seine Sprache ist eindringlich, und er hat deutlichen Einfluß auf Calderón ausgeübt. Einige seiner Figuren legen einen plötzlichen und heftigen Wechsel zwischen Frömmigkeit und Bosheit und dann wieder Reue an den Tag. Diese Wechselbäder scheinen auf Calderón eine besondere Anziehung ausgeübt zu haben, der auch einige Redewendungen und Stilmittel in verbesserter Form von ihm übernahm. Mira starb 1644 in Guadix und wurde in der Kathedrale beigesetzt.

Der letzte Schriftsteller aus Acci, den ich erwähnen muß, war Pedro Antonio de Alarcón, ein sehr bekannter Romanautor, der von 1833 - 1891 lebte. Unter einer Anzahl Bücher sehr unterschiedlicher Qualität findet sich eine bewundernswerte Kurzgeschichte, die zu Weltruhm gelangte, *El sombrero de tres picos*, *Der Dreispitz*. Diaghilew produzierte sie 1919 als Ballett mit der Musik von Manuel de Falla, dem Bühnenbild von Picasso und der Choreographie von Massine. Die Mühle, in der die Geschichte - eine alte Legende - sich abgespielt haben soll, kann man heute noch in der Nähe der Hauptstraße zwischen Esfiliana und Alcudia sehen. Alarcón hat noch ein weiteres Buch über Guadix geschrieben, *El niño de la bola*, das, wenngleich seine dramatische Handlung eine passende Filmvorlage liefern könnte, wohl einer der lächerlichsten Romane ist, die je geschrieben wurden. Ich kann nicht verstehen, warum Robert Graves ihn übersetzt hat.

Alarcón ist auch der einzige, der ein Buch über die Alpujarras geschrieben hat. Er bereiste das Land zu Pferde im Frühjahr 1872. Er begann seinen Ritt in Granada und übernachtete bei den örtlichen *caciques*. In Yegen verbrachte er die Nacht in dem Haus, das ich später mietete, als Gast von Don Fadriques Vater. Aber als Bericht über das Land ist sein Buch eine Enttäuschung. Wie seine Romane zeigen, besaß er keinerlei Beobachtungsgabe, und so mußte er seine Seiten mit stereotypen Beschreibungen der Gebirgslandschaft im romantischen Stil füllen. Hinzu kommen verspielte Passagen in der Manier Sternes und einige sehr lange Beschreibungen des Maurenaufstandes von 1569/70, die er aus zeitgenössischen Quellen zusammentrug. Beachtenswert ist auch, daß er, obwohl in Guadix geboren und aufgewachsen, niemals die Neugierde verspürt hat, ein Maultier zu nehmen und den Puerto del Lobo zu überqueren, von dem er im Tonfall des modernen Autors berichtet, der die Pässe des Pamir beschreibt. Nicht einen Meter Mittel- oder Südamerikas hätte man erforscht, nicht eine Siedlung an seinen Küsten errichtet, hätte die Conquistadoren nicht ihre Leidenschaft für das Gold getrieben. Die Spanier sind, wenn nötig, zu großen Anstrengungen in der Lage, doch ziehen sie (nimmt man die regenreichen Cantabrischen Provinzen einmal aus) das seßhafte Leben in den Städten vor.

15. Ein Kapitel Geschichte

Ich habe nun meine Erinnerungen an mein Leben in Yegen bis zum Frühjahr 1924 niedergeschrieben, dem Jahr meiner Rückkehr nach England, und ich habe so getreu wie möglich von den Gewohnheiten und Sitten meiner Nachbarn berichtet. Ich möchte noch über Almería und Granada schreiben, wie sie in jenen Tagen waren, und die Veränderungen aufzeigen, die eingetreten waren, als ich 1929 in mein Haus zurückkehrte. Aber dieses Buch möchte auch eine Beschreibung der Alpujarras, dieser besonderen Region Spaniens, geben. Würde es das Bild nicht abrunden, wenn ich den Hintergrund um eine Skizze zu Geschichte und Vorgeschichte des Landes erweiterte? Das Thema - besonders die Vorgeschichte scheint kaum verlockend, doch ist es für den englischen Leser bedeutsamer, als er vielleicht meint, denn unsere Insel wurde ursprünglich von Südspanien aus besiedelt und zivilisiert. Auch wer die Berichte über jene namenlosen umherziehenden Völker des Neolithikums und der Bronzezeit verwirrend findet, mag seine Phantasie dadurch anregen lassen.

Die ersten menschlichen Spuren in den Alpujarras stammen aus der Mittelsteinzeit, jener langen und wenig erforschten Zeitspanne, die auf den letzten Rückzug des Eises aus Nordeuropa folgte. In den Felsenhöhlen entlang der Küste zwischen Adra und Málaga kann man kleine Feuersteingeräte auflesen, die man Mikrolithen nennt und die aus dieser Zeit stammen. Lange Zeit war man der Meinung, die Capsier, ein afrikanischer Stamm, den die Austrocknung der Sahara zur Auswanderung nach Norden gezwungen hatte, habe sie hergestellt, doch ist man sich in diesem Punkt heute nicht mehr sicher. Man weiß von diesen Menschen nur, daß sie vom Fischfang, der Jagd und vom Früchtesammeln lebten und daß sie den Hund gezähmt hatten. Sie waren vermutlich Zeitgenossen eines negroiden Jägervolkes, das in den Bergen und in den Felshöhlen um Valencia jene lebendigen

Jagd- und Tanzszenen malte, die sich in jedem Buch über prähistorische Kunst finden. Doch das Volk an der Küste hinterließ keine Gemälde.

Etwa im vierten Jahrtausend verwischen sich seine Spuren, und es entsteht allmählich die neolithische Kultur. In den gebirgigen Regionen des Südens treffen wir sie in Form von Überbleibseln eines Volkes, zweifellos den Nachfahren desselben mesolithischen Stammes, der vorwiegend in Höhlen wohnte. Sie hielten Schafe, Ziegen und kleine Rinder mit langen Hörnern und wirkten Seile und Stoffe aus Espartogras. Sie formten grobe Keramiken und verzierten sie mit eingeritzten Punkten und Klecksen. Sie trugen als Schmuck Muschelketten und gefärbte Steine. Ihre Toten begruben sie im Boden ihrer Höhlen. Die Frauen legten kleine Gärten an. Sie säten Erbsen, Linsen, Gerste und Dinkel auf kleinen Äckern, die sie mit Hacken bearbeitet hatten. Das Getreide schnitten sie mit hölzernen Sicheln, die mit kleinen Feuersteinklingen besetzt waren. Auf der Suche nach Honig nahmen sie wilde Bienenstöcke aus und brauten eine Art Bier oder Met. Sie hatten Dolche aus Knochen und grob geschliffene Steinäxte, doch kannten sie keine Kriegswaffen wie Bogen oder Speere. Tatsächlich schauen wir in ein goldenes - oder, was beinahe gleichbedeutend ist - matriarchalisches Zeitalter.

Zufällig finden sich in den Alpujarras die interessantesten dieser Höhlengrabmäler. 1857 untersuchte der Archäologe Manuel de Góngora eine Höhle namens Cueva de los Murciélagos, die sich in der Böschung einer steilen *rambla* in der Nähe von Albuñol befindet. Noch bevor er dorthin kam, hatte schon ein Bauer auf der Suche nach Fledermausdung die Höhle umgegraben. Doch scheint außer Zweifel zu stehen, daß sie neunundsechzig Leichen enthalten hatte, die in Esparto-Tuniken gekleidet waren und Kappen und Schuhe aus dem selben Material trugen. Außer zweien hatte man alle getötet, damit es ihrem Herrn und ihrer Herrin in der anderen Welt nicht an Dienstboten fehle. In der ersten Dreiergruppe, die direkt hinter dem Eingang zur Höhle lag, fand man ein männliches Skelett, das ein großes goldenes Diadem trug, während die Espartokappen der anderen nach Meinung ihrer Entdecker noch Spuren von Blut zeigten. Eine zweite Dreiergruppe in der nächsten Kammer hatte man zusammen mit Espartokörben begraben, die Körner, Mohnkapseln und Haarlocken enthielten. In einer dritten Kammer folgte eine Gruppe von zwölf jungen Frauen. Sie lagen im Halbkreis um eine ältere Frau, die mit einer seitlich geschnürten Felltunika bekleidet war und um den Hals eine Schnur mit aufgereihten Muscheln und dem Zahn eines Ebers und Ohrgehänge aus schwarzen Steinen trug. Im hinteren Teil der Höhle schließlich lagen fünfzig männliche Skelette mit polierten Steinäxten, Feuersteinmessern und natürlich Tontöpfen.

Wir haben also hier die Grabmäler einer bedeutenden Führerin und eines Häuptlings. Die Gefäße deuten darauf hin, daß diese Begräbnisstätten vom Ende des vierten Jahrtausends datieren. Wenn das zutrifft, dann ist das goldene Stirnband, das man auf dem Schädel des Häuptlings fand, das älteste Stück bearbeiteten Goldes, das je in Westeuropa gefunden wurde. Es kann nur aus einer Gegend stammen - aus den Bächen, die sich bei Ugíjar vereinigen, um dann bei Adra ins Meer zu fließen. Der Flußsand enthält hier noch immer so viel Gold, daß, wie ich schon sagte, zu seiner Ausbeutung kürzlich eine französische Firma gegründet wurde. Man erkennt jedenfalls, daß der östliche Teil der Alpujarras eine beachtliche Bevölkerung aufwies, über die ein einzelner Häuptling herrschte, und in der Frauen eine wichtige Position innehatten.

Die Szene in Spanien änderte sich nun rasch. Gegen 2700 v. Chr. tauchte am Río Almanzora in der Provinz Almería eine neue und weiter entwickelte Kultur auf. Nach ihrer ältesten Befestigungsanlage hat man sie El Gárcel genannt. Auf flachen Hügeln errichtete sie befestigte Dörfer mit Fachwerkhütten. Die Toten wurden in kleinen Steingräbern oder Rinnen beigesetzt und mit Steinplatten bedeckt. Steinerne Messer, Pfeilspitzen und feinpolierte Steinäxte findet man in großer Zahl, ebenso Muschelketten und glatte, dekorlose, rundbauchige Tontöpfe, deren Vorbilder ohne Zweifel aus Ägypten stammen. Korn wurde in Mieten aufbewahrt, und es gab kleine, flache Steinidole, ähnlich denen, die man in der Ägäis gefunden hat. Man pflanzte Olivenbäume und baute Wein an. Die Menschen, die diese Dinge hinterlassen haben, waren eindeutig aus anderen Ländern hierher gekommen. Wegen ihrer langen Schädel und leichten Knochen ordnen die meisten Archäologen sie der sogenannten mediterranen Rasse zu, den Urvätern der Iberer. Offenbar waren sie aus Libyen oder dem südlichen Tunesien gekommen. Für uns sind sie von besonderem Interesse, da eine kleine Gruppe von ihnen, die mit ihren Herden entlang der spanischen Küste nach Norden und anschließend das Rhônetal hinaufzog, England erreichte und dort, gegen 2500 v. Chr. die neolithische Kultur einführte. Es waren die ersten Menschen, die unser Land nach der Abtrennung vom Kontinent betraten, und ihre erste bekannte Ansiedlung liegt in Windmill Hill in der Nähe von Avebury.

Von dieser Zeit an verlief die Entwicklung im Süden Spaniens immer schneller. In Almería war man auf eine der an Bodenschätzen reichsten Gegenden Europas gestoßen. Kupfer-, Blei- und Silberadern lagen dicht unter der Erdoberfläche, und das Silber fand man - ein sehr seltener Fall - in reiner Form. Innerhalb weniger Jahrhunderte entwickelten sich die Ausbeutung und die Scheidung dieser Metalle und das Waschen des Goldes aus dem Flußsand zu einer beachtlichen Industrie. Der Wohlstand setzte sie allerdings der Gefahr plötzlicher Angriffe aus, so daß sie sich gezwungen sahen, den größeren Teil der Erträge ihrer Minen für die Bewaffnung und Verteidigung auszugeben. So förderte die Ausgrabung all dieser Ansiedlungen große Mengen fein gearbeiteter Stein- und Kupferwaffen zutage. Eine der besterhaltenen - wenn man sie auch einige Jahrhunderte später einordnet - befindet sich in Los Millares, fünfzig Meilen westlich des Almanzora am Fuß der Sierra de Gádor, also am Rande der Alpujarras. Man kann hier die Steinwälle und Gräben besichtigen, die einst die Fachwerkhäuser des Dorfes umgaben, einen Kanal, der das Wasser über annähernd eine Meile von einer Quelle heranführte, und - am bemerkenswertesten von allem - einen großen und beeindruckenden Friedhof. Seine etwa hundert runden Grabkammern, deren jede fünfzig bis hundert Tote aufnehmen konnte, bestanden aus gemauerten Gewölben, die über enge, mit Steinplatten bedeckte Gänge aus geschichteten Steinwänden zugänglich waren. Über jedem Grab war ein Hügel aus Erde und Steinen aufgehäuft, während an den Eingängen runde gemauerte Einfriedungen für die Beerdigungsriten lagen. Wer in Archäologie versiert ist, wird an die frühen minoischen *tholoi* auf Kreta denken. Im Museo Municipal in Almería kann man einige der Fundstücke sehen - Glockenbecher andalusischen Typs ebenso wie glatte Gefäße ägyptischer Herkunft, scheibenförmige Idole der Mutter-Göttin, ähnlich denen, die man auf den Kykladen fand, Schmuckstücke aus Bernstein, Gagat und Türkisen, Straußeneier und Flußpferdzähne, Menschen- und Tierknochen mit eingeritzten unheimlichen Augenpaaren.

Die bienenkorbförmigen Dächer der Gemeinschaftsgräber und die Glockenbecherkeramik - beide hat man in den älteren Grabungsstätten des Almanzora-Tales nicht gefunden - zeigen, daß die Ansiedlung von Los Millares unter dem Einfluß einer anderen Kultur entstanden ist, die in der Zwischenzeit etwas weiter im Westen aufgekommen war. Es ist die sogenannte megalithische Kultur, die etwa zu dieser Zeit in Antequera unweit von Granada und in Carmona in der Nähe von Sevilla einige der größten unterirdischen Grabanlagen der Welt errichtete und sie mit riesigen Steinplatten abdeckte. Ihre Herkunft ist noch umstritten. Der plausibelsten Hypothese zufolge ist die megalithische Kultur hervorgegangen aus der Begegnung der alten andalusischen Höhlenkultur, ursprünglich einem Hirtenvolk des unteren Guadalquivir-Tales zugehörig, mit Neuankömmlingen aus dem östlichen Mittelmeerraum, die die Metallverarbeitung und die Kunst, gewölbeartige Grabkammern zu bauen, mitgebracht hatten. In jedem Fall lassen sich zwei frühe und voneinander abhängende Zentren dieser Kultur unterscheiden - eine um Huelva, wo der Boden zwar unfruchtbar, aber voll unerschöpflicher Kupfervorkommen ist, die andere in Carmona, wo es kein Kupfer gibt, dafür aber gutes Weideland. Von Carmona breiteten sich die Grabgewölbebauer nach Osten bis Granada und Guadix aus, wo sie vor dem Territorium des Volkes von Almería haltmachten. Die Kultur von Huelva folgte den Erzvorkommen ins südliche Portugal und nach Norden entlang der Küste bis Galicien. Von dort wagten sie sich auf das Meer hinaus.

Mit dem Aufstieg der megalithischen Kultur sind wir bei einem der großen Momente spanischer und europäischer Geschichte angekommen. Eine neue Lebensweise in Verbindung mit einer neuen Religion breitet sich mit solcher Macht aus, daß sie innerhalb etwa eines Jahrhunderts die gesamte Küste Westeuropas bis hinauf nach Dänemark und den Orkneys mit ihren Monumenten prägte. Die Menschen, die das zustandebrachten, waren einfache Hirten und Fischer, die die Suche nach Gold und Kupfer mit solcher Leidenschaft aufnahmen, daß sie zu den abenteuerlichsten Seereisen bereit waren, um neue Quellen zu entdecken. Aber an solche Metalle kam man nicht ungestraft. Ihr Wert lag in der magischen Kraft, die sie in sich bargen (sie sind hart, aber geschmeidig, und sie haben die Farbe der Sonnenstrahlen), und aus eben diesem Grund waren mit ihrem Abbau erhebliche Gefahren verbunden. Ihre Ausbeutung war nur erlaubt, wenn man die unterirdischen Mächte, die über sie wachten, besänftigte. Vermutlich führte das zum Totenkult und in dessen Folge zur Beisetzung der Toten in großen Gemeinschaftsgräbern und zu deren Besänftigung durch regelmäßige Opfergaben. Wie bei der spanischen Invasion in Amerika viertausend Jahre später gingen die Suche nach Gold und die Verbreitung einer Mysterien-Religion Hand in Hand.

Wir haben gesehen, daß im unteren Guadalquivir-Tal ein Volk von Viehhirten lebte, das begonnen hatte, Getreide anzupflanzen und enge Beziehungen zu den Stämmen unterhielt, die etwas weiter im Westen Kupfer abbauten. Sie waren Menschen mit runden Köpfen und kräftigen Augenbrauenwülsten; sie glichen den Menschen, die heute dort leben. Sie nahmen die megalithische Religion an, und ihr charakteristisches Produkt war eine besondere Gefäßform, der berühmte Glockenbecher. Er ist eine große, reich verzierte Schüssel, eine Weiterentwicklung der mit Punkten und Klecksen verzierten Keramiken der andalusischen Höhlenbewohner. Er diente zur Aufbewahrung von Bier oder Met, das man zu besonderen Gelegenheiten trank. Wie das vedische Soma war dieses Bier wohl ein heiliges Getränk, dem magische wie auch berauschende Kräfte innewohnten, denn sein Genuß spielte während ihrer Zeremonien eine große Rolle. Um 2400 v. Chr. war eine Anzahl dieser Menschen in die Ebenen um Madrid ausgewandert. Man fand dort ihre Gefäße, aber keine Spuren von Gemeinschaftsgräbern (die sie damals vielleicht noch nicht kannten). Von hier aus breiteten sie sich über weite Teile Spaniens aus, trieben ihre Herden vor sich her und lebten in leichten Hütten oder Zelten. Sie trieben aber auch in gewissem Umfang Handel mit Kupferwaffen, die sie aus Huelva und Galicien bezogen. Ihre Gefäßformen behielten sie bei. Bald zogen sie weiter nach Frankreich, und am Ende des Jahrtausends hatten kleine Gruppen die Bretagne, Norditalien und den Rhein erreicht. Sie stießen bis nach Ungarn und Sachsen vor, ohne im geringsten ihre Gewohnheiten als Hirten oder die Form oder das Dekor ihrer Tongefäße zu verändern. In drei aufeinanderfolgenden Wellen setzten sie vom Kontinent nach Großbritannien über, unterwarfen die dort ansässigen Siedler, jene kleinwüchsigen dunklen Menschen aus Almería, und errichteten die großen Sonnentempel von Avebury und Stonehenge. Diese sehr unspanische Verehrung der Sonne rührt aus der Vermischung mit einigen indo-germanischen Völkern auf ihrem Zug durch Germanien her.

Doch im Grunde blieben sie Kastilier, was man auch daran erkennt, daß sie noch nicht die Deformation des Oberschenkelknochens verloren hatten, die sich ihre Vorfahren auf der *meseta* um Madrid durch ständiges Sitzen zugezogen hatten. Erste Anzeichen, mögen böse Zungen behaupten, der Kaffeehaussitten der Madrileños.

Wir können also festhalten, daß während des dritten Jahrtausends drei verschiedene Volksgruppen den Süden Spaniens verließen und sich in Britannien niederließen. Die erste brachte die bäuerliche Landwirtschaft und die Kunst des Webens und Töpferns mit; die zweite einen prunkvollen Totenkult und Erfahrung in der Metallgewinnung; die dritte das Hirtenleben in großen Stammeseinheiten und den Glockenbecherkult. Bis zur Ankunft der Kelten war unser Land also vorwiegend von Menschen bevölkert, die von jenseits der Pyrenäen kamen. Ein Aspekt fehlt allerdings noch in dieser Darstellung. Gleichzeitig mit dem Aufstieg der megalithischen Kultur und des frühen Glockenbechers trat in den bergigen Regionen Südspaniens eine neue Art von Kunst in Erscheinung. Wir begegnen ihr auf Gemälden in Höhlen und Felsbehausungen. Diese entlegenen Orte, offensichtlich Stammesheiligtümer, sind mit Zeichnungen in rotem Ocker ausgemalt, die schematische Zeichen und Symbole, aber auch Menschen und Tiere erkennbar darstellen. Wir sehen wilde Rehe, Hauskühe und Esel und auch phantastische Wesen, offenbar Darstellungen maskierter Medizinmänner, gleich daneben erkennt man Sonnen, Spiralen, Labyrinthe, Schraffuren und andere Zeichen, deren Bedeutung man allenfalls ahnt. Wir sehen, wie die Konzentration auf die Großwildjagd, die die Kunst des Paläolithikums inspiriert hatte, und die Aktivitäten des Stammeslebens, die die Kunst der Mittelsteinzeit bestimmt hatte, mit dem Aufkommen der Landwirtschaft von einem Hang zum Geheimen und Esoterischen abgelöst wurde. Von Zeichen, die bestimmte Bedeutungen ohne deren visuelle Darstellung transportieren, glaubt man nun, sie seien magischer als solche, deren Sinn leicht zu erfassen ist - das bedeutet ohne Zweifel, daß der Spezialist für Rituale, der Priester oder Medizinmann, in Erscheinung getreten ist. Wenn es sich auch im wesentlichen um eine örtlich begrenzte und malerische Kunst handelte, die sich auf die Höhlen des spanischen Südens beschränkt, so haben doch die megalithischen Völker viele ihrer Symbole übernommen und in Gräber, Amulette und Gefäße eingeritzt. So findet man sie auch in New Grange in Irland, wo sie die großen Steine der Grabkammer schmükken.

Wie erging es zu dieser Zeit - also von 3000 bis 2000 v. Chr. - dem Volksstamm in den Alpujarras? Dieser kleine, von seinen beinahe unüberwindlichen Bergen eingeschlossene Landstrich lag im Mittelpunkt dieser expandierenden Kulturen, die wir beschrieben haben, aber es gibt keine Anzeichen, daß eine dieser Kulturen ihn durchdrungen hätte. Soweit wir wissen, setzte er ruhig die Entwicklungslinie der alten Höhlenkulturen fort, die Frauen scharrten mit ihren Hacken den Boden und streuten eine Handvoll Samen aus, die Männer hüteten ihr Vieh oder gingen auf die Jagd. Das war wohl nur möglich, weil Hügel und Täler dieses Landstriches so leicht zu verteidigen waren.

Die gesamte Region zwischen der Sierra Nevada und der Küste war damals mit Pinien-, Kork- und Steineichenwäldern bedeckt mit Ausnahme der Stellen, die für die Landwirtschaft abgebrannt worden waren. Es gab keinen Mangel an Höhlenwohnungen, noch heute kann jedes Dorf eine große Höhle vorzeigen, die in Yegen ist allerdings teilweise eingestürzt. Die Gold führenden Bäche waren natürlich von besonderer Wichtigkeit, und in dieser Beziehung befand sich Yegen in einer sehr glücklichen Lage, denn es verfügte nicht nur über einen solchen Bach, sondern besaß auch noch eine große Quelle und ein Stück flachen Landes, das damit bewässert werden konnte, außerdem hatte es eine leicht zu verteidigende Position. Der *puente*, die Landbrücke, die damals den einzigen Zugang zum Dorf bildete, war einfach zu befestigen und direkt daneben stand die Piedra

Fuerte. Dieser enorme Felsen, von dem ich schon gesprochen habe, hatte eine Ausdehnung von etwa einem achtel Morgen, war oben abgeflacht, und seine senkrechten Wände erhoben sich mindestens vierzig Fuß über das Tal. Auf der einen Seite hatte man einen schmalen Aufgang in die Wand gehauen, und da direkt unterhalb des Felsens ein Bach verlief, konnte man mit Seilen und Eimern Wasser nach oben ziehen. Zur Zeit der Mauren hatte ein kleines Kastell an diesem Ort gestanden, aber bestimmte grobe Scherben, die dort herumliegen, lassen eine sehr viel frühere Inbesitznahme vermuten. Selbstverständlich spukt es an einem solchen Ort. In den Tiefen des Felsens lebt eine maurische Prinzessin mit ihren Hofdamen, und zu gewissen Zeiten kann man sie bei ihren Stickereien singen hören. Doch muß ich den Leser warnen, es hat keinen Sinn, während der Osterwoche und an kirchlichen Feiertagen auf ihren Gesang zu warten. Seit der Vertreibung ihrer Landsleute haben sie sich allmählich dem Christentum angenähert, und obwohl es noch zu früh wäre, von einer Bekehrung zu sprechen, zeigen sie doch Respekt bei solchen Gelegenheiten und verhalten sich ruhig.

Der nächste Schritt in der Entwicklung der Menschen von Almería war eine Entdeckung, die aus dem Orient hierher gelangte: daß es von Vorteil war, dem Kupfer etwas Zinn beizumischen. Damit beginnt in Spanien das Bronzezeitalter. In der befestigten Dorfanlage von El Argar am Río Almanzora (nur wenige hundert Meter von ihrer ersten Ansiedlung bei El Gárcel entfernt) sehen wir dieses Zeitalter etwa zwischen 1700 und 1400 v. Chr. in voller Blüte. Die Menschen färbten ihre seitlich geknüpften Leinengewänder mit Zinnober, trugen das Haar lang und fein gekämmt, liebten Halsketten und Ohrringe aus Gold, Silber, Bronze und Elfenbein, und wer es sich leisten konnte, trug silberne Diademe. Sie pflanzten Oliven, benutzten Öllampen, Dreschbretter, und da das Klima trockener wurde, legten sie Bewässerungssysteme an. Sie bewohnten zweigeschossige Steingebäude mit flachen Tondächern und beerdigten ihre Toten nach anatolischer Sitte in großen irdenen Gefäßen unter der Erde. Es gibt in diesem Zusammenhang eine Kontroverse. Da man Eheleute gemeinsam in einen Topf zwängte und ihre Beisetzung anscheinend gleichzeitig stattfand, muß einer von beiden nach dem Tod des anderen umgebracht worden sein. Aber wer von beiden? In dieser mehr oder weniger egalitären Gesellschaft genossen die Frauen offenbar eine hohe Position, und einige Archäologen glauben, vielleicht aus Ritterlichkeit, daß es die Männer waren, die man opferte. Weniger feinfühlige Leute denken anders darüber.

Die Menschen in El Argar und den umliegenden Hügelsiedlungen waren schwer arbeitende Bauern und Bergleute, die abgesehen von ihrer eigenen Erscheinung wenig Interesse an künstlerischen Dingen hatten. Wahrscheinlich hatten sie dafür keine Zeit. Neben der Feldarbeit schieden sie Kupfer, Blei und Silber aus ihren Erzvorkommen und schmiedeten daraus Waffen. Allerdings hatten sie wenig Zinn, das sie wohl aus der Toskana oder aus Katalonien importieren mußten. In ihren befestigten Dörfern mit kaum mehr als vierhundert Einwohnern - zu denen man vielleicht noch eine gewisse Anzahl Sklaven rechnen kann - lebten sie in ständiger Furcht vor Angriffen und Raubzügen. Es war eine Zeit des Piratentums.

Die neue Almería-Kultur breitete sich nach Norden entlang der Küste bis zu den Pyrenäen aus und im Innern des Landes bis zur Bergbauregion von Linares. Schon bald finden wir ihren Einfluß in allen Teilen Spaniens mit Ausnahme der megalithischen Völker des Westens. Letztere kannten offenbar schon die Verwendung des Zinns und führten es auf dem See- und Landweg aus Galicien ein, das reich an Vorkommen war. So wurde die Umgebung von Huelva und des Río Tinto, wo die größten Kupferminen Europas liegen, bald zum Zentrum einer wichtigen Bronze-Industrie. In diese Zeit fällt vermutlich der Aufstieg des mächtigen Staatswesens von Tartessos oder Tarsis, dessen Hauptstadt man irgendwo zwischen Huelva, Sevilla und Cádiz suchen muß. Dieses Reich breitete sich nach Osten aus, nahm die wertvollen Silberminen von Linares in Besitz und etablierte im Lauf der Zeit eine Art Oberlehnsherrschaft über das Volk von Almería. Aber die Epoche spanischer Auswanderungen war vorüber. In Böhmen war eine starke Bronzezeit-Kultur entstanden, und ein kriegerischer zentraleuropäischer Stamm, die erste Welle der Kelten, hatte die alten megalithischen und Glockenbecher-Regionen in der Bretagne und auf den britischen Inseln in Besitz genommen. Spanien, das im dritten Jahrtausend Europa im Sturm besiedelt hatte, geriet im zweiten Jahrtausend zum Land der Stagnation. Der stetig wachsende Reichtum von Tartessos allerdings, von dem es heißt, die Pferde hätten dort aus silbernen Trögen gefressen, war ein El Dorado für die Völker des östlichen Mittelmeeres. Leider haben die Archäologen bisher keine einzige Stätte dieses sagenhaften Königreiches ausgegraben.

Gadir oder Cádiz wurde auf einem sandigen Inselchen vor der Küste von Tartessos kurz vor dem Jahr 1101 v. Chr. gegründet. Die Phönizier setzten ohne Unterbrechung von Tyros hierher über, erst einige Jahre später errichteten sie auf halbem Wege eine Zwischenstation bei Utica in der Nähe von Tunis. Doch lassen die Legenden von den Reisen des Herkules die Vermutung zu, daß sie nicht als erstes, zumindest nicht als einziges Volk des östlichen Mittelmeeres diese Teile der Seeregionen befuhren. Die griechischen Schriftsteller berichten von Auswanderungen aus Karien und Lydien nach dem fernen Westen, und es scheint außer Zweifel, daß Rhodos im zehnten Jahrhundert dort Kolonien besessen hat. Sie gaben Spanien den Namen Ophiussa, Land der Schlangen, und eine ganze Reihe von Ortsnamen enden auf *-oussa* und deuten auf Besuche eines Volkes, das die Dialekte der Südwestküste Kleinasiens sprach. Plinius erzählt von einer solchen Ankunft und erwähnt einen gewissen Meidocritos, der die Säulen des Herkules passiert und die Cassiteriden, die Zinn-Inseln vor der galicischen Küste erreicht habe. War das vielleicht zu der Zeit, als in Abdera, heute Adra, ein griechischer Handelsplatz errichtet wurde? Der Name ist griechisch, und sehr viel später nannte man zwei ionische Städte in Thrakien ebenso. Wenn dem so ist, besteht über die Gründe kaum Zweifel. Die Goldvorkommen im Sand von Ugíjar besaßen hinreichende Anziehungskraft, und vermutlich deshalb und vielleicht auch wegen einer Namensähnlichkeit wurde die Stadt Odysseia genannt. Zudem glaubte man, die Schilder und Schiffssporne, die dort im Tempel der Athene angenagelt waren und die ein gewisser Asclepiades aus Myrlea im ersten Jahrhundert gesehen hatte, seien 'Gedenkstätten der Wanderungen des Odysseus'. Danach senkt sich der Vorhang und sämtliche Ansiedlungen, die die Griechen oder Lydier an der spanischen Küste errichtet haben mögen, wurden hinweggefegt. Kann man das auf das Vordringen der Phönizier zurückführen oder - was wahrscheinlicher ist - auf die Überfälle der Piraten?

Der Vorhang hebt sich wieder mit der Neuentdeckung Spaniens durch die Griechen zu Beginn des klassischen Zeitalters. Herodot beschreibt sie in einer bekannten Passage. Etwa 650 v. Chr. wurde ein Samier namens Colaios von Ägypten kommend im Sturm nach Westen abgetrieben und erreichte Tartessos. Er kehrte zurück mit einer Schiffsladung, die er für die enorme Summe von sechzig Talenten verkaufte. Die Einwohner von Phokäa, einer Seefahrerstadt an der ionischen Küste, interessierten sich für die Unternehmungen des Colaios. Sie sandten eine Expedition aus, die sie nicht aus den üblichen Handelsschiffen, sondern aus schnellen Ruderbooten zusammenstellten. Der König von Tartessos mit dem keltischen Namen Arganthonios empfing sie mit Wohlwollen und ermunterte sie, Kolonien und Handelsplätze an der spanischen Küste zu gründen, deren westlichste Mainake bei Málaga war. Zum ersten Mal bekommen wir nun zuverlässige Informationen über dieses Land. Wir erfahren, daß es östlich der Straße von Gibraltar von einem Volk namens Masienos oder Mastienos bewohnt war, das in Mastia oder Cartagena seine Hauptstadt hatte. Entlang der Küste hatten sich zahlreiche Libyo-Phönizier niedergelassen, eine Mischung aus Afrikanern und Karthagern, die wahrscheinlich in der Hauptsache vom Handel und vom Fischfang lebten. Die Sierra Nevada wurde Mons Silurus genannt, zur Zeit Plinius' war daraus Mons Solorius geworden. Die heute so kahlen Hügel an der Küste waren mit Pinien bewachsen. Aber was war aus den Menschen in den Alpujarras geworden? Wuschen sie wie einige spanische Stämme ihre Gesichter in abgestandenem Urin und putzten ihre Zähne darin, liefen sie im Sommer nackt umher, oder kleideten sie sich in Tuniken und schwarze Mäntel, während die Frauen ihr Haar hochsteckten und die Mantilla darüber drapierten? Hüpften sie in Vollmondnächten vor ihren Häusern wild umher oder hielten sie sich bei den Händen und tanzten in langen farbigen Gewändern gemessenen Schritts zur Flötenmusik? War es bei den Hochzeiten üblich, daß alle Freunde und Verwandten des Bräutigams mit der Braut schliefen, oder gingen die Männer rücksichtsvoll zu Bett und seufzten, wenn ihre Frauen in den Wehen lagen? Wir wissen es nicht. Doch wie immer sie auch lebten, wir können gewiß sein, sie waren sehr konservativ.

Die Anwesenheit der Griechen an diesen Küsten währte kaum länger als hundert Jahre. Die Karthager hatten von den Phöniziern die Stadt Gadir und den Metallhandel mit Tartessos übernommen, und um das Jahr 535 verbündeten sie sich mit den Etruskern und zerstörten in der Schlacht vor Alalia auf Korsika die Flotte der Phokäer. Der griechische Handelsplatz Mainake verschwand, und die Karthager errichteten befestigte Fabriken in Adra, Almuñecar und Málaga, wo sie Fisch in Salz einlegten und die griechische Soße namens *garon* herstellten. Da die ursprüngliche Macht im Innern des Landes durch die Invasion der Kelten geschwächt war, waren letztere in der Lage, die Stadt Tartessos einzunehmen, sie zu schleifen und sich weitgehende Kontrolle über ihre Bergwerke zu verschaffen. Das führte zu Unruhen unter den Stämmen, in deren Verlauf ein iberisches Volk namens

Bastuli oder Bastetani, dessen Hauptstadt Baza in der Nähe von Guadix lag, die Oberhand behielt und an die Stelle der Masienos trat.

Die Eroberung des südlichen Spaniens durch Hamilkar 237 v. Chr. war der Höhepunkt einer langen Periode mehr oder weniger friedlicher Durchdringung. Es folgte dann die Eroberung durch die Römer. Nun, so meinen wir, erfahren wir endlich etwas gesichertes über das Volk in den Alpujarras - doch weit gefehlt. In sechshundert Jahren stabiler Herrschaft, die nun folgten, hat es keinerlei Spuren in den Geschichtsbüchern hinterlassen. Wir erfahren lediglich, daß eine Küstenstraße auf den Spuren der alten Via Herculea gebaut wurde, auf der Herkules zu den Säulen gereist sein soll. Sie verlief von Urci, einige Meilen nördlich von Almería, bis nach Málaga und Gibraltar. Wir können ihren Spuren quer über die Ebenen des Campo de Dalías folgen und die spärlichen Reste der Stadt Murgi besuchen, die man dort erbaut hat.

Die Westgoten lösten die Römer ab, und im Jahre 712 kamen dann die Araber und errichteten ein toleranteres und gerechteres System. Die intrigierenden Edelmänner und die unerträglichen Bischöfe wichen einer Religion, die zumindest bemüht war, die Vorschriften ihres Gründers zu befolgen. Die schnelle Bekehrung fast ganz Spaniens zum Islam deutet darauf hin, daß ein Alptraum zu Ende gegangen war. Jetzt erfahren wir allmählich auch etwas über die Alpujarras. Das Wort wird im zehnten Jahrhundert von einem arabischen Chronisten zum ersten Mal benutzt, und es soll in dieser Sprache Grashügel bedeuten. Dieser Interpretation steht die Auffassung einiger Philologen gegenüber, das Wort *alp* sei ein sehr alter Begriff der praeneolithischen oder ligurischen Volksstämme Südeuropas und bedeute 'weiß'. Ihnen zufolge bedeutet 'Alpujarra' also ganz einfach 'Alba Sierra'. Wie dem auch sei, die ersten Berichte, die wir über die Menschen dieses Landes bekommen, beschreiben sie als unabhängig und kriegerisch. Wie die meisten Bergbewohner verabscheuten sie die Obrigkeit und neigten zur Räuberei. Mit aller Wahrscheinlichkeit waren sie nur dem Namen nach zum Christentum bekehrt worden und brachten weiterhin den Quellen, Bäumen und Höhlen ihre alten iberischen Opfergaben dar. In der Mittsommernacht und bei Vollmond tanzten sie unter freiem Himmel. Wir erfahren, daß sie während der allgemeinen Erhebung, die dem Aufstieg des Kalifats vorausging, die arabische Aristokratie von Elvira - dem heutigen Granada - gegen die christliche und jüdische Bevölkerung der Stadt unterstützten, die ihrerseits treue Diener der Emire von Córdoba waren. Selbst der Tod ihres Anführers, der in einen Hinterhalt geriet, führte nicht zu ihrer Unterwerfung, denn im Jahre 913 sehen wir den jungen Kalifen Abd al-Rahman die Sierra Nevada von Guadix nach Ugíjar überqueren und durch das Land ziehen. Nach einer schwierigen Belagerung nahm er das Kastell von Jubiles oberhalb von Cádiar, das von einer Garnison aus *muladíes*, spanischen Moslems also und Christen, verteidigt wurde, die der berühmte Rebell Ibn Hafsun aus der Sierra de Ronda geschickt hatte. Man kann daraus schließen, daß den Bewohnern der Alpujarras die Religion gleichgültig war, sie kämpften allein für ihre Unabhängigkeit.

Die Gründung Almerías zu Anfang des zehnten Jahrhunderts bedeutete für die Alpujarreños eine wichtige Öffnung. Almería wuchs schnell zu einer der wichtigsten Industriestädte Europas heran, ein Manchester des Seidenexports. Zur Versorgung seiner Webstühle terrassierte man die Hänge der Alpujarras und bepflanzte sie mit Maulbeerbäumen. Neue Siedler, meist Berber aus Nordalgerien, strömten in Scharen herein. Zur selben Zeit bot der Hof der *taifa*-Prinzen, die Almería während des elften Jahrhunderts regierten, talentierten Männern hervorragende Möglichkeiten. So stammen die beiden einzigen Schriftsteller, die die Alpujarras je hervorgebracht haben, aus dieser Zeit. Der eine war Ibn Charaf aus Berja, der die traurige und mißgünstige Welt der Poesie aufgab, um den schicklicheren

Beruf des Arztes zu ergreifen, und der ein Buch mit einschläfernden Maximen hinterließ. Der andere, der sich Ibn Omar nannte und aus Dalías kam, schrieb über die arabische Vorzeit und Geographie. Er war eine moderne Figur und lebte von Vorlesungen, die er in verschiedenen Städten des moslemischen Spanien hielt.

Das dreizehnte Jahrhundert erlebte eine weitere Erhebung in den Alpujarras, und nach der Einnahme Sevillas durch Fernando III. wurde Granada die Hauptstadt eines unabhängigen moslemischen Königreichs unter der Dynastie der Nasriden. Der neue Staat, der sich von Ronda bis hinter Almería ausdehnte, war wohlorganisiert. Um seine widerspenstigen Bewohner unter Kontrolle zu halten, teilte man die Alpujarras in *tahas* oder *taas* genannte Verwaltungsbezirke und baute einen Turm oder ein Kastell in jede *alauz* oder Gemeinde. In Yegen stand eines etwa hundert Meter von meinem Haus entfernt. Dieser Ort heißt noch heute *el castillo*.

Der Verlust Sevillas an die Christen führte zu einer Abwanderung der Moslems ins Königreich von Granada. Arabische Abenteurer aus Damaskus, die nach der Eroberung Spaniens durch Tarik hereingeströmt waren, hatten sich längst die besten Ländereien gesichert und ihre Landhäuser darauf errichtet, so daß die Masse neuer Einwanderer meist spanischer Abstammung gezwungen war, sich in den Städten zu drängen, wo sie die Stelle der Juden und Christen einnahmen, die man ein Jahrhundert zuvor vertrieben hatte. Die Berber hingegen siedelten sich in den Bergen an, wie sie es seit Jahrhunderten getan hatten. Da es in den Alpujarras keinen Mangel an Wasser gab, erlaubte der allmähliche Ausbau der Terrassen und Bewässerungssysteme ein stetes Anwachsen der Bevölkerung. Mit der Zeit wurde der Bergstamm, dessen Vorfahren wahrscheinlich die Höhlenmenschen der Neusteinzeit waren, völlig berberisiert. So nahm die Architektur der Häuser wie auch die Einteilung der Dörfer in *barrios* und *cortijadas* einen typisch nordafrikanischen Charakter an. Aber die arabische Aristokratie Granadas bewahrte ihre Verbindungen zu diesem Bezirk und besaß in vielen Dörfern Land und Häuser. Sowohl Válor als auch Mecina Bombarón konnten Nachkommen des Propheten vorweisen.

Der wirtschaftliche Reichtum des Königreichs lag vor allem im Seidenhandel mit Italien. In Granada wie auch in Almería und Málaga gab es nun Fabriken, die die feinsten Seidenstoffe lieferten, und in jedem Dorf standen Webstühle. Juviles, heute ein bedauernswerter, heruntergekommener Flecken, schien damals eine 'Seidenmine aus reinem Gold', außerdem gab es Möbel- und Schmuckindustrie. Ugíjar war die wichtigste Stadt, obwohl auch Laujar, Berja, Dalías, Albuñol und Orgiva beachtliche Orte waren. Gegen Ende des fünfzehnten Jahrhunderts war die Bevölkerungszahl sicher größer als heute. Als Kuriosum möchte ich anmerken, daß der römische Name für die Sierra Nevada, Mons Solorius, seltsame Wandlungen durchlief. Die Araber nannten sie Djebel Sholair, doch als die Christen ihr den einfachen Namen Sierra Nevada gaben, übertrugen sie den alten Namen auf die Sierra de Gádor. Diese wurde dann zur Sierra del Sol, während der Begriff Sierra del Aire an die Sierra de la Contraviesa weitergereicht wurde. Diese poetische Bezeichnung ist allerdings schon seit langem nicht mehr in Gebrauch.

Im Jahre 1492 endete das Königreich von Granada mit der Einnahme der Stadt durch Ferdinand und Isabella. Den Kapitulationsbedingungen zufolge war den Mauren die volle Ausübung ihrer Gesetze und ihrer Sitten erlaubt. Der Maurenkönig Boabdil erhielt die Alpujarras als Lehen für sich und seine Erben ohne zeitliche Einschränkung, und deshalb ließ er sich in Andarax, einige Meilen östlich von Ugíjar nieder. Es gibt ein Bild von ihm, das ihn mit Windhunden und Falken bei der Jagd zeigt. Aber nachdem die Spanier ihr Ziel erreicht hatten, zeigten sie wenig Neigung, die Bedingungen, die sie unterzeichnet hatten, auch einzuhalten. Neben ihrem Widerwillen, eine andere Religion zu tolerieren, fürchteten sie auch, daß die Türken, die ihre

Macht im Mittelmeerraum ausdehnten, die maurischen Regionen Spaniens als Brückenkopf für einen Versuch zur Rückeroberung des Landes benutzen könnten. Innerhalb eines Jahres brachten sie Boabdil auf einem Schiff nach Afrika, und Isabella leitete den Mauren gegenüber eine Politik der gewaltsamen Bekehrung ein, da ihr Beichtvater sie davor gewarnt hatte, den Heiden Vertrauen zu schenken, da das eine Beleidigung Gottes sei. Die Folge war ein bewaffneter Aufstand von Ronda bis Baza und Almería.

Diese Rebellion wurde erst nach mehreren Jahren des Kampfes niedergeschlagen. Ein Dekret wurde erlassen, das allen Mauren im Königreich Kastilien die Wahl ließ zwischen Bekehrung und Vertreibung. Die meisten wählten erstere, ihr Christentum blieb aber rein nominell, denn die Kirche unternahm nur wenig, um sie in ihre Doktrinen einzuweisen. Sie fand es bequemer, Gewalt anstelle von Überzeugung anzuwenden und machte ihnen weiterhin das Leben unerträglich schwer. So war es ihnen verboten, zu baden, ihre Feste zu feiern, Musikinstrumente zu spielen, ihre Trachten zu tragen, ihre eigene Sprache zu sprechen. Nach einiger Zeit und nach einem besonders strengen Edikt entschlossen sie sich noch einmal zur Revolte. Sie wählten dafür den Weihnachtsabend 1568, doch erhoben sich dieses Mal nur die Alpujarras.

Ihr Anführer war ein gewisser Don Fernando aus Válor. Er war alter arabischer Abstammung, ein Nachkomme der Kalifen von Córdoba, doch war er beim spanischen Adel in Granada aufgewachsen, und obwohl er vorgab, zum Islam zurückzukehren, blieb er doch im Herzen Christ. Nachdem er seinen arabischen Namen Aben Omeyya wieder angenommen hatte, wurde er unter einem Olivenbaum in Cádiar, den man heute noch sehen kann, zum König gekrönt. Als man ihn ein Jahr später ermordete, wurde sein Cousin Aben Aboó, der Land in Mecina Bombarón besaß, an seiner Stelle König. Auf christlicher Seite gab es zunächst zwei Kommandeure - den Marqués de Mondéjar, ein Mann voller Bescheidenheit und Humanität, und den Marqués de los Vélez, der an die Unbarmherzigkeit glaubte. Da sie nicht miteinander auskamen, wurde dem Halbbruder des Königs, Don Juan de Austria, das Oberkommando übertragen, und man brachte neue Truppen aus Italien herüber.

Der Krieg wurde, wie alle spanischen Bürgerkriege, mit äußerster Härte ausgetragen. Die Kommandeure auf beiden Seiten versuchten, ihre Gefolgsleute unter Kontrolle zu halten, doch waren die *monfies* oder Banditen - genauer gesagt, die Bewohner der höhergelegenen Bergdörfer - fanatische Moslems, die jeden Priester, dessen sie habhaft werden konnten, folterten und töteten. Doch auch auf der anderen Seite fehlte es nicht an der berühmten spanischen Raserei - der *Saguntina rabies*, wie Livius sie genannt hatte. In der Endphase des Kampfes erhielten die spanischen Truppen den Befehl, alle Gefangenen, auch Frauen und Kinder, zu töten, ebenso wie die Engländer es zur gleichen Zeit mit Billigung des Poeten Spenser in Irland taten. Die Schlußszene fand in einer Höhle bei Bérchules statt, wo Aben Aboó von seinen eigenen Leuten erstochen wurde.

Die Revolte hatte über zwei Jahre gedauert und die Mittel des Landes bis zum Äußersten in Anspruch genommen. Das Friedensabkommen mußte also sehr hart ausfallen. Es erging der Befehl, alle Moriscos - getaufte Mauren - des Königreichs von Granada, ob sie sich am Aufstand beteiligt hatten oder nicht, an die Nordwestküste Spaniens zu deportieren und sie dort als Landarbeiter anzusiedeln. Als einzige Ausnahme ließ man in jedem Dorf zwei Familien zurück, um das Bewässerungssystem und die Kunst der Seidenraupenzucht weiterzugeben. Um die infolge dieser immensen Abwanderung entstandene Lücke zu schließen, wurden Bauern aus den bergigen Regionen des Nordens eingeladen, zu sehr günstigen Bedingungen das Land und die Häuser zu übernehmen. Drei verschiedene Größen von *suertes* oder Parzellen wurden als freie Pachtgrundstücke gewährt, nur ein kleiner jährlicher *diezmo* oder Anteil mußte an den Staat abgeführt werden. Die Besteuerung des Olivenöls und der Seidenkokons in Höhe eines Drittels förderte allerdings nicht gerade die Produktion für den Markt. In weiser Voraussicht waren diese Parzellen nicht veräußerlich, und niemand durfte sein Grundstück verpachten oder mehr als eines besitzen.

Innerhalb weniger Jahre hatten sich daraufhin 12.542 Familien aus Asturien und Galicien in den Alpujarras in 259 *lugares* - Dörfern und Marktflecken - angesiedelt. Vierhundert weitere *lugares* ließ man verfallen. Einige von ihnen waren entweder sehr klein oder während der Kämpfe abgebrannt, andere lagen im Küstenbezirk - dem Cehel, wie man ihn auch heute noch nennt - und blieben aus Furcht vor Piraten leer und unbewohnt. Die Bevölkerungszahl war also sehr viel kleiner als zuvor. Wie uns ein kirchlicher Historiker des siebzehnten Jahrhunderts informiert, waren die neuen Immigranten eigenartigerweise kaum christlicher als ihre Vorgänger, die Moriscos, obwohl sie aus einem Landesteil kamen, der nie von den Mauren besetzt gewesen war. Sie waren in kleinen Bergdörfern aufgewachsen und praktisch Heiden geblieben. Dieses Bild wird durch Informationen aus anderen Teilen Spaniens bestätigt. Der spanische Klerus war zu sehr an das Leben in der Stadt gewöhnt, um den abgelegenen ländlichen Bezirken große Aufmerksamkeit zu schenken. Zur gleichen Zeit, als die Heilige Teresa ihre Klöster gründete, gab es im Umkreis von fünfzig Meilen um Avila Weiler, in denen noch niemand die Namen Christus oder Gott je gehört hatte. Für einige Täler der Sierra de Gata gilt das bis ins zwanzigste Jahrhundert hinein.

Mit dieser Besiedelung des Landes ist die politische Geschichte der Alpujarras abgeschlossen. Was noch zu sagen bleibt, betrifft die wirtschaftliche Entwicklung. Seide blieb bis zum Beginn des zwanzigsten Jahrhunderts nahezu das einzig absetzbare Erzeugnis. Da die Kokons wenig wiegen, kann man sie ohne größere Kosten auf Mauleseln transportieren, und die Berge waren ja seit langem dicht mit Maulbeerbäumen bepflanzt. 1797 erhielten dann die Freipächter die Genehmigung, ihre Höfe zu günstigen Konditionen in Privatbesitz umzuwandeln. Das machte aus einer geschlossenen Gemeinschaft kleinerer und größerer Bauern eine Gesellschaft mit ungerechter Landverteilung. Eine ähnliche Wirtschaftspolitik führte zur Zerstörung der Wälder. Einer Firma, die die Bleiadern der Sierra de Gádor ausbeutete, erlaubte man, die Pinienwälder abzuholzen, die sie bedeckt hatten, ebenso die Steineichen- und Korkeichenwälder auf den benachbarten Bergen. Das Ende des Bergbaus kam erst, als es keine Bäume mehr gab. In den ersten Jahren unseres Jahrhunderts wurde mit dem Bau von Straßen ein großer Schritt nach vorne getan, denn nun konnten neben der Seide auch andere Produkte zum Markt transportiert werden. Berja, Dalías und das Tal des Andarax begannen mit dem großflächigen Anbau der Almería-Traube, während die abgelegeneren Dörfer Knoblauch, Kichererbsen und Kastanien exportierten. Das geschlossene Straßensystem hat heute selbst die entlegensten Bergdörfer zugänglich gemacht, wenn auch die hohen Benzinkosten dem gewinnbringenden Verkauf auf den städtischen Märkten eine Grenze setzen. Eine grobe Schätzung der derzeitigen Bevölkerungszahl der Alpujarras einschließlich des Valle de Lecrín, ergibt 150.000 Personen, die in etwa achtzig Dörfern, vierzig Weilern und einer kleinen Anzahl freistehender Höfe oder *cortijadas* leben. Die Bevölkerungsdichte ist durch periodische Auswanderungen nach Südamerika seit 1870 in etwa konstant geblieben.

16. Almería und seine Bordelle

Almería, die nächstgrößere Stadt von Yegen aus, war siebenundfünfzig Meilen entfernt, wenn man die Straße nahm. Man gelangte zu Fuß dorthin oder nahm den Bus. Zum ersten Mal war ich dort im Februar 1920, um, wie schon erwähnt, Möbel zu kaufen. Da ich mich lebhaft daran erinnere und auch noch schriftliche Aufzeichnungen besitze, beginne ich meinen Bericht damit.

Es war noch dunkel, als ich am Küchenfeuer saß und meinen Kaffee trank. Die Sterne übersäten den Himmel wie Stecknadelköpfe, und das Krähen eines Hahnes kam von weit her, wie ein über die Hügel gestreckter langer Arm. Dann wurde die Stille durch das Klappern von Hufen auf der Straße unterbrochen. Ich schulterte meinen Rucksack, und beim ersten Lichtstrahl, der von Osten kam, glitt ich die steilen, terrassierten Olivenhaine und die offenen Böschungen Richtung Ugíjar hinab. Von hier wand sich die Straße über felsige Hügel voll duftender Kräuter und schlanker Olivenbäume nach Berja, einem größeren Ort am Fuß der Sierra de Gádor und wichtigen Zentrum des Weinanbaus. Die grünen, hartschaligen Trauben, die jeden Herbst von Almería nach London verschifft werden, wachsen an Spalieren, die der Landschaft, zumindest ihren bebauten Lagen, ein seltsam flaches Aussehen geben, als sei sie mit grünen Planen abgedeckt. Rings um diese Weinberge erheben sich niedrige Kalksteinhügel, weiß und fast völlig kahl, denn in dieser Gegend regnet es wenig.

Ich erreichte die Stadt bei Sonnenuntergang. Rosafarbene Wolkenmassen, weich und voluminös wie aufgehäufte Kissen, schwammen über dem abgeflachten Berg und beleuchteten mit ihrem Widerschein die Arkaden der Häuser. Tauben kreisten am Himmel, die Kinderstimmen klangen höher als zuvor, und die brennende Unwirklichkeit des Abends senkte sich herab. Am Marktplatz gab es ein Café, das mir den Trübsinn und die Langeweile ersparte, die sich nach dem Abendessen in den Posadas ausbreiten.

Am nächsten Morgen, nach zehn Meilen Weg, erreichte ich die Küstenstraße. Hier bot sich mir ein deprimierender Anblick. Etwa fünfzehn Meilen verlief die Straße in einer schnurgeraden Linie durch eine steinige Wüste, und soweit ich sehen konnte, gab es kein einziges Haus und keinen Baum auf dem Weg. Die Straße verschwand in sanften, weißlichen Bodenwellen und tauchte wieder auf, bis sie sich am Horizont verlor. Diese Wüste heißt Campo de Dalías. Eigentlich ist es ein Flußdelta voller Steine und Geröll, das sich wegen der Erosion der Sierra de Gádor acht Meilen ins Meer hinausgeschoben hat und in sanfter Neigung zur Küste abfällt. Heute hat sich das Bild allerdings gewandelt. Man hat die unterirdischen Quellen, die einst den römischen Stützpunkt Murgi versorgten, angezapft, und die ehemals ausgedörrte Ebene ist mit weißen Bauernhöfen übersät und grün vor Getreide und Obstbäumen. Als ich sie zum ersten Mal sah, kam sie mir vor wie die Wüste Sinai. Während ich meine Füße im entnervenden Klima dieser Küste dahinschleppte, flimmerte die eiserne Wand der Berge eintönig zu meiner Linken, und ich sehnte mich nach einem Gasthof, in dem ich etwas hätte trinken können.

Dann endete die Ebene unversehens. Die kahlen Berge fielen jäh zum Meer hinab. Die Straße war in sie hineingeschnitten. Ich ging um einen Felsvorsprung und sah Almería vor mir, eine weiße Stadt mit flachen Dächern. Die Fischerboote liefen zum Nachtfang aus, der Klang ihrer Ruder und eine singende Stimme lagen über dem ruhigen Wasser.

Almería sieht aus, als habe man einen Eimer weißer Kalkfarbe am Fuß eines kahlen grauen Berges ausgeschüttet. Jenseits der Stadt breitet sich eine kleine Oase aus - das Delta des Río Andarax - voll grüner Yams und Luzerne, dazwischen Dattelpalmen und wogendes Zuckerrohr. Dahinter begann erneut die trockene, steinige Landschaft. In der Ferne dann violette und ockerfarbene Berge. Da nur an zwei oder drei Tagen im Jahr Regen fällt, wächst nichts ohne Bewässerung.

Das arabische Kastell und seine Bollwerke erheben sich steil über die kahlen Felsen der Stadt, als wollten sie sie vor der Dürre jenseits schützen. In diesem Land ist der Feind die Trokkenheit, nicht der Mensch. Unterhalb liegen die Kathedrale und der von Arkaden umgebene Platz, ein Versuch der christlichen Eroberer, die glorreiche Vergangenheit wieder aufleben zu lassen. Ringsum verlaufen die engen Gassen noch immer nach dem Grundriß des arabischen Viertels. Aber der orientalische Charakter dieses Ortes wirkt eher modern mit seinen Straßenzügen blauer und weißer Häuser mit ihren flachen Dächern, die im vergangenen Jahrhundert gebaut worden sind. Die Hauptstraße ist der Paseo, ein breiter Boulevard, der sich langsam unter dunklen Bäumen mit leuchtenden Blättern zur See hinabwindet. Dort findet man die wichtigsten Geschäfte und Cafés. Eine beunruhigende Straße, eine, wie alles in dieser Stadt, mit seltsamen Übertreibungen überladene Straße, und doch ist sie für den oberflächlichen Betrachter schlichtes neunzehntes Jahrhundert und zudem sehr provinziell.

Ich fand die Möbel, die ich brauchte, und wartete auf die Ankunft meines Geldes. Aus Gründen der Sparsamkeit zog ich in eine billige Pension in der Nähe des Marktplatzes, die sich La Giralda nannte. Ich bekam ein Bett und Vollpension für elf Reales, etwa 2,75 Peseten pro Tag. Es war ein schmutziger Ort. Ich teilte mein Zimmer mit sechs Männern, und die Bettlaken, die man mir gab, waren schmutzig und voller Blutflecken. Ich konnte kaum einschlafen. Jede Nacht lag ich stundenlang wach und hörte die eigenartigen Geräusche, die meine Zimmergenossen von sich gaben. Einer gurgelte und würgte in der Kehle, einer schnarchte, einer gab ein lautes, schabendes Geräusch von sich, als kratze er auf Leinen, während ein vierter - ein ängstlich aussehender Junge, der seinen geflickten, an den Ärmeln zerrissenen Mantel über sich geworfen hatte - unter tiefem Seufzen ausatmete. Doch ließen sich diesem Abstieg ins Elend und seinen Kontrasten auch angenehme Seiten abgewinnen. Von dem kleinen, geweißten Innenhof, wo die Tür zum Abort immer weit offenstand, kam ein ungesunder Gestank nach Kanal und abgestandenem Urin, doch wenn der Mond schien, gab sein Licht den Wänden etwas vornehmes und schweigsames. Die Stunden vergingen, und das Krähen der Hähne wurde lauter und eindringlicher. Man hielt sie in hölzernen Käfigen auf dem Flachdach des Hauses und hörte ihre Herausforderungen und ihre Erwiderungen über der weißen, mondbeschienenen Stadt. Ihre Stimmen fragten, verkündeten und prophezeiten und stiegen wie Feuerwerksraketen in die Nacht. Verstummten sie, blieb ein Gefühl von Glück und zugleich Spannung. Auf irgendeine Weise, irgendwann, irgendwo, so schienen sie zu verkünden, werde die Welt errettet, und alles, auch ich und diese Menschen hier, mit ihr. Vor uns allen lag eine Zukunft, geheimnisvoll wie das Krähen der Hähne.

Eine Woche verging und ich bummelte niedergeschlagen durch die Stadt oder machte Spaziergänge nach außerhalb, durch die grüne, üppige *vega.* Ich erlebte ein Abenteuer, das ich erzählen möchte. Als ich eines Nachmittags im düsteren Speisesaal von La Giralda beim Essen saß, begleitet vom Lärm und Geschrei des Marktplatzes draußen, setzte sich ein hagerer Mann um die Vierzig zu mir. Er trug einen schlecht sitzenden, nicht besonders sauberen Anzug und rissige Schuhe, aber was mir an ihm auffiel, war sein tief gezeichnetes und zerfurchtes Gesicht. Die Tränensäcke unter seinen Augen waren schwer und erinnerten an Schwalbennester. Wir kamen ins Gespräch, und er erzählte mir, er sei ein *corredor*, das heißt, ein Mittelsmann oder Makler. Als er hörte, daß ich französisch sprach, bat er mich um eine Gefälligkeit, nämlich zwischen ihm und einem arabischen Hausierer, der gerade mit irgendwelcher Schmuggelware aus Oran gekommen war, zu dolmetschen. Ich sagte zu, und nachdem die Sache erledigt war, lud er mich auf einen Drink in eine Taverne ein. Hier wurde er vertraulich. Er sagte, sein Name sei

Agustín Pardo, stets zu meinen Diensten, und während er auf sein zerfurchtes Gesicht und die Säcke unter seinen Augen deutete, ließ er mich wissen, seine Gesundheit sei ruiniert und sein Arzt habe ihm gesagt, er habe nicht mehr lange zu leben. Von Natur habe er eine exzellente Konstitution, doch habe er sie mit seinem lasterhaften Leben jahrelang untergraben. Er könne nicht von den Frauen lassen. Er erklärte mir auch, die Umstände hätten ihn zum Agenten der größten Bordelle in der Stadt gemacht. Er wartete auf einlaufende Schiffe, und mit Hilfe einiger Brocken Englisch und Norwegisch führte er die Seeleute an die Orte, wo sie bekamen, was sie suchten. So hatte das Laster seinen Lauf genommen, und nun konnte er es nicht mehr aufgeben. Als er sah, daß ich neugierig wurde - ich hatte in der Tat noch nie ein Bordell besucht - bot er mir an, mich auf eine Tour durch die Häuser der Stadt mitzunehmen. Ich antwortete, ich würde sein Angebot zwar gern annehmen, es sei mir aber nicht möglich, ich fühlte mich von Prostituierten nicht sehr angezogen. Er wischte meine Einwände beiseite und sagte, mit ihm zusammen hätte ich keinerlei Verpflichtung. Es seien gute Mädchen, sehr ruhig und voller Respekt für ihre Kunden. Dieses Schauspiel sei interessant, und für einen gebildeten und kultivierten Mann wie mich werde es lehrreich sein. Was die Kosten betreffe, so werde er das auf sich nehmen, es genüge, wenn ich jedem Mädchen, das sich zu mir setzte, ein kleines Trinkgeld gebe, vielleicht zwei Reales (ein Sixpence). Damit seien sie mehr als zufrieden.

Agustín war ein prahlerischer Mann, doch prahlte er nicht mit seinen guten Seiten, sondern mit seinen Fehlern. Mochte man ihm glauben, so hatte er Frau und vier Kinder, die er im Grunde seines Herzens liebte, die aber in bitterer Not lebten, da er seinen gesamten Verdienst für sein lasterhaftes Leben ausgab. Seine Gesundheit, sein Geld, seine Zeit, alles ging dahin für die Frauen, und da ihm das Schicksal eine solche Natur auferlegt habe, konnte er nichts dagegen tun.

»Sehen Sie mich an«, rief er aus. »Einige Männer sind Opfer der Umstände, doch ich bin ein Opfer meines Temperaments, um nicht zu sagen, meines Sternbildes. Venus, diese Hure, stand in Konjunktion, als ich zur Welt kam. So konnte nur ein lasterhafter Mensch aus mir werden. Es hat keinen Sinn, dagegen anzukämpfen, alle meine Vorsätze sind nutzlos, es sitzt mir in den Knochen. Bis zum Halse stecke ich in der Klemme. Niemand braucht zu fragen, was ich tue, man sieht es meilenweit in meinem Gesicht. Wer mich nicht kennt, würde mich für einen Marquis halten. Glauben Sie mir, ohne diese Frauen wäre ich einer der wohlhabendsten Männer der Stadt, denn ich besitze ausgeprägten Geschäftssinn. Mein Vater - er ruhe in Frieden - führte einen Lebensmittelladen. Ich reiste für ihn und erledigte seine Einkäufe. Niemand kann ein vertrauliches Geschäft besser abwickeln als ich, denn ich besitze großes Taktgefühl. Zudem vertraut mir jedermann. "Agustín", sagen sie, "mag seine Schwächen haben, aber in jedem Fall ist er ein Gentleman, ein *caballero*." Und weil man mich also mag und schätzt, habe ich überall gute Freunde - bei der Küstenwache, beim Zoll, bei der Polizei - weshalb ich bei meinen Fähigkeiten eine erstklassige Schmuggelroute nach Oran und Melilla betreiben könnte. Doch was nützt das, wenn ich erst am Nachmittag aufstehe und mir alles Geld zwischen den Fingern zerrinnt? Deshalb sage ich, ich bin ein Mann der Schande, ein unmöglicher Mann. Ein Mann wie ich, der zusieht, wie seine Frau und Kinder leiden - stellen Sie sich vor, zwei dieser armen Würmer werden von der Tuberkulose aufgezehrt - das ist doch ein Elend. Es gibt kein anderes Wort.«

Er nahm noch einen Schluck Wein und rieb sich mit dem Finger die Nase.

»Gäbe es nicht diese verfluchten Mädchen, hätte ich überhaupt keinen Respekt mehr vor mir selbst. Ich sollte mir eine Kugel in den Kopf schießen. Peng, und alles wäre zu Ende. Aber sie verstehen mich. Sie wissen, daß ich im selben Boot sitze wie sie selbst und daß mitunter die edelsten Menschen in der Gosse landen. Leute von größter Freigebigkeit. Sie werden heute abend erleben, wie sie mich schätzen und wieviel Aufhebens sie um mich machen. Wenn ich kein Geld habe, lassen sie mich trotzdem mit ihnen schlafen, und manchmal, wenn sie sehen, daß ich nur noch ein paar Peseten habe, dann nehmen sie sie nicht und sagen, ich soll sie meiner Frau und den Kindern schicken, die nichts haben, das sie zum Abendessen in den Kochtopf stecken können. Natürlich sind es Huren - das ist ihr Beruf, sie wehren sich gegen die Welt - aber sie sind auch Frauen. Ob Sie es glauben oder nicht, einige von ihnen haben Herzen aus Gold. Und sie mögen mich nicht etwa wegen meines guten Aussehens. Offenbar nicht. Sie erkennen, daß ich mich und meine Gesundheit ihnen zuliebe ruiniert habe, und deshalb spüren sie, ich bin ein Opfer des Schicksals wie sie selbst. Das Sprichwort sagt, vom umgestürzten Baum holt jeder sich sein Feuerholz.«

Das Bordellviertel, wenn man ihm diesen hochtrabenden Namen geben mag, liegt gleich hinter der Plaza Vieja. Das ist ein kleiner, von Arkaden umgebener Platz, weiß gekalkt, mit Bäumen bepflanzt und fast den ganzen Tag über leer und verlassen. Vor etwa einem Jahrhundert wohnte hier die Crème der Händlerfamilien, doch sind die Reichen heute in weniger beengte Viertel gezogen. Zwar steht hier noch immer das Rathaus der Stadt, aber ansonsten sind vorwiegend kleine Werkstätten und Lokale nachgerückt. Ging man unter den kühlen Arkaden und sah man in das grüne Laub des Parks, so hätte man sich wie in einem Kloster fühlen können, wäre nicht der Lärm der Kinder gewesen, die hier in den Schulpausen spielten. Aber biegt man von diesem Platz in eine gepflasterte Gasse, die den steilen Berg zu den arabischen Zinnen hinaufführt, so passiert man auf beiden Seiten eine Reihe eingeschossiger Häuser von armem, ja sogar erbärmlichem Aussehen. An schönen Nachmittagen - alle Nachmittage in Almería sind schön - sieht man hier enorme Frauen, geschminkt und eingeölt, deren schwarzes Haar offen über die Schultern fällt. Sie sitzen auf niedrigen Stühlen in der Sonne und lassen sich von kleinen Kindern entlausen. Hin und wieder sieht eine jüngere Frau in zerschlissenem Nachtgewand und Hausschuhen aus der Tür und kippt einen Nachttopf auf die Straße. Als ich einmal in der warmen Dämmerung eine Abkürzung vom Kastell nach unten nahm, traf ich zwei braune und fast nackte Mädchen mit offenen Blusen, die einen Soldaten umlagerten. Doch hatte man den ersten Eindruck verdaut, dann erschien diese Gasse ganz und gar nicht mehr als finsterer oder schrecklicher Ort. Wenn auch eine gewisse Verderbtheit von diesen sitzenden Amazonen ausging, die einen auch im Vorübergehen ziemlich offen anstarrten, so hatten sie doch auch etwas von der Ruhe und Friedlichkeit großer, sich sonnender Katzen. Niemand mußte Angst haben, um Mitternacht mit voller Geldbörse hier einzutreten.

Der Abend kam, und ich traf mich mit Agustín wie verabredet nach dem Essen. Wir tranken in einer Bar ein Glas Wein, um uns in die rechte Gemütsverfassung zu versetzen, und machten uns dann auf den Weg in die Calle de la Esperanza, die Straße der Hoffnung, wie er sie nannte.

»Ich nenne sie so«, sagte er, »weil man nie weiß, was man finden wird. Diese Orte sind wie eine Lotterie. Aber in jedem Fall werden Sie das echte Laster kennenlernen. Manche dieser Mädchen sind schon mit fünfundzwanzig völlig verbraucht, mit siebenundzwanzig sind sie häßliche alte Frauen.«

Wir erreichten den Platz und stiegen im Mondlicht die gepflasterten steilen Gassen hinauf. Dann klopften wir an eine Tür und traten ein. Wir fanden uns in einem kleinen, völlig leeren Zimmer, nur eine extrem dicke Frau - die *ama* oder Madame - saß in einem Lehnstuhl und fächelte sich Luft zu. Über ihrem Unterrock trug sie eine Art Hausmantel oder Schlafrock, das Haar hatte sie mit einem scharlachroten Band zurückgebunden, und hinter ihrem Ohr steckte eine rote Papierblume. Hinter ihr an der Wand hing ein kolorierter Druck der Meeresjungfrau, der Schutzpatronin Almerías. Concha, so hieß sie wohl, begrüßte Agustín mit beiläufigem Nicken und per Handschlag, als gehöre er zur Familie und als sehe sie ihn täglich. Er stellte mich vor. Zwei stark geschminkte Mädchen, die beide nicht sehr lange hübsch geblieben waren, kamen aus einem Zimmer im Hintergrund und setzten sich zu uns. Eine trug ein weißes Hemd, das wohl durchsichtig aussehen sollte. Die andere, die Lola hieß, hatte ein lockeres Baumwollkleid an, das sie vorn nicht sonderlich sorgfältig geschlossen hatte. Eine Karaffe Wein und Gläser wurden auf den Tisch gestellt.

»Nun, Concha, wie läuft der Laden?« fragte Agustín.

»Langsam, Herzchen, langsam«, antwortete die dicke Frau und gähnte in ihren Fächer. »Nach Weihnachten tut sich nichts mehr in dieser verdammten Stadt. Wenn nicht gerade ein Schiff kommt, ist sie tot. Außerdem gehen die meisten zu Teresa. Keiner hat hier Geld, im Ernst, aber dem Mieteintreiber ist das egal, wenn er vorbeikommt. Genau wie dem Affen, der für den Strom kassiert. Und wenn keiner was kriegt, die kommen an ihr Geld.«

»Komm, ich geb' dir einen aus.«

»Danke, Agustín, heute nicht. Ich hab wieder mein altes Nierenleiden. Ich krieg' es immer bei Vollmond. *¡Ay, madre mía!*«, sie hielt sich die Seite, »da ist es wieder! Mit Gott leg ich mich nieder, mit Gott stehe ich auf - mit der Jungfrau Maria und dem Heiligen Geist - damit mich diese Pein endlich verläßt, ich halt es bald nicht mehr aus!«

Sie bekreuzigte sich und küßte laut ihren Daumen.

»Warum probierst du nicht Mutter Celestinas Pülverchen?« fragte Agustín und sah sie mit ironischem Grinsen an, »die täten dir besser als dieser ganze Kirchenkram. Und ihr«, wandte er sich an die Mädchen und hob sein Glas, »auf eure Gesundheit. Behaltet eure hübschen Gesichter noch ein Weilchen und eines Tages heiratet ihr noch einen Marquis.«

»Lieber einen Engländer.«

»Das ist genau, was ich dir bringe, Süße, nur kannst du ihn nicht heiraten. Er hat schon eine Frau und zwei Kinder mit Gesichtern wie kleine gemalte Engel, die in seinem Land auf ihn warten. Also laß ihn in Ruhe, es nützt sowieso nichts. Er ist nicht interessiert.«

»Aber was will er dann hier?«

»Ich habe ihn mitgebracht. Er will Spanien kennenlernen und seinen Leuten davon erzählen, wenn er nach Hause kommt.«

»Interessieren die sich auch für uns?«

»Aber ja doch, dumme Gans, dieses Haus ist doch typisch wie nur etwas. Es ist so typisch wie die Alhambra in Granada oder die Prozessionen der Semana Santa in Sevilla. Es ist ein Stück der echten Folklore. Es geht zurück bis auf die Mauren. Ihr Mädchen wißt ja gar nicht, wie interessant ihr für Ausländer seid.«

»Gibt es in Ihrem Land keine Huren wie uns?«

»Doch, aber sie sind nicht in Häusern eingeschlossen.«

»Und was verdienen sie?«

»Zwanzig bis dreißig Peseten für einmal.«

»Das sind achtzig bis hundert Reales. *¡Bendita sea la Virgen Purísima!* Warum leben wir dann noch hier? Wissen Sie, was wir hier bekommen? Zwei lausige *pesetillas*, wenn wir Glück haben.«

»Hat man euch jemals gesagt, warum das so ist?« fragte Agustín und schlug hart mit der Hand auf den Tisch. »Das liegt am verkommenen Wirtschaftssystem dieses Landes. Alles Geld verschwindet in den Taschen der Priester und Politiker. Den armen Mann läßt man hungern. So sieht es aus. Was wir brauchen, ist eine Republik, die dieses Gesindel hinauswirft. Wartet nur, bis sie da ist, Mädchen, dann werdet ihr sehen, wie man euch bezahlt. Solche wie ihr, die ihrem Land treu gedient haben, werden sich mit einer Pension zur Ruhe setzen können, so wie die Obersten und die Generäle.«

»Das glaube ich nicht. Wir sind arme Mädchen, wir werden nie etwas bekommen, nicht von zehn Republiken.«

»Warte ab, du wirst schon sehen. Weißt du, was die Priester und Jesuiten aus diesem Land heraussaugen? Drei Viertel aller Einnahmen. Wenn dieses Geld zur Entwicklung des Landes gut angelegt wird, dann bekommt auch ihr euren Anteil. Wartet nur, bis diese schwarzen Krähen gerupft sind, und ihr werdet euch wie im Paradies fühlen.«

»Nun denn, Agustín«, sagte Concha, und ihr eben noch gutmütiger Ton schlug unvermittelt in schneidende Schärfe um, »etwas ruhiger, wenn ich bitten darf. Du kannst dich sicher auch amüsieren, *como Dios manda*, wie Gott es befiehlt, ohne mit der Politik anzufangen. Du hast den ganzen Tag Zeit gehabt, um über dieses und jenes zu plappern. Kannst du nicht an etwas anderes denken, wenn du hierher kommst? Du solltest inzwischen wissen, daß wir Frauen diese Art von Unterhaltung nicht mögen. Sieh doch, diese armen Mädchen warten darauf, dich von deinen Sorgen abzulenken - wird es nicht Zeit, daß du ihnen etwas Aufmerksamkeit schenkst? Und überhaupt, glaube mir, von deinen Ideen kommt nichts Gutes. Diese Republikaner, wie sie sich nennen, sind Männer, die noch nicht einmal Gott respektieren. Das ist nicht die Art, in der ich aufgewachsen bin, meine Mädchen auch nicht. An jedem Martinstag haben wir zu Hause ein Schwein geschlachtet und Blutwurst gemacht, und wenn ich auch nicht gerade behaupte, wir wären zur Messe gegangen, so haben wir doch keine *novena* zu Ehren der *Purísima* ausgelassen. Und bis das Maultier starb, hatten wir niemandem je einen *céntimo* geschuldet. Aber das Sprichwort sagt, wer sich ruhig verhält, gewinnt und wer mit den Wölfen geht, der lernt das Heulen. Deshalb sage ich dir, wenn jeder ein bißchen mehr Respekt hätte, wäre alles gut. Mach die Tür auf, Lola, es hat geklopft.«

Ein hochgewachsener Mann mit einem einwöchigen Bart trat ein. Er setzte sich, und sofort drehte sich die Unterhaltung um ein neues Thema - die Preise für Zwiebeln und Kartoffeln. Schlimmer, so schien es, konnte es nicht mehr kommen. Er fragte sich, wie die Menschen bei diesen Preisen überleben sollten. Die großen Geschäfte rissen den gesamten Handel an sich und ließen den kleinen Mann verhungern. Ja, eine Veränderung war notwendig. Aber mit jeder Veränderung kamen dieselben Leute wieder nach oben, was nützte es also? Es gab kein Schamgefühl im Land, keinerlei Schamgefühl, doch er konnte sich auch nicht vorstellen, daß die Republikaner besser waren als irgend jemand sonst. Nein, er hielt nichts von Politik und Revolutionen. Alle Regierungen waren gleich - von keiner kam jemals etwas gutes. Lieber den Spatz in der Hand als die Taube auf dem Dach. Er leerte sein Glas und nickte einem dritten Mädchen zu, das hereingekommen war - bis zu diesem Moment hatte er keines von ihnen angesehen - und ging mit ihm in eins der kleinen Zimmer nebenan. Agustín, der inzwischen mehrere Gläser getrunken hatte, stand auf und bezahlte die Rechnung.

»Wie denn, hast du heute nacht keinen Augenblick Zeit für mich?« fragte Lola, hob die Hand, streichelte ihm das stoppelige Kinn und feixte gleichzeitig ihrer Kollegin zu. »Du weißt, ich bin verrückt nach dir.«

»Ein andermal, Schätzchen, ein andermal. Heute kann ich nicht bleiben.«

»Doch doch, nur zehn Minuten. Du bist der einzige Mann, der mir etwas bedeutet, das weißt du doch.«

»Nein, Lolita, jetzt nicht. Ich mag dich sehr gern, aber heute nacht geht es nicht. Eine andere wartet auf mich.«

»Eine andere, wirklich? Das sagst du immer. Ich glaube, du hast seit drei Monaten nichts mit einer Frau gehabt. Die Männer, die herumprahlen und von Politik schwätzen, sind doch alle gleich. Warum bist du dann überhaupt gekommen, frag ich dich?«

»Gib ihr ein kleines Geschenk, Herzchen, das besänftigt ihre Gefühle«, sagte Concha. »Sie ist so sensibel, das arme Kind. Außerdem ist sie eine Waise. Wenn ich nicht wäre, hätte sie nichts außer dem Tag und der Nacht und dem Wasser im Krug.«

»Na gut, hier hast du was, kauf dir Bonbons dafür. Bleib anständig, bis wir uns wiedersehen.«

»Ein zweitklassiger Ort«, sagte Agustín, sobald wir draußen waren. »Hier ist nichts los. Es riecht nach Sakristei. Dieses Viertel ist wie ein Dorf. In dieses Haus gehe ich nur, um Concha nicht zu beleidigen. Du hättest sie sehen sollen, bevor sie alt und fromm wurde - damals war sie eine wundervolle Frau. Wir hatten viele schöne Stunden zusammen.«

»Warum sind diese Madames immer so dick?« fragte ich.

»Oh, das müssen sie sein - sie müssen eine Menge Raum einnehmen. Sonst hätten die Mädchen keinen Respekt vor ihnen. In diesen Häusern ist Respekt unerläßlich. Außerdem ersetzen diese Frauen ihnen die Mutter.«

»Wie meinen Sie das?«

»Wie ich es sage. Sie kommen an neue Mädchen, weil sie aussehen, als seien sie mütterlich. Und sie sind ja tatsächlich meist nette Frauen, sehr nette sogar. Concha dort hat ein Herz aus Gold. Sie dürfen nicht vergessen, sie haben oft mit der Polizei zu tun. Die Polizei hat Respekt vor dicken Frauen, großen Respekt. Man hat noch nie eine dicke Frau im Gefängnis gesehen. Dicke Frauen wissen, wie man auftritt.«

Ein Stück weiter klopften wir an die Tür eines anderen Hauses. In dem üblichen kleinen Zimmer saßen zwei Männer mit drei Mädchen und tranken. Agustín kannte die Männer und grüßte sie herzlich. Sie sahen aus wie Stammgäste, und tatsächlich erzählte mir mein Kumpan später, sie seien Inhaber von Marktständen, die jede Woche kämen. Man war schnell wieder bei der Politik und alle hier, auch die Madame, sie war kaum weniger umfangreich als Concha, waren für die Republik. Wäre Lerroux Präsident, darin waren sich alle einig, würde er bald etwas gegen die Machenschaften der Jesuiten und Priester unternehmen. Doch schienen die Männer schon angeheitert zu sein. Ihre lauten barschen Stimmen überschlugen sich im Streit, und um sie wieder zu beruhigen und in die Schlafzimmer zu bekommen, versuchten die Mädchen, sie mit Schamlosigkeiten herauszufordern. Schließlich hatten sie Erfolg. Die Männer schwankten durch zwei Türen, durch die ich einen Blick auf schmutzige Betten werfen konnte, die die kleinen Zimmer fast ganz ausfüllten. Darüber hing das Bild der Jungfrau. Agustín, der energisch an der politischen Debatte teilgenommen hatte, saß in Stille versunken und fragte nach der Rechnung. Das dritte Mädchen, das zunächst ihre Aufmerksamkeit mir gewidmet hatte, machte kaum Anstalten, uns zurückzuhalten, denn die beiden einzigen Schlafzimmer des Hauses waren besetzt.

»Kein sehr erbaulicher Ort«, sagte Agustín, dessen Ausdrucksweise sich mit zunehmendem Alkoholgenuß verfeinerte. »Keine Ordnung, kein Respekt. Das Laster braucht Regeln wie alles andere auch. Würde, man braucht Würde. Ich kenne diese Männer - nicht gerade empfehlenswerte Leute. Einer von ihnen schuldet mir zwei Duros fünfundsiebzig, die werde ich wohl nicht wiedersehen. Wenn es je einen Schwindler gegeben hat, dann ihn.«

»Wo gehen wir jetzt hin?« fragte ich.

»Nun, wir könnten zu Jesusas Etablissement gehen. Da gibt es ein paar nette Mädchen, andererseits darf man nicht vergessen, daß Jesusas Tante mütterlicherseits als Putzfrau im Palast des Bischofs arbeitet. Das hinterläßt einen üblen Geschmack im Mund, finden Sie nicht? Außerdem können Sie sicher sein, daß jedes Wort, das dort gesprochen wird, sofort dem Bischof hinterbracht wird.«

»Aber ihn wird wohl kaum interessieren, was man an solchen Orten sagt.«

»Was sollte ihn sonst interessieren? Die Kirche und die Polizei bekommen von diesen Madames alle Informationen über das, was vor sich geht. Ich sage ihnen, schaffen Sie die Bordelle ab und innerhalb von sechs Monaten bricht eine Revolution aus, weil die Obrigkeit nicht mehr weiß, was man im Lande redet.«

»Ja, dann...«

»Nein, zu Jesusa gehen wir auf keinen Fall. Ich mag es nicht, wenn sich ein Mädchen erst bekreuzigt, bevor es sich aufs

Bett legt, als hätte es eine Blinddarmoperation vor sich. Wir gehen zu Teresa. Das ist etwas ganz anderes - ein internationales Haus, das ausländische Seeleute regelmäßig besuchen. Dort sehen Sie das wahre Laster und sparen dabei noch die Kosten für eine Fahrkarte nach Paris. Also gut, wenn Sie einverstanden sind, dann drehen wir den Häusern in diesem Viertel den Rücken zu. Früher taugten sie einmal etwas, aber heute sind sie nur noch düstere kleine Höhlen, heruntergekommene Etablissements, die dringend ein neues Management bräuchten. Wenn ich etwas Kapital hätte, würde ich sie übernehmen und auf Vordermann bringen. Aber bei Teresa treffen Sie Mädchen, die Sie für ein Taschengeld verschlingen, und andere, die gerade vom Dorf gekommen sind, mit Gesichtern wie kleine Zuckerengel. Kommen Sie, wir wollen uns beeilen. Lassen Sie uns nicht einen Moment versäumen von dem, was uns erwartet.«

Aber sofort blieb er wieder stehen.

»Oh, dieses Leben!« rief er und breitete mit theatralischer Geste seine Arme aus. »Dieses Leben gibt mir den Rest. Frauen, Frauen, immer nur Frauen! Ich kann es nicht lassen, und doch bringt es mich um. Don Juan Tenorio - Sie wissen, wer er war - war ein Waisenknabe gegen mich. Was wußte er schon vom Laster. Drei oder vier Verführungen, vier oder fünf falsche Eheversprechen - was ist das schon, wenn man Geld hat. Ich komme jeden Monat auf mehr und habe keinen Pfennig in der Tasche.«

Er drehte sich um und sah mich an, mit einer Hand hielt er mich am Ärmel, mit der anderen gestikulierte er in der Luft.

»Nein, ich sage Ihnen, dieser Mann war ein absolutes Nichts. Junge Kerle wie ihn gibt es in jeder spanischen Stadt. Sie verbringen ihr Leben damit, sich die Schuhe putzen und die Gesichter massieren zu lassen, und dann brauchen sie drei Monate, um einem Dienstmädchen den Kopf zu verdrehen. Was ist daran bemerkenswert? Wahres Laster verlangt Obsession und Selbstaufgabe. Man sinkt, man sinkt hinab und legt seinen Stolz ab, man gibt sich einer Welle des Edelmuts hin. Alles gibt man auf und hält an nichts mehr fest. Man stirbt, man zerstört sich selbst, man dringt zur letzten Wahrheit der Dinge vor. Man entblößt sich, so wie Gott einen geschaffen hat. Ich sage Ihnen, in einem solchen Leben liegt mehr wahre Religiosität als in allen Predigten, die man in der Kirche hört, denn es wird nichts verschwiegen und es gibt es keine Heuchelei.«

Er nahm seine Hand von meinem Rockärmel und wir setzten unseren Weg fort. Als wir kurz darauf um eine Ecke bogen, befanden wir uns in einer langen, engen Straße, die wie mit einem Messer tief zwischen zwei Häuserfassaden geschnitten war. Der übliche Passantenstrom war versiegt, die letzten Verliebten waren nach Hause gegangen, in den Fenstern war kein Licht mehr. Gelegentlich eilte eine Gestalt an uns vorbei, und Hanfschuhe verursachten ein leises Trippeln auf dem Pflaster. Allein der Mond, der helle Lichtplatten auf die oberen Stockwerke warf und die Gasse unten im Schatten ließ, schien noch lebendig und wach zu sein.

Unter dem Einfluß der frischen Luft und des Weins, den er getrunken hatte, wurde Agustín immer heiterer. Wenn er sein Gesicht zum Himmel wandte, glänzten die Beutel unter seinen Augen, bis sie aussahen wie zwei riesige hängende Tränen.

»Sehen Sie sich diesen Mond an«, rief er plötzlich aus und faßte mich am Arm. »Wir kriechen über die Erde wie Insekten, er aber zieht dort oben seine Bahn und sieht auf alles herab. Und was sieht er nicht alles. Laster in allen Städten, Laster in allen Dörfern, Laster über Laster und nirgendwo Schamgefühl. Sehen Sie mich an, ich habe alle Leiden, die sich ein Mann bei einer Frau holen kann, aber sie bringen mich nicht um. Glauben Sie mir, ich blühe mit ihnen auf. Sie wirken wie ein Stärkungsmittel auf meinen Organismus. Sie drängen mich zu neuen Taten. Hier, fühlen Sie meinen Puls.«

Er streckte das Handgelenk aus.

»Sehen Sie, er schlägt. Mein Puls schlägt. Ich bin kerngesund. Nur am Tag fühle ich mich schlecht. Meine Zeit ist die

Nacht. Meine Stunde ist die Zeit, da der Mond scheint. Kommen Sie, lassen Sie uns schnell zu Teresa gehen. Lassen Sie uns diese scharfen Frauen ausprobieren. Gerade diese Nacht soll besonders gut zu Ende gehen.«

Wir kamen an. Ein wohlhabendes Haus mit eisernem Türklopfer und Fenstergittern. Stimmen und Gelächter drangen hindurch. Wir läuteten, und ein Augenpaar musterte uns durch das Türgitter. Dann wurde eine Leine gezogen und die Tür öffnete sich. Wir traten in eine geflieste Eingangshalle, wo eine untersetzte, eher zu stark geschminkte Frau neben einem Schaukelstuhl stand. Auf einem Tisch neben ihr lag eine riesige schwarze Katze und schlief, und an der Wand standen einige Töpfe mit Aspidistras.

»Na, Agustín«, rief die Frau und streckte lässig die Hand aus, »auch mal wieder da? Wen hast du diesmal mitgebracht? Wieder einen Deutschen?«

»Nein, nein, Teresa, das ist ein Engländer. Ein in der Literatur und der Wissenschaft bewanderter Mann, der auf der Suche nach Neuem die ganze Welt bereist hat. Er schreibt ein Buch über spanische Frauen, also habe ich ihn natürlich mitgebracht, damit er dich kennenlernt. Ich habe ihm erzählt, daß er in deinem Haus die Blüte der Weiblichkeit Almerías finden wird - ist das nicht richtig? Aber es ist ein Informations- und Forschungsbesuch, mehr nicht. Er erwartet täglich eine Geldanweisung seines reichen Onkels, und bis dahin, du verstehst, muß sein Interesse rein theoretisch bleiben.«

»In Ordnung, du kennst den Weg nach drinnen. Alle Ausländer sind willkommen.«

Wir gingen in die Halle - wenn man es so nennen mag - einen mit kleinen Tischen, einem Sofa und einigen Stühlen möblierten Raum. An den Wänden hingen ein Stierkampfplakat, eine Reklametafel mit einer Frau darauf, die einen Cordobeser Hut trug und ein Glas Sherry trank. In der Ecke stand ein Wandschirm und daneben saß ein gelangweiltes, mürrisch dreinblikkendes Mädchen und bei ihm ein schlanker, melancholischer Mann in tiefstem Schwarz. Er hatte ein Glas Wein vor sich. Hin und wieder starrte er im Raum umher und sagte: »Auf Ihre Gesundheit, Gentlemen.« Er war offenbar völlig betrunken und Agustín flüsterte mir zu, er befinde sich in diesem Zustand, seit vor kurzem seine Frau gestorben war.

Wir bestellten Wein. Andere Mädchen und Männer erschienen und ließen sich an den Tischen nieder. Von irgendwo im Innern hörten wir Gläser klingen und laute angeregte Unterhaltung. Sie kam von einer Party im privaten Wohnzimmer des Hauses. Für normale Kunden war die Halle gut genug, sie saßen hier und tranken sich Mut an, um ihren Besuch einen Schritt voranzutreiben oder aber zu gehen. Doch abgesehen davon, daß die Mädchen leicht gekleidet waren, hätte die Atmosphäre kaum schicklicher sein können. Die Männer unterhielten sich vorzugsweise untereinander. Sie fühlten sich sicherer, wenn sie sich ans eigene Geschlecht hielten und den kostümierten Gestalten, die gähnend neben ihnen saßen, wenig Aufmerksamkeit schenkten. Sprachen sie sie an, dann in einem halb gönnerhaften, halb herablassenden Ton, als wollten sie klarstellen, daß sie sie zwar für gewisse intime Gelegenheiten als Partnerinnen wählten, sich aber deshalb keineswegs mit ihnen auf eine Stufe stellten. Nur die Männer, die alt genug waren, um erwachsene Töchter zu haben, verhielten sich einfach und natürlich.

Agustín war immer noch in Hochstimmung. »Sehen Sie sie an«, sagte er und zeigte auf die beiden Mädchen, die sich zu uns gesetzt hatten. »Frauen wie diese sieht man nicht alle Tage. Augen wie Autoscheinwerfer, frisch aus der Werkstatt, Brüste wie aufgerichtete Kanonen, Füße wie kleine rote Taubenfüßchen! Und sie sind Tigerinnen. Sobald sie dich ansehen, fressen sie dich auf.«

»Was ist denn mit dir heute los?« sagte die ältere der beiden. »Was ist in dich gefahren? So schöne Worte hören wir nicht oft.«

»Von mir schon. Jedes Mal, wenn ich hierher komme, sage ich euch etwas nettes, denn ihr werdet jedes Mal noch schöner.«

»Das kannst du für deine Freundin aufsparen, wenn du eine hast. Vielleicht kannst du bei der damit landen. Erzähl mir lieber, ob du es geschafft hast, diesen deutschen Seemann aufzutreiben.«

»Noch nicht, aber bald, Schätzchen.«

»Denk dran, ihn hierher zu bringen, wenn du ihn siehst. Er hat mir goldene Ohrringe versprochen, und ich warte immer noch darauf. Und wer ist der Ausländer, den du da aufgelesen hast? Scheint ein ganz stiller zu sein.«

»Ich hab ihm so schreckliche Dinge von dir erzählt, daß er Angst hat.«

»Dann ist er wohl genau so ein Schwächling wie du. Spricht er überhaupt spanisch?«

»Mehr als du, dumme Gans. Er hat den ganzen *Don Quijote* zweimal durchgelesen.«

»Was ist das? Ein Liebesroman?«

»*Don Quijote*«, tönte ein schwerer Mann am Nachbartisch wie vom Schlag getroffen. »*Don Quijote* ist der Nationalstolz Spaniens. Wer ihn nicht kennt, hat nicht das Recht, sich Spanier zu nennen. In Madrid steht sein Denkmal und jedes Jahr kommt die gesamte spanische Akademie, alle Mitglieder der Regierung und die gesamte Obrigkeit der Stadt, um dort Blumen niederzulegen. Er war unser erster Revolutionär.«

»Das ist ein Polizist«, flüsterte Agustín, »politische Abteilung.«

»Sie sprechen englisch?« sagte der Polizist zu mir.

»Ja«, erwiderte ich, »Sie auch?«

Ohne Antwort sah er mich an. Dann -

»Ich bin bei der Polizei«, sagte er auf spanisch. »Ein Polizeibeamter muß alle Sprachen sprechen. Sogar die der Mauren. Wie gefällt Ihnen unsere Stadt?«

»Wirklich sehr gut«, antwortete ich. »Ich bin begeistert von ihr.«

»Lassen Sie mich in aller Offenheit sagen, sie ist eine Schande für Spanien. Ich bin hier geboren und liebe meine Stadt, aber keiner kann mir erzählen, sie wäre keine Schande. Wissen Sie, wie die anderen Spanier sie nennen? Sie nennen sie *el culo de España*, 'den Hintern Spaniens', und obwohl ich das als persönliche Beleidigung ansehe, da es sich gegen meine Stadt richtet, muß ich zugeben, daß sie nicht ganz unrecht haben. Eine solche Ignoranz, ein solcher Mangel an Kultur wie hier ist eine Schande für das ganze Land. Wissen Sie, daß siebzig Prozent der Einwohner weder lesen noch schreiben können? Wir, die Leute von Almería, die ein Gewissen haben, sind zutiefst beschämt. Glauben Sie mir!«

»Warum sagen Sie nicht, daß sich alle Spanier schämen?«

»Ja, das könnte man auch sagen. Spanien ist heute ein nationales Unglück. Es war einmal der Stolz und die Zierde der Welt, aber heute ist es eins der rückständigsten Länder. Unser Boden ist der reichste in Europa, unsere Berge sind voll von Eisen, Kupfer, Gold, Blei, Silber, Aluminium, Mangan, Quecksilber, von Rubinen, Achaten und Karfunkeln. Die Menschen sind zuverlässig, rechtschaffen, edel, offen, ehrlich, gesund und sie arbeiten hart - und doch leben wir so, wie Sie es sehen. Ich sage, es ist eine Schande, und die Verantwortlichen müssen zur Rechenschaft gezogen werden.«

»Die Politiker und die Priester natürlich«, sagte Agustín, »sie halten die Leute dumm.«

»Ich nenne keine Namen«, sagte der Polizist. »Ich bin im Staatsdienst, und es ist nicht meine Aufgabe, die Verantwortlichen zu benennen. Ich befolge Befehle. Wenn man mir sagt, ich solle einen Revolutionär festnehmen, dann tue ich das. Wenn man mir sagt, ich solle meine Augen schließen oder sogar selbst eine Bombe legen, dann tue ich auch das. Ein Diener des Staates darf seine eigene Meinung haben, aber er muß sie für sich behalten. Hier drinnen, fest verschlossen.«

Er klopfte sich auf die Brust und blickte im Zimmer umher, als wolle er den Applaus entgegennehmen. Dann spuckte er leise unter den Tisch.

»Nun komm schon, Manolo«, sagte seine Begleiterin und zog ihn an der Schulter. »Dort ist ein Zimmer frei.«

»Aber eines Tages, Señor«, sagte er und erhob sich langsam, »wird es eine Veränderung geben, und dann werden Sie sehen, wozu Spanien in der Lage ist. Wenn es soweit ist, werden Sie außergewöhnliche Dinge erleben.«

Er ging hinaus mit dem schweren Schritt eines Mannes, der ein Zimmer voller Freunde verläßt, um ein geschäftliches Telefonat entgegenzunehmen.

»Ein guter Mann«, kommentierte Agustín. »Man spürt, daß er im Herzen Republikaner ist. Und er kann sich ausdrücken. Eines Tages, wenn die Revolution da ist, wird er eine wichtige Stellung einnehmen. Er gehört zu der Art von Menschen, die, wenn man es am wenigsten erwartet, zum Gouverneur oder gar Minister ernannt werden.«

»Aber er spuckt aus wie eine Frau«, sagte das Mädchen, das bei mir saß. »Unter den Tisch.«

»Das zeigt, wie wohlerzogen er ist. Er hat Bildung.«

Allmählich veränderte sich Agustín. Er saß da, starrte ans andere Ende des Zimmers und sagte nichts mehr. Die beiden Mädchen, die bei uns gesessen hatten, gingen weg. Ich hatte meine Tischnachbarin nicht ermutigt, und keine von beiden hatte auch nur das geringste Interesse für meinen Kameraden gezeigt. Es gab andere Kunden im Zimmer, die eher versprachen, ihre Dienste in Anspruch zu nehmen. Es hätte fast ein Café sein können, die Männer redeten ruhig miteinander und zeigten kaum mehr als sporadisches Interesse an den Mädchen, die in ihren dünnen Kleidchen neben ihnen saßen.

»Lassen Sie uns gehen«, sagte ich zu Agustín, doch er machte keine Anstalten, sich zu rühren. Er war in eine Art Starre verfallen und konnte sich nur noch aufraffen, zu sagen: »*Nada, nada*, es ist noch zu früh.«

Plötzlich klopfte es heftig an die Haustür und man hörte laute Stimmen in der Halle. Eine Gruppe von vier jungen, geschniegelten und gut gekleideten Männern trat ein, deren Gesichter vom Alkohol gerötet waren. Sie verlangten Zutritt zum hinteren Zimmer, das für private Gesellschaften reserviert war. Aber dieser Raum war schon besetzt. Nach einer langen heftigen Diskussion, in deren Verlauf die Madame aus ihrem Schaukelstuhl hochruderte, gaben sie sich damit zufrieden, in der Halle Platz zu nehmen. Sie verlangten nach dem neuen Mädchen, das gerade angekommen war. Das führte erneut zum Streit, aber schließlich brachte man sie herein, ein zartes Landmädchen mit dem Gesicht einer Puppe und vielleicht achtzehn Jahre alt. Sie trug ein sauberes, rosarotes Hemd und eine rote Rose im Haar. Man hatte mir ihre Geschichte bereits erzählt. Sie kam aus Tabernas, einer kleinen Stadt an der Straße nach Murcia. Ein Handelsreisender hatte sie mitgenommen und dann sitzen lassen. Um leben zu können, hatte sie keine andere Alternative gesehen, als hierher zu kommen. Sie ging durchs Zimmer mit dem verkniffenen, schmollenden Ausdruck eines Schulmädchens, das die Direktorin soeben wegen mangelnden Gemeinschaftssinnes getadelt hat. Die jungen Männer klammerten sich sofort an sie und zwei etwas ältere Mädchen, die mit ihr hereingekommen waren. Es begann eine laute, angeregte Unterhaltung.

Agustín wachte plötzlich auf und interessierte sich für das, was an ihrem Tisch vorging.

»Sehen Sie«, sagte er, »ich habe Ihnen doch gesagt, daß Sie etwas zu sehen bekommen, wenn Sie bleiben. *La flor de la morería.* Die Blume des maurischen Viertels. Besser gesagt, drei orientalische Perlen. Solche Schönheiten können Sie nirgendwo sonst sehen. Die Neue kostet Sie zehn Peseten für die halbe

Stunde, die beiden anderen nur fünf. Das ist geschenkt, glauben Sie mir, sie sind ihren Preis wert. Nach einer Nacht mit einer von ihnen sind sie nicht mehr in der Lage, zu laufen. Sie müssen in einem Wagen nach Hause gebracht werden. Habe ich Ihnen schon erzählt, daß letztes Jahr ein Mann in diesem Haus gestorben ist? Er hatte gerade in der Lotterie gewonnen und meinte, er könne sich gehen lassen. Das ältere der beiden Mädchen, mit denen wir gesprochen haben, hat ihn getötet.«

»Wirklich?«

»Ja, ein sehr angesehener Mann, der jeden Abend ins Casino ging. Don Indalecio Buzón. Kräftig und ziemlich kahl auf dem Kopf. Er hatte diese Konditorei an der Plaza San Martín. Er hinterließ eine Frau und drei erwachsene Töchter. Man sollte annehmen, die Polizei habe irgend ein Alibi arrangiert und der Familie erzählt, er sei bei einem Akt der Nächstenliebe für einen armen Krüppel gestorben und deshalb direkt ins Paradies aufgestiegen. Aber nein, sie waren wütend auf ihn, weil er sich geweigert hatte, gewisse kleine Summen zu zahlen, und so platzten sie gegenüber der Witwe einfach so mit der Wahrheit heraus. Es traf sie sehr hart. In ihrer Empörung konnte sie nicht an sich halten und erzählte jedem, was vorgefallen war. "Denkt nur", rief sie aus, "dieser Ehemann sagt mir noch nicht einmal, daß er in der Lotterie gewonnen hat. Ich wünsche ihm nur, daß er jetzt keine Höllenqualen leidet für seine Verlogenheit." Zu der Zeit war Satisfacción, die älteste Tochter, mit einem Mann verlobt, der einen Laden mit Heiligenbildern führt. Als dessen Vater, den ich übrigens manchmal in seinem Haus besucht habe, von den Geschehnissen erfuhr, veranlaßte er, daß die Verlobung gelöst wurde, da er fürchtete, der Skandal könne das Geschäft beeinträchtigen. Als Ausgleich dafür lief jedoch die Konditorei plötzlich sehr gut, denn alle kamen, um zu hören, wie Doña Maria Josefa die Geschichte erzählte, und viele, die hingingen, wurden Stammkunden. Viele Leute mieden früher dieses Geschäft, denn der alte Mann, der gern selbst hinter dem Tresen stand, hatte sehr schlechten Atem, was einer Konditorei nicht gerade zuträglich ist. Doch nun bedienten die Töchter, und sie rochen nach Rosenwasser und Hustenbonbons. Dann tauchte ein neuer Bewerber um Satisfacción auf, und zwar der Sohn des Friseurs vom Paseo, der natürlich eine sehr viel bessere Partie war als der vorige. Sein Vater war sehr für diese Heirat, denn er war antiklerikal eingestellt und wollte gern dem Besitzer des Devotionalienladens eins auswischen. Seine Mutter liebte den Kuchen und stellte es sich sehr schön vor, mit einem Geschäft verwandt zu sein, das welchen herstellte. Er selbst war in sie verliebt, weil er schon seit langem nach ihrem Haar verrückt war. Sie hatte sehr feines Haar von blaß-brauner Farbe, und schon seit der Schulzeit hatte er von dem Glück geträumt, den Rest seines Lebens damit zu verbringen, es zu kämmen, darüber zu streichen und es in immer wieder neue und außergewöhnliche Frisuren zu verwandeln. Er hatte sogar Gedichte darüber geschrieben, und eines davon war in *El Eco de Almería* veröffentlicht worden. Doch die Glückssträhne der Familie war damit noch nicht zu Ende. In der allgemeinen Aufregung über die Affäre fanden die anderen Töchter, die ziemlich häßlich waren, plötzlich auch Bewerber. Als letztes I-Tüpfelchen auf ihrem Glück stellte sich heraus, daß der Alte keine Zeit gehabt hatte, mehr als nur einen kleinen Bruchteil seines Lotteriegewinnes auszugeben. Selbst nachdem sich die Madame hier und die Polizei soweit bedient hatten, wie sie es für fair und gerecht hielten, waren noch fast elfhundert Peseten in seiner Brieftasche. Das war eine angenehme Überraschung, kann ich Ihnen sagen. Nachdem das Begräbnis und einige Messen bezahlt waren, die dem alten Knaben aus seinen Schwierigkeiten in der anderen Welt heraushelfen sollten, war immer noch ein hübsches Sümmchen übrig, das für mehr als nur die Aussteuer reichte. So ging die Affäre am Ende für jedermann gut aus, außer für den armen Don Indalecio, und selbst er war im Glück gestorben, genau genommen sogar *am* Glück.«

Die jungen Männer am Nebentisch lachten, redeten laut und schienen kaum zu merken, daß das neue Mädchen auf ihre witzigen Bemerkungen nicht reagierte. Mit ihrem kleinen straffen Mund und ihrem düsteren Ausdruck gab sie das Bild einer in die Enge getriebenen verärgerten Jugendlichen ab. Eindeutig war es das Wort 'neu' und nicht etwa ihre körperliche Erscheinung, das die Männer so bezaubert hatte. Aber ich hatte schon seit mehreren Stunden getrunken, und nun zeigte der Wein allmählich seine Wirkung. Ich hörte die Stimmen, sah die Gesichter, nahm aber nicht mehr wahr, was eigentlich geschah. Nach seinem Ausbruch von Geschwätzigkeit war nun auch Agustín wieder in Stille versunken und starrte schwermütig vor sich an die Wand. Dann, ich weiß nicht, nach wie langer Zeit, schreckte mich das Geräusch lauter Stimmen und polternder Stühle auf. Die Leute aus dem Hinterzimmer waren herausgekommen und stritten mit der Madame über die Höhe der Rechnung. Als sie schließlich gingen, war das Zimmer leer, denn während ihres Streites hatten sich die jungen Männer mit den Mädchen nach drinnen verzogen.

Ich stand auf und zerrte Agustín auf die Füße. Er war genauso betrunken wie ich und hatte lauten Schluckauf.

»Na gut«, sagte er, »jetzt, da das Fest der Schönheit vorbei ist, gehen wir eben. Auf der Stelle. Sicher. Sie sollen meinen Wagen rufen.«

In dem Moment ging ein Mädchen vorbei.

»Wartest du immer noch auf mich, Liebster?« sagte sie spöttisch zu Agustín und schüttete ihm den Rest aus einem Glas Wein über den Hals. Er schien sie gar nicht wahrzunehmen.

In der Halle döste ruhig die Madame, die schwarze Katze schlief neben ihr. Die blauen Linien ihres Lidschattens erinnerten mich an die Schatten pinienbedeckter Berge, der Karpaten etwa, doch unvermittelt begann sie zu gähnen, und ihr Gähnen nahm mir diese Illusion. Ich bezahlte die Getränke und wir gingen. Eine Viertelstunde später lag ich im Bett.

Am anderen Morgen wachte ich spät auf. Das kleine Zimmer, in dem ich lag, war leer, und der schwache Geruch der Toilette im Hof nebenan sickerte zusammen mit dem Geschrei des Marktes und dem Sonnenlicht herein. Aber mein Kopf war klar, und nach einer Tasse heißen Malzkaffees und etwas Ölgebackenem nahm ich mein Notizbuch heraus und begann, die Ereignisse des vergangenen Abends aufzuschreiben. Der Tag verging, ohne daß ich Agustín sah. Am folgenden Nachmittag kam er in die Giralda, wo ich beim Schreiben saß. Er setzte sich an meinen Tisch und bestellte ein Glas Wein. Er schien sehr niedergeschlagen, und nachdem er einige Zeit nahezu stumm bei mir gesessen hatte, begann er in wenig überzeugendem Ton von einem wunderbaren Geschäft zu erzählen, das man ihm angeboten hatte. Er könne in wenigen Tagen mehrere hundert Peseten herausholen, er müsse nur jetzt fünfzig auftreiben. Ob ich ihm die Hälfte leihen könne - also fünfundzwanzig? Er schwöre bei seiner Ehre, es mir zurückzuzahlen, und außerdem könne er es arrangieren, daß ich das neue Mädchen - er habe bemerkt, wie sehr sie mich angezogen habe - zu einem besonders günstigen Preis bekäme. Bei Teresa sei man jederzeit bereit, ihm entgegenzukommen.

Da ich zu der Zeit kaum noch Geld hatte, lehnte ich ab, ihm überhaupt etwas zu leihen, doch er blieb so hartnäckig, daß ich mich am Ende von zwei Peseten trennte und ihm mehr versprach, sobald das erwartete Geld ankomme. Er steckte sie ohne ein Wort weg und ging.

»Wie ich sehe, haben Sie einen Freund gefunden?« sagte der Besitzer der Giralda, als Agustín gegangen war.

»Ja. Wer ist er?«

»Oh, ein armer Teufel, der sich mit dem Alkohol ruiniert hat. Er stammt aus guter Familie. Sein Vater hatte einen Kolonialwarenladen in der Calle de Granada.«

»Soviel ich weiß, hat er Frau und vier Kinder?«

»Eine Frau schon, aber keine Kinder. Es ist nicht seine Art, Kinder zu haben.«

»Was heißt das?«

»Nun ja, ich weiß nur, was die Leute sagen. Allgemein geht das Gerücht, er sei - Sie verstehen - kein ganzer Mann.«

Als ich am Abend mein Geld zusammenzählte, stellte ich fest, daß fast nichts übrig war. Wenn ich die Unterkunft und das Essen abrechnete, blieb mir weniger als eine Pesete. Allerdings erfuhr ich auf dem Postamt, der Brief, auf den ich wartete, sei endlich angekommen. Ich öffnete ihn hastig und las die Ablehnung meines Verwandten, mir etwas zu leihen. Das brachte mich in eine schwierige Lage, und auch Agustín würde es hart treffen. Ich hatte das Gefühl, daß ich ihm eine Menge schuldete - nicht so sehr, weil er mich durch die Bordelle geschleppt hatte, die waren schlicht langweilig, sondern dafür, daß er mir seine bemerkenswerte Persönlichkeit dargeboten hatte. Wenn ich ihm irgendwann einmal wieder begegnen sollte, würde ich wahrscheinlich weniger großzügig über ihn denken.

Als ich in dieser Nacht im Bett lag, vermischten sich auf Baudelaire'sche Weise die Helligkeit des Vollmondes mit dem Geruch des Klosetteimers. Ich stellte mir vor, eine Geschichte über meinen neuen Freund zu schreiben mit dem Titel *Ein Don Juan unserer Zeit*. Denn war nicht gerade Don Juan ein Mann, der größte Hindernisse überwand, um seine Leidenschaft zu befriedigen? Früher hatten die Hürden in äußeren Bedingungen gelegen, in der Abwehr einer Gesellschaft, die sich vernagelte mit Anstandsdamen, Fenstergittern und degenbewaffneten Männern. Doch heute waren diese Gefahren unbedeutend geworden, sodaß ein Mann, wollte er ein Held der Liebe sein, sie aus sich selbst heraufbeschwören mußte. Denn niemand konnte hoffen, wie Casanova seine Verliebtheit zur Schau zu stellen und schon dadurch ein solcher Mensch zu werden. Nun sagte ich mir, das Besondere bei Agustín sei, daß er seine Hemmnisse nicht im üblichen und praktischen Sinne überwinden könne. Er könne sie allenfalls bewältigen, wenn er sich über sie hinwegsetzte und sich eine andere Dimension erschlösse, die der Imagination. Dank seiner Gabe der Impotenz vermochte er eine großartige Sphäre zu schaffen, worin der dahindämmernde Mann durch seine Laster geläutert und geadelt wird. So hat auch Don Quijote aus seiner inneren Trägheit und Gewöhnlichkeit heraus seine edle Laufbahn als fahrender Ritter einschlagen können.

Inmitten dieser spitzfindigen Betrachtungen, die mir zu erklären schienen, warum ein Mann wie Stendhal, dessen Leben eine Folge amouröser Mißerfolge gewesen war, uns gleichwohl als großer Exponent der Liebeskunst gilt, schlief ich ein. Doch das Tageslicht bringt klarere Erkenntnis. Als ich mich über die schier endlose Straße schleppte, die über den Campo de Dalías verläuft wie das Band eines Landvermessers, fand ich meine gesamte Konzeption absurd. Niemand, auch Dostojewski nicht, könnte eine Liebesgeschichte mit einem impotenten Helden zustande bringen. Selbst die Muse der Komödie würde davor zurückschrecken.

17. Almería und die Archäologie

In den folgenden Jahren lernte ich Almería recht gut kennen. Es war einfach zu erreichen - ein Weg von neun oder zehn Stunden - so daß ich hinfuhr, wann immer ich eine Abwechslung vom Dorfleben brauchte. Schon die Fahrt mit dem Autobus war spannend. Man holperte in einer Staubwolke über die große steinige Ebene, umfuhr die gelben Klippen, die steil zur See hin abfielen, und plötzlich hatte man die weiße Stadt vor sich ausgebreitet wie eine Illustration in einem Reisebericht über den Orient. Nachdem ich mich dann im Hotel gewaschen und zurechtgemacht hatte, setzte ich mich in eins der Straßencafés am Paseo.

Hin und her, auf und ab zogen die Menschen vorüber, in endloser, mußevoller Wanderschaft. Zunächst fiel mir die blinde Frau auf, die von einem Kind geführt wurde, der blinde Mann am Arm einer alten Frau, der energische Mann mit einem Bein, das Mädchen mit dem Gesicht einer Schlafwandlerin, nach einer Weile kam mir die Hälfte der Leute auf der Straße bekannt vor.

Jede Tageszeit hatte ihr charakteristisches Erscheinungsbild. Sobald man am Morgen aus dem Hotel kam, hörte man vom Markt her ein Tosen wie von einem Wasserfall. Beim Näherkommen konnte man die klagenden Nasallaute der Straßenverkäufer unterscheiden, die die Luft in Schwingungen versetzten, wenn sie ihre Waren ausriefen und das allgemeine Geschnatter und Gestreite der Menschenmenge übertönten. In diesem Feuerwerk exotischer Klänge lag etwas Heiteres (heute gibt es das nicht mehr, seit jegliches Ausrufen auf dem Markt verboten wurde), und man verließ den Platz mit dem Gefühl, von einer elektrischen Massage zu kommen. Ungefähr um zwei Uhr zum Mittagessen leerte sich die Stadt. Auf diese Unterbrechung folgte der Anblick einer sitzenden, ausschließlich aus Männern bestehenden Bevölkerung, die die Cafés bis auf den letzten Platz füllte. Kurz darauf begann dann die Prozession, von der ich gesprochen habe. Sie wuchs und wuchs, bis am späten Abend der ruhig fließende Strom die gesamte Straße einnahm. Mädchen in blütenfarbenen Kleidern gingen in Gruppen, ihr beschwingter Gang und ihre dunklen, lebhaften Augen verbreiteten eine aufgeregte Atmosphäre. Ihre Duftwässer hinterließen zarte Spuren. Wirklich hübsch waren nur wenige, doch man stellte sich aus einer Nase hier, einem Hals da und einem Kopf voll leuchtenden, wallenden Haares dort ein Gesamtbild zusammen, das verwirren konnte.

Zwei Dinge, die Almería seinen eigenen Charakter gaben, gingen hier eine Verbindung ein - Anregung und Eintönigkeit. Es war wie eine Drehorgel. Jeden Morgen und jeden Abend wurde dieser wunderbare Akt aufgeführt, und doch blieb er immer der gleiche. Das Muster der Kultur ist in Spanien so eng und straff gewebt, und die Notwendigkeit, den Schein aufrecht zu erhalten, so stark, daß es in einer kleinen Provinzstadt wie dieser keine Abwechslung gab. Verlobung führte zur Heirat, Heirat führte zu Kindern, und Kinder brachten die Eltern in eine Fahrrinne enger ökonomischer Einschränkungen ohne jede Hoffnung, dort je wieder herauszukommen. Die Einförmigkeit, die sich wie das Sonnenlicht herabsenkte, wurde selbst durch die Aussicht auf eine unerlaubte Liebesaffäre nicht gemildert. So kam es, daß das Individuum mit seinen Hoffnungen und Tagträumen bereits mit dreißig verwelkt war, ein Glied in der Kette von Geburt und Tod, und mit vierzig aussah wie ein getrocknetes Farnblatt in einem Album. Die Gewinner waren die Kinder, denn die Eltern luden ihnen all die Illusionen aus den Tagen ihrer eigenen Jugend auf und behandelten sie wie die Erben eines Königreiches. So war das Spektakel der Lebendigkeit und der Munterkeit, das jemanden, der gerade vom Dorf angekommen war, so stark beeindruckte, ein bloßes Trugbild. Die Routine eines Bauern mit der ruhigen Folge von Ernten und Jahreszeiten war bei weitem befriedigender als die eines Büroangestellten in dieser Stadt des *ritournelle*, wenn auch der Bauer der letzte wäre, dem das bewußt würde.

In jedem Fall kann ich sagen, daß ich nie ohne ein Gefühl der Aufregung nach Almería hinabfuhr, wie es mir Granada mit seiner wesentlich größeren Bevölkerung und daher auch größeren Vielfalt des Lebens nicht gab. Almería war wie ein Jahrmarkt oder eine Oper, und alles, was in ihren Mauern geschah, hatte sich schon viele Male wiederholt. War es das, was den Obertönen diesen seltenen Variationsreichtum gab? Es schien, als sei das Meer hier doppelt mediterran und als halle in dieser im hellen farbigen Licht ausgebreiteten Stadt das Echo vergangener Zivilisationen wider.

Wenn ich mich der Stadt von den Bergen her näherte, konnte ich einem anderen Gefühl kaum widerstehen, daß nämlich unter ihrer Oberfläche eine köstliche Untugend und Verderbtheit verborgen liege. Das Klima war so entspannend, daß, nachdem ich ein oder zweimal über den Paseo gegangen war, ich mich gerne in einen Stuhl fallen ließ. Wenn ich mich in einem Anfall von Energie zu einem Spaziergang in die *vega* zwang, fand ich eine Kraft und Üppigkeit der Vegetation vor, eine Vitalität in den herabhängenden, kriechenden und aderlosen Pflanzen, die meinen eigenen Organismus zu beleben schienen. Am Abend ging ich dann durch die belebten Straßen zurück, der Staub wirbelte von der Fahrbahn hoch, die Palmen wogten und eine karmesinrote Wolke zog am Himmel vorüber. Ich kam an Frauen vorbei, die im Eingang ihrer Häuser standen oder am Brunnen warteten, um ihre Krüge zu füllen. Ihre dunklen, samtigen Augen, ihre in Baumwollkitteln spärlich verhüllten braunen Körper, ihre sehnsüchtige Haltung und ihre Gesten hätte man gerne als Einladung aufgefaßt. Doch nichts war unbegründeter als das. Je subversiver das Klima, desto sorgfältiger werden die Frauen eingesperrt und bewacht, desto weniger Gelegenheiten bieten sich auch für zufällige Liebesabenteuer.

Über den flachen Dächern der Stadt steht der arabische Alcázar, das Kastell mit seinen äußeren Befestigungsanlagen. Dieses große Bauwerk, das aus dem zehnten und elften Jahrhundert datiert und heute in ein Museum mit öffentlichem Park umgewandelt ist, diente damals der Armee als Nachrichtenstation. Das Castillo de San Cristóbal hingegen, das einen anderen Hügel krönt und aus der selben Zeit stammt, stand jedem offen, der es besuchen mochte. Man kletterte jenseits der Armenhütten, der wuchernden Feigenkakteen und vertrockneten Exkremente hinauf und gelangte zu einem flachen Platz mit Sicht über die Stadt und das Meer bis zu den ocker- und rosafarbenen Bergen in der Ferne.

Die Burg oder was davon übrig war, bestand aus einer langen, mit Schießscharten versehenen Wand in Lehmbauweise, war mit gelblichem Mörtel verputzt, der sich stellenweise gelöst hatte, und in Abständen mit quadratischen Türmen verstärkt. In der oberen Kammer eines dieser Türme wohnte ein altes Weib, das vom Betteln lebte. Der Zugang zu diesem Zimmer war schwierig, und da sie verkrüppelt wie auch blind war, hatte sie keine Möglichkeit, nach unten zu gelangen. Wenige Leute außer den Kindern des *barrio*, die zum Spielen heraufkamen oder um Kakteenfrüchte zu essen, besuchten jemals diesen Ort. Es überraschte daher, daß die alte Frau genug hatte, sich am Leben zu erhalten. Das war nur möglich, weil sie ein feines Gehör hatte. Wann immer es ihr meldete, jemand gehe vorüber, humpelte sie auf ihren Krücken hinaus auf eine kleine Plattform vor ihrer Kammer und schrie mit durchdringender Stimme:

»*Por el amor de Dios, una limosnica. Por el amor de Dios y de María Santísima, una limosnica, caballero, una limosnica.*«

Die Jungen verspotteten sie. »Hier ist kein *caballero*, wir sind es bloß und wir haben nichts, was wir dir geben können.« Sie hielt inne und horchte erneut auf. Mutlos und wimmernd, als traue sie ihren Ohren nicht, hob sie von neuem an:

»*Caballero, una limosnica. Dé a una pobre anciana una limosnica.*«

Wenn man ihr etwas gab - dazu mußte man eine verfallene Treppe hinaufsteigen - überschüttete sie einen mit Segenswünschen.

»Mag die gesegnete Jungfrau Ihnen alle Wünsche erfüllen! Gebe sie Ihnen und Ihrem Vater und Ihrer Mutter ein langes Leben!« Und nachdem sie die Münzen gezählt hatte, »Mögen der Heilige Gabriel und der Heilige Michael und der Heilige Chor der Engel durch die Lüfte herabkommen und Sie zum Himmel emporheben!«

Solche Segnungen bringen Glück, und oft gab man ihr die Münzen wohl weniger aus Herzensgüte, sondern wegen der *baraka*, die einem womöglich half, bei der Lotterie den Hauptgewinn zu ziehen. In welchem Elend diese alte Frau lebte, sah man daran, daß schon eine *perra chica*, ein Halfpenny, ihr einen Redeschwall entlockte, der, gemessen am Niveau städtischer Bettler, mindestens drei *perras gordas*, drei Pennies, wert war. Aber vielleicht lohnte sich dieses Unterbieten der Preise. Es wäre nicht verwunderlich, wenn sie eine regelrechte Stammkundschaft von Spielern gehabt hätte, die den steilen Hügel hinaufstiegen und sie besuchten, weil ihre guten Dienste einen Halfpenny weniger kosteten als die der Bettler vor den Kirchentüren der Stadt.

Einmal stieg ich die Treppe hinauf, die zur Mauerkrone führte, und fand den Weg zu ihrem Lager. Es stank entsetzlich und enthielt nichts außer einem Wasserkrug und einem Haufen Stroh und Lumpen. Da sie die Fähigkeit zur Kommunikation verlernt hatte und ihre Äußerungen nur noch aus Schreien oder Wimmern bestanden, war es unmöglich, von ihr selbst etwas über ihr Leben zu erfahren. Ich traf ein zerlumptes kleines Mädchen, das ihr die von dem erbettelten Geld gekaufte wöchentliche Ration Brot und eine Kanne Wasser brachte. Dafür bekam es von der alten Frau ab und zu eine kleine Münze. Wer sie war oder wie lange sie dort schon lebte, wußte das Kind nicht, aber es erzählte mir, im anderen Turm lebe ein alter Mann, der sich überhaupt nicht mehr bewegen könne.

»Sie lassen ihn jetzt sterben«, sagte sie. »Er hat lange genug gelebt.«

Ich ging hinein und fand ihn: er lag auf dünnem Stroh, und außer zusammenhanglosem Gemurmel schenkte er mir keine Beachtung. Am nächsten Tag brachte ich ihm Brot und Wein, doch schien er nicht mehr zu begreifen, was das war. Die Kinder, die auch in dauerndem Hunger lebten, werden es wohl geholt haben, sobald ich gegangen war. Wie das kleine Mädchen schon gesagt hatte, es schien wohl sinnlos, eine solche Existenz zu verlängern. Die alte Frau lebte allerdings noch viele Jahre. Immer wenn ich nach Almería kam, besuchte ich sie, und ihre laute, schrille Stimme, die bei Sonnenuntergang von der Turmruine herab rief, während sich die Wolken darüber scharlachrot verfärbten, war jedesmal ein unheimliches und makabres Erlebnis.

Während der Diktatur des Generals Primo de Rivera wurde ein großes Monument zu Ehren des Heiligen Herzens auf diesem Hügel errichtet, das nachts angestrahlt wurde und von dem aus man Sicht über die Stadt und den Hafen hatte. Man baute es aus derart schlechtem Material, daß es bald nach seiner Errichtung zu bröckeln begann. Bereits zu Beginn der Republik waren alle in Stuck gearbeiteten Heiligenköpfe bis auf den der Jungfrau geschädigt. Im Bürgerkrieg wurde das Monument zerstört und später dann in viel größerem Maßstab und mit besserem Material wieder aufgebaut.

Almería hat eine typisch orientalische Geschichte. Für kurze Zeit erlebte es Reichtum wie in den *Märchen aus Tausendundeiner Nacht*, dann folgte der lange allmähliche Abstieg. Die Stadt wurde in den ersten Jahren des zehnten Jahrhunderts gegründet. Ein Zusammenschluß von spanisch-arabischen Seefahrern hatte an der afrikanischen Küste eine Fabrik errichtet. Sie entschieden sich, ihr Hauptquartier nach Pechina am Río Andarax zu verlagern, im Hinterland von Almería und in der Nähe der alten römischen und iberischen Stadt Urci. Doch der Fluß war nur mit kleinen Booten befahrbar, so daß ihre Flotte vor der Küste unter dem Schutz der Sierra de Gádor vor Anker gehen mußte. Dort baute man Arsenale, und es entstand eine Siedlung, die den Namen Almería, 'der Wachtturm' (und nicht, wie es oft heißt, 'der Spiegel des Meeres'), von einem alten Turm übernahm, der am Ufer stand. Sie lief Pechina bald den Rang ab. Abd al-Rahman III gab der Stadt einen Hafen, eine Moschee und ein Kastell. Nach dem Fall des Kalifats von Córdoba 1008 wurde sie eigenständiges Königreich, regiert von einer Dynastie 'slawischer' Könige, deren Vorfahren man später die Janitscharen des Kalifen nannte.

Das war Almerías kurze Zeit des Glanzes. Seine fünftausend Webstühle versorgten Europa und Afrika mit kostbaren Seidenerzeugnissen - Kamelott, Zindeltaft, Damast und dem wertvollen *tiraz* - wie auch dem *almajarez* und *alguexís* genannten zartfarbenen Seidenflor. Es gab Schiffswerften und eine mächtige Flotte, Eisengießereien und Töpfereien. Sein Außenhandel war so bedeutend, daß es sich rühmen konnte, reisenden Kaufleuten mit tausend Gasthöfen und öffentlichen Bädern den Aufenthalt angenehmer zu machen. Bei einer Bevölkerung von 300.000 Einwohnern war es eine Zeit lang nach Konstantinopel die wohlhabendste und wirtschaftlich aktivste Stadt Europas. Doch dieser Reichtum war nur von kurzer Dauer. Die christlichen Armeen übten von Norden her Druck aus, und um sie zurückzudrängen, baten die kleinen Königreiche, in die das moslemische Spanien zerfallen war, die Sahara-Dynastie der Almoraviden, die gerade Marokko erobert hatten, die Meeresenge zu überqueren und ihnen zu Hilfe zu kommen. Sie kamen der Bitte nach, beschlossen jedoch nach ihrem großartigen Sieg, zu bleiben. Im Jahre 1091 marschierten sie unter Trommelwirbel in Almería, ein und damit waren die großen Tage der Stadt gezählt. Während der nächsten vier Jahrhunderte lebte Almería als Stadt bescheidener Größe von der Seidenmanufaktur. 1489 wurde es dann - nach deren erfolgreicher Belagerung Bazas - den Katholischen Königen ausgeliefert und verlor weiter an Bedeutung. Nachdem die Moriscos aus der Stadt vertrieben waren, sie zweimal vom Erdbeben heimgesucht worden war und keinen Handel mehr zu verzeichnen hatte, sank sie beinahe auf das Niveau eines Dorfes herab und lebte vom Schmuggel. In der zweiten Hälfte des neunzehnten Jahrhunderts begann mit dem Bau der Eisenbahn und des Hafens die Wiederbelebung. Mit Hilfe britischen und belgischen Kapitals wurde eine beachtliche Hüttenindustrie aufgebaut, und als diese wieder abnahm, trat die Weinproduktion an ihre Stelle. Die Stadt in ihrer heutigen Form datiert aus der letzten Dekade des vorigen Jahrhunderts. Ihre charakteristische Bauweise ein- oder zweigeschossiger Häuser mit nahezu doppelter Geschoßhöhe, mit ihren Stuckornamenten als Fenster- und Türeinfassung trägt das Gepräge der Zeit Königin Isabellas. Wirklich schlechte städtische Architektur tritt in

Spanien nicht vor den neunziger Jahren auf, als man den *art nouveau*-Stil aus Wien einführte.

Im Osten Almerías erstreckt sich eine riesige, wüstenähnliche Region bis nach Murcia und Cartagena. Die Römer nannten sie Campus Spartarius, weil hier nur Espartogras wuchs. Der Boden ist eigentlich fruchtbar, doch regnet es nur wenig und unregelmäßig, und manchmal fällt mehrere Jahre hintereinander überhaupt kein Regen. Die meisten Männer emigrieren nach Barcelona, während die Frauen nach Möglichkeit als Spitzenklöpplerinnen etwas verdienen. Doch Reisende mit Sinn für die Landschaft werden diese Region zu den lohnendsten auf der ganzen Halbinsel zählen. Sie besteht aus kleinen Ebenen, durchzogen von niedrigen kahlen Hügelketten, die von den gelegentlich auftretenden Stürmen so ausgehöhlt und zerfurcht sind, daß sie wie Skelette wirken. Je nach Tageszeit und Bodenbeschaffenheit wechselt ihre Farbe von chrom- oder kadmiumgelb bis rosa oder von lavendel bis blau. In diesem trockenen, trügerischen Licht scheinen sie mitunter fast transparent, als seien sie aus flüssigem Glas oder Kristall. Dann steht man plötzlich an einer Böschung und sieht unten ein Flußbett, in dem das frische Grün der Orangenbäume und der Luzerne einen vollkommenen Kontrast zu den blassen, leichten Tönen der Ebenen und Berge bildet. Oase und Wüste, Höhlendörfer und Dattelpalmen: man könnte sich in Afrika wähnen, wäre es nicht ein Land im viel kleineren Maßstab, in dem die Details sehr viel schärfer und besser definiert sind und das Gesamtbild malerischer ist als jener wellige, übergroße Kontinent.

Ein guter Ausgangspunkt, um die Gegend zu erkunden, ist Níjar, zwanzig Meilen östlich von Almería. Kein ganz kleiner Ort, liegt er wie eine große weiße Kuh am Hang eines nackten Hügels. Es gibt dort eine gute Herberge. Níjar lebt von seinen Töpfereien, die zusammen mit denen des benachbarten Sorbas meines Wissens die letzten in Spanien sind, die ohne Anilin-Glasuren arbeiten. Die Männer formen die Gefäße und die Frauen bemalen sie in den drei einfachen Farben mangan, kupferoxyd und kobalt. Da die Bleiglasur weich ist, nutzt sie sich schnell ab. Deshalb verkauft man diese Keramik zu sehr niedrigen Preisen an Arbeiter. Da die Armen in Spanien zudem unachtsam und grob damit umgehen, findet man nur selten Stücke, die älter sind als ein paar Jahre, wenn auch einige Töpfereibesitzer in Níjar selbst frühe Exemplare aufbewahrt haben.

Diese Gefäße, die man in ihrem eigenen Land so geringschätzt, finden sich mitunter wegen ihrer orientalischen Form und Ausführung auf Ehrenplätzen ausländischer Sammlungen wieder. Bis 1936 stellte das Britische Museum zwei davon aus, einen Weinkrug und eine Schale, beide ziemlich modern, und beschrieb sie als *Samarra, 8. Jhdt.* und *Ägypten, 18. Jhdt.* Als ich meinen Freund William King, der damals Kustos der Keramikabteilung war, auf diesen Irrtum hinwies, wurden sie - ich muß es gestehen - aus der Sammlung entfernt. Einige dieser Tonwaren aus Níjar sind sehr attraktiv. Ich selbst besitze zwei Weinkrüge, die vielleicht hundert Jahre alt sind und die jedes Museum orientalischer Kunst gern in seinem Besitz hätte, vorausgesetzt, ihre wahre Herkunft bliebe unbekannt.

Etwa zwölf Meilen südlich von Níjar liegt das Cabo de Gata, das die Bucht von Almería vor den Ostwinden schützt. Sein Name, Kap der Katze, ist eigentlich eine Verfälschung von Cabo de Agata, Kap der Agathe. Seine trockenen roten Felsen sind vulkanischen Ursprungs und seit den Zeiten der Phönizier berühmt für ihre Vorkommen an Edelsteinen und Halbedelsteinen, darunter Karfunkel und Amethyste. Westlich des Kaps steht in einem Dorf namens Torre García an der Küste eine Kapelle und markiert den Ort, an dem die Meeresjungfrau, die Schutzpatronin Almerías, im Jahr 1502 einigen Seeleuten erschien und ihnen zeigte, wo ihr Bildnis in den Sanddünen vergraben lag. Der Kult um diese Jungfrau ist eigentlich noch viele Jahrhunderte älter. Wir erfahren, daß die Handel treibenden Seeleute, die die Stadt im neunten Jahrhundert gegründet hatten, über den

Toren von Pechina ihr Standbild aufstellten. Da ja die meisten dieser Menschen Moslems waren, können wir annehmen, daß die Meeresjungfrau die Rolle der Isis als Beschützerin der Seeleute und Fischer des Mittelmeeres übernommen hatte. Noch heute überschreitet die Marienverehrung die Grenzen des Glaubens. Die andalusischen Fischer, die sich vor dem Bürgerkrieg fast ausnahmslos den Anarchisten angeschlossen hatten, also erbitterte Gegner des Katholizismus waren, riefen sie in schweren Stürmen an. Als sie die Kirchen niederbrannten, verschonten sie diejenigen, in denen ihr Bild stand.

Das Cabo de Gata ist auch aufgrund seiner einzigartigen Flora für Botaniker von Interesse. In der Quadratmeile Marschlandes, die sich am Fuß des Vorgebirges ausdehnt, findet man etwa zwanzig Pflanzen, die sonst nirgendwo in Europa wachsen. Außer für das Auge des Spezialisten sind die meisten von ihnen recht unscheinbar. Darunter ist eine recht kleine, die den Blumenliebhabern gefallen dürfte, die etwas seltenes suchen. Es ist *Melanthium punctatum*, eine Art Herbstzeitlose mit blauweiß gestreiften Blütenblättern, die im Dezember blüht. Man kann aber sagen, daß die Flora dieser trockenen Küste insgesamt eher der afrikanischen ähnelt als der europäischen. Wie die der Atlantikküste rings um Agadir ist sie sowohl auf den Tau der Nacht als auch auf den Regen angewiesen.

Die Flora extremer Klimazonen ist von einer besonderen Faszination. Die Pflanzen überwinden größte natürliche Schwierigkeiten, und das oft im Übermaß und mit Bravour. Ich werde nie vergessen, wie ich eines Nachmittags einen trockenen Hügel in der Nähe von Almería hinaufkletterte, wo der Boden kaum mehr hergab als alle paar Meter eine holzige, fast blattlose Pflanze und ich plötzlich auf ein Büschel lang herabhängender Blütenstände stieß, jeder etwa zwei Fuß lang und umgeben von fein geschnittenen Blättern. Sie gehörten zu einer Pflanze, deren Namenszusatz bezeichnenderweise *insignis* lautet. Ich möchte auch die Koloquinte oder Coloquintida erwähnen, die biblische

Frucht des Toten Meeres. Geht man im Frühherbst am Strand entlang, findet man kleine gelbe Melonen, die eben außerhalb der Reichweite der Wellen wachsen. Sie scheinen niemandem zu gehören, und man denkt, es müßte köstlich sein, sie zu probieren und den Durst zu löschen. Doch schneide man die reifste in zwei Hälften und berühre vorsichtig mit der Zunge das saftige Innere. Der ganze Mund wird sich zusammenziehen, als habe man Salzsäure probiert. Die Koloquinte ist das bitterste, was man sich vorstellen kann und wäre ein tödliches Gift, wenn man es fertigbrächte, sie hinunterzuschlucken.

Den Pflanzenkenner mögen auch zwei recht bescheidene Pflanzen interessieren, die entlang dieser Küste wachsen. Eine ist ein dorniger Busch mit weißen Blüten aus der selben Familie wie das Pfaffenhütchen und nennt sich *Catha europea.* Sie ist eine nahe Verwandte von *Catha edulis*, im arabischen *kat*, die im Yemen und Abessinien wegen ihres reichen Coffeingehaltes angebaut wird. Man stellt daraus ein köstliches Getränk her, im Geschmack zwischen Kaffee und Kamillentee, doch sagte man mir, es schmecke auch ein wenig nach Straußendung. Wenn man bedenkt, daß der Kaffee in Spanien derzeit 138 das Pfund kostet, dann fragt man sich, warum noch kein geschäftstüchtiger Chemiker darauf gekommen ist, diesen unbeachteten Strauch sinnvoll zu verwenden. Die zweite erwähnenswerte Pflanze ist Ephedra, ein holziger blattloser Zwerg, der auf den Klippen über dem Meer wächst. Aus dieser Pflanze stellt man die Droge Ephedrin her, doch ist sie auch botanisch von großem Interesse. Ihre einfachen Blütenstände zeigen, daß sie zu der einst verbreiteten, heute jedoch kleinen Familie der Gnetaceen gehört, die ein Verbindungsglied zwischen den Blütenpflanzen und den Nacktsamern darstellt, zu denen auch die ungewöhnlichste aller exotischen Gemüsesorten gehört, die südwestafrikanische Welwitschia.

Man kann entlang der Küste weitere interessante Pflanzen finden, doch sind die, die ich erwähnen möchte, weder selten noch eine Besonderheit der Provinz Almería. Und doch, wer im

August in der Nähe der Sanddünen badet, wird eine Gruppe großer weißer Lilien mit gekräuselten Blütenblättern bestaunen. Ihr Name ist *Pancratium maritimum*. Sogar noch schöner finde ich *Urginea scilla*, die im September blüht. Ihr langer spindelförmiger Stengel mit weißen, zart lila gestreiften Blüten wächst ohne Blätter direkt aus der Erde. Die grünen, riemenartigen Blätter, die im Winter sehr auffallen, sind vertrocknet, bevor der Blütenstengel hervortritt. Ihr allgemeines Aussehen ähnelt stark dieser hoch wachsenden Pflanze aus dem Himalaya, Eremurus, die man manchmal in englischen Gärten sieht, nur ist sie niedriger und eleganter. Ihr auffallendstes Kennzeichen ist die riesige papierartige Zwiebel, die aus der Erde ragt. Sie heißt im Spanischen *cebolla albarrana* und in englischen Apotheken *squill*, Meerzwiebel. Seit der Antike ist sie Grundlage für einen wirkungsvollen Hustensaft und ein herzanregendes Mittel. Die Erfindung des aus Meerzwiebeln gewonnenen Sauerhonigs wird Pythagoras zugeschrieben. Zur Zeit der Römer und der Araber war das Sammeln der Meerzwiebeln in Spanien ein bedeutender Wirtschaftszweig, besonders auf der Insel Ibiza, doch in der Ignoranz des christlichen Mittelalters wurde die Zwiebel nur noch als Aphrodisiakum und zum Hausgebrauch gesammelt.

Über die anderen Pflanzen dieser Küste gibt es nicht viel zu sagen, außer daß die meisten etwas Unheimliches an sich haben. Eine gelbe Tomatenart mit stacheligen Blättern ist *Solanum sodomaeum*, Apfel von Sodom, die jeden umbringt, der sie im Salat ißt. Ein großer, wenig anziehender Strauch mit kleinen gelben Blüten und graugrünen Blättern, eine peruanische Tabaksorte, ist seit dem achtzehnten Jahrhundert hier heimisch. Auch ihn sollte man besser stehen lassen. Die scharlachroten Blätter der Rizinuspflanze werden die meisten Menschen kennen, und wie uns Theophrast berichtet, haben fast alle diese derben gelben Doldenpflanzen eine lange medizinische Geschichte. Ich werde diese botanischen Notizen deshalb mit der Aloe abschließen. Die einheimische Aloe, im Spanischen *zádiva*, hat gelbe Blüten und wird allmählich selten, da sie von der auffälligeren scharlachroten Art aus Südafrika verdrängt wird. Doch war sie einmal eine wichtige Pflanze. Die Araber brachten sie aus dem Orient hierher, nicht nur wegen ihrer Heilkraft, sondern auch, weil sie aufgrund ihrer Fähigkeit, lange Zeit ohne Wasser auszukommen, zum Symbol für die Geduld geworden war. Man pflanzte sie deshalb auf Gräbern: die Toten, die auf den Tag des Jüngsten Gerichtes warten, können jede Ermutigung brauchen. In christlicher Zeit war ihre wirtschaftliche Bedeutung so groß, daß Ferdinand von Aragon auf die Idee kam, die Instandhaltungskosten der Alcazaba, des Kastells von Málaga, mit einer Steuer auf den Anbau der Aloe zu bestreiten.

Jenseits Níjars und des Cabo de Gata erstreckt sich die Provinz Almería bis zum Río Almanzora, dem einzigen Fluß an einem Küstenabschnitt von hundertfünfzig Meilen, der ein wenig Wasser führt. Sorbas an der Hauptstraße ist ein finster aussehender Ort, im Winkel zweier Schluchten erbaut, und Mojácar, das auf einem Hügel über dem Meer liegt, ist eine kleine Korsarensiedlung, in der die Frauen die Wäsche noch immer auf maurische Art waschen, indem sie sie mit den Füßen stampfen. Einige verschleiern noch ihr Gesicht. Dann gelangt man nach Vera, dem römischen Baria, und ein paar Meilen weiter nach Cuevas de Almanzora, das bis vor sechzig Jahren Cuevas de Vera hieß. Diese beiden Kleinstädte hassen einander, und es hatte Cuevas seit langem keine Ruhe gelassen, daß sein Name nahelegte, es sei ein bloßer Höhlenvorort der Konkurrentin. Nach Jahren der Aufregung erbarmte sich ihrer schließlich das Parlament und faßte einen ausdrücklichen Beschluß, der den Namen in Cuevas de Almanzora abänderte.

Für mich verbinden sich traurige Erinnerungen mit diesem Ort, denn ich verbrachte hier einmal den Nachmittag und den Abend mit Roger Fry. Es war kurz vor seinem Tode. Er war begeistert vom maurischen Kastell und dem Höhlenviertel und malte sie, bis die Sonne unterging und das Licht blaß wurde.

Unvermittelt verlor er, wie immer um diese Zeit, das Interesse an der sichtbaren Welt. Obwohl er der Landschaft sehr zugetan war, und einen fast griechischen Sinn für den *genius loci* hatte, war er viel zu sehr Maler, um etwas anderes in der Natur zu sehen als ein Sujet für seine Bilder. Bat man ihn, etwas bei Mondlicht zu betrachten, setzte man sich dem Vorwurf aus, ein Romantiker zu sein. Er verbrachte den Abend lieber beim Schachspiel im Kasino, umringt von einer Menge glühender *aficionados*. Sie waren von der Anwesenheit eines neuen Spielers so begeistert, daß ihn schon nach kurzer Zeit der Lehrer, der einmal eine Woche in Paris verbracht hatte und ein wenig französisch sprach, bat, zu bleiben und sich bei ihnen niederzulassen. Dieser gastfreundliche Vorschlag wurde sofort von der gesamten Gesellschaft aufgegriffen, und um zu zeigen, daß sie es ernst meinten, bot ihm ein älterer Herr, der dabeisaß und am silbernen Knauf seines Stockes lutschte, ein Haus an. Auf dem Rückweg zur Herberge nahmen sie uns mit und zeigten es uns: es erwies sich als mit Hufeisenbögen und pseudomaurischen Kacheln verschwenderisch ausgestattete Villa, und Roger Frys Versuche, Offenheit mit Höflichkeit zu verbinden - er war zwar ein Stadtmensch, brachte es jedoch nicht fertig, etwas zu sagen, das er nicht empfand - waren amüsant anzuhören.

Wenige Meilen flußabwärts lebte in einem Ort namens Herrerías ein belgischer Ingenieur. Er hieß Louis Siret und war ein berühmter Archäologe. Er war als Manager einiger kleiner Silberminen angestellt, und seine Kenntnisse über Metallurgie hatten ihn und seinen Bruder, der vor längerer Zeit gestorben war, in die Lage versetzt, höchst erstaunliche Entdeckungen zu den Anfängen der Kupfer- und Bronzezeit zu machen. Da meine Frau und ich darauf brannten, ihn kennenzulernen und seine Sammlung zu sehen, fuhren wir eines Abends im Jahre 1933 zu ihm hinaus.

Die Straße führte durch eine düstere Gegend mit roter und gelber Erde, ausgehöhlt und zernarbt von tausenden planloser

Bohrungen, und endete in einem abgelegenen Eukalyptushain, in dem alle Sperlinge der Umgebung versammelt waren und ein ohrenbetäubendes Gezwitscher veranstalteten. Mitten in diesem Hain lag Sirets Bungalow. Nachdem wir geläutet hatten, führte man uns in ein Zimmer, in dem in jeder verfügbaren Ecke Tabletts voller Feuersteine und Scherben standen. Bücher und Papiere lagen stapelweise in scheinbar heillosem Durcheinander. Bald erschien ihr Besitzer und begann, auf französisch über seine Entdeckungen zu sprechen. Auf den ersten Blick erinnerte er an die Karikatur eines ausländischen Professors im *Punch.* Mit seinen wehenden, silbrigen Locken, mit den unbeschnittenen Büscheln seines schneeweißen Vollbartes, die von seinem Gesicht abstanden, mit seinen hellen, stechenden Augen und seiner schnellen, nervösen Art zu sprechen, gab er das Bild eines etwas verrückten Enthusiasten. Doch zeigte sich bald, daß er nichts ungefähres oder weltfremdes hatte. Seine Stimme nahm mitunter einen ironischen Ton an, und dazu blitzten seine Augen. Er führte uns durch sein Museum und ließ sich über seine Funde aus. Zwischendurch erzählte er aus seinem Leben. Wir erfuhren, daß er in diesem Haus, das er selbst gebaut hatte, seit mehr als fünfzig Jahren lebte - die ersten fünfundzwanzig Jahre mit seinem Bruder Henri und die restliche Zeit allein. Fünfzig Jahre in Herrerías! Es war schwer, sich das vorzustellen!

Siret war ein intelligenter und gebildeter Mann, dessen einsames Leben ihm einige Grillen in den Kopf gesetzt hatte. Er hing sehr an Spanien und erklärte, es sei das Ursprungsland der Sirenen. Wer einmal seinen Charme gespürt habe, könne sich niemals mehr an ein Leben woanders gewöhnen. Und doch zog er über die Spanier der Mittelklasse her, nannte sie dumm und faul und ließ nur am *pueblo*, den einfachen Leuten, ein gutes Haar. Sie besäßen große Qualitäten, doch solle niemand denken, er könne ihr Los verbessern. Denn ihre Verdienste standen und fielen mit ihrer Lebensart, die bleiben sollte, wie sie war. Hinter jedem Versuch, ihren Lebensstandard zu heben, sah er die Hand Moskaus.

Seine Arbeit war natürlich herausragend gewesen. Er konnte für sich in Anspruch nehmen, bei seinem kleinen Gehalt als Mineningenieur und ohne jede finanzielle Unterstützung mehr Grabungsstätten freigelegt zu haben als alle spanischen Archäologen seiner Zeit zusammen. Dabei hatte er ein völlig neues und unerwartetes Teil im Puzzle der Vorgeschichte gefunden und eingefügt. Die Menschen aus dem östlichen Mittelmeer hatten im frühen dritten Jahrtausend hier eine Art Potosí besessen, wo sie Kupfer schmolzen und Silber in einem komplizierten Prozeß schieden, indem sie zwei getrennt gewonnene Erzmassen zusammen erhitzten. Nach seiner Meinung war der größte Teil des Silbers, das in minoischer und mykenischer Zeit benutzt wurde, hier gewonnen worden, ein Beweis dafür, wie früh die Handelsrouten nach Westen hin geöffnet worden seien. Allerdings hatte er selbst den Wert seiner Entdeckungen mit einem Zweifel belastet, denn er beharrte darauf, all dies sei das Werk der Phönizier gewesen. Da aber die Wissenschaft davon ausging, daß jenes Volk seinerzeit am Persischen Golf gelebt habe, lehnte sie diese Hypothese ab und hatte sogar zeitweise die Echtheit seiner Ausgrabungen angezweifelt. Ich bemerkte, daß das noch immer an ihm nagte. Als er uns im Museum umherführte und dabei fröhlich einen neolithischen Schädel mit einem rosaroten Lampenschirm krönte oder ein mit Gravuren versehenes Straußenei mit den Fingern streichelte, brach seine Verbitterung hervor. Die Anschwärzung der Phönizier, sagte er, sei eine Manie mancher Leute. Man könne das den Antisemitismus der Gebildeten nennen. Doch es hatte keinen Sinn, sich mit ihm zu streiten. Die einzigen Tatsachen, die für Archäologen zählten, waren ihre eigene Mißgunst und ihre Eifersüchteleien. *»Ce n'est pas une science, l'archéologie, c'est un combat à mort.«*

Nachdem wir alles gesehen hatten, ging Siret mit uns hinaus auf die Terrasse, um uns zu verabschieden. Er schrie, um im

Lärm der Spatzen gehört zu werden. »Das passiert also«, sagte er und wies mit der Hand in ihre Richtung, »wenn man meint, man vergrabe sich an einem friedlichen, einsamen Ort. Jedes Jahr werden sie schlimmer, und jedes Jahr nehme ich mir vor, ihnen den Garaus zu machen. *Mais que voulez-vous?* Wenn man lebt, ist es nicht leicht, sich gegen die einzigen Nachbarn zu wenden, die man hat.«

Ein Jahr später fuhren wir wieder nach Cuevas, um Louis Siret zu besuchen. Er hatte versprochen, zu uns nach Yegen zu kommen und Ausgrabungen am Piedra Fuerte und in Ugíjar zu machen, und ich wollte ihn daran erinnern. Doch als wir in die Hauptstraße bogen, wurden wir von einem Trauerzug angehalten. Der großartige alte Mann war am Tage zuvor gestorben.

Das Land rings um Cuevas ist eine der reichhaltigsten archäologischen Gegenden Europas, denn hier gräbt man seit der Mitte des dritten Jahrtausends v. Chr. bis heute ohne Unterbrechung nach Kupfer und Silber. Wo eine oder zwei Meilen unterhalb Sirets Haus der Almanzore ins Meer rinnt, kann man noch immer einen Korb voll samischer Tonscherben finden. Man geht an der Küste über die Plätze, an denen einst die punischen, römischen, byzantinischen und arabischen Städte lagen, doch findet sich von ihnen kein Gebäude mehr, nicht einmal ein Grashalm. Oder man kann in der Nähe des Dorfes Antas die Stätten des neolithischen El Gárcel, von El Argar aus der Bronzezeit oder einen der vielen anderen Orte besuchen, die im Umkreis von wenigen Meilen liegen - El Oficio, Gatas, Fuente Alamo, Fuente Bermejo. Doch sei der Reisende, der zufällig hierher kommt, gewarnt, daß man an all diesen Orten über der Erde nur wenig sieht. Und ohne zuvor Sirets Pläne und Beschreibungen einzusehen, wird man selbst unter der Erde wenig finden. Die einzige Exkursion, die ich dem Laien empfehlen würde, ist darum rein sentimentaler Art. Er mag, wie auch ich einmal, nach El Gárcel fahren und auf der Spitze des kahlen, flachen Hügels stehen, denn dort fand aller Wahrscheinlichkeit nach ein Ereignis statt, das, wenn es den meisten Menschen auch unglaublich erscheint, den Beginn der englischen Geschichte markiert.

Wir drehen das Rad der Zeitmaschine zurück zu einem Datum vor etwa 4600 Jahren. Die große Cheops-Pyramide ist eben fertiggestellt worden, und in Kreta waren die Menschen gerade aus dem Neolithikum in die erste Minoische Kultur übergegangen. Damals stand auf diesem Hügel eine befestigte Siedlung, in der ein kleinwüchsiges, langköpfiges, dunkelhaariges Volk lebte (die Männer waren unter fünf Fuß groß, die Frauen ein oder zwei Zoll größer). Sie säten und ernteten Getreide, schmolzen etwas Kupfer, hielten Ziegen, Schafe, Hunde und kleine Rinder mit langen Hörnern. Sie kleideten sich in Leinengewänder und brannten glatte, dunkle Tongefäße mit runden Böden, in der Art, wie sie tausend Jahre zuvor im Nildelta hergestellt worden waren. Aber die Weiden waren mager, und es kamen immer neue Einwanderer aus Afrika, so daß sich eines Tages eine kleine Gruppe mit ihren Espartosäcken voller Saatgetreide und ihren Haustieren auf den Weg machte, um besser bewässertes Land zu suchen. Sie folgten der Ostküste, gelangten nach Frankreich, wandten sich durch die Eichenwälder nach Norden, wo ein einfaches Volk von Jägern noch immer in Höhlen lebte. Schließlich erreichten sie, vielleicht nach mehreren Generationen der Wanderschaft, den englischen Kanal, der damals enger war als heute. Wohl in der Hoffnung, ein unberührtes Land zu finden, wo sie vor den Pfeilen der Waldmenschen sicher waren, überquerten sie den Kanal samt ihrem Vieh in lederbespannten Booten. Hier war ihre Reise schließlich zu Ende. Sie ließen sich in kleinen Pfahldörfern auf den Kreidehügeln nieder, bearbeiteten den Boden, webten ihre Leinengewänder, brannten ihre glattbäuchigen Gefäße, hüteten ihre Schafe und Rinder, und hin und wieder, nach Abhaltung der entsprechenden Zeremonien, aßen sie sich gegenseitig auf. In dieser Weise führten sie die Künste des zivilisierten Lebens in England ein. Wenn sie in ihren feuchten Hütten saßen und nach draußen in den strömenden

Regen blickten, wie lange mag wohl die Erinnerung in ihnen wach geblieben sein, daß ihre Väter aus einem Land ewigen Sonnenscheins gekommen waren? Träumten sie je davon, zurückzukehren?

Als ich zwischen den Ruinen der Hütten stand, ging die Sonne unter, die langen Schatten verschwanden und ein kaltes, rosafarbenes Glühen überflutete den westlichen Himmel. Aus dem Dorf unten kam das helle, hastige Läuten einer Kirchenglocke. Der Abend verwandelte sich jäh in ein Bild von Ingres und nahm das Aussehen eines jungen Leichnams an, der in einer Leichenhalle aufgebahrt liegt. Ich stieg den Hang hinab ins trockene Flußbett und ging zur Straße hinauf, wo mein Wagen stand. In dieser warmen milchigen Luft, in diesem klaren marmornen Licht kamen mir die englischen Kreidefelsen und Ulmen sehr weit weg vor.

Es gibt eine weitere archäologische Stätte in der Provinz Almería, auf die ich aufmerksam machen möchte. Es ist eine Felsenhöhle namens Cueva de los Letreros, Höhle der Bildtafeln. Sie enthält einige der interessantesten prähistorischen Gemälde in umrißhafter Darstellung, die man in Europa finden kann. Um sie zu besuchen, muß man nach Vélez Blanco fahren, ein Dorf unweit der Straße von Granada nach Murcia. Dort steht die Renaissance-Burg, von der ich schon sprach und die trotz des Verlustes ihrer Marmordekorationen noch immer einen Besuch lohnt. Die Höhle befindet sich hoch über dem Dorf, direkt unterhalb des Berggipfels, und man nimmt an, daß ihre Malereien etwa gleichzeitig mit der Siedlung von El Gárcel entstanden, wenn sie auch von einem anderen Stamm ausgeführt wurden.

Das bemerkenswerteste Bild auf dieser kurzen Felsplatte ist die Gestalt eines maskierten Zauberers. Er trägt Hörner wie Pan, hält eine Sichel in jeder Hand, und von einem seiner Hörner hängt etwas wie eine große Frucht oder Blume herab. Er stellt sicher einen Geist des Wachstums dar, analog denen früher minoischer Siegel, und die dargestellte Zeremonie zeigt das Pflükken eines heiligen Zweiges oder einer Garbe. Einige der Bilder in seiner Umgebung scheinen das gleiche Thema in abstrakterer und verkürzter Form zu wiederholen, während andere unterschiedliche Symbole darstellen. Wer sich für diese sonderbaren hieroglyphenartigen Gemälde interessiert, sollte die Bände zu Rate ziehen, die ihnen der Abbé Breuil gewidmet hat - *L'Art rupestre schématique de la péninsule ibérique*, 4 Bände, 1933.

18. Granada in den Zwanzigern

Granada war in den zwanziger Jahren eine ruhige, gelassene und selbstgenügsame Provinzstadt. Sie wurde, vom April abgesehen, kaum von Touristen belästigt und hatte wenig von der geschäftigen, sich ausdehnenden Stadt, die sie heute ist. Granadas Charme lag natürlich in seiner Lage - die riesige grüne Ebene, die schneebedeckten Berge, die Ulmen und Zypressen des Alhambra-Hügels, die rauschenden Bäche. Aber die Stadt war auch um ihrer selbst willen sehr anziehend. Ihre Straßen und Plätze, ihre Alleen und Parkanlagen sind vielleicht zu bescheiden für den flüchtigen Blick des Touristen, aber dem Bewohner boten sie Abwechslung und eine Fülle charakteristischer Eigenheiten. Und außerdem hatte man jederzeit das weite grüne Land in der Nähe, die großen schimmernden Olivenbäume, die von blauer Iris gesäumten klaren Bäche und die Pappelhaine am Fluß. Dieser Ort hatte etwas Poetisches, eine Eleganz der Lage und der Dinge, der Farbe und der Formen, die eher an die Toskana oder an Umbrien erinnerte als an die rauhe, gelbbraune Löwenhaut Spaniens.

Nicht jeder wird mit diesem Bild übereinstimmen, denn es gibt eine Tradition englischer und französischer Reiseliteratur, die seit den Schriftstellern der Romantik weitergereicht wurde und derzufolge Granada den Inbegriff des Exotischen und Orientalischen darstellt. Doch genügt ein Besuch, um zu erkennen, daß es trotz seines Breitengrades in Charakter und Klima sehr viel nördlicher ist als etwa Neapel. Ein Blick in den Reiseführer wird das bestätigen. Man erfährt dort, daß Granada in einer Höhe von gut zweitausend Fuß über dem Meer liegt und daß die Regenfälle im Winter, gemessen in Zoll, höher liegen als in Südengland. Wenn auch jener gepriesene Aussichtspunkt, der Palast der Alhambra, für einige Monate im Jahr die Langeweile tanzender Mädchen und das Flimmern des Lichts und der Hitze heraufbeschwört, so spült doch der erste Herbstregen diesen Eindruck wieder fort. Schon im Dezember findet sich der Besucher in ein nördliches Ambiente versetzt - trotz des Sonnenscheins weht ein kühler Wind, an den Straßenecken kauern Maronen-Röster, gelbe Blätter liegen wie Fossile auf der Straße, und aus der Ebene steigt der Morgendunst herauf. Mit dem neuen Jahr kommen dann die Schneefälle, Eiszapfen hängen von den Dächern herab, und die Alhambra nimmt ein Aussehen an, das, wie pittoresk es auch sei, nicht auf den Ansichtskarten erscheinen darf.

Die Bürger dieser poetischen Stadt entsprechen ganz und gar nicht der üblichen Vorstellung vom andalusischen Charakter. Anders als die Menschen in Sevilla oder Málaga sind sie nüchterne und konventionelle Leute, eher noch puritanischer als die meisten Spanier, sie lachen kaum und gehen so oft wie möglich in schwarz. Sie sind unabhängig und stolz, hartnäckig in der Verteidigung ihrer Rechte, und sie arbeiten hart. Sie sind so sehr geprägt von dem, was man 'Charakter' nennt, daß man sie leicht für Kastilier halten könnte, wäre da nicht ihre Liebe zu Gärten, Topfpflanzen und anderen ästhetischen Feinheiten, die die Menschen der *meseta*, die wie anatolische Bauern in ihren aus Lehm gebauten Städten und Dörfern leben, so gerne verachten. Dieser Unterschied rührt daher, daß sie eine der bestbewässerten Ebenen Europas ihr eigen nennen, auf der Weizen, Bohnen, Kartoffeln, Tabak, Zuckerrüben und Mais bestens gedeihen, ferner Granatapfelbüsche und riesige Olivenbäume.

Diese Ebene oder *vega*, wie sie hier genannt wird, ist natürlich der Grund für die Existenz Granadas. In maurischen Zeiten ernährte sie mehr als eine halbe Million Menschen. Als nach der Vertreibung der Mauren die Christen an die Macht kamen, begann die Bevölkerungszahl zu fallen. Im Jahre 1800 brachte es die Stadt einschließlich der etwa dreißig umliegenden Dörfer auf nicht einmal hunderttausend Einwohner. Und obwohl die *vega* nur noch mäßig kultiviert wurde, hatte sie genug natürliche Fruchtbarkeit, um weiterhin fast ebensoviel Nahrung zu liefern wie zuvor. Da es der Straßenzustand und die Entfernung von den Märkten nicht erlaubten, irgendwelche Produkte außer Seide zu exportieren, fielen die Lebenshaltungskosten auf ein ungewöhnlich niedriges Niveau. Man nannte Granada *la tierra del ochavico*, das Land des Kleingelds, weil es hier praktisch nichts gab, was mehr gekostet hätte. Dem Romancier Juan Valera zufolge konnte eine Familie für sechshundert Reales (fünf oder sechs Pfund) im Monat ein gutes Haus samt Dienstboten und Pferden mieten und nur die besten Speisen essen, während das teuerste Hotel ganze sechs Reales (einen Schilling) pro Tag verlangte. So lagen die Dinge, als Chateaubriand im Frühling 1807 Granada seinen berühmt gewordenen Besuch abstattete und die Alhambra auf die Landkarte des Romantikers setzte. Und so blieb es ohne merkliche Erhöhung der Preise bis 1870, als die Eisenbahnstrekke nach Málaga fertiggestellt wurde und eine Reise dorthin anstatt wie bisher drei Tage mit der Postkutsche nur noch einen Tag dauerte. Allmählich begann die Landwirtschaft, sich zu rentieren, und im ersten Weltkrieg brachten sogar Zuckerrüben und schnell wachsende Balsampappeln kleine Vermögen ein.

Bei meiner ersten Fahrt von Ugíjar nach Granada stieg ich in der Posada de San Rafael ab, in jener Straße der Kneipen und billigen Unterkünfte, der Calle de la Alhóndiga. Hier kehrten seit je her die Maultiertreiber aus den Dörfern der östlichen Alpujarras ein, und das wohl schon seit dem siebzehnten Jahrhundert. Die Schlafzimmer, kleine, fensterlose Zellen, mündeten auf einen hölzernen Balkon, der rings um den Innenhof führte, und kosteten eine Pesete pro Tag. Später lud mich mein Vermieter Don Fadrique, der gerade aus Yegen gekommen war, ein, mit ihm und der Familie seiner Frau eine oder zwei Wochen in ihrem Haus in einem Dorf in der Nähe zu verbringen.

Das war im August 1920. Um der Hitze des Tages zu entfliehen, brachen wir kurz vor Sonnenuntergang auf und reisten einen großen Teil der Nacht, er saß auf seinem dürren grauen Pferd, und ich ging nebenher. Der Mond schien, die Nachtigallen sangen in den Tamarisken und Pappeln fast zum Greifen nahe, und der Fluß, den wir durchwateten, war angenehm frisch. Wir legten uns für ein paar Stunden in einem der Gasthöfe, die damals alle drei oder vier Meilen an den wichtigsten Straßen und Maultierpfaden standen, aufs Ohr und erreichten am folgenden Abend schweißtriefend und staubig unser Ziel.

Das Haus, in dem Don Fadrique wohnte, war ein solides Gebäude am Ende der Dorfstraße. Die Eingangstür führte auf einen Innenhof, der mit einer beweglichen Markise überdacht war und in dem die Familie ihre Sommerabende verbrachte. Auf der einen Seite des Patio lag ein düsterer und mit Läden verschlossener Salon, wo mit Schnitzereien und Gold verzierte Stühle ihr Bild in staubigen Spiegeln anstarrten. Auf der anderen Seite war ein kleines Eßzimmer und daneben ein noch kleinerer Raum, in dem, wie ich später feststellte, die Familie dicht gedrängt um die *mesa camilla* mit der Holzkohlenpfanne die Wintertage verbrachte. In großen spanischen Häusern, die schwer zu heizen sind, bedingen die kalten Monate ein schneckenähnliches Zusammenziehen, einen Rückzug in die hinterste und kleinste Zelle, während der erste Hauch des Sommers ein Ausbreiten mit sich bringt. Ich bemerkte auch, daß Doña Lucía, obwohl es eine etwas schlampige Magd gab, das Kochen allein besorgte. Die bessergestellten Familien in Andalusien achten auf sehr sorgfältige Kleidung, wenn sie ausgehen, und besitzen oft sehr schöne Häuser, doch ist ihr Lebensstil eher sparsam. Bis vor einem Jahrhundert war der Gebrauch von Tellern unbekannt, man aß aus einem gemeinsamen Gefäß wie heute die ärmsten Dorfbewohner. Auch sonst gab es wenig Unterhaltung.

Ich werde niemals die Güte und die Gastfreundschaft vergessen, mit der diese Familie einem jungen Mann begegnete, der wie ein Arbeiter in Kordhose und Hanfschuhen gekleidet war und ein grauenhaftes Spanisch sprach. Da stand ich also, bekam das beste Bett - ein prachtvolles Ungetüm aus poliertem Messing im besten Schlafzimmer, in blau und rosé gehalten und vier oder fünf mal am Tag schwachen, eher medizinischen Tee serviert. Wenn sie mir Londoner Nebel hätten besorgen können, sie hätten auch das getan, um mir das Heimweh zu nehmen, daß ich nach ihrer Vorstellung empfinden mußte. Aber mit 'sie' meine ich vor allem Doña Lucía. Ihr Mann sah mich wie immer etwas amüsiert und zynisch an, wenn er seine Zigarette drehte. Zweifellos nahm er dankbar zur Kenntnis, daß sich sein persönlicher Engländer als Exzentriker erwiesen hatte. Doña Lucías Mutter und ihre Brüder, die sich vielleicht an meiner Kleidung störten, verhielten sich mir gegenüber kaum mehr als höflich und freundlich. Allein meine Gastgeberin überschüttete mich großzügig mit Wärme und Herzensgüte, wie sie nach meinen späteren Erfahrungen charakteristisch für andalusische Frauen sind.

Doch leider kann ich das nicht von ihrer Mutter, Doña Ana, sagen. Sie war ein rauhes, feuerspeiendes Exemplar der älteren Matriarchin. Etwas untergründig Maskulines ließ Haare auf ihrer Oberlippe und am Kinn wachsen, und oft - wann immer sie sich im Gespräch übergangen fühlte - kochte ihr Ego und schäumte über, sie schrie und fuchtelte mit den Armen, während die kleine, plumpe Frau am ganzen Körper wie eine Maschine bebte. Ihre Söhne gingen ihr dann aus dem Weg, und die ganze Bürde der Aufmerksamkeit, die sie forderte, lag auf den Schultern der Tochter. Dabei hatte sie sogar interessante Dinge zu erzählen.

Jede Andalusierin ihres Alters erinnerte sich, wie die Kavallerie auf der Straße angriff und revolutionäre Milizen die Häuser nach Waffen durchsuchten, und ihre Geschichten machten mich zum ersten Mal bekannt mit der spanischen Geschichte des neunzehnten Jahrhunderts. Ihr Ende war furchtbar: einige Jahre später warf sie sich in einem ihrer Tobsuchtsanfälle aus dem oberen Fenster und starb.

Doña Lucía hatte zwei Brüder, von denen einer, der sich Tancredo nannte, im Hause lebte, während der andere verheiratet war und in der Nachbarschaft wohnte. Zwar hatten beide an der Universität die Rechte studiert, doch muß man wohl nicht sagen, daß keiner von ihnen auch nur im Traum je erwogen hatte, diesen Beruf auszuüben. Sie waren andalusische *señoritos* und deshalb ganz damit beschäftigt, von den Einkünften ihrer Ländereien zu leben, die sie Bauern gegen einen Ernteanteil oder auch gegen Pacht überließen. In ihrer äußeren Erscheinung wie auch im Charakter waren sie sehr unterschiedlich. Jaime, der verheiratete Bruder, war ein Mann, der seine Persönlichkeit freiwillig einem großen Ideal geopfert hatte - ein perfekter und vollendeter Gentleman zu sein. Denn der perfekte Gentleman, wie er ihn sah, ist ein Mann, der sich keinerlei Abweichung von der Norm erlauben darf. Er muß all den anderen perfekten Gentlemen seines Clubs gleichen wie ein Kieselstein am Strand den anderen Kieselsteinen gleicht. Das hieß, er mußte jede Anwandlung von Geltungsbedürfnis verdrängen, die er vielleicht einmal empfunden haben mochte, und nur noch dem engen Pfad der Korrektheit folgen, was Kleidung, Konversation und Handschrift betraf, seine Ansichten, Manieren, die Art, die Zeit zu verbringen, seinen Umgang und alles andere. Nur in seinen Briefen (ich besitze einige von über zwanzig Seiten Länge) ließ er sich gehen und erreichte in ihnen zum Thema der Wiedereinführung der Monarchie wahre Höhepunkte der Rhetorik, wie ich sie hier unmöglich wiedergeben kann - und das bei einer fehlerfreien und überzeugenden Handschrift, ohne auch nur ein einziges Mal zu radieren.

Doch bei aller Unbarmherzigkeit, mit der er sein Ziel der Selbstperfektion verfolgte und die mich zuweilen an die strenge Zielstrebigkeit der großen spanischen Asketen und Mystiker erinnerte, hatte er nichts Gewöhnliches oder Anmaßendes an sich. Er hätte sich dieses ganze fleißige Aufpolieren sparen können, denn er war nicht nur aus festem Vorsatz, sondern auch von Natur ein *caballero*.

Tancredo, der andere Bruder, war ein eher ungehobelter und gewöhnlicher Mensch. Auf den ersten Blick hätte man ihn für einen pensionierten Offizier halten können oder sogar für einen Fechtmeister. In Gegenwart von Frauen verfiel er in eine ganz besondere Stimmung. Er verbeugte sich und lächelte ständig, hob seine dichten Augenbrauen, zwirbelte seinen gewachsten Schnurrbart und vermochte seinen Augen einen feuchten Glanz zu geben, der seine schwarzen Pupillen hervorhob. Um nicht zurückzustehen, taten die Frauen es ihm nach. Auf den Parties und Tanzabenden, die er in Granada besuchte, verschaffte ihm dieses galante Auftreten eine Art onkelhafter Beliebtheit unter den Mädchen. Doch er war kein Mann zum Heiraten, denn ganz abgesehen von der Frage des Alters hatte er eine Geliebte. Sie war eine Frau mittleren Alters, die Gattin eines pensionierten Offiziers, der sie verlassen hatte und auf die schiefe Bahn geraten war, und von dem sie einen Sohn und eine Tochter hatte. Tancredo verbrachte täglich eine gewisse Zeit mit ihnen, und man hätte keine ehrenwertere *ménage* finden können. Der Liebhaber mischte sich unablässig und mit aller Vehemenz in die Manieren und die Erziehung der beiden deprimierend angepaßten Kinder ein, und der Überschwang seiner väterlichen Gefühle ging der Mutter auf die Nerven. Sie konnte ihn aber nicht zurechtweisen, wie es jede spanische Ehefrau getan hätte, denn sie war nicht mit ihm verheiratet und damit finanziell auf ihn angewiesen. Aber zu seiner Ehrenrettung muß man sagen, daß er bereit war, sie zu heiraten und sich auch sehr darum bemühte. Als während der Republik die Ehescheidung legalisiert wurde, unternahm er Schritte, sie freizubekommen. Seine Familie, deren Sinn für Menschlichkeit stärker war als ihr Gehorsam gegenüber der Kirche, unterstützte ihn darin, aber bevor die Angelegenheit zum Abschluß gebracht werden konnte, kam der Bürgerkrieg und das Scheidungsgesetz wurde wieder aufgehoben.

Die *querida*, die Geliebte, spielt in Südspanien eine etwas andere Rolle als in anderen Ländern. Für den verheirateten Mann ist sie ein Luxus - teuer wie ein amerikanischer Wagen, doch ohne dessen Prestige, da man sie nicht bei seinen Freunden herzeigen kann. In Provinzstädten sind nur wenige Männer reich genug, sich eine solche Bürde aufladen zu können. Doch für einen Junggesellen ist sie eine Ehefrau zweiter Klasse, und solange er noch im Haus seiner Eltern wohnt und sie in der für sie angemieteten Wohnung besucht, eine preiswerte dazu. Die Situation ergibt sich gewöhnlich auf diese Weise: ein junger Mann schiebt seine Heiratspläne auf, entweder, weil er es sich nicht leisten kann oder weil er seine Freiheit nicht verlieren möchte. Solange er etwas Geld in der Tasche hat, findet er mehr oder weniger ehrbare Mädchen, um sich mit ihnen zu amüsieren. Dann wird er älter. Ihn überkommt der Wunsch nach geordneten Verhältnissen, er möchte aber nicht auf sein Privileg verzichten, sich mit finanziell abhängigen Frauen zu vergnügen. Vielleicht hat er sich auch daran gewöhnt, seine Sexualität im Verborgenen auszuleben. Das trifft besonders dann zu, wenn er mit seiner Mutter zusammenlebt und emotional stark an sie gebunden ist. Es begegnet ihm dann irgendwann eine junge Frau der unteren Mittelschicht, er verliebt sich ein wenig in sie und richtet ihr in einem belebten Viertel eine Wohnung ein. Falls sie Kinder von ihm hat, wird die Beziehung in der Regel von Dauer sein, und auf seinem Totenbett wird er sie vielleicht ehelichen. Solche Übereinkünfte, das muß man sagen, funktionieren oft reibungslos. Die Geliebte bleibt ihm treu, wenn auch nur, weil sie weiß, daß tausend feindselige Augen sie überwachen und man sie augenblicklich fallenläßt, falls sie sich kompromittiert. Ihr Liebhaber wird sie gut behandeln, da er die Oberhand behält und sie nur besuchen muß, wenn ihm danach ist. Beide meinen deshalb, daß eine Heirat mit einem Menschen des eigenen Standes nicht diese Vorteile bieten kann.

Granada war offensichtlich eine solch angenehme Stadt zum Leben - seine Gewässer waren so rein, seine Aussicht so wunderschön und seine Patisserien so ausgezeichnet - daß es mich nicht wunderte, hier eine kleine, aber seit langem etablierte britische Kolonie vorzufinden. Ihre Angehörigen wohnten nicht in der Stadt unter den Spaniern, die den Lärm und große Menschenansammlungen so sehr liebten, sondern thronten oberhalb, an der südlichen und deshalb geschützteren Seite des Alhambra-Hügels. Hier bewohnten sie eine Reihe bescheidener *cármenes* oder Villen mit kleinen terrassierten Gärten und ein wenig Sicht über die Dächer, Straßen, Kirchen, den Fluß, die Ebene und die walförmigen Berge im Hintergrund. Stand man am Abend vor einem der Eingänge, hörte man die Rufe und Geräusche der Stadt heraufdringen wie etwas, das vorüberweht und einen selbst nicht betrifft, und nach und nach sah man die Lichter der Stadt.

Das erste dieser *cármenes*, das ins Auge fiel, gehörte William Davenhill, dem britischen Vize-Konsul. Hier lebte er mit seiner reizenden Familie - der Mutter, drei Schwestern und einem Bruder - und zeigte eine Gastfreundschaft, an die sich viele durchreisende Besucher sicherlich gern erinnern. Sein Amt hatte er vom Vater geerbt, der als junger Mann hierhergekommen und vor ihm Vize-Konsul gewesen war. Es gehörte zu den Bravourstücken der Familie, daß sie, durch und durch Engländer, sich in der andalusischen Gesellschaft zu bewegen verstanden, als seien sie Spanier. Zu ihrem Mißgeschick sollte das riesige Hotel Palace direkt vor ihrem Grundstück gebaut werden, nachdem sie sich für dieses Haus wegen seiner Sicht entschieden hatten.

Etwa hundert Meter weiter stand die Pension Matamoros mit ihrem attraktiven Garten. Sie wurde von einer ziemlich grimmigen und schroffen schottischen Lady geführt, Miss Laird - klein, weißhaarig, immer in Schwarz gekleidet - die in jungen Jahren Gouvernante bei den Davenhills gewesen war. Neben dieser Pension wohnte in einem kleinen, eingeschossigen Haus, das einmal dem berühmten Renaissance-Soldaten Gonzalo de Córdoba, dem großen Hauptmann, gehört haben soll, das älteste Mitglied der Kolonie, Mrs. Wood.

Die alte Dame - sie war 1840 geboren - war eine bemerkenswerte Person. In ihrer Jugend war sie eine berühmte Schönheit gewesen, und sie hörte nie auf, sich zu kleiden, als sei sie es noch immer. Eine Einladung zum Tee bei ihr war deshalb ein Ereignis. Zunächst läutete man eine Glocke an einem eisernen Tor beim Eingang zu ihrem Grundstück. Das Tor ging auf und man gewahrte eine hochgewachsene, aufrechte Gestalt in einem weißen Leinengewand, das den Boden fegte, mit einem hohen Spitzenkragen und einem feinen italienischen Strohhut. Ketten aus schweren Bernstein- und Silberperlen hingen wie Amulette um ihren Hals, und ihr Gesicht, das den Besucher mit großen, sanft glühenden Augen gefangenhielt, war stark gepudert und geschminkt. Wenn sie den Gast sah, stellte sie ihre Gießkanne mit dem langen Schnabel hin, streifte ihren Handschuh ab und gab ihm die Hand. Sie sprach sehr schnell und verfiel mitunter in ein Spanisch, das wegen ihres amerikanischen Akzents und ihrer verstümmelten Syntax ziemlich unverständlich war. Sie führte den Besucher in ein sehr kleines Zimmer voller Antiquitäten und Nippes, in dem es nach Duftwässern und Blumen roch. Ihre Nichte, Miss Dillon, eine stattliche weißhaarige Frau, machte Tee und tischte großzügig heißen Kuchen und süßes Gebäck auf.

Nach dem Essen wies Mrs. Wood, noch immer in atemlos schwatzender Konversation, den Weg in den Garten. Am abschüssigen Rand des Gartens stand eine Reihe von Zypressen, unter denen im April Freesien, Narzissen, Levkojen und Goldlack wuchsen. Zwischen den Stämmen sah man hindurch auf ein Panorama grüner Ebenen und grauer Olivenbäume, die sich bis zu den entfernten Bergen erstreckten. Der Pfad endete an einer efeubewachsenen Wand mit einem Tor. Dahinter sah man noch einen Garten und eine weitere Terrasse vor sich, die zu einem Haus namens Los Mártires gehörten. Hier, in einem Karmelitersitz, von dem nur noch wenige Mauerreste standen, hatte San Juan de la Cruz *Die dunkle Nacht der Seele* geschrieben.

Mrs. Wood war eine jener heroischen Frauen, die dem drohenden Alter entschieden Widerstand boten. Sie verbrachte viel Zeit damit, sich zu kleiden und ihr Gesicht zu schminken, während sie den Rest des Tages mit ruhigen Beschäftigungen, wie etwa dem Lesen oder der Gartenarbeit verbrachte. Die Unterhaltung ermüdete sie mehr als andere Dinge, vielleicht, weil sie sich verpflichtet fühlte, vorwiegend selbst zu reden. Nicht, daß sie so viel zu sagen gehabt hätte, aber Zuhören ermüdete sie noch mehr. Mit dem Geplapper ihrer Worte hielt sie die bedrohlichen, Unruhe bringenden und sich widersprechenden Stimmen auf Distanz. Ihre Nichte erzählte mir, sie habe ein Verhaltenssystem für alle Situationen entwickelt. Das Schlüsselwort hieß 'Verheimlichen, immer alles verheimlichen'. Sie meinte, nur wenn man seine Gedanken verberge, könne man in geistiger Freiheit und in Frieden leben. Auch in ihrem Aussehen war sie schwer faßbar, und ihre großen dunklen, tief schattierten Augen wanderten ruhelos über den Boden oder den Tisch, mieden aber ihr Gegenüber.

Ich stieß dieser Tage auf einige verkrampfte, neurotische Briefe ihrer Nichte, in denen sie ihre Gedanken über dieses Grüppchen von einem Dutzend Leuten ausbreitete. Die meisten waren unverheiratete Frauen, denen immer so viel passierte, doch im Grunde spielte sich überhaupt nichts ab, vielmehr bauschten sie die Dinge in ihren Gefühlen unverhältnismäßig auf. Wie in den Romanen Dostojewskis wurden die kleinsten Ereignisse zu den größten Dramen aufgeplustert. Skandale lagen ständig dicht unter der Oberfläche verborgen. Doch das berührte Mrs. Wood nicht im geringsten. Sie interessierte sich nur noch für die Angelegenheiten ihrer eigenen Generation, was in der Praxis hieß, nur noch für die von Miss Laird, der sie zu der Pension verholfen hatte, um ihre eigene Verpflegung sicherzustellen, und die sie als ihr eigenes Werk betrachtete. Doch Miss Laird lehnte sich dagegen auf. Sie war störrisch, hochrot im Gesicht und verbissen auf ihre Unabhängigkeit bedacht, und man munkelte, sie hege eine geheime Neigung zu Gin und Whisky. Nach längeren Aufenthalten in ihrem Schlafzimmer äußerte sie sich im Speisezimmer deshalb auf düstere und rätselhafte Weise, oder sie erschien benommen und zerzaust auf der Treppe. In solchen Situationen bebte Mrs. Wood, da sie ein solches Auftreten als persönlichen Angriff auf ihre Autorität ansah, und schritt ein. »Sie will mir Angst machen«, erklärte sie ihrer Nichte. »Aber du kannst ihr ausrichten, falls sie sich unterstehen sollte, einen Schlaganfall zu erleiden und vor mir zu sterben, werde ich ihr das niemals verzeihen.«

Wie alle sehr alten Menschen lebte Mrs. Wood in der Gegenwart wie in einer Verbannung. Sie sprach zwar kaum von der Vergangenheit, doch schweifte ihre Erinnerung freizügig in die Tage ihrer Kindheit in Mexiko während der verworrenen Zeit des Krieges mit den Vereinigten Staaten zurück, oder zum Amerikanischen Bürgerkrieg, als ihre Schönheit in voller Blüte stand. Sie erinnerte sich an Besuche in Paris, dem Paris vor dem Bau der Boulevards, doch was sie in der Zeit danach getan hatte, oder wer Mr. Wood, dem sie ihren britischen Paß verdankte, gewesen war, schien niemand mehr zu wissen. Sie lebte bis 1935 im Vollbesitz ihrer Kräfte, und meine Frau und ich waren an ihrem fünfundneunzigsten Geburtstag bei ihr zum Tee. Am selben Morgen hatte sie eine Demonstration gegen ihr Alter in Szene gesetzt, indem sie allein in die Stadt hinunter zur Messe ging und für den Rückweg die Straßenbahn nahm. Aber solche Dinge hatte sie schon immer gemacht. Als sie fast achtzig war, reiste sie per Bus und Maulesel zu der Herberge in Cádiar, die Lytton Strachey so abgeschreckt hatte, mietete ein Reittier und ritt in einem weißen

Hut über Land. Sieben oder acht Jahre danach überließ ich ihr während meiner Abwesenheit in London mein Haus in Yegen, und sie nahm die lange Hin- und Rückreise in der Hitze auf sich. Sie hatte Mut und beklagte sich nie, und ich glaube, das ist der Grund, warum sie so alt geworden ist.

Ein Jahr nach dem Krieg zog ein Ehepaar in ein neues, teures Haus oben an dem kahlen Bergvorsprung, der an den Friedhof angrenzte. Sie unterschieden sich in jeder Beziehung von den Briten, die am Rand des Alhambra-Hügels ansässig waren. Es waren die Temples. Mr. Temple war ein großer, hagerer, stattlicher Mann Anfang fünfzig, der, nachdem er den Gran Chaco nach Gummi durchforscht hatte, in den Staatsdienst eingetreten war und es sehr bald zum Vizegouverneur des Protektorats Nigeria gebracht hatte. Nach nur drei Jahren in dieser Stellung ging er in den Ruhestand, da er sich in Paraguay die Malaria geholt und damit seine Gesundheit ruiniert hatte, und ließ sich in Granada nieder. Seine Frau war Schottin - die Tochter von Sir Reginald Macleod of Macleod von Dunvegan Castle in Skye, zu Beginn des Jahrhunderts Unterstaatssekretär für Schottland.

Ihre Heirat war unter außergewöhnlichen Umständen zustande gekommen. Olive Macleod war mit einem romantischen jungen Soldaten namens Boyd Alexander verlobt gewesen. Er lebte, wie sie, in einer schottischen Burg, trug mittelalterliche Kleidung und war leidenschaftlicher Ornithologe. Dann widmete er sich Forschungsreisen. 1905 führte er die erste Expedition an, die Afrika vom Tschadsee bis zum Nil durchquerte. Auf einer zweiten Expedition, ein paar Jahre danach, wurde er in den Sümpfen, die diesen See umgeben, von Eingeborenen getötet. Seine Verlobte, die ihn sehr geliebt hatte, beschloß, einen heimischen Granitblock dorthin zu transportieren und auf sein Grab zu legen. Ihre Eltern waren einverstanden, und sie brach auf in Begleitung eines Ehepaares, das Westafrika ein wenig kannte. Die einfachste Route wäre die durch Britisch Nigeria gewesen, aber da der Gouverneur der nördlichen Provinzen, das war

Temple, ihnen die Durchreise verweigerte mit der Begründung, das Land sei für weiße Frauen nicht sicher, nahmen sie die weitere Strecke über Französisch Kongo. Nach einer schwierigen Reise durch bisher unerforschtes Land, die sie in einem Buch beschrieben hat, fand sie das Grab und legte ihren Stein nieder. Dann kehrte sie über Nigeria zurück, traf den Mann, dem sie getrotzt hatte - und heiratete ihn.

Charles Temple war ein Mann, der überall aufgefallen wäre. Seine Körpergröße, sein hageres, nobles Gesicht und die Autorität, die er verkörperte, beeindruckten. Man konnte sich ihn als großen Feudalherren vorstellen, der seinen Feinden im einen Moment schmeichelte und im nächsten schon - weil er launisch und ungeduldig war - befahl, ihnen die Köpfe abzuschlagen. Doch im modernen Europa war für ihn kein Platz. Seine Angewohnheit, umherzustolzieren wie ein Adler unter Spatzen und seine allzu offensichtliche Gleichgültigkeit dem gegenüber, was andere von ihm dachten, hinterließ einen schlechten Eindruck. Außerdem hatten die langen Jahre in der Wildnis ihn zum Exzentriker werden lassen. So lief er im Sommer mit zwei Filzhüten auf dem Kopf durch die Straßen, einen über den anderen gesetzt, weil er fand, sie seien genauso praktisch wie ein Tropenhelm. Das führte dazu, daß ihm scharenweise kleine Jungen nachliefen, mit Lumpen oder zerbrochenen Pötten auf dem Kopf, was bei ihm heftige Verärgerung hervorrief. Als seine Fieberanfälle ihn dann nötigten, sich im Haus etwas überzuziehen, wählte er einen völlig mit Farbe und Öl beschmierten Kittel aus seiner Werkstatt (er war stolz, ein ausgebildeter Ingenieur zu sein, der seine Hände zu gebrauchen wußte) und blieb dabei. Wenn der Botschafter zum Dinner kam, zog er den Kittel über den Abendanzug.

Temple hatte auch in der Architektur besondere Vorstellungen. Er mochte nicht einsehen, warum der rechte Winkel der einzig mögliche sein sollte. Rechte Winkel machten das Gebäude starr und zu entschieden und verhinderten, daß es sich der natürlichen Lage der Umgebung anpasse. Die Vorstellungen der Mongolen (später auch der Taoisten), nach denen das Zelt an einer Stelle aufgeschlagen werden soll, an der es eine harmonische Beziehung zur Landschaft eingehe, um nicht den *genius loci* zu kränken oder böse Geister wachzurufen, schienen ihm insoweit angemessener. Er hatte auch eine eigene Theorie über offene Kamine. Seiner Ansicht nach sollten sie nie zu ebener Erde gebaut werden, sondern eher vier Fuß darüber, in einer Höhe mit dem Gesicht einer sitzenden Person. Als er auf dem Hügel oberhalb der Alhambra, wo früher eine alte französische Redoute gestanden hatte, sein Haus baute, achtete er auf viele stumpfe oder spitze Winkel und auch darauf, daß die Feuerstellen, in jedem Zimmer gab es eine, in kleine Nischen auf halber Höhe der Wände eingebaut wurden. Sie sahen recht hübsch aus, die Füße wärmten sie aber nicht.

Mrs. Temple war das ganze Gegenteil ihres faszinierenden, launischen und ruhelosen Ehemannes. Sie sprach langsam, aber hatte sie gesprochen, spürte man, daß hinter ihren Worten ihre ganze Willensstärke und ihre Erfahrung standen. Sie hatte ihr eigenes spezifisches Gewicht, etwas Kraftvolles in ihrer Art, wie ich es noch bei niemandem angetroffen habe, und hatte sie sich einmal für eine Sache entschieden, so konnte nichts in der Welt sie davon abbringen, sie zu Ende zu führen. Wenn diese granitenen Eigenschaften sie auch nicht gerade zu einer unterhaltsamen Gesprächspartnerin machten, so war sie doch eine bewundernswerte Person, denn sie war liberal, großzügig, in fast schon peinlicher Weise ehrlich und von größtem Verantwortungsbewußtsein. Man sah das an ihrem Eheleben, denn sie hatte ihren Willen und ihre Persönlichkeit völlig denen ihres Mannes unterworfen, dessen chronische Kränkelei und Ungeduld das Zusammenleben schwierig machten. Nacht für Nacht blieb sie bis zwei oder drei Uhr morgens auf und las ihm vor.

Beide Temples gehörten kraft Geburt und Erziehung zur herrschenden Klasse der Zeit König Edwards. Sie waren sogar außergewöhnlich gute Exemplare, denn sie besaßen den großen Weitblick und die Prinzipientreue der Whigs wie auch die Ergebenheit den öffentlichen Interessen gegenüber, die hohe Staatsbeamte auszeichnet. Doch zugleich hatten sie etwas Entrücktes und Blasses. In ihren wohlgeordneten Landhäusern und Kolonialsitzen atmeten diese Menschen eine andere Luft als gewöhnliche Sterbliche. Diese Atmosphäre und das Bewußtsein ihrer eigenen Fähigkeiten und ihrer Integrität führte bei ihnen zu einer Art Reserviertheit allem gegenüber, was sie für unbedeutende und nichtige Probleme anderer hielten. Man könnte sie in gewisser Weise als Übermenschen verstehen, ausschließlich gezüchtet zu dem Zweck, des weißen Mannes Last zu tragen. Ihr einziger Fehler bestand darin, daß sie kaum schwache Seiten hatten. In einem feudalen, kriegerischen Land wie Nord-Nigeria hätte das nichts ausgemacht, aber in einer alten Zivilisation wie der andalusischen fiel ihre Widersprüchlichkeit ins Auge. Das wurde demjenigen sofort deutlich, der gerade aus der Welt der Spanier anreiste und mitansah, wie sie den Sonnenuntergang zelebrierten.

Um zu erläutern, was es damit auf sich hatte, muß ich zunächst sagen, daß die Temples ihr Haus auf einem Hügel hoch über der Stadt erbaut hatten, um Sicht auf die schneebedeckten Berge zu haben. Jeden Abend nach dem Tee, wenn sich die Sonne anschickte, unterzugehen, geleitete Mrs. Temple ihre Gäste auf die Veranda oder, wenn es kalt war, zu den großen Fenstern nach Süden und sprach in ihrer bedächtigen, eindrucksvollen und vorsichtigen Stimme: »Ich glaube, jetzt dauert es nicht mehr lange.« Wir sahen hinaus und warteten. Ganz allmählich nahm der sanft gewellte Bergkamm, der bis zu diesem Augenblick fern und nicht zur Erde gehörig schien, ein fahles Rosa an wie im Licht eines Filmprojektors. »Da«, sagte sie. »Jetzt«. Sofort überfiel uns Stille, wie saßen starr und beobachteten, wie die Röte tiefer wurde und dann verblaßte. Sobald sie ganz verschwunden war, setzten alle ihre Unterhaltung fort, mit dem Gefühl der Erleichterung, das man beim Verlassen der Kirche spürt. Mit keinem Wort erwähnte man das gerade Erlebte.

Ich hatte mich an diese kleine Zeremonie schon so gewöhnt, daß ich nicht mehr darüber nachdachte, bis ich eines Nachmittags bei den Temples Fernando de los Ríos, einen ihrer spanischen Freunde kennenlernte. Er war Professor an der Universität von Granada und hatte sich trotz seines Charmes und seiner Kultur in dieser konservativen Stadt wegen seiner gemäßigt sozialistischen Ansichten unbeliebt gemacht. Nach dem Tee verließen wir gemeinsam das Haus.

»Können Sie mir sagen«, fragte er, als wir den Hügel hinabgingen, »was vor sich ging, als alle sprachlos dasaßen und den rosaroten Punkt auf den Bergen ansahen?«

»Wir betrachteten den Sonnenuntergang.«

»Ja, ich weiß, aber warum waren alle so ernst?«

Ich zögerte einen Moment. Niemand stellt gerne sein Land bloß, indem er dessen Geheimnisse preisgibt. Aber ich hatte keine andere Wahl und erklärte deshalb, es handele sich um einen mystischen Ritus, der britischen Edelleuten höchsten Ranges vorbehalten sei.

»Hier ist es der Sonnenuntergang über dem Schnee«, sagte ich, »woanders betrachtet man vielleicht durch Ferngläser einen seltenen Vogel, einen Erlenzeisig etwa, oder einen Wanderfalken, der gerade auf seinem Nest niedergeht. Unsere Vizekönige und Außenminister beziehen in schwierigen Augenblicken aus solchen Dingen Kraft.«

»Ich verstehe nicht«, sagte er.

»Nein«, antwortete ich, »man kann es eigentlich auch nicht erklären. Wir müssen warten, bis jemand ein Buch darüber schreibt. Einstweilen kann ich nur sagen, daß man es mitunter mit dem Zen-Buddhismus verglichen hat.«

Don Fernando gab keine Antwort. Er war ein einfacher, freundlicher Mann, der die Engländer zu wenig kannte, um sich auf ihre absurden Seiten einzulassen. Er glaubte, für das politische Leben in seinem Lande müßte es von Vorteil sein, Leute wie die Temples in einflußreichen Positionen zu haben. Ihm war entgangen, daß ihre Fähigkeiten nur für den Umgang mit Kolonialvölkern taugten.

19. Verlobung und Ehe

Mit seinen Zypressen und Pappeln, seinen Gewässern und der luftigen Lage scheint Granada eine Stadt, die wie Florenz geradezu geschaffen ist, Nährboden für die Poesie, die Malerei und die Musik zu sein. Tatsächlich ist sie das, abgesehen von einer kurzen Zeit vor dem Bürgerkrieg, nie gewesen. Bis 1571 war sie eine maurische Stadt, dem Tetuán von heute nicht ganz unähnlich, danach wurde sie von Sevilla in den Schatten gestellt, das durch den Westindien-Handel alles Leben und allen Reichtum im Land außerhalb Madrids an sich band. Das Goldene Zeitalter der spanischen Kultur ging deshalb an Granada vorüber, ohne daß es, mit Ausnahme von Alonso Cano, einen Maler oder Bildhauer von Bedeutung hervorgebracht hätte oder irgendwelche Schriftsteller neben dem Aristokraten Diego Hurtado de Mendoza und dem Prediger Luís de Granada. Das neunzehnte Jahrhundert bescherte ihm dann in Angel Ganivet einen politischen Denker, doch von großen Figuren oder einer Gesellschaft, die reif genug ist, ein aktives künstlerisches Leben hervorzubringen, kann bis in die zwanziger Jahren keine Rede sein. Dann treten zwei Namen hervor, der Komponist Manuel de Falla und der Dichter Federico García Lorca.

Falla war während des Weltkrieges aus dem Norden gekommen und hatte ein Haus neben der Kirche der Alhambra bezogen. Er war damals Anfang Vierzig, und die Produktion seines *Dreispitz* in London 1919 hatte den Grundstein für sein internationales Ansehen gelegt. Er war sehr an andalusischer Musik und Volksliedern interessiert, und die Fiesta de Cante Hondo, die er 1922 im Palacio de Carlos V organisierte, trug zum Ansehen dieses Gesangsstiles bei, indem sie den Menschen die Unterschiede zwischen *cante andaluz* oder *cante jondo* und der verfälschten, vulgären und als *flamenco* bekannten Version nahebrachte. Auch García Lorca hatte an diesem Festival Interesse gezeigt. Er war damals ein junger Mann von dreiundzwanzig Jahren, der die Sommer im Hause seiner Eltern außerhalb der Stadt und die Winter in der berühmten Studentenresidenz in Madrid verbrachte. Er war sehr musikalisch, und da die Musik des Volkes allenthalben in der Luft lag, teilte er den Enthusiasmus seines Freundes Falla für den Volksgesang und das Gitarrenspiel seiner Provinz.

Ich würde gern dieses Ambiente aus Musik, *cante jondo*, Stierkampf, Spaziergängen bei Mondschein durch den Albaicín oder die Alhambra und die literarischen Gespräche beschreiben, die zur Entstehung der Stücke und Gedichte García Lorcas beigetragen haben, doch leider bin ich zu einer Darstellung aus erster Hand nicht imstande. Ich lernte Falla nie kennen, und meine beiden Zusammentreffen mit Lorca waren so flüchtig, daß mir nur eine undeutliche Erinnerung daran geblieben ist. Und doch fühlte ich, als ich viele Jahre später seine *Romances Gitanos* las, wie stark diese Gedichte das Granada jener Tage in sich trugen, dessen Atmosphäre und Lebensgefühl sich seit dem Bürgerkrieg so sehr verändert haben.

Die zwanziger Jahre waren eine Zeit wirtschaftlicher Blüte und folgten auf ein oder zwei Jahrzehnte, in denen die Bürgerrechte neu belebt und ausgebaut worden waren. Die elektrische Straßenbahn hatte noch den Glanz des Neuen, sie segelte wie ein Schwan die Straßen entlang und quietschte und kreischte dabei weit weniger als heute. Sie streckte ihre Fühler quer über Felder und Olivenhaine bis zu den Nachbardörfern. Aus der selben Zeit stammt das elektrische Licht, das unter allen Erfindungen des neunzehnten Jahrhunderts wohl die einzige war, die den Spaniern wirklich gelegen kam, da es sie in die Lage versetzte, sich einen alten Traum zu erfüllen - die Nacht zum Tag zu machen. Immerhin gab es noch keine Automobile. Als dann aus heiterem Himmel die Diktatur des Generals Primo de Rivera kam, wurden die von früheren Regierungen gebauten Straßen asphaltiert und der Motor hielt seinen Einzug.

Wenn Granada auch alle äußeren Zeichen einer zeitgemäßen Stadt trug (seine neue Hauptstraße, die ein altes Viertel durchschnitt, war von wahrhaft moderner Häßlichkeit), so blieb es doch im Geiste und kraft seiner Trägheit der Vergangenheit verhaftet. Kinder spielten immer noch Ringelreihen auf den Plätzen, Wasserverkäufer boten Wasser von der Fuente del Avellano feil, Ziegen kletterten die Treppen hinauf, um gemolken zu werden, die *pastelerías* hatten noch nicht gelernt, französische Torten zu backen, und die Eiscreme-Hersteller holten ihren Schnee immer noch mit Maultieren von den Gipfeln der Sierra, wie schon zu arabischen Zeiten. Von morgens bis nachts war die heute so ausgestorbene Plaza Bib-Rambla voller Bauern in schwarzen Kordanzügen, in violetten und schwarzen Kleidern und Kopftüchern. Das war die nüchterne Art der Leute vom Lande, sich das ganze Jahr über zu kleiden. Sie stand im Kontrast zu den melodramatischen, mit scharlachroter Seide eingefaßten Umhängen, die die Männer der Mittelklasse während der Wintermonate trugen. Und wer waren diese jungen Männer, die man bei Einbruch der Dunkelheit sah, wie die Motten gegen die Gitter der Fenster im Erdgeschoß gepreßt? Es waren *novios*, die mit ihren *novias* drinnen über Liebe und Heirat sprachen.

Zu den Dingen, die sich in Granada am wenigsten verändert hatten, gehörte die Form der Brautwerbung. Sie ging bis ins achtzehnte Jahrhundert zurück und war weit interessanter, als ihr pittoreskes Aussehen vermuten ließ, so wie hinter dem Stierkampf mehr steckt als die Kostüme der Toreros und die feierliche Parade. Um die Zusammenhänge zu verstehen, muß man sich zunächst klarmachen, daß die Geschlechter streng getrennt voneinander lebten. Ein Mädchen konnte sich nicht mit einem jungen Mann auf der Straße sehen lassen, ohne einen Skandal zu verursachen, selbst dann nicht, wenn sie sich in Begleitung befand. In Privathäusern konnte sie allenfalls mit dem Bruder einer Schulfreundin sprechen, und außer bei sehr seltenen Gelegenheiten gab es keine Tanzabende, Parties oder Einladungen. Immerhin war es erlaubt, beim abendlichen Paseo im Vorbeigehen einige Worte und Blicke zu wechseln, und hatte das junge Mädchen einen *novio* akzeptiert, so durften beide jeden Abend bis Mitternacht an der *reja*, dem eisernen Gitter ihres Fensters, miteinander sprechen.

Die Begriffe *novio* und *novia* bedeuten natürlich Freund und Freundin. Ein Mädchen konnte ihren *novio* mehrfach wechseln, wenn sie dadurch auch ein wenig von ihrem guten Ruf einbüßte, aber aus einem *noviazgo*, wie dieses Verhältnis zwischen beiden hieß, wurde erst dann eine Verlobung, wenn die Eltern förmlich zustimmten und ein nicht allzu ferner Hochzeitstermin anberaumt wurde. Der *novio* wurde dann ins Haus eingeladen, freundete sich mit den Brüdern des Mädchens an und wurde (mit Ausnahme vielleicht des Vaters, der mitunter bis zum Hochzeitstag reserviert blieb) wie ein Familienmitglied behandelt. Bis dahin war er eher ein potentieller Feind gewesen, den es galt, jenseits der Fenstergitter zu halten. Von den männlichen Verwandten des Mädchens erwartete man, daß sie beim Betreten und beim Verlassen des Hauses dem jungen Mann keine Beachtung schenkten.

Dieses System der Werbung hatte seine Vorteile. Das fängt damit an, daß man niemandem vorgestellt werden mußte. Ein junger Mann konnte die Bekanntschaft jedes jungen Mädchens machen, das er auf der Straße sah, indem er sie anschaute, ihr zu ihrem Haus folgte und davor auf und ab ging. War sie frei und fand ihn sympathisch, dann gab sie ihm ein Zeichen und erschien am Abend an der *reja* ihres Fensters. Wenn ihr die Unterhaltung gefiel, konnte er ihr *novio* werden. Er war dann der einzige Mann außerhalb ihrer Familie, mit dem sie tanzen konnte, und wenn sie ihre Pflichten besonders ernst nahm, sah sie nur noch ihn an. Auch *novios* hatten ihre Pflichten. Jeden Abend, wenn es gerade zu dämmern anfing, mußten sie am Fenster ihres Mädchens erscheinen und dort bis Mitternacht oder länger bleiben, mit einer kurzen Unterbrechung für das Abendessen. Man nannte das *pelando la pava*, 'die Truthenne rupfen'. Den Akt, ein Mädchen zu bitten, die *novia* zu werden, nannte man in der Arbeiterklasse nicht umsonst *pedir la conversación*, um Unterhaltung bitten, denn das ganze Leben der *novios* bestand darin, endlos miteinander zu reden.

Unter diesen Umständen war ein Mädchen, das über ein Fenster im Erdgeschoß verfügte, offensichtlich in einer glücklichen Lage. Wohnte sie in einem der oberen Stockwerke, bat sie die Familie im Parterre oder Nachbarn oder Verwandte, zu denen die Familie Vertrauen hatte, eins ihrer Fenster benutzen zu dürfen. War das nicht möglich, so mußte der *novio* auf der Straße stehen und zwei oder drei Stockwerke hinaufrufen. Bevor die Sitten in den dreißiger Jahren gelockert wurden und die jungen Leute gemeinsam ins Kino gehen durften, konnten keine hohen Wohnblocks gebaut werden. Niemand hätte sie gemietet. Ein Mädchen aus einem der oberen Stockwerke hätte niemals heiraten können.

Andalusien wird oft als Land romantischer Attitüden angesehen, aber es ist auch, wie Irland, ein Land der Absurditäten. So kann man dem klassischen Bild des Mädchens, das hinter seinen Fenstergittern verschanzt sitzt, während der Galan mit Umhang und steifem Hut draußen steht, noch ein ganz anderes Spektakel zur Seite stellen. In die Eingangstüren der meisten alten spanischen Stadthäuser sind oder waren in Bodennähe kleine Öffnungen geschnitten, durch die Katzen ein- und ausgehen konnten (in Nonnenklöstern findet man sie besonders oft, und in der Encarnación in Avila, in der die Heilige Teresa lange Zeit ihres Lebens verbrachte, gab es eine, die durch die Tür zu ihrer Wohnung oder Zelle mit ihren drei kleinen Zimmern führte). Diese *gateras*, wie man sie nennt, wurden von den *novios* in einigen Gegenden anstelle der Fenster benutzt. Der Mann lag oder kauerte auf dem Pflaster, und das Mädchen nahm drinnen eine ähnliche Position ein. Aber - und das war der Vorzug bei diesem Arrangement - sie war für Passanten nicht sichtbar und deshalb geschützt vor jeglichen Blicken, die ihre Sittsamkeit hätten gefährden können. Ich habe diese Methode der Brautwerbung einmal im Albaicín von Granada gesehen, doch eigentlich zu Hause ist sie in gewissen größeren Dörfern der Provinzen Cádiz und Sevilla, in denen sich altmodische Gebräuche lange gehalten haben. An jedem Abend des Jahres sah man dort in einer jener langen, leeren Straßen, wie man sie in Provinzstädten findet, im blendend weißen Mondlicht eine Reihe mit Mänteln bekleideter, am Boden liegender Figuren, die sich flüsternd mit ihren *novias* drinnen unterhielten.

Ich kann über die Werbung an der *reja* aus eigener Erfahrung berichten. In den späten Zwanzigern wohnte ich einmal in einer kleinen Pension in Almería. Da ich, wie so oft in dieser wunderschönen Stadt, ein wenig Langeweile hatte, unternahm ich einen Spaziergang. Als ich nach einer oder zwei Stunden durch staubige Straßen zurückging, in dieser aufregenden Stunde, wenn der Himmel sich karminrot färbt, die ganze Straße zu schmelzen und sich in der Dämmerung aufzulösen scheint, gewahrte ich ein Paar dunkler Augen, die mich durch die Gitterstäbe eines Fensters ansahen. Ich ging um den Block und schlenderte noch einmal vorbei. Die Augen waren noch immer da, eine blasse byzantinische Nase und der Mund zeigten sich unter ihnen, der Anflug eines Lächelns, und nachdem ich noch ein- oder zweimal gewendet hatte, blieb ich stehen und hielt mich sogar an der *reja* fest. Das Mädchen hieß Carmen, und bevor ich wußte, wie mir geschah, war ich ihr *novio*.

Meine Anwesenheitspflicht dauerte von sieben bis neun Uhr dreißig und von zehn bis zwölf. Ich schlang mein Abendessen hinunter und ließ sogar den Kaffee aus, den ich gewöhnlich trank. Dort war sie, hob sich vor der Dunkelheit des Zimmers ab, die Lichter der Straße fielen auf ihr Gesicht, in dem ein süßes, aber eher förmliches Lächeln stand. Ich übernahm aufs Neue die Aufgabe, durch das Fenstergitter mit einem Mädchen Konversation zu pflegen, dem ich absolut nichts zu sagen hatte.

Von Carmen als Person hatte ich kein klares Bild, denn ihre Gefühle verbargen sich immer hinter der Rolle, die sie spielte. Wenn sie etwas sagte, schien sie meist ein Ritual zu befolgen. So kam ich zum Beispiel nie an ihrem Fenster an, ohne daß sie ausrief »Wie spät du kommst!« Oder wenn ich ging, fragte sie »Warum bist du in so großer Eile?« Diese und viele andere Sätze waren Teil der förmlichen Sprache des *novio*-Daseins: wir spielten Liebhaber, so wie Leute bei einem offiziellen Besuch eine Unterhaltung darstellen. Wenn die Uhr schließlich zwölf schlug und ich vor Erschöpfung fast zusammenbrach, zog ich mich zurück. Sie lächelte und sagte in einem Ton, der wohl schelmisch gemeint war: »Und nun paß auf, daß du nicht in einem dieser unanständigen Häuser landest.« Die Konvention schien davon auszugehen, daß ich nach den Stunden des *tête-à-tête* an der *reja* in einer Verfassung sein müsse, in der ich einer solchen Versuchung nicht mehr widerstehen könne.

Carmens Eltern hatten einen Lebensmittelladen und waren auf Schinken, Knoblauchwürste und Stockfisch spezialisiert. Ging man an der Tür vorbei, in einer Straße parallel zu der, in der ich wohnte, so sah man die Ware in grauen, wenig verlokkenden Reihen an der Decke hängen. Carmen hatte einen ehemaligen Stierkämpfer zum Onkel, und mehrere Brüder waren *aficionados*. Sie legte Wert darauf, sie als grimmige und leicht reizbare Leute darzustellen, bis zum Rand voller Stolz und *pundonor*. Hätten sie auch nur die leiseste Ahnung, erklärte sie, daß ein Fremder am Fenster mit ihrer Schwester spreche - oh weh. »Was denn?« »Nein, nicht auszudenken, was sie täten.« Offenbar sollte ich mir sieben Brüder vorstellen, die nur darauf brannten, die strikte Wahrung ihrer Ehre zu sichern. Ich wußte natürlich genug über die spanischen Sitten, um gewiß zu sein, daß ihre Familie sich sehr wohl über meine Werbung im klaren war und wahrscheinlich just in diesem Moment darüber nachdachte - wenn auch in höchst vornehmer Weise - wie viele tausend Reales oder Duros ich als Schwiegersohn wohl wert sei. Aber für Carmen mit ihren altmodischen Vorstellungen (anstatt Klavier hatte sie Gitarre spielen gelernt und sang den *cante jondo*) mußte die Konvention vom Galan in der Rolle des Eindringlings, die der Liebeswerbung einen solchen Reiz verlieh, so lange wie möglich aufrechterhalten werden.

Mein *noviazgo* endete abrupt und schmerzvoll. Ich hatte Carmen geduldig und behutsam mehrere Wochen lang umworben, und ich war schon soweit gekommen, daß sie mir erlaubte, einen ihrer Finger in meiner Hand zu halten, als mir die taktlose angelsächsische Idee in den Sinn kam, es sei an der Zeit, einen weiteren Schritt zu wagen und ihr durch die Stäbe des Käfigs einen Kuß zu geben. Doch auf meinen Versuch reagierte sie augenblicklich. Sie zog sich mehrere Fuß weit ins Zimmer zurück und erklärte, wobei ein Lächeln die Härte ihrer Ablehnung milderte, keines Mannes Mund habe je den ihren geküßt, und so solle es bleiben, bis die Lippen ihres Ehemannes sie in der Hochzeitsnacht berührten. Als sie sah, daß ihre Worte auf mich eine frostige Wirkung hatten, machte sie mir ein Angebot. Sie würde mich am folgenden Nachmittag in Begleitung ihrer jüngeren Schwester an einem bestimmten Platz im öffentlichen Park treffen, um mit mir eine Weile auf und ab zu gehen. Ich müsse aber wissen, daß dies ein ungewöhnliches Zugeständnis sei, das sie mir niemals gemacht hätte, wäre ich nicht Ausländer und in diesen Dingen an größere Freiheiten gewöhnt als die Spanier.

Es war soweit und ich näherte mich dem Ort des Rendezvous. Dort am Ende der Allee sah ich zwei Mädchen in schwarzer glänzender Seide. Sie standen mit gefalteten Händen unter einem weiß blühenden Ameisenbaum. Eine von ihnen war jung, noch ein Kind, während die andere, sie zählte vielleicht vierundzwanzig Jahre, klein und gedrungen wirkte, beinahe wie eine Zwergin. Sie hatte Carmens Gesicht - es war ein hübsches, vornehmes Gesicht und keineswegs einfältig - aber diese Figur! In einem Anfall von Panik kehrte ich um und floh. Ich sah mich außerstande, ihr in dieser Zerreißprobe gegenüberzutreten und so zu tun, als sei nichts geschehen, wo neben ihrem kleinen Wuchs meine Länge doch als Abnormität erscheinen mußte.

Die Situation danach war natürlich kaum noch zu beschreiben. Am Abend brauchte ich erst mehrere Drinks, bevor ich meinen Mut zusammennahm, um ihr am Fenster gegenüberzutreten. Als ich ankam, sah ich ihr weißes Gesicht mit den vorstehenden Wangenknochen, ihre dunklen Augen, die mich durch die Stäbe ansahen. Ihr schwarzes Kleid, das ihr so schlecht stand, hatte sie anbehalten, aber ihre Lippen waren auffälliger geschminkt denn je, und anstelle einer Nelke hatte sie sich eine rote Lilie ins Haar gesteckt. Ein stärkerer Jasminduft als sonst umgab sie, und ich konnte zwar nicht sehen, warum, doch sie schien wieder groß und schlank geworden zu sein. Ich beeilte mich, ihr die Bonbonniere zu geben, die ich für sie gekauft hatte, ohne mein Versagen am Nachmittag zu erwähnen. Ich sagte, ich hätte ein Telegramm erhalten, daß mein Vater krank sei und ich am folgenden Morgen nach England abreisen würde. Sie sprach mir ihr Mitgefühl aus - sie konnte sich sehr gut verstellen - und ich versprach zu schreiben. Sie lächelte sanft, als glaube sie mir. Aber diesen Gesichtsausdruck, ernst und melancholisch wie der einer Dame am Hof der letzten byzantinischen Kaiser, zeigte sie nicht umsonst, und mir war klar, daß sie dahinter ihren Stolz und ihre Skepsis verbarg. Ich sagte ihr Lebewohl. Als ich mich herabbeugte, um ihre Hand zu küssen, wurde hinter ihr eine Tür geöffnet. Im Licht, das ins Zimmer drang, sah ich, daß sie auf einem niedrigen hölzernen Podest stand. Ich hatte mich nicht geirrt.

Die Geschichte meines kurzen *noviazgo* ist natürlich kaum mehr als eine Karikatur der Beziehungen eines Spaniers zu seinem Mädchen. Aber ein Umstand wird daraus deutlich. Da es in jenen Tagen für Spanierinnen keine Zukunft gab, wenn sie nicht heirateten, und da es in der Regel dafür schon zu spät war, wenn sie die Fünfundzwanzig erreicht hatten, versuchten sie oft verzweifelt, einen Mann zu bekommen. Was war der beste Weg? Schönheit, Charme, gesellschaftliche Stellung, Geld, alles zählte, aber für einige Männer zählte der Ruf der Zurückhaltung und Bescheidenheit mehr. Ein Mädchen, das im Verdacht stand, mit ihrem *novio* etwas freizügig gewesen zu sein - zum Beispiel, ihm einen Kuß gegeben zu haben - hatte es mitunter schwer, einen anderen zu finden, wenn sie ihn verlor. Unter den kleinen Ladenbesitzern und Bauern gab es Männer, die ein Maß an Unantastbarkeit von ihren zukünftigen Ehefrauen verlangten, das beinahe orientalisch anmutete. Für sie kam kein Mädchen in Frage, von dem bekannt war, daß es mit einem Mann getanzt oder einen *novio* gehabt hatte, selbst wenn dieses Verhältnis äußerst distanziert gewesen war. Diese Vorstellungen waren besonders in Granada verbreitet, weshalb eine ganze Generation ernster und einsiedlerischer Mädchen heranwuchs, die sich rühmten, niemals aus dem Fenster zu sehen oder auf dem Balkon zu stehen und nicht einmal an der abendlichen Promenade, dem *paseo*, teilzunehmen. Der einzige Tag im Jahr, an dem man sie mit Sicherheit sah, war das Fronleichnamsfest. Dann kamen sie alle heraus und gingen in ihren neuen Kleidern spazieren. Und es waren nicht unbedingt langweilige Mädchen. Eine, auf die man mich an diesem Tag aufmerksam machte und die im Ruf stand, unerreichbar zu sein, war eins der schönsten Mädchen, das ich je gesehen habe. Sie war die Tochter eines wohlhabenden Landwirtes, verließ nur zur Frühmesse das Haus und wurde von fünf Brüdern bewacht.

Solche Fälle bildeten jedoch die Ausnahme. Die meisten Mädchen waren aktiv und intensiv damit beschäftigt, sich einen

Ehemann zu erobern. Dabei kam dem Balkon wesentliche Bedeutung zu. Bevor ein *novio* erschien und an die Stäbe der *reja* gefesselt werden konnte, bot ein Balkon im ersten Stock eines recht altmodischen Hauses dem Mädchen die besten Voraussetzungen. Von hier oben, in sicherer Distanz zur Straße, eingerahmt von Topfblumen und grünen Jalousien und mit einer Näharbeit in der Hand, wirkte sie sorgloser und natürlicher als aus der Nähe. Der junge Mann starrte im Vorübergehen zu ihr hinauf und meinte, so, wie er sie in der Intimität ihrer Familie sehe, werde sie eines Tages, wenn er sich ihr nur erkläre, auch zu seiner Familie gehören. Der Balkon war andererseits für das Mädchen ein Atmenloch, ein Aussichtpunkt auf die Welt, von dem aus sie jeden Passanten sah und gesehen wurde ohne das Risiko, sich zu kompromittieren. Es war deshalb ein poetischer Ort, vergleichbar etwa dem Kamin oder dem Herd im Norden. Er versammelte alle Sehnsüchte, denn er stellte die Grenze dar zwischen dem Haus, dem Terrain der Frauen, und der Straße, die den Männern gehörte. Wenn sich auch niemand mehr daran erinnerte, so verkörperten die Balkons doch einen Sieg, den die Frauen errungen hatten, als sie im achtzehnten Jahrhundert die *celosías*, die Jalousien herunterrissen, die bis dahin die Fenster ihrer Wohnräume verdeckt hatten (heute gibt es sie noch in Nonnenklöstern), und sich mit Stühlen und allem Drumherum an der frischen Luft über der Straße einrichteten. Die Erlaubnis zum *tête-à-tête* an der *reja* folgte später.

Fragt man, wie solche Strukturen der geschlechtlichen Beziehungen entstehen, so stellt man fest, daß sie im Wesentlichen, wenn es auch zweifellos einigen moslemischen Einfluß gegeben hat, eine Weiterentwicklung klassischer Muster der mediterranen Völker sind. Sie basierten auf der sehr alten Annahme, daß die beiden Geschlechter von völlig unterschiedlichen magischen Kräften und Neigungen beherrscht werden und daß deshalb ihre Rollen in der Gesellschaft auseinandergehalten werden müssen. Um das sicherzustellen, gab es bestimmte strenge Tabus, die Männer davon abhielten, Frauenarbeit zu verrichten, und den Frauen verboten, Männerarbeit zu machen, selbst wenn das große Nachteile brachte. Wer eines dieser Tabus verletzte, erlitt einen Verlust seiner Selbstachtung. Männer lernten seit dem Kindesalter, unter Aufbietung ihres Stolzes so männlich wie möglich zu sein, während Frauen so weiblich wie möglich zu sein hatten. Man impfte ihnen das Gefühl ein, jedes Herumpfuschen in den Angelegenheiten des anderen Geschlechts bringe eine Art Besudelung mit sich. Jedes Geschlecht lebte also nicht nur in seinen eigenen Zusammenhängen, aus denen es sich unter keinen Umständen löste, sondern auch nach seinen eigenen ethischen Richtlinien.

Der nächste Schritt kam, als diese beiden Hälften der Gesellschaft mit ihren so verschiedenen Gewohnheiten und Verhaltensregeln in eine Beziehung zueinander gebracht werden mußten. Es gab keine *apartheid* der Geschlechter wie in arabischen Ländern, denn, wenn Männer und Frauen auch durch physische Barrieren voneinander getrennt waren, hatten sie doch ausführlich Gelegenheit, sich zu sehen und ungestört miteinander zu reden. In der Tat waren die Stäbe der *reja* kein echtes Hindernis, man kann im Gegenteil sagen, daß sie die Kraft des Verlangens verstärkten, ganz ähnlich einem Wehr, das die Kraft der Strömung in einem Fluß erhöht. Liebe entzündete sich - wie immer - an Hindernissen. Daß die beiden *novios* nie auf der selben Seite des Zauns standen, erlaubte ihnen eine Ungezwungenheit und Natürlichkeit im Umgang, die unseren viktorianischen Vorfahren fremd war. So war also das System, das in den Jahren, von denen ich berichte, dem andalusischen Leben seine Besonderheit und Klarheit gab, und, im griechischen Sinn des Wortes, seine Schönheit. Wie sehr unterschied es sich von den Verhältnissen, auf die wir in England offenbar zusteuerten, wo im Namen von Gerechtigkeit und Gleichheit Männer und Frauen einander so ähnlich wie möglich zu sein hatten!

Was die Strukturen des Sexuallebens in Südspanien von denen Nordeuropas unterschied, war also im wesentlichen die Existenz einer strikten physischen Barriere zwischen den jungen Männern und den Mädchen. Zugleich war es für sie recht einfach, sich in der Öffentlichkeit wie auch im privaten Rahmen zu sehen. Die Straßen übernahmen die Funktion der Ballsäle anderer Länder, die Mädchen erschienen gekämmt und parfümiert, mit frisch gemachten Haaren, mit ihren hohen Absätzen gingen sie langsam und bedächtig, Kopf und Oberkörper hielten sie dabei aufrecht, als hätten sie keine Verbindung zu den Beinen. Ein großer Teil der elterlichen Ersparnisse war in dieses Resultat investiert worden, denn es galt, die Männer zu blenden, zu ködern und zu faszinieren, bis man sie soweit hatte, das Ja-Wort zu geben und auf die Vorteile des Junggesellenlebens zu verzichten. Doch betrachtet man die Verheirateten, so ändert sich das Bild vollkommen. Von jetzt an trafen sie niemanden mehr, sie konnten es nicht und sie durften es nicht. Die Eifersucht der Ehemänner lag wie eine Wolke in der Luft. Die Anstandsregeln für Ehefrauen sahen selbst in den unpassendsten Männern ein Risiko für ihre Keuschheit. Einmütig legten die Nachbarn die harmlosesten Dinge in schlimmster Weise aus. Denn Eros war mächtig, Eros war stark, sein Appetit war grenzenlos und ohne jedes Unterscheidungsvermögen. Alle Männer und alle Frauen waren - zumindest in der Theorie - in jedem Moment fähig, einander in die Arme zu fallen. Jede unbeaufsichtigte Zusammenkunft barg daher die größten Risiken und Gefahren.

Das hieß aber keineswegs, daß das Sexualleben dieser Völker - im engeren Sinn des Wortes - intensiver oder freier von Schuldgefühlen gewesen wäre als das der Angelsachsen, wie D. H. Lawrence und andere Autoren es annehmen. Eher das Gegenteil war der Fall. Junge Spanier begegnen der Liebe in romantischer und puritanischer Haltung, die für Sinnlichkeit sehr wenig Raum läßt. Selbst nach der Heirat halten sich die Frauen oft sehr zurück. Sie sind unter dem Einfluß des Katholizismus aufgewachsen und betrachten den sexuellen Akt als etwas unschickliches, das sie geduldig über sich ergehen lassen müssen, um ihren Ehemann an sich zu binden und um Kinder zu bekommen. Eine Ehefrau trägt bald nach der Hochzeit schwarz wie eine alte Frau, verläßt immer seltener das Haus und schlüpft, zur tiefen Zufriedenheit des Mannes, ganz in die Rolle der Mutter. So hat er sich das immer gewünscht, dafür hat er geheiratet. Das glückliche Zuhause seiner Kindertage ist wiedererstanden, er ist sein eigener Vater und zugleich das älteste seiner Kinder, aufgehoben in einem Rechtssystem, das der Ehefrau-Mutter die Scheidung vorenthält. Der Sexualität wurde der Fluch genommen, und seine Kinder werden unter den gewaltigen matriarchalischen Strukturen des Landes dazu erzogen, die selbe Tradition weiterzugeben. Ohne ein besonderes Gefühl der Untreue seiner Frau gegenüber zu empfinden, kann er sich draußen nach Abenteuern und sexueller Befriedigung umsehen.

Möchte man aber die Haltung spanischer Frauen gegenüber der körperlichen Liebe aus einem anderen Winkel betrachten, so mag man den außerehelichen Bereich ansehen. Wie zu erwarten, gibt es in den Städten immer eine Reihe heimlicher Affären. Es handelt sich in der Regel um wohlhabendere Männer und, wenn auch nicht unbedingt, um Frauen einer unteren Klasse. Madrid einmal ausgenommen, wo die ganze Bandbreite einer Metropole existiert, kann man sagen, daß die Frauen, wie respektabel sie auch in anderer Beziehung sein mögen, sich für Geld hergeben. Wie einer meiner spanischen Freunde es ausgedrückt hat, ein Don Juan habe immer ein paar Hundert-Peseten-Scheine in der Tasche. Gibt sich nun eine Frau einem Mann hin, der nicht ihr Ehemann ist, opfert sie ihm ein Gut, das, wie immer man im heutigen England auch darüber denken mag, in Spanien noch sehr hoch geschätzt wird - ihre Ehre. Auch wenn sie selbst dem keine große Bedeutung beimißt und es als eine Sache behandelt, die nur ihren Ruf betrifft, so wird sie doch eine Gegenleistung erwarten, und nicht nur ihre Geldbörse, sondern auch ihr Selbstgefühl werden leiden, wenn sie nichts bekommt. Der Vorschlag, wie ihn etwa eine moderne Engländerin machen könnte, sie erhalte als Gegenleistung Spaß und Vergnügen, wäre für sie indiskutabel, denn er widerspräche der spanischen Überzeugung, daß es bei dieser Gelegenheit immer die Frau ist, die mehr gibt als der Mann. Selbst das bürgerliche Gesetzbuch sanktioniert diese Ansicht, indem es den Ehebruch einer Frau als Scheidungsgrund akzeptiert, den eines Mannes aber nicht, es sei denn, er hat ihn öffentlich und in skandalöser Weise begangen. Aber wenn die Frau sich nun verliebt hat? Dann wird sie natürlich jede materielle Belohnung zurückweisen, doch braucht man über diese Fälle nur eins zu sagen, sie sind in den größeren Gemeinden und Provinzstädten selten. Es bieten sich hier so wenige Gelegenheiten, Verheiratete des anderen Geschlechts überhaupt kennenzulernen, daß wirkliche Liebesaffären kaum möglich sind, allenfalls zwischen Mitgliedern derselben Familie. Niemand idealisiert im übrigen solche Situationen. Ich bin mir nicht sicher, ob nicht die meisten verheirateten Frauen, zumindest die der unteren Mittelklasse, es als respektabler betrachten würden, sich für Geld als aus Liebe herzugeben, besonders, wenn sie dieses Geld zum Kauf besserer Kleidung ausgeben und damit ihren sozialen Status heben könnten. Wer eben das Niveau wirklicher Armut hinter sich läßt, für den zählt die äußere Erscheinung und nicht, wie heute in England, der Lebensstandard.

Eine Studie über die sexuellen Beziehungen im Süden Spaniens muß man den Einfluß der Kirche im Auge behalten. Auch sie ist eine Art Mutterfigur. Sie schließt alle ein, außer der Arbeiterklasse, die sich von ihr befreit hat, doch oft erscheint sie mir als eine Privatgesellschaft von Frauen der Mittelklasse, denen sie etwas Magisches gibt und sie in die Lage versetzt, sich im passiven Kampf mit ihren Männern zu behaupten. Wer Spanien kennt, wird bemerkt haben, wie häufig Ehen zwischen tief gläubigen Frauen und religionslosen Männern vorkommen. Das ist eine ganz normale Situation. Die *honra*, das Ehrgefühl des

Mannes, steht in scharfem Gegensatz zu den Lehren der Kirche, besonders auf sexuellem Gebiet, und ihn irritieren die vielen kleinen pedantischen Regeln und Anordnungen, die ihn, so empfindet er es, wie ein Kind behandeln. Außer in Irland, wo der Alkohol und die Gewalt an die Stelle von Sexualität und sexueller Würde getreten sind, erzeugt der Katholizismus fast wie in einer chemischen Reaktion den Antiklerikalismus. Doch muß man in normalen Zeiten dieser Teilung innerhalb der Familien keine allzu große Bedeutung beimessen, denn im Innern billigt der Mann fast immer die Frömmigkeit seiner Frau. Ihm ist bewußt, daß er sich nur vor der Messe drückt und daß er nach einem Leben voller Angriffe auf die Kirche oder auch der Gleichgültigkeit rechtzeitig in ihren Schoß zurückkehren wird, um die letzten Sakramente zu empfangen.

Dieses Sichdrücken ist ein solch charakteristischer Zug beim spanischen Mann, daß man damit, ohne allzu große Übertreibung, viele seiner Handlungen begründen kann. Es erklärt den hartnäckigen *donjuanismo* all jener Männer mittleren Alters und darüber, die es sich leisten können, für ihre Eroberungen bar zu bezahlen. Es erklärt sein absurdes, meist revolutionäres politisches Handeln, das entweder im Fiasko oder in einer Katastrophe endet. Es erklärt seinen fehlenden Sinn für soziale Verantwortung. Er ist ein verwöhntes Kind - alle Jungen in Spanien sind verwöhnt - das sein Leben als Abenteuergeschichte sieht, in der es selbst natürlich die Hauptrolle spielt. Der starke kulturelle Rahmen, der diese ansonsten anarchische spanische Gesellschaft zusammenhält, ist aber das Werk der Frauen. Wenn die Revolution vorbei ist, bringt ihr unveränderlicher Konservativismus das Land wieder zurück auf den Boden seiner jahrhundertealten Lebensweise und läßt von den Reden und Manifesten der Männer kaum mehr übrig als etwas Schaum auf der Oberfläche.

An diesem Punkt setzt die Kirche mit ihrem Einfluß an. Da sich die Männer ihrem Griff entzogen haben, widmet sie ihre Aufmerksamkeit mehr den Frauen. Die Bischöfe donnerten gegen den Verfall der Sitten, womit sie kurze Ärmel, tiefausgeschnittene Kleider, moderne Badeanzüge und manchmal sogar Tanzveranstaltungen meinten. Während kirchlicher Nähkreise und sozialer Zusammenkünfte nahmen die Frauen das auf, und ihre ohnehin ausgeprägte Verschlossenheit und Zurückhaltung verstärkten sich noch. »Wissen Sie«, sagte mir einmal ein Spanier, »warum im Mittelalter so viele Kastilier Jüdinnen heirateten? Weil sie sinnlich waren. Unsere Frauen geben sich niemals hin, weder ihrem Mann noch jemand anderem.« Doch ohne Zweifel sind trotzdem, oder sogar deshalb, sehr viele Ehen in Spanien glücklich. Ein Spanier wird sagen, das kommt daher, daß sie nicht auf *amor*, die Leidenschaft, gegründet sind, sondern auf *cariño*, eine starke und zärtliche Zuneigung, das heißt also, auf die *amicitia*, die Thomas von Aquin empfiehlt. Wenn der Ehemann sich später, auf der Suche nach etwas Anregung, auf Liebesabenteuer einläßt und die Frau etwas davon merkt, dann wird sie sich mit dem Gedanken trösten, daß Männer eben so sind und daß sie sich, wenn auch äußerst ungern, damit abzufinden hat. Und war ihre Ehe nicht von vornherein ein Mißerfolg, wird sie nicht versucht sein, es ihm nachzutun.

Die Spanier sind von der förmlichen *galanterie* der Franzosen oder der gelegentlichen Leichtlebigkeit der Engländer unberührt geblieben. Im 18. Jahrhundert übernahmen höfische Kreise für kurze Zeit das italienische System des autorisierten Liebhabers, des *cicisbeo*, das aber den Unabhängigkeitskrieg nicht überdauerte. Die Gefühle und Gedanken der Spanier bezüglich der Liebe drehen sich immer um das Werben zweier junger Leute, die, wenn alles gut geht, ihre Romanze zu einem glücklichen Abschluß bringen, indem sie heiraten. Für das Umwerben der Braut sind seit langer Zeit rituelle Formen festgeschrieben, wie etwa das Wachehalten unter dem Balkon der *novia*, das Mitternachtsständchen und als wichtigste von allen die abendliche Unterhaltung an der *reja*. Begünstigt vom angenehmen Klima verliehen diese Dinge dem Leben einen gewissen

Reiz und eine Schärfe, denn sie gaben der Liebe, einer an sich privaten Angelegenheit, ein Element von Dramatik und Zurschaustellung. In den Dreißigern dann oder kurz davor begann sich die Atmosphäre zu verändern. Neue Vorstellungen über die Unabhängigkeit der Frauen sickerten vom Ausland herein, und mit der Ausrufung der Republik wuchsen die politischen Spannungen. Der Bürgerkrieg kam, und nach seinem Ende war vom Ritus der Brautwerbung am Fenster nichts mehr übrig. Er wurde auch nicht wieder belebt. Der *novio* von heute nimmt seine *novia* offen und ohne Aufpasser mit ins Kino oder in eine schicke Bar oder ein Café. Doch scheint mir, daß sich unter der Oberfläche nur sehr wenig geändert hat. Die eiserne Keuschheit der spanischen Mädchen ist durch das Wiederaufleben der Religiosität stärker geworden, so daß sich zwischen zwei Menschen in einem dunklen Kino oder auf dem Nachhauseweg in entlegenen Alleen der Geist der Fensterstäbe herabsenken wird. Man kann feststellen, daß gerade den Mädchen der oberen Mittelklasse, die dem Einfluß der Kirche am ehesten ausgesetzt sind, die größten Freiheiten zugestanden werden. Töchter aus Arbeiterfamilien haben diese Bewegungsfreiheit nicht, denn die Eltern meinen, ein Freier werde jede Gelegenheit nutzen, sie zu verführen. Tut er es nicht, riskiert der junge Mann, für weich gehalten zu werden, denn in dieser konventionellen spanischen Welt, in der alles darauf hin organisiert ist, Spannung zu erzeugen und zu halten, hat der Mann die Verpflichtung, Druck auszuüben, und das Mädchen hat ihm zu widerstehen. Schafft sie das nicht, ist sie ruiniert, denn ihr *novio* wird sie verachten, weil sie ihre Keuschheit nicht bewahrt hat, und sich weigern, sie zu heiraten.

Ich hatte gerade diese Seiten über die andalusischen Gebräuche in der Liebeswerbung und den Umgang mit der Geliebten abgeschlossen, als ein spanischer Freund, mit dem ich darüber diskutierte, klug durchdachte Ideen über ein Thema zur Debatte stellte, das mir, wie ich gestehen muß, bis dahin nicht in den Sinn gekommen war - die Beziehung zwischen Liebe und

Politik. Bei ein, zwei Gläsern Wein entwickelten wir diese Idee, und bald hatte sie folgerichtige und überzeugende Konturen angenommen. Ich gebe sie hier, mehr oder weniger in seinen Worten, wider, denn sie ist es wert.

Nach den Worten meines Freundes ist Politik die wichtigste und fundamentale Leidenschaft aller Spanier, der Rahmen für ihre unbewußten aggressiven Energien. Die Liebe kann mit ihr nicht konkurrieren und hat es auch zu keiner Periode der spanischen Geschichte mit ihr aufnehmen können. Man könnte sagen, der wirkliche Don Juan war ein Mann, der sich aufmachte, Wahlurnen aufzubrechen, und jener berühmte Renaissance-Roman *La Celestina* ist eine Allegorie auf einen allgemein bekannten Boss oder *cacique*, der die Anfänge einer verträumten Linkspartei unterstützt, aber gemeinsam mit ihr untergeht, als man den bewaffneten Männern den geforderten Sold verweigert. Aus diesem Grund sind in Spanien die Zeiten der Liebe immer die Zeiten der politischen Stagnation und Repression gewesen. Alle Diktaturen werden im Zeichen der Venus geboren, und jene geflügelten Lackhüte der Guardia Civil, die so grell in der Sonne leuchten, sind, wie ein Poet des sechzehnten Jahrhunderts es sehen würde, *las alas de Cupido*.

Woher kommt das? Eines Morgens findet ein Militärputsch statt, und sofort geht die Ära parlamentarischer Debatten, nett gesagter Beleidigungen, explodierender Bomben und niedergebrannter Kirchen zu Ende und macht deprimierender Stille Platz. Die Zeitungen werden zu langweilig, um sie zu lesen. Die Reden der siegreichen Partei sind noch unerträglicher. Außer an Stierkampftagen - und seit Manoletes Tod haben auch sie sich verschlechtert - ist das Leben vor Langeweile kaum noch auszuhalten. Und dann, an einem schönen Nachmittag im Frühling, während gerade die ersten Eisverkäufer in die Parks kommen, fällt den Männern wieder ein, daß es ja noch ein anderes Geschlecht auf der Welt gibt, das man *las mujeres* nennt oder, um unser weniger anschauliches Wort zu benutzen, 'Frauen'. Was für eine herrliche Entdeckung! Wie kommt es, daß wir sie in all den Jahren nicht bemerkt haben? Sie sind bestimmt die schönsten, sympathischsten, lebhaftesten und verführerischsten auf der ganzen Welt! Und dabei haben sie nichts von den Hasen oder den Rebhühnern in den Bergen, denen man stundenlang hinterherlaufen und an die man sich heranpirschen muß - im Gegenteil, ständig ist man von ihnen umgeben, ihren hochhackigen Schuhen, ihren Augen wie Fahrradlampen und ihrem an das Nordlicht erinnernden Haar. Der abendliche *paseo* ist eine Parade der Mannequins. Man geht hin, um sie zu bewundern und zu wählen, nicht das Kleid, sondern das Mädchen.

So laßt uns etwas tun, was nur wenige liberal Gesinnte vor uns getan haben, laßt uns die Diktaturen preisen. Für große Teile der Gesellschaft sind sie Perioden aufgezwungenen Glücks, die den *homo hispanicus* nötigen, seinem Streben nach Macht und der Steigerung seines Selbstgefühls zu entsagen, denen seine Natur zuneigt, und stattdessen das Vergnügen zu kultivieren, das er sonst gering schätzt. Nun ist Liebe angesagt, den Mädchen hinterherschauen, auf geputzte Schuhe achten, so daß für viele Menschen Utopia schon gekommen wäre, bräuchte man für all diese Dinge nicht etwas mehr Geld. Der Lebensstandard ist während dieser Schonzeit der Politik gestiegen, doch sind die Ansprüche in eine Höhe geschossen, mit der keine Erhöhung der Löhne und Gehälter Schritt hält. In der allgemeinen Unzufriedenheit wird die Diktatur gestürzt und das demokratische Orchester spielt wieder, alle Instrumente sind herrlich verstimmt, während die Straßen mit fallengelassenen *novias* und Geliebten übersät sind.

»Dies«, sagte mein Freund und gab dem Kellner ein Zeichen, »ist die spanische Geschichte. Du kannst über sie sagen, was du willst, aber irgendwie hat sie den gleichen Rhythmus wie das Leben. Glaubst du, man kann das auch von eurem System sagen?«

20. Letzte Jahre in Yegen

Im Frühling 1929 kehrte ich nach fünf Jahren Abwesenheit zurück nach Yegen. Ich hatte mich auf dieses Wiedersehen gefreut, und doch enttäuschte mich der erste Eindruck, als ich von der Küste hinauffuhr. Durch den Besuch von Kunstgalerien hatte ich mir eher den Blick des Malers als den des Poeten oder des Fliegers zu eigen gemacht, und so empfand ich den riesigen Gebirgszug der Sierra Nevada mit seinen flach zum Tal abfallenden Formen als verblüffend monoton und deprimierend. Ich fragte mich, warum ich mir als Zuhause ausgerechnet diese nicht eben aufregenden Berge ausgesucht hatte. Doch als ich in Sichtweite des Dorfes kam, verflog dieses Gefühl. Das Wirrwarr grauer Quader im Seitenlicht, die vertrauten Gesichter, mein Haus mit den Bauernmöbeln, die Bücherregale, mein Stuhl und der runde Tisch mit einer eben servierten Mahlzeit waren eine Überraschung und machten mir Freude. Gehörte das alles mir? War es tatsächlich möglich, in dieses reine und ruhige Leben zurückzukehren, nach all dem Schmutz und Lärm Londons? Vor mir sah ich die langen, ereignislosen Monate in der klaren, zeitlosen Atmosphäre dieses Dorfes mit gelegentlichen Besuchen von Freunden als der einzigen Unterbrechung.

Klarheit war das richtige Wort. Ich war noch keinen Tag dort, als sich das vertraute Gefühl der Erhabenheit und Ruhe, des weiten Luftraumes vor mir, der rauschenden Wasserläufe wieder einstellte, und ich sah, daß Yegen von ganz besonderer Qualität war. In seiner größten Intensität erschien es in Vollmondnächten. Stand ich dann auf dem Flachdach, so sah ich die Erde zu beiden Seiten jäh abfallen, als stünde ich auf dem Bug eines Schiffes, das durch einen versteinerten Ozean segelt. Oder das Schiff verwandelte sich in ein Flugzeug, das über ein Chaos aus Schwarz und Grau glitt, dann vielleicht die zarten Wolken streifte und Kurs auf die Stratosphäre nahm. Und dann, welche Stille! Die Ruhe war so tief, so allgegenwärtig, daß es des rauschenden Wassers oder des gelegentlichen einladenden Zupfens einer Gitarre bedurfte, sie zu ermessen. Daneben gab es kein Zeichen menschlichen Lebens, außer den Lichtern entfernter Dörfer - Jorairátar, Alcolea, Paterna, Mairena - die wie Gestirne im Unendlichen lagen.

Am Tage war der Anblick natürlich ganz anders. Man sah dann einen Hang, der sich nach oben und unten in Terrassen fortsetzte. Darauf wuchs schulterhoch der Weizen, während die Zweige der Olivenbäume so tief herabhingen, daß sie die Ähren berührten. Feigen, Maulbeerbüsche, Granatäpfel und Aprikosen standen an den Rändern der Terrassen, es gab Weinspaliere und Gruppen von Pappeln. Auf Schritt und Tritt hörte man das Rauschen des Wassers und ging über Kanäle, in denen es schnell und klar dahinfloß. Von diesem Hang aus blickte man ins Grenzenlose. Durch die Zweige der Olivenbäume sah man nur wogendes Blau, Rot und Lavendel, von der aufsteigenden Sonne in blendendes Gelb und fahles Ziegelocker verwandelt. Darüber schwebten die fernen Berge so zart und unwirklich wie Streifen farbigen Papiers.

Umgeben von diesem Ozean aus Luft, abgeschnitten vom jähen Abgrund und der Höhe, lebte das Dorf in Selbstgenügsamkeit. Sogar seine Geräusche waren gedämpft. Man hörte weder Hundegebell noch Kindergeschrei; auch nicht die lauten, durchdringenden Gespräche oder das heisere Krächzen, das den Ausländern in spanischen Städten so in den Ohren schmerzt. Man sprach in sanftem Ton, und wenn jemand schrie, wenn ein Hahn krähte, ein Esel brüllte oder ein Straßenhändler seine Waren ausrief, gingen diese Klänge sogleich in der Stille auf. Das gab diesem Ort einen Hauch von Frieden. Yegen war rauh, einfach und archaisch, reich nur an Feldfrüchten und Obstbäumen, doch hatte es in seine Gebräuche die Geschichte vieler Jahrhunderte aufgenommen, und es erschien mir voller Anklänge an das Goldene Zeitalter.

Doch selbst an idealen Orten muß auch einmal etwas schief gehen, wenn sie den Charakter des Lebendigen bewahren wollen. So bemerkte ich schon nach wenigen Tagen, daß sich die Situation in meinem Haushalt grundlegend verändert hatte. Meine Magd und Haushälterin Maria Andorra war während meiner Abwesenheit allein für das Haus zuständig gewesen, und sie hatte sich sehr verändert. Einige Zeit nach meiner Abreise war ihre Schwester Pura gestorben, offensichtlich an Unterernährung aufgrund neurotischer Magersucht. Sie hinterließ keine direkten Erben, denn ihr Sohn, der an Tuberkulose gelitten hatte, war schon vor ihr gestorben. Auf dem Totenbett schenkte sie Maria ihren Besitz im Wert von höchstens hundert Pfund, um die Erbschaftssteuer zu umgehen, doch sie vergaß die Ziegen und die Kuh. Dieses Versehen führte zu einem Rechtsstreit mit der *Justicia*, der Ortsverwaltung, und den Prozeß hatte Maria soeben verloren. Es ging um eine Summe von kaum mehr als dreißig Peseten. Doch Cecilio mit seinen funkelnden Augen und seinem Falkenschnabel, dieser böse Geist all derer, die in unserem Dorf einen Rechtsstreit in Betracht zogen, hatte sie dermaßen bedrängt, daß sie sich zur Klage entschlossen hatte. Seit sie die Felder ihrer Schwester geerbt hatte, war sie verwirrt und hatte jeden Sinn für die Wirklichkeit verloren.

Als eine Folge der veränderten Lebensumstände Marias hatte ich mein Haus nicht länger in Frieden für mich allein. Ich mußte mich damit abfinden, daß Cecilio und seine Freunde jeden Abend in der Küche saßen, über Prozesse diskutierten und überlegten, wie sie es der *Justicia* heimzahlen könnten. Die Ställe im Erdgeschoß standen voller Kühe und Ziegen, Hühner tummelten sich im Innenhof, unter meinem Wohnzimmer wohnte ein brüllender Esel und die Zimmer waren voller Fliegenschwärme, die die Tiere mit sich brachten. Durch all das lief Maria in ihrem schmuddeligen schwarzen Leibchen und Rock hin und her, mit erschöpften, abgehärmten Gesichtszügen und gelbem Teint. Mal blickte sie traurig und teilnahmslos drein, dann wieder blitzten ihre Augen in einer Art verschlagener Erregung, und mit ihrer ganzen Person war sie ihrer fixen Idee verfallen. Manchmal war sie so außer sich, daß sie mit ausladender Geste behauptete, das ganze Haus gehöre ihr und ich müsse ihr Miete bezahlen, da Don Fadrique es ihr an seinem Totenbett vermacht habe.

Wer lange in Dörfern Südeuropas gelebt hat, wird bemerkt haben, daß viele der kleinen Dramen im Leben der Bauern an die klassische griechische Tragödie erinnern. Das Fatum, die Furien, katastrophale Lüste und Haßgefühle, Beispiele der Hybris und dämonischer Besessenheit, sie alle kamen in diesen Gemeinschaften zur Aufführung, wenn auch in einfachem Gewand und auf sehr beschränktem Niveau. Die Leidenschaftlichkeit der Südländer fand in diesem armen und beengten Leben keinen angemessenen Ausdruck, deshalb stauten sich ihre Wünsche und ihr Unmut bis zur Verbohrtheit. Maria war ein Beispiel dafür. Aber wenn ich ihre Geschichte erzählen soll, muß ich sechs oder sieben Jahre zurückgehen, zu meinem ersten Aufenthalt in Yegen.

Unter den Nachbarn, die sich die Mühe machten, mir förmliche Besuche abzustatten, war der beharrlichste ein großer, gutaussehender Mann von Ende Zwanzig. Er hieß Paco Cobo, war Bauer und bearbeitete zusammen mit seinem Vater das kleine Stück Land der Familie. Am Abend zog er einen ziemlich sauberen Anzug und ein sehr sauberes Hemd an und verwandelte sich in einen Gentleman. In jenen Tagen gab es in Spanien eine politische Gruppe oder Partei, die sich die Jóvenes Mauristas nannten. Sie nahmen einige Standpunkte des Faschismus vorweg, und im Vertrauen auf das, was er gelegentlich in einer Zeitung aus Granada aufgeschnappt hatte, betrachtete er sich als einen der ihren. Einmal schlug er seinen Stock mit dem Marmorknauf auf den Boden und sagte: »Den Stock! Man muß ihnen den Stock geben! Was die spanischen Arbeiter brauchen, ist eine gehörige Tracht Prügel!« Und genüßlich beschrieb er, wie General Martínez Anido in Barcelona mit den Streikenden umsprang. Da mich diese Dinge damals wenig interessierten, fand ich diesen dummen und eingebildeten jungen Mann, der nie lachte oder lächelte, ziemlich langweilig. Da es ihm mit mir offenbar ähnlich ging, wunderte ich mich über seine häufigen Besuche.

Etwa ein Jahr später kam ich hinter den Grund. Ich war von einer kurzen Reise nach England zurückgekehrt und erfuhr, daß Maria in der Zwischenzeit insgeheim und unter elenden Umständen ein Siebenmonatskind zur Welt gebracht hatte. Wessen Kind war es? Sie sagte, es sei von Don Fadrique, und zunächst glaubte ich ihr, denn ich hatte ihn spät abends in ihr Zimmer schleichen sehen. Doch diese Version hatte kaum die Runde gemacht, als aus Granada die Nachricht kam, Don Fadrique sei schwer an Typhus erkrankt und mit einer Genesung sei nicht zu rechnen. Dann starb er, aber auf dem Totenbett hatte er auf das Kruzifix geschworen, das Kind sei nicht von ihm. Zwar gibt es eine gewisse Reserviertheit und Diskretion in Spanien, aber keine Geheimnisse, und so verbreitete sich das Gerücht, Paco Cobo sei der Vater.

Das Begräbnis war kaum vorüber, als Doña Lucía, seine Witwe, in tiefste Trauer gehüllt im Dorf ankam und das Zimmer bezog, das in Onkel Maximilianos und Tante Rosarios Haus quer über den Hof für sie reserviert war. Sie war in solcher Eile gekommen, weil sie Maria die Schlüssel der Lagerräume und des Möbelmagazins abnehmen wollte, die diese noch bei sich trug. Viele der Sachen und ein großer Teil des Olivenöls waren jedoch schon fort, denn Maria war zwei Nächte lang aufgeblieben und hatte sie beiseite geschafft. Ohne die Justiz anzurufen und somit für Unruhe und Skandal zu sorgen, konnte Doña Lucía aber nichts tun. Mit jedem Wort zeigte sie aber ihrer früheren Magd den Haß und die Verachtung, die sie empfand, und Marias einzige Antwort war, den Kopf hängen zu lassen und davonzuschleichen.

Während der nächsten Wochen lernte ich die Witwe meines Hausherren sehr viel besser kennen, denn jeden Abend lud sie mich auf eine Tasse Kaffee in ihr Zimmer ein, und wir unterhielten uns lange. Sie war ein schlankes, vogelähnliches Wesen von etwa vierzig Jahren, ihr Gesicht hatte eher japanische Züge. Sie hatte ihre sechs Kinder und ihren Mann nacheinander sterben sehen, überdies litt sie zutiefst unter der Demütigung durch seine Geliebte. Sie hatte deshalb für sich selbst alle Hoffnungen aufgegeben, doch wenn es um andere Menschen ging, insbesondere um die jungen, hatte sie sich alle Illusionen und die Romantik eines Schulmädchens bewahrt. Sie war mit den Romanen von Walter Scott und den Gedichten Zorillas aufgewachsen und neigte der Religion nur in bescheidenem Maße zu. Die Zukunft der Jugend sah sie in *couleur de rose*, denn sie übertrug all ihre jugendlichen Träume und ihr Glück auf sie. Einer dieser Träume betraf Angela, Marias Tochter von Don Fadrique. Sie sagte mir, sie habe sie seit langem adoptieren wollen, um ihr ein Leben unter solchen Bedingungen zu ersparen. Doch immer wieder schrecke sie davor zurück, da sie fürchte, sich zu sehr der Macht der Mutter auszuliefern.

»Diese gemeine Person ist jetzt mit ihren Lügen und ihrem Diebstahl zu weit gegangen. Wie grausam, wie schrecklich, daß sie imstande ist, alle Aussichten ihrer Tochter zunichte zu machen!«

»Aber wenn Sie sie legal adoptieren«, sagte ich, »verliert Maria doch sicher alle Rechte über sie.«

»Ja, das habe ich auch gehört«, sagte sie seufzend. »Aber wenn ich ihr den Besitz meines lieben Fadrique hinterlasse, wie kann ich dann sicher sein, daß nicht am Ende ein Teil davon dieser Kreatur in die Hände fällt?«

Seit dieser Unterhaltung waren sechs Jahre vergangen, als ich wieder nach Yegen kam. Ich war wie vom Schlag getroffen, als ich ins Haus trat. Angela hatte sich von einem schlichten, gezierten Mädchen in eine hübsche junge Frau von siebzehn Jahren mit einem reizenden Lächeln verwandelt. Sie küßte mich herzlich. Aus einer Ecke am Küchenfeuer beobachtete uns teilnahmslos ein Bauernjunge. Ich hörte, sein Name sei Angel. Er kam jeden Abend und saß dort bis zur Schlafenszeit schwermütig in mürrischem Schweigen, so daß ich natürlich annahm, er sei ihr *novio*. Aber nein, sagte Maria, ganz und gar nicht. Es war nur eine Liebelei unter Kindern, aus der sie herausgewachsen waren. Angel war ein armer Junge, der niemals etwas erben würde, und ihre Tochter hatte die besten Aussichten. Würde sie nicht nach dem Tod Doña Lucías den gesamten Besitz des Vaters erben, die Farm in den Bergen und alles? Mit dieser Vorstellung im Kopf rannte sie plötzlich in die Küche, beschimpfte ihre Tochter heftig, jagte sie aus dem Raum, murmelte Beleidigungen in sich hinein und kehrte Angel den Rücken zu, der weiter reglos wie ein Holzklotz in seiner Ecke saß.

In den ersten Wochen war ich zu sehr mit meinen eigenen Angelegenheiten beschäftigt, um den beiden jungen Leuten große Aufmerksamkeit zu schenken. Während der Jahre in England hatte ich ein recht erfülltes Leben geführt, und nun erschien mir mein spanisches Zuhause wie ein luftleerer Raum. Mein Roman machte keine Fortschritte, und ich begann, mich nach etwas mehr Anregung umzusehen. Dabei ging es natürlich um Mädchen. Seit meinem letzten Aufenthalt im Dorf war die neue Ernte herangereift. Sie schienen mir hübscher, netter und offener als die vorigen, die inzwischen alle verheiratet waren und mit Kindern beladen, wie die Spanier sagen.

»Morgen geben wir einen Tanzabend«, sagte ich zu Maria. »Geh und sieh zu, daß Antonia und Paca und Lolita und Carmen und Dolores alle kommen. Und hol zwei Flaschen Anisschnaps, nicht nur eine.«

Ich dachte mir, wenn ich mich schon mit den Kühen und Ziegen und Hühnern meiner Haushälterin abfinden mußte, dazu auch noch mit all dem Aufruhr um ihre Rechtsstreitigkeiten und mit ihrem abscheulichen Essen, dann sollte sie wenigstens meinen Interessen in einer Rolle dienen, die sie, wie ich wußte, perfekt beherrschte.

Doch es geschah etwas, das ich nie für möglich gehalten hätte. Ich bemerkte, daß Maria mir ihre Tochter auf die gleiche Weise aufdrängte, wie ihre Mutter, die Hebamme, sie mit Don Fadrique verkuppelt hatte, und sie deshalb so über Angel verärgert war. Sie bot mir das Mädchen an. Das schockierte mich, denn ich hatte einiges Verständnis für Angelas Situation und Charakter. Zu Marias Gunsten muß man sagen, daß sie lediglich auf altmodische Art versuchte, ihre Tochter 'im Vorderhaus unterzubringen'. Seit Generationen hatte sich jeder *cacique* in Spanien die schönste Tochter einer Witwe des Dorfes als Geliebte genommen, so wie die englischen Edelleute früher unter den Dorfmädchen wählen konnten oder die Pflanzer in den Südstaaten bis zum Bürgerkrieg die schönste Blüte unter ihren schwarzen Sklavinnen für sich beanspruchten. Und das war noch eine der freundlicheren Seiten des heruntergekommenen Feudalismus. Doch noch bevor ich herausfand, was das Mädchen von solch einem Vorschlag hielt, geschah etwas noch weit unerwarteteres. Ein Brief von Doña Lucía traf ein. Sie schrieb, falls ich Angela so süß und schön fände, wie man sie ihr beschrieben habe, und ich mich, was dann wohl keine Überraschung wäre, in sie verliebte, so brauchte ich mich von einer Heirat nicht wegen fehlender Mitgift abhalten zu lassen, denn sie werde ihr an unserem Hochzeitstag den gesamten Besitz in Yegen samt der Farm in den Bergen vermachen. Dieses Angebot, fuhr sie fort, werde sie Angela aber unter keinen Umständen machen, wenn sie jemand anderen als mich heirate. Da sie ihrem Verwalter von diesem Angebot erzählte, der sofort mit Juan el Mudo und Araceli darüber sprach, erfuhr Angela fast zur gleichen Zeit davon wie ich.

Es ist etwas sehr unbeugsames in den sexuellen Instinkten der Männer: etwas, das keinen Kompromiß oder Handel mit anderen Gefühlsregungen zuläßt. Obwohl mich die Vorstellung, der größte Grundbesitzer in Yegen zu werden und eigentlich eher einen geliebten Ort zu heiraten als eine Frau, auf romantische

Weise fesselte, fühlte ich mich gleichwohl nicht genügend zu Angela hingezogen, um auf dem Weg über eine Heirat mit ihr derlei erreichen zu wollen. Unter ihrem hübschen, etwas pathetischen Gesicht sah ich schon die gespannte säuerliche Miene der Besitzerin eines Kramladens, die im Bewußtsein aufgewachsen ist, es schwer zu haben. Wenn überhaupt, dann stellte ich mir ein natürliches und einfaches Mädchen aus dem Dorf vor, das seine fehlende Schulbildung damit wettmachen würde, ein Symbol, eine Verkörperung dieses unverbildeten poetischen Lebens zu sein, in dem ich - so empfand ich es zumindest zeitweise - gerne versunken wäre. Ich lehnte also Doña Lucías Angebot ab und zeigte Angela behutsam, daß meine Zuneigung für sie anderer Art war.

Heute sehe ich ihre Gefühle klarer als damals. Sie haßte ihre Mutter, durch deren gemeine und verschlagene Launen sie sich erniedrigt fühlte, und weil sie das einzige Hindernis war, von Doña Lucía adoptiert zu werden. Mit der Wahl Angels zum *novio* tröstete sie sich mit einem Waisen, mit dem sie schon als Kind gespielt hatte und der sich wie sie um sein rechtmäßiges Erbe betrogen glaubte. Denn Angel war der jüngste Sohn von Onkel Maximiliano und Tante Rosario, und seine älteren Schwestern waren (wenn auch niemand mehr darüber sprach) Don Fadriques Halbschwestern. Er verachtete nicht nur seinen grobschlächtigen Vater, sondern er verübelte auch seiner Mutter, la Reina, die Art, in der sie in 'notorischem Hang zum Luxus' den Reichtum vergeudet habe - es waren vielleicht fünfhundert Peseten oder zwanzig Pfund - den sie in den Tagen ihrer Schönheit vom *cacique*, ihrem Liebhaber, großzügigerweise bekommen hatte. Die Unschuld dieser beiden jungen Menschen in einer Welt gemeiner Erwachsener und die Ähnlichkeit ihrer Umstände wie auch ihrer Namen - *ángeles*, Engel, umringt von Dämonen - bildeten ein starkes Band. Dann war ich dahergekommen und für einen Moment schienen sich für sie, nicht aber für ihn, wunderbare Aussichten zu eröffnen. Frauen sind zu vernünftig, um nicht die Flucht aus der Armut vor alles andere zu stellen. Angela hätte mich sicher bedingungslos akzeptiert in der Hoffnung, daß ich sie eines Tages heiraten oder zumindest Doña Lucía ihr eine Abfindung geben würde. Doch im selben Augenblick, da sich diese Möglichkeit bot, war sie auch schon zunichte. So kehrte sie zu ihrem *novio* zurück und hegte tiefe Wut gegen mich, die sie damals noch unterdrückte, später aber offen zeigte.

Inzwischen entstand eine neue Situation. Maria wurde immer unerträglicher. Sie war so durcheinander, zuerst wegen ihrer Erbschaft, dann wegen ihres Prozesses und schließlich wegen Doña Lucías Angebot, daß sie sich nicht mehr länger um die Küche und den Haushalt kümmerte und diese Angelegenheiten auch nicht ihrer Tochter, mit der sie ständig herumkeifte, auftrug. Bei kleinsten Anlässen erfüllte ihr Gezeter und ihr Lärm das ganze Haus, und damit nicht genug, sie hatte auch einen starken und unangenehm durchdringenden Geruch entwickelt. Wenn die Tür zu ihrem kleinen Schlafzimmer offenstand, drang ein überwältigender Gestank heraus - säuerlich, schwefelig, er hatte etwas von einem Fuchs und etwas von einer Gerberei, und überdies roch es eindeutig nach Anisgeist. Doch wie sie vom einen Extrem ihres Temperaments ins andere wechselte, von einer durchtriebenen närrischen Fröhlichkeit in selbstquälerische Konzentration oder unangenehme Zornausbrüche, so konnte sie auch mit Ausbrüchen purer Extravaganz begeistern. Am Ende einer Party, wenn alle Gäste bis auf ein oder zwei Freunde des Hauses gegangen waren, tanzte sie ganz für sich, mit leichten, wirbelnden Bewegungen und schnelleren und wilderen Gesten ihre private Version der *malagueña*, ohnehin schon der ausgelassenste andalusische Tanz. Sodann brach sie zusammen und lag, wenn auch nüchtern, vornüber auf dem Boden ohne zu sprechen oder sich zu bewegen, während das Gesicht ihrer Tochter sich vor Scham und Mißbilligung verzerrte. Am Tag danach war ihre Laune schlechter denn je, und ihre laute, ärgerliche Stimme ging mir auf die Nerven.

Bei meiner Rückkehr von einem Besuch in Sevilla kam ich zu dem Schluß, das nicht länger ertragen zu wollen. Ungern - denn trotz allem mochte ich Maria und wußte sehr wohl, daß sie mir treu gedient hatte - sagte ich ihr, sie müsse gehen. Sie nahm es ruhig auf mit ihrem demütigen Hennengesicht und begann sofort, ihre persönliche Habe hinauszutragen, darunter auch, als habe sie dazu das Recht, einige unbedeutende Dinge, die mir gehörten. Doch sobald sie damit fertig war, änderte sich ihre Haltung. Sie streckte den Kopf aus dem Fenster ihres Hauses, das ein paar Meter die Straße hinunter stand, und erging sich in einer Flut lauter, ärgerlicher, rhythmischer Beschimpfungen über mich und meine Schandtaten, mit Anspielungen, wie sie sich in solchen Situationen kaum vermeiden lassen, auf den angeblichen übel beleumundeten Beruf meiner Mutter. Dieser Ausbruch - wie alle öffentlichen Erklärungen in unserem Dorf war er in rein konventionsgebundene Worte gefaßt und enthielt keine persönlichen Anspielungen - wiederholte sich eine oder zwei Wochen lang mit großer Gleichförmigkeit jeden Morgen und Abend, dann zog sie in Puras Haus in einem anderen Teil des Dorfes. Dort machte sie einen großen Bogen um mich, so daß ich sie, außer von weitem, nie wieder sah.

Dieser Streit hatte noch eine bittere Konsequenz. Ich hatte Angela für den Fall ihrer Heirat eine kleine Summe Geldes versprochen, um sie etwas unabhängiger von ihrer Mutter zu machen. Auch Doña Lucía, deren Tagträume schon immer großzügiger als ihre Taten gewesen waren, hatte davon gesprochen, ihr einige Äcker zu vermachen. Aber als Maria im Zorn ging, brach auch ihre Tochter mit mir. Sie konnte es mir nicht verzeihen, daß sie meinetwegen den Besitz ihres Vaters verloren hatte. Aufgrund ihres Verhaltens fühlte ich mich nicht mehr an mein Versprechen gebunden, außerdem benötigte ich das Geld anderweitig. Auch Doña Lucía überlegte es sich anders. Mit nichts heiratete Angela deshalb ihren Angel, und mein Entschluß, den beiden unter die Arme zu greifen, blieb, wie die meisten guten Vorsätze, unausgeführt. Das Paar, das bei ihrer Mutter wohnte, wurde allmählich immer verbitterter. Er war ein einfacher, verstockter Mann, der wie sein Vater seine Empfindlichkeit hinter einer Maske des Eigensinns verbarg, und ihre so zahlreichen Enttäuschungen machten sie zu einem zänkischen Weib. Doch kein Schwiegersohn hält es lange mit einer solchen Schwiegermutter aus. Nachdem sie jede Hoffnung auf eine Unterstützung von Seiten Doña Lucías aufgegeben hatten, gingen sie mit ihren beiden Kindern nach Barcelona, wo sie heute noch leben. Und was wurde aus den anderen Mitwirkenden? Maria war noch vor 1940 in geistiger Umnachtung gestorben, während Doña Lucía bei der Explosion eines Küchenofens umkam. Das Feuer hatte ihre Kleider in Brand gesetzt und ihr schwere Verbrennungen zugefügt.

Doch kehren wir ins Jahr 1929 zurück. Ich brauche wohl nicht zu sagen, daß ich, schon bevor ich meine Haushälterin entließ, mich nach einer Frau umgesehen hatte, die ihre Stelle einnehmen sollte. Maria Martín - auch sie eine Maria - war die Tochter einer großen, hageren, traurigen Frau, die immer in schwarz gekleidet ging und die Dorfgaststätte im unteren *barrio* führte. Die Familie war arm, denn die Herberge brachte wenig ein, und es gehörten ihnen lediglich ein oder zwei kleine Äcker. Deshalb mußten die beiden Mädchen, noch bevor sie zwanzig waren, als Haushälterinnen arbeiten. Die ältere Schwester Rosario, die ebenso hübsch wie gewandt war, hatte eine gute Stelle in Cádiar gefunden, während Maria, der diese Eigenschaften abgingen, nichts übrig blieb, als eine mittelmäßige Anstellung in dem armen Dorf Lucainena in der entgegengesetzten Richtung anzunehmen. Dort lernte sie einen jungen Mann kennen, der sie mit der Geschichte seiner Mißgeschicke rührte. Sie heiratete ihn, und als es zu spät war, fand sie heraus, daß er ein übler Kerl und Dieb war. Sie mußte zusehen, wie man ihn ins Gefängnis warf. Sie verließ ihn sofort und für immer und kehrte mit ihrem Kind, das noch kein Jahr alt war, in die *posada* ihrer Mutter zurück. Nachdem sie dort ein oder zwei Jahre lang kleinere Arbeiten auf dem Feld verrichtet hatte und es ihr ziemlich schlecht gegangen war, kam sie zu mir.

Meine neue Maria war eine kleine, stupsnasige junge Frau mit glattem, dünnem, nach hinten gekämmtem Haar, mit einem ebenen, runden Gesicht wie eine Robbe und zarter Haut. Man hätte sie unscheinbar genannt, wäre nicht ihr Gesichtsausdruck so offen und freundlich gewesen und ihre Bewegungen und ihr Gang so würdevoll. Wenn sie mit ihrem Kind in den Armen am Küchenfeuer saß und ihren Kopf etwas neigte, sah sie aus wie eine flämische Madonna, voller Nachdenklichkeit und Resignation. Doch wenn sie sich erhob und umherging, spürte man ihre Selbstbeherrschung. Es war eine Freude, sich mit ihr zu unterhalten. Die meisten andalusischen Bäuerinnen mengen in ihre Worte einiges, von dem sie meinen, man höre es gern, doch Maria tat das Gegenteil. Mit Leuten, die sie mochte, sprach sie über die privatesten Dinge, und der heitere, ironische Ton, in dem sie es tat, und die ungekünstelte Ehrlichkeit und Offenheit, in der alles aus ihr heraussprudelte, fand ich sehr erfrischend. Nie zeigte sie eine Spur von Servilität oder den falschen Stolz einer Dienerin.

Nimmt man Bauersfrauen aus abgelegenen Dörfern zum ersten Mal mit in die Stadt, legen sie häufig eine amüsante Naivität an den Tag, die nur von der Furcht, sich lächerlich zu machen, in Schranken gehalten wird. Ich werde nie vergessen, wie Maria einmal mit meiner Frau und mir im Auto nach Almería mitfuhr. Wir hielten am Meer, und Maria fragte zweifelnd und zögernd, was das sei. »Aber Maria, es ist das Meer«, sagte ich. »Das selbe Meer, das du an klaren Tagen vom Dorf aus sehen kannst«. »Aber wie kommt es dann, daß es so groß ist?« fragte sie ungläubig und dann, allmählich überzeugt, daß es nichts anderes sein könne, erklärte sie, die Leute hätten ihr gesagt, daß man nicht bis zur anderen Seite sehen könne, sie habe es aber nie geglaubt. Sie hatte angenommen, es sei eine Art großer Teich. »Aber was kann man damit machen?« fuhr sie fort, und ihre

Stimme verhärtete sich unwillig. »Kann man die Felder damit bewässern?« Wir sagten nein. »Kann man Wäsche darin waschen?« Wir sagten, man könne es nicht. »Wozu taugt es dann?« Sie wandte sich ab und weigerte sich, noch einmal in Richtung des Meeres zu sehen.

Wenige Minuten danach erreichten wir die langgestreckte, schnurgerade Straße durch den Campo de Dalías. Da Maria nur sehr kurvenreiche Straßen kannte und annahm, Kurven gehörten zur Natur der Straßen, wollte sie zunächst nicht glauben, daß es sich überhaupt um eine Straße handelte. Als wir dann darauf fuhren, sah sie es ein, aber da sie sich schon zum zweiten Mal blamiert hatte, nahm sie sich vor, sich in Almería über nichts mehr zu wundern. Wir kamen an. Dampfer, Segelschiffe, Ruderboote, Kutschen, Züge, asphaltierte Straßen, Geschäfte mit verspiegelten Fenstern, Hotels, Dienstleute, Schuhputzer, Friseure, Straßenlaternen, dies alles und hundert weitere Dinge waren ihr neu. Sie hatte sich noch nicht einmal Bilder in Büchern oder Illustrierten zur Vorbereitung angesehen, und ihre natürliche Skepsis und ihr mangelndes Vorstellungsvermögen hatten ihre Sinne selbst dem gegenüber verschlossen, von dem sie vielleicht schon gehört hatte. Doch von dem Moment an, als sie den Wagen verließ, lief sie in ihrer üblichen kühlen und beherrschten Art umher und zeigte sich so unbeeindruckt von den Dingen um sie herum, als sei sie mit ihnen großgeworden. Als wir den Paseo hinabgingen, sah ich Leute nach oben deuten. Dort, direkt über uns, ziemlich dicht über den Häusern, schwebte ein riesiges, fischförmiges Etwas in glitzerndem Silber vor dem blauen Himmel, das mir in seiner Schönheit und Seltenheit den Atem nahm. »Maria, sieh doch«, schrie ich aufgeregt, »ein Zeppelin!« Doch sie hielt sich an ihre neue Regel und setzte nach einem flüchtigen Blick hinauf unbeeindruckt ihren Weg fort, als habe sie ihr Leben lang Zeppeline gesehen.

Marias originellster Wesenszug lag vielleicht in ihrer Art, ihren Glauben an sich selbst mit der halsstarrigen Überzeugung zu verbinden, nichts tun zu können, das sie nicht zuvor schon einmal getan habe. Man könnte sagen, sie formte und definierte ihren Charakter durch strikte Ablehnung all dessen, was sie für außerhalb ihrer Reichweite hielt. Man konnte ihr deshalb nichts beibringen. Ich verbrachte Stunden damit, sie das Lesen zu lehren, und obwohl sich Spanisch von allen Sprachen der Welt am leichtesten buchstabieren läßt, machte sie keinerlei Fortschritte. Sie gehörte zu jenen geborenen Analphabeten, von denen die Andalusier sagen, 'das Schwarze in ihren Augen steht ihnen im Wege'. Doch ließ man sie in Ruhe, konnte sie auch ungemein überraschen. Als meine Frau und ich einige Jahre später Yegen verließen und in ein größeres Haus bei Málaga umzogen, nahmen wir sie als *ama de llaves*, als Haushälterin samt ihrer älteren und sehr viel fähigeren Schwester Rosario als Köchin mit. Wir bereuten diese Wahl nie. In der neuen Umgebung blühte Maria in bemerkenswerter Weise auf. Sie deckte den Tisch, wenn auch nie ganz perfekt, als sei Tischdecken eine höhere Kunst, und entwickelte ein liebevolles Gespür, Blumen zu arrangieren, und was immer sie anfaßte, zeigte natürlichen Stil und Würde. Jede Handlung im Leben war wichtig, jeder ihrer Schritte drückte aus, daß alle Details in der Haushaltsführung einen eigenen Wert besaßen, und auch wir hatten uns danach zu richten. Vor allem ich. In einem andalusischen Haus ist der Mann der verfassungsmäßige Monarch in einer Regierung von Frauen: das heißt, man dient ihm ergeben, seinen Rat aber, falls er es wagt, einen zu geben, ignoriert man. Taktvoll, mit freundlicher Ironie und einem stets präsenten Vorrat an Sprüchen und Redensarten lenkte man mich ab, wenn ich etwas nach meinen Vorstellungen haben wollte. Ging mir etwas daneben, mußte ich mir den strahlenden, hämischen Kommentar gefallen lassen: '*A padre, ¿quién le pega?*', 'Und wer schlägt Vater?'. Doch die Aufgabe, der sie sich mit größtem Pathos widmete, war die Rolle der Beschützerin für meine Frau. In Spanien halten die Frauen zusammen. Zwar wußte ich, daß Maria sehr an mir hing, doch sah ich auch, daß sie diese Aufgabe für einen der Gründe ihrer Anstellung hielt. Ein wenig schade war nur, daß meine Frau und ich ihr so selten Gelegenheit gaben, ihr Können unter Beweis zu stellen, denn in Angelegenheiten, die in ihre Zuständigkeit fielen, waren wir beide nur selten unterschiedlicher Auffassung.

Wir waren noch nicht lange in unserem neuen Haus, als der Bürgerkrieg kam und wir nach England zurückkehrten. Jahrelang konnten wir kein Geld schicken, und da Marias Schwager den Garten für sich hatte, mußte sie sich allein durchschlagen. Zunächst verkaufte sie Gemüse auf dem Markt. Sie ließ sich dann in Schwarzmarktgeschäfte mit Lebensmitteln ein, doch dank ihrer offenkundigen Ehrlichkeit und Zuverlässigkeit, mit der sie die Polizei beeindruckte, die dieses Geschäft kontrollierte, war sie sehr erfolgreich. Sie kaufte bald ein Haus und ein Geschäft, und nach der Heirat ihrer Tochter mit einem tatkräftigen Mann aus den Alpujarras wagte sie sich auch an größere Transaktionen. Doch bis heute hat sie nicht lesen gelernt und beherrscht nicht einmal die Zahlen. Zum Ausgleich hat sie eine eigene, an die alte kretische Schrift erinnernde Schreibweise erfunden. Ein senkrechter Strich für die 1, ein waagerechter für die 10, ein Kreis für die 100 und so weiter. In selbst erfundenen Rechenschritten kann sie addieren, subtrahieren, multiplizieren und dividieren, und das schneller, als ich, der ich höhere Mathematik in der Schule gelernt habe, es je vermochte. Und doch muß ich noch einmal sagen, man hätte Maria nach allen anerkannten Maßstäben, in allen Lebensbereichen für einfältig gehalten. Sie hatte sich auf kastilische Art hochgearbeitet, nämlich auf Bescheidenheit und Stolz zu bauen und alles andere zu ignorieren. Das war der Kern ihrer liebenswerten Natur wie auch ihrer großen Integrität.

Mein zweiter Aufenthalt in Yegen dauerte ein Jahr, und als ich 1932 noch einmal zurückkehrte, war ich verheiratet. Die Straße nach Granada war fertig, und ich besaß ein Auto. So war der Ort, wenn auch nach europäischem Maßstab noch immer abgelegen - nach Granada waren es etwa fünf Autostunden - immerhin etwas leichter zu erreichen. Verschiedene Freunde kamen und besuchten uns, darunter Roger Fry und Bertrand Russell, doch kann ich deren Besuche nicht mehr beschreiben wie die von Lytton Strachey und Virginia Woolf, denn dieses Buch geht zu Ende. Mir bleibt nur noch zu sagen, daß meine Frau und ich im Dezember 1934 unsere Bücher und Möbel packten und ein Haus in der Nähe von Málaga bezogen.

Ein Nachwort

Mehr als zwanzig Jahre sind nun vergangen, seit ich Yegen verlassen habe, und vielleicht möchte der Leser gerne wissen, was dort in der Zwischenzeit passiert ist, vor allem während des Bürgerkrieges. Wie ich bereits sagte, hatte Politik in den Alpujarras rein lokalen Charakter. So blieb es auch nach der Errichtung der Republik und der raschen Verbreitung linksgerichteter Ideen in weiten Gebieten des Landes. Ich erinnere mich, wie Maria 1933 von einem Mann erzählte, der von der Fabrikarbeit in Málaga zurückgekehrt war: 'einer von denen, die von der Regierung jeden Tag viele Peseten dafür bekommen, daß sie nicht an Gott glauben'. Doch stellte sich heraus, daß der Vegetarismus die radikalste Idee war, die er mitbrachte. Niemand in Yegen bis auf den Ladenbesitzer, den Priester und den Arzt hatte je von Sozialismus, Anarchismus oder Kommunismus gehört, und ihre Haltung gegenüber der Kirche konnte man kaum als Feindschaft oder Antiklerikalismus bezeichnen, sondern eher als Gleichgültigkeit.

Wie auch immer, als die politischen Spannungen in Spanien zunahmen, dehnte die Gewerkschaftsbewegung ihre Propagandazentren auf bis dahin nicht betroffene Orte aus. So richtete die Sozialistische Gewerkschaft, die in Granada sehr stark war, 1934 ein Zentrum in Cádiar ein, während die Gewerkschaft der Anarcho-Syndikalisten, die sich von Almería nach Westen ausdehnte, in Berja und Adra einzog. Am 18. Juli 1936 brach der Bürgerkrieg aus. Die Militärgarnisonen in den Provinzhauptstädten erhoben sich gegen die zivile Regierung, und schon der erste Tag des Kampfes entschied über Sieg oder Niederlage. Schnell wurde bekannt, daß die republikanischen Machthaber die Aufstände in Málaga und Almería abgewehrt hatten, daß aber die Garnison in Granada, verstärkt durch eine Artillerie-Einheit, gesiegt hatte. In jener Nacht und den beiden folgenden Nächten waren alle sandigen Wasserläufe und steilen Maultierpfade der Alpujarras vom Stadtrand Almerías bis zu den Zuckerrohrplantagen von Motril voller Konvois aus Pferden und Maultieren, beladen mit Männern, Frauen, Kindern und Stapeln von Bettzeug. Es waren die führenden Leute der Gegend, die Landbesitzer, Ärzte, Priester und Ladenbesitzer, all die *gente gorda* oder *de categoría*. Sie flohen, um in Granada Schutz zu suchen; keiner ihrer Nachbarn hielt sie zurück. Man stellte auf beiden Seiten eine Miliz auf und es entstanden die Fronten. Die Republikaner besetzten die gesamte Küste und den ganzen östlichen und mittleren Teil der Alpujarras. Die Nationalisten, die vorsichtiger waren, wagten nicht, weiter vorzudringen als bis Lanjarón. Orgiva wurde evakuiert, es lag zwischen den Fronten, deren Verlauf sich bis zum Ende des Krieges nicht mehr änderte.

Inzwischen organisierten beide Seiten hinter den Fronten das, was man den Krieg im Innern nennen könnte. Die kleine Garnison in Granada, die sich von den gegnerischen Massen der Arbeiterklasse fast erdrückt fühlte, beherrschte die Stadt von Anfang an mit Terror. Tag für Tag exekutierte sie zahlreiche Menschen. In Almería begannen die Erschießungen langsam, doch erbittert durch die Geschehnisse in der Nachbarprovinz, erreichten sie auch hier einen Höhepunkt. Während eines Bürgerkrieges liegen so viel Haß und Mißtrauen in der Luft, daß alles möglich ist. Die Fronten stagnierten, und so stand der Wettbewerb im Töten der meisten Unbeteiligten auf der Tagesordnung. Aber in der Regel geschahen diese Dinge spontan in den großen Städten. Die Solidarität des Dorfes verbot es, Menschen aus der eigenen Gemeinschaft anzutasten, und für die Alpujarras, wo es nie Haß zwischen den Klassen gegeben hatte und die reicheren Familien geflohen waren, galt dies mehr denn je. Im Gebiet der Nationalisten im Westen sammelte man auf Lastwagen, die mit Angehörigen der Falange und der Katholischen Jugendbewegung von Granada bemannt waren, Dorfbewohner, deren Namen auf Listen standen und fuhr sie zur Schlucht von Tablate, wo ein Bildnis der Jungfrau des Leidens auf die Straße herabblickt. Dort wurden sie mit Maschinengewehrsalven getötet. Im Osten, im Gebiet der Republikaner, fuhren Mitglieder der anarcho-syndikalistischen Jugendbewegung auf Lastwagen, die mit Parolen bemalt und zum Bersten mit Waffen beladen waren, in die Dörfer und befahlen den *alcaldes*, den Bürgermeistern, ihnen die Faschisten auszuliefern. Als diese einfachen Männer, die nicht wußten, was das Wort Faschist bedeutete, ihnen sagten, sie seien alle geflohen, kehrten die Jugendlichen, die sich das Vergnügen nicht nehmen lassen wollten, bei Anbruch der Nacht zurück. Von Informanten hatten sie inzwischen vertrauliche Hinweise auf die Namen gewisser Leute erhalten, die sie im Ort ergriffen, an den Rand einer geeigneten Schlucht trieben und dort erschossen. Es handelte sich fast ausnahmslos um Bauern, die von Leuten denunziert worden waren, die ihnen Geld schuldeten oder auf diesem Wege private Rechnungen beglichen.

Die in Almería rekrutierte Miliz kam nun allmählich in die Dörfer und quartierte sich in den Häusern der Geflohenen ein. Gruppen von Brandstiftern brannten die Kirchen von Berja, Cádiar, Válor und sicher auch die anderer Orte nieder, während die Kirche in Ugíjar, die man als Munitionslager nutzte, infolge eines Versehens in die Luft flog. Nichts von alledem geschah in

Yegen. Entweder war es zu unbedeutend, um die Aufmerksamkeit der Spürtrupps auf sich zu ziehen oder es fand sich kein Denunziant. So kam das Dorf unbehelligt davon und es blieben ihm, bis auf die kurze Gefangennahme seines *alcalde*, des Tischlers Facundo, die Repressalien erspart, die nach dem nationalistischen Sieg folgten. Südlich oder östlich von Madrid hat es wohl nur wenige Dörfer gegeben, die so unbehelligt blieben wie Yegen.

Auf den Bürgerkrieg folgte eine Hungersnot, die, verlängert durch eine Dürreperiode, bis 1949 andauerte. Den Dörfern der Sierra Nevada brachte sie jedoch Reichtum und Wohlstand. In diesen hohen Bergen gibt es niemals ernsten Wassermangel, die Feldfrüchte wuchsen wie immer, während die Schwarzmarktpreise für Lebensmittel in die Höhe schossen. Zum ersten Mal in ihrer Geschichte erhielten daher die Bauern dieser abgelegenen Gegenden einen angemessenen Gegenwert für ihre Arbeit. Einige sparten Geld und wanderten mit ihren Familien nach Argentinien aus, andere kauften Land und vergrößerten ihren Besitz. Alle außer den Ärmsten fanden sich in einer besseren Lage als vorher.

So jedenfalls berichtete man mir, als ich im letzten Jahr der Dürre nach Spanien zurückkehrte. Maria und Rosario waren in Yegen gewesen, um ihre Familie zu besuchen, und mitunter kamen Leute von dort, die nach Málaga fuhren, auch zu unserem Haus. Doch hatte ich meinerseits den Wunsch, das Dorf wiederzusehen. Meine Frau und ich machten uns deshalb an einem Tag im Mai 1955 auf den Weg.

Der Bus brachte uns nach Almería. Der Ort war der gleiche, aber wie hatte sich sein Aussehen verändert, seit ich ihn zum letzten Mal gesehen hatte! Die tote kleine Stadt, so charmant in ihrer lebendigen Unbeweglichkeit, wie die Spiegelung einer Stadt aus Pappe im sich kräuselnden Wasser, hatte eine Zielstrebigkeit und Geschäftigkeit entwickelt, die ihr wesensfremd zu sein schien. Wo waren die sauberen, hellen Friseurläden, in denen man eine Stunde zubringen konnte, während der man sich rasieren und einseifen ließ und den Laden als wandelnder Heliotrop- und Jasmingarten verließ. Wo war jener Club oder das Casino, durch dessen Fenster man wie durch die Scheiben eines Aquariums eine Sammlung verklärter Wesen betrachten konnte, die den ganzen Tag reglos wie Götter in ihren Ledersesseln saßen, ganz und gar mit ihrer Selbstzufriedenheit beschäftigt? Das Gebäude war noch da, doch nun sprachen oder lasen seine Besucher oder schauten ausdrucksvoll in die Runde. Offenbar war die Stadt ihrer Rolle als Narziss müde geworden und hatte sich mit Hilfe einiger in Madrid ausgeheckter Entwicklungskonzepte in das aktive Leben gestürzt.

Wir fuhren mit dem Zug von Almería nach Guadix und nahmen dann einen Wagen über die Sierra Nevada auf einer holprigen Straße, die während des Bürgerkrieges gebaut worden war und die Sierra am Puerto de la Ragua überquert, einem Paß wenige Meilen östlich des Puerto del Lobo. Die *venta* auf der Nordseite, die im Frühjahr und Herbst, wenn mit Schneestürmen zu rechnen ist, dem Reisenden einst eine gewisse Sicherheit geboten hatte, war jetzt eine Schäferhütte. In der Vergangenheit hatte sie einen finsteren Ruf wegen der Morde und Überfälle, die dort verübt worden waren. Wir erreichten den Gipfel. Schneeflecken wie lange weiße Schatten, Rasenflecken mit Wiesensteinbrech und Enzian, ein einsamer Schäfer zwischen seinen Schafen. Dann ging es 5000 Fuß hinunter nach Ugíjar, das sich in seinem Nest gefiederter grauer Olivenbäume und eingesäumt von den weichen roten Klippen kaum verändert zu haben schien. Die Besitzerin des Parador, eine korpulente Frau mit dem Aussehen einer Zigeunerin, die schon seit den Tagen der Pferdekutschen hier lebte, erkannte mich sofort. »Sie sind also wieder da«, sagte sie. »Wissen Sie, wir haben hier schlechte Zeiten durchgemacht. Ich bin im Gefängnis gewesen, mein Mann starb an der Behandlung, die ihm widerfuhr, und mein Bruder auch. Wer wäre da nicht gern Franzose oder Engländer!« Aber welcher

Seite hatte sie angehört? Sie sagte dazu nichts, und ich war so befremdet von ihrem unbefangenen Benehmen, daß ich nicht einmal die übliche vorsichtige Frage stellen mochte: »War das am Anfang oder später?« Denn abgesehen von der Legende, die eigentlich nur noch in der Presse aufrechterhalten wurde und der zufolge nur die andere Seite grauenhafte Dinge getan habe, nimmt man wohl zunehmend eine bewußt undeutliche Haltung zu diesem Thema ein. Heute hört man oft, dieser oder jener habe 'für seine Ideen gelitten', als seien Ideen etwas wie die Blattern, die jemanden für ein Leben lang zeichnen oder töten. Um welche Ideen es sich dabei handelte, um die der Roten oder die der Falangisten, das kümmerte niemanden mehr. Im Gespräch spürte man einen gewissen Widerwillen, das zu benennen. Diese kleine Heuchelei - ein typisches Stück vernarbtes Gewebe - zeigt, daß trotz der Bemühungen der Falange, die Erinnerung an den Bürgerkrieg wach zu halten, die Wunden doch schneller verheilen. Die offizielle Propaganda, die insistiert und deshalb jeden langweilt, durchkreuzt ihre eigenen Absichten.

Nach dem Essen mieteten wir einen Maultiertreiber und ein Maultier für den Weg hinauf nach Yegen. Natürlich nahmen wir nicht die Straße, die sich in Kurven am Berg hinaufwindet, sondern den direkten Pfad. Als wir die langen kiesigen Gebirgsvorsprünge hinaufstiegen, die vor der Reblausplage mit Wein bepflanzt waren und anschließend brach gelegen hatten, war ich von dem kräftigen, mehrere Fuß hohen Weizen überrascht, der hier ohne Bewässerung gedieh. Das zeigte, daß guter Boden kein Grund mehr war, schlechteres Land brach liegen zu lassen. Wir hatten fast schon die Höhe der busenförmigen Hügel erreicht, und es wurde kühler. Eine kleine Brise kam auf, der Duft von Thymian und Lavendel, und das Klappern der Maultierhufe auf den lockeren Steinen klang leise durch die Stille.

Wir überquerten den *puente*, die natürliche Brücke, die die wellige Ebene aus dem Quartär mit den alten Gebirgsformationen verbindet, und kletterten noch steiler hinauf. Olivenbäume säumten den Pfad, auf den Terrassen wuchs hoher, üppiger Weizen, Wasser floß überall. Ein Geruch von feuchter Erde und zerriebener Minze umgab uns. Dann wurde der Pfad ebener und verlief entlang einem Bewässerungskanal, und wir erreichten die ersten, unverputzten Mauern des Dorfes. Ein paar alte Frauen hatten ihre Stühle herausgeholt und saßen vor den Häusern - mit weißem Haar, pergamentenen Gesichtern, mit Kleidern in abgetragenem und bimssteingefärbtem Schwarz, abgenutzt vom Waschen und Tragen. Als wir hinaufkamen, verstummten sie. Ich sah, wie sie uns anstarrten, zögerten, uns wieder anstarrten, dann kamen sie, eine nach der anderen, mit ausgestreckten Armen. »Wirklich, es ist Don Geraldo!« Die Armen altern schnell in diesen Ländern des Sonnenscheins, und es fiel mir schwer, in ihnen die jungen Frauen und Mädchen wiederzuerkennen, die zu meinen ersten Tanzabenden gekommen waren.

Etwas weiter hielten wir am Haus von Enrique, Marias jüngerem Bruder, bei dem wir wohnen sollten. Seine Frau Dolores erwartete uns. Sie hatte ihr einziges Kind bei sich, ein ungewöhnlich hübsches Mädchen von zehn Jahren. Sie hieß Mariquilla. In ihrem gezierten, freudigen Aussehen lag etwas von der Gewißheit, eine zukünftige Märchenheldin zu sein, denn da ihre Eltern alles Geld, das sie nur erübrigen konnten, für ihre Kleidung ausgaben, sah sie in dieser wenig feinen ländlichen Welt wie eine Prinzessin aus. Doch fiel mir auf, daß auch die anderen Kinder besser gekleidet waren als früher. Viele Häuser waren inzwischen weiß getüncht, es gab eine Turmuhr, die die Stunden anzeigte, und Don José Venegas, der Ladenbesitzer und angesehenste Einwohner der Gemeinde, hatte - wie man uns sofort erzählte - ein Wasserklosett installiert. Wir besuchten ihn. Sein einst schwarzer Haarschopf war nun seidig weiß. Ungeachtet dessen sagte er, er könnte noch immer jung sein, hätte er nicht das Unglück gehabt, ein paar Jahre zuvor von den Roten der Sierra überfallen worden zu sein, die ihn schwer geschlagen hatten, um das Versteck seines Geldes zu erfahren. Danach hatte er mehrere Wochen im Krankenhaus verbracht. Zum Ausgleich schien sich seine Frau, Doña Cándida, in den dreißig Jahren überhaupt nicht verändert zu haben. Das Haar spanischer Frauen, die nicht der Arbeiterklasse angehören, entgeht auf geheimnisvolle Weise dem Schicksal des Alterns und verliert nie seinen tiefschwarzen Ton und seine Fülle. Auch zeigte ihr Gesicht keine Falten. Rund und weich, freundlich und lächelnd, mit Augen süß wie Zuckerwerk und glitzernd wie Beeren, führte sie uns in den winzigen Garten und zeigte uns ihre Blumen.

»Ja«, sagte Don José, während er uns in seinem Büro ein Glas Cognac eingoß, »man kann sagen, die Dinge stehen in vielerlei Hinsicht besser als zu der Zeit, als Sie das letzte Mal hier waren. Der Bus aus Granada hält täglich, alle Kinder gehen zur Schule, die Altersfürsorge, die gerade erhöht wurde, hat viel für die ärmeren Schichten getan. Selbst die Bäume am Platz, die in den alten Tagen nicht wachsen wollten, weil sie nicht bewässert wurden, sind hochgeschossen und geben nun Schatten. Als nächstes müssen moderne sanitäre Einrichtungen gebaut werden - vielleicht haben Sie ja schon gehört, daß ich bereits einen bescheidenen Anfang in dieser Richtung gemacht habe. Doch in einer Beziehung sind wir schlechter dran als früher, wir bekommen kaum noch frischen Fisch. Sie erinnern sich vielleicht, daß vor dem Krieg junge Männer ihn jeden Abend auf Maultieren von der Küste heraufbrachten. Heute gibt es genug gutbezahlte Arbeit, so daß sich niemand mehr für die paar Peseten die Mühe macht. Und da es abgesehen von ein paar Zicklein kein Fleisch gibt, müssen wir uns mit Kichererbsen, Linsen und Stockfisch begnügen, was mit der Zeit ziemlich eintönig ist.«

»Sei still«, sagte seine Frau, »wir dürfen uns nicht beklagen.«

»Nein, wirklich nicht«, antwortete Don José. »Natürlich nicht. Das Leben hier mag einfach sein, aber es ist dennoch um einiges gesünder und unverdorbener als in den Städten.«

Vom Dorfladen gingen wir weiter, um mein altes Haus anzusehen. Die große Tür zum Patio stand offen, und am Eingang saß eine sehr alte Dame in schlichtem Schwarz. Hinter ihrem Stuhl stand ihre Hausangestellte, ein junges Mädchen mit ernster, gelangweilter, aber auch respektvoller Miene. Vor ihr - deshalb saß sie wohl dort - erledigte ein Maurer einige kleine Reparaturen am Putz. An der grauen Wand über ihren Köpfen hingen Weintrauben, und die schlichte feine Atmosphäre der alten Dame und die förmliche Haltung des Mädchens erinnerten mich an Daguerreotypien des vorigen Jahrhunderts. Tatsächlich war sie Don Fadriques Schwester, die vor mehr als fünfzig Jahren geheiratet hatte und nach Murtas gegangen war. Von dieser Zeit bis zu Doña Lucías Tod, als sie das Haus erbte, war sie kein einziges Mal nach Yegen zurückgekommen. Ihr Bruder und ihre Schwester, die das Dorf als gegnerische *caciques* regierten, sprachen nicht miteinander, und sie konnte bei keinem übernachten, ohne den anderen zu beleidigen.

Ich stellte mich vor, und sie schien mich wiederzuerkennen. Sie lud meine Frau und mich ins Haus ein. Doch ich wußte, daß die Flüchtlinge, die während des Krieges darin untergebracht gewesen waren, es ziemlich beschädigt hatten, und daß die äußere Mauer der Kornkammer, die ich als Wohnraum benutzt hatte, eingestürzt und nicht wieder aufgebaut worden war. Ich lehnte dankend ab, da ich es in dieser Verfassung nicht sehen mochte.

Am Abend kamen nach dem Essen einige meiner alten Freunde, die gehört hatten, ich sei im Dorf, zu Enriques Haus. Stühle wurden von den Nachbarn ausgeliehen, und im oberen Zimmer bildete sich ein Kreis. Juan el Mudo, immer noch attraktiv und groß, Federico, der schwelgerische Philosoph, Cecilio und seine Schwestern, José Pocas Chichas, inzwischen verheiratet und Vater erwachsener Kinder, die Töchter von Onkel Maximiliano und Onkel Miguel Medina, die beiden jungen Ratten, Isabel und Ana, und noch andere, deren Namen in diesem Buch nicht vorkommen. Viele andere hatte der Krieg über Spanien verstreut, viele waren gestorben, unter ihnen mein besonderer Freund Paco, der mit seiner Familie nach Argentinien ausgewandert und dort plötzlich auf dem Feld tot zusammengebrochen war. Aber wo waren die jungen Gesichter, an die ich mich erinnerte? All jene, die im Raum um mich saßen, hatten weiße oder silbrig graue Haare, ihre Wangen waren faltig und eingefallen, und sie kamen nur schwer aus ihren Stühlen hoch. Die Menschen, die ich aus einer Regung heraus wiedererkennen wollte, Männer und Frauen in ihren zwanziger und frühen dreißiger Jahren, starrten mit leeren Gesichtern zu mir zurück. Ich mußte mir nachdrücklich klarmachen, daß sich der Ort als Ganzes nicht verändert hatte, jedes Blatt auf seinen Bäumen aber ein anderes war.

Wir sprachen von der Vergangenheit, Juan führte die Unterhaltung mit Erinnerungen an die Sierra und ihre Tiere, die Räuber, ja sogar die Wölfe, und die anderen erinnerten sich an Ereignisse im Dorf. Dann wurde vielleicht ein Name genannt, der Name eines Verstorbenen, die Frauen seufzten tief und die Männer nickten schwer mit den Köpfen. *La vida es un soplo*, 'Das Leben ist ein Atemzug', sagte einer; *La muerte no para*, 'Der Tod vergißt keinen', antwortete ein anderer; oder auch *Venimos emprestados*, 'Das Leben ist uns nur geliehen'. Bis nach einer Pause und weiteren Seufzern die Unterhaltung sich einem anderen Thema zuwandte.

Die Nacht war ruhig. Keine endlos bellenden Hunde oder krähenden Hähne, keine lauten Stimmen unter dem Fenster. Dann, im Morgengrauen, unter dem Klappern von Hufen auf dem Pflaster und dem Trippeln der Ziegen und Kühe begab sich das Dorf hinaus zu den Feldern. Wir tranken Kaffee und gingen hinaus. Und dort vor uns, in der ersten Lücke zwischen den Häusern, erstreckten sich die weiten luftigen Ebenen mit ihrem unauflöslichen Schleier farbiger Berge. Der Klang von Wasser umgab uns und wir fühlten das Grün und die Frische. Nein, sagte ich zu mir, mein Bild von diesem Ort war keine Illusion.

Ian Gibson: Lorcas Granada

Ein Stadtführer - auf den Spuren von Federico García Lorca

"Es handelt sich um einen Führer zu all jenen Stätten in und um Granada, die im Leben des Dichters eine Rolle spielten. Die einzelnen Spaziergänge, denen jeweils ein Ausschnitt des Stadtplanes beigegeben ist, begleiten den literarischen Pilger unter anderem zum Carmen von Manuel de Falla, zur Alhambra, zum Familienwohnsitz, auf den Hügel des Albaicín und zum Sacromonte, wo Lorca mit den Zigeunern in Kontakt gekommen war. In den Texten verbinden sich biographische Angaben ideal mit geschichtlichen, lokalhistorischen und anekdotischen."

Georg Sütterlin (NZZ) zur span. Ausgabe

ISBN 3-928172-14-X. 230 S. Geb. Fotos. DM 34.-

Gerald Brenan: Das Gesicht Spaniens

Bericht von einer Reise durch den Süden

"Brenan beschreibt seine Suche nach dem Grab Federico García Lorcas in Granada im Jahre 1949, zehn Jahre nach dem Ende des Bürgerkriegs, kühl und distanziert, wodurch er den Terror des Franco-Regimes, die Verschüchterung der Menschen umso deutlicher hervortreten läßt." *Einar Schlereth in Tranvía*

ISBN 3-9801438-9-9 300 S. Kt. DM 34.-

Peter Hilgard: Der maurische Traum

Dimensionen der Sinnlichkeit in al-Andalus

Etwa 800 Jahre lang wurde der spanische Alltag durch die Kultur der Mauren bestimmt. Der Autor beschreibt den Umgang mit Rausch- und Liebesdrogen, die ausgeprägte Weinkultur bei gleichzeitigem Alkoholverbot, Körperpflege und Erotik, die Unterschiede der jüdischen und arabischen Speisen, die Bedeutung der Düfte, Kräuter und Gewürze, und entwickelt so die Dimensionen maurischen Lebensgefühls anhand eigener Forschungen und zeitgenössischer spanisch-arabischer Schriftsteller.

ISBN 3-928172-77-8 240 S. Geb. Fadenh. Fotos. DM 34.-

Juan Madrid: Dschungel

Großstadtgeschichten

"Miniaturen der Gewalt. Dschungel ist nicht nur eine gänzlich andere Form der Kriminalliteratur, es ist auch Madrids bestes Buch." *Jörg Rheinländer (FR)*

ISBN 3-928172-08-5. 160 S. Kt. DM 24.-

Felix Hofmann: Wüste Küste

Costa-Brava-Geschichten

"Hofmann schert sich einen Teufel um verjährte Klischees. Er ist ein Garant für Spannung, ungewöhnliche Handlungen und unerwartete Ausgänge." *Carmen Schilling-Ebermann (Info-Tip)*

ISBN 3-9801438-8-0. 128 S. Kt. DM 22.-

Winfried Pielow: Das Alphabet - Ein Brief

"Selten ist wohl die nervtötende Langeweile einer spanischen urbanización *eindringlicher und hautnaher beschrieben worden als in diesem Marathon-Brief des gen Süden entflohenen* Nixwieweg *an seine daheimgebliebene Annette."*

B. Voigt in Hispanorama

ISBN 3-928172-15-8. 140 S. Kt. DM 20.-

Tobias Gohlis: Die Steine Granadas

Gedichte. Deutsch/Spanisch.

Die Gedichtgruppe entstand im Sommer 1986, fünfzig Jahre nach Beginn des Spanischen Bürgerkrieges.

ISBN 3-928172-57-3. 16 S. Kt. Fadenbindung. DM 16.-

Bitte fordern Sie unseren Gesamtkatalog an:

Gerald Brenan lebte in den Jahren 1920 bis 1934 mit Unterbrechungen etwa 7 Jahre in Yegen, einem Dorf in den Alpujarras. Er bekam Einblick in Alltag, Gewohnheiten, Glauben und Aberglauben der Menschen. In sehr offener Weise beschreibt er die Bewohner und ihre archaischen Lebenszusammenhänge. Virginia und Leonard Woolf, Lytton Strachey, Dora Carrington und andere Autoren aus dem Bloomsbury-Kreis besuchten ihn in den andalusischen Bergen und werden mit spitzer Feder skizziert.